Riste
7/89

Hans Jürgen Eysenck

SIGMUND FREUD

Niedergang und Ende
der Psychoanalyse

List Verlag München

Aus dem Englischen von Horst Dieter Rosacker
Die englische Ausgabe: »The Decline and Fall of the Freudian Empire«
erschien 1985 im Verlag Viking Penguin, London.

Umschlaggestaltung: Peter Engel, München

ISBN 3-471-77418-1

Inhalt

Einleitung

Dieses Buch handelt von SIGMUND FREUD und der Psychoanalyse. Es gibt viele solcher Bücher, und der Leser könnte mit Recht fragen, warum er Geld für den Kauf eines weiteren Titels ausgeben soll, den zu lesen auch noch kostbare Zeit beansprucht. Die Antwort auf diese Frage ist sehr einfach. Die meisten Bücher zum Thema wurden von Psychoanalytikern geschrieben oder zumindest von Autoren, die der FREUDschen Schule nahestehen; sie sind unkritisch, reflektieren nicht die alternativen Theorien und sind eher als Waffen in einem Propagandafeldzug gedacht denn als objektive Einschätzungen der gegenwärtigen Stellung der Psychoanalyse. Natürlich gibt es Ausnahmen von dieser Regel, und einige der bedeutendsten davon habe ich im Bibliographiekapitel am Schluß des Buches auch genannt. Leider sind wichtige neue Bücher wie die von SULLOWAY, ELLENBERGER, THORNTON, RILLAER, ROAZEN, FROMKIN, TIMPANARO, GRÜNBAUM, KLINE und anderen entweder sehr umfangreich oder rein technischer Natur; sie sind unverzichtbar für den Mann vom Fach, aber kaum empfehlenswert für den fachlich nicht vorbelasteten Leser, der wissen möchte, was die moderne Wissenschaft über Wahrheit und Irrtümer der FREUDschen Lehren herausgefunden hat. Deshalb habe ich im Hinblick auf jene Leser, die sich ihr eigenes Urteil bilden möchten, im Text auf die wichtigeren wissenschaftshistorischen Schriften, soweit in ihnen das vorliegende Beweismaterial sorgfältig aufgearbeitet und die tatsächlichen Ereignisse, Veröffentlichungen und anderen, allgemein zugänglichen Zeugnissse mit verläßlicher Genauigkeit dargestellt wurden, ausführlich Bezug genommen. Insofern basiert dieses Buch natürlich auf dem von jenen Autoren wie auch von vielen anderen, deren Befunde herangezogen wurden, zusammengetragenen Wissen. Originalität beansprucht es allenfalls in der Zusammenschau des riesigen Datenmaterials, das auf dem weiten Feld der psychoanalytischen Bemühungen eine Vielfalt von Themenkreisen deckt, als da sind: die Traumdeutung, die Psychopathologie des Alltagslebens, die Erfolge bzw. Auswirkungen der analytischen Psychotherapie, die Psychohistorie und Anthropologie, die experimentelle Untersuchung der psychoanalytischen Theorien und so weiter. Ich habe mich bemüht, eine allgemeinverständliche Form der Darstellung zu finden, um das Gebiet auch denjenigen zu erschließen, die zwar eine flüchtige Kenntnis der FREUDschen Psychoanalyse besitzen, aber keinerlei fachliche Ausbildung im Bereich der Psychologie oder Anthropologie. Für mich selbst war es eine heilsame Erfahrung, die vorliegende Fülle von Daten auf einen kurzen und verständlichen Text zu reduzieren. Dabei mußte ich mich von etlichen vorgefaßten Meinungen trennen, und ich kann all den Experten, deren Arbeiten ich konsultiert habe, nur dankbar sein, daß sie viele der Rätsel und Paradoxien auflösen halfen, die mir bislang Kopfzerbrechen bereitet haben.

Über die verschiedenen in diesem Buch besprochenen Fragestellungen habe ich zahlreiche Vorträge gehalten, und fast unvermeidlich wurden diese als »kontrovers« eingeführt. Auch bei diesem Buch zweifle ich nicht daran, daß es seitens der Kritik als »kontrovers« bezeichnet werden wird. Indes kann ich mich mit diesem Etikett durchaus nicht einverstanden erklären, habe ich doch versucht, so weit wie möglich von gesicherten Fakten auszugehen und nur soviel an Kommentaren und Interpretationen hinzuzufügen, wie es zur Klärung bestimmter Fragen notwendig erschien. Die Schlußfolgerungen mögen in dem Sinne kontrovers sein, als sie zu früheren überholten Einschätzungen im Widerspruch stehen, aber das macht sie in sich nicht kontrovers. Es zeigt nur, daß unser Wissen fortgeschritten und damit unser Verständnis größer geworden ist und daß die neuentdeckten Fakten FREUD und die Psychoanalyse in einem anderen Licht erscheinen lassen.

Viele dieser neuen Daten und Zeugnisse haben starke Bedenken gegen die Thesen FREUDs und seiner Anhänger aufkommen lassen: Der Einfluß FREUDscher Ideen nahm ständig ab, und auch die allgemeine Wertschätzung, in der die Psychoanalyse stand, ging zurück. Daher auch der Titel des Buches.[1] Daß es einen solchen Niedergang gegeben hat, wird wohl kaum jemand bezweifeln, der mit dem gegenwärtigen Meinungsklima unter Psychiatern (i.e. Fachärzte für die klinische Behandlung psychischer Störungen), Psychologen (Graduierte im Bereich des wissenschaftlichen Studiums menschlichen Verhaltens), Philosophen, Anthropologen und Historikern in den Vereinigten Staaten und in Großbritannien vertraut ist. Dort hat sich schlichtweg Ernüchterung ausgebreitet. Anders sieht es nur noch in Südamerika, in Frankreich und ein paar anderen Ländern aus, wo man bislang starrsinnig an den überholten »dynamischen« Konzepten und Theorien festhält. Doch beginnen sich auch dort Zweifel zu regen, so daß es nur eine Frage der Zeit sein dürfte, bis man sich die Meinung der Kollegen in den USA und Großbritannien zu eigen macht.

Bei meiner Beschäftigung mit FREUDs Werk habe ich mich auf einen rein (natur)wissenschaftlichen Standpunkt gestellt. Viele Zeitgenossen halten diesen Ansatz für allzu rigoros, denn sie beharren darauf, FREUD habe weniger Beiträge zum wissenschaftlichen Studium des menschlichen Verhaltens geleistet als vielmehr zur Entwicklung der Hermeneutik, also zur Ausdeutung und Sinngebung geistiger Phänomene wie der Kunst und der Literatur. Andere verweisen auf die Bedeutung des FREUDschen Opus für die Lösung gesellschaftlicher Fragen, oder sie sehen ihn gar als Propheten und Neuerer an – als einen Mann, der unsere Sitten, insbesondere unsere Sexualmoral, veränderte und – wie einstmals MOSES – die Menschen in eine neue Welt geführt hat.

Nun könnte man sagen, daß FREUD all diesen Rollen irgendwie gerecht wird, doch bin ich nicht kompetent, darüber im einzelnen zu urteilen. Die

Bedeutung von Propheten, Neuerern oder Dichtern abzuschätzen, erfordert selbstverständlich profunde Kenntnisse der Geschichte, der Soziologie oder der Literatur und Literaturkritik. Solche kann ich nicht für mich in Anspruch nehmen, und folglich gebe ich zu diesen Seiten des FREUDschen Werkes auch keinen Kommentar.

Ich kann jedoch etwas zu der Behauptung sagen, FREUD sei nicht etwa als gewöhnlicher Wissenschaftler anzusehen, sondern als der Urheber und Hauptvertreter einer ganzen Wissenschaftsrichtung, nämlich der hermeneutischen. Denn dieses Argument wäre von FREUD selbst ohne Zögern zurückgewiesen worden, wie das folgende Zitat beweist:

»Vom Standpunkt der Wissenschaft aus ist es unvermeidlich, hier Kritik zu üben und mit Ablehnungen und Zurückweisungen vorzugehen. Es ist unzulässig zu sagen, die Wissenschaft ist ein Gebiet menschlicher Geistestätigkeit. Religion und Philosophie sind andere, ihr zum mindesten gleichwertig, und die Wissenschaft hat diesen beiden nichts dareinzureden; sie haben alle gleichen Anspruch auf Wahrheit, und jedem Menschen steht es frei, zu wählen, woher er seine Überzeugung nehmen und wohin er seinen Glauben verlegen will. Eine solche Anschauung gilt als besonders vornehm, tolerant, umfassend und frei von engherzigen Vorurteilen. Leider ist sie nicht haltbar, sie hat Anteil an allen Schädlichkeiten einer ganz unwissenschaftlichen Weltanschauung und kommt ihr praktisch gleich. Es ist nun einmal so, daß die Wahrheit nicht tolerant sein kann, keine Kompromisse und Einschränkungen zuläßt, daß die Forschung alle Gebiete menschlicher Tätigkeit als ihr eigen betrachtet und unerbittlich kritisch werden muß, wenn eine andere Macht ein Stück davon für sich beschlagnahmen will.«[2]

Mit dieser Gesinnung kann ich mich nur einverstanden erklären. Sie zeigt – und es ließen sich noch viele andere Stellen aus seinen Schriften heranziehen –, daß FREUD ein Wissenschaftler im traditionellen Sinne sein wollte. Und diejenigen seiner Nachfolger, die jetzt im nachhinein die Bedeutung der Wissenschaft herabsetzen und für den Meister einen Platz hoch droben zwischen Philosophie und Religion reklamieren, leisten ihm persönlich einen schlechten Dienst. In der Tat beklagte sich FREUD – wie weiland KARL MARX – über den Mangel an Verständnis seitens seiner Gefolgsleute, und so wie MARX darauf beharrte, »kein MARXist« zu sein, machte auch FREUD deutlich, daß er »kein FREUDianer« sei. Zweifellos hätte FREUD die heutigen Versuche, ihn des wissenschaftlichen Ranges zu entheben und ihn auf die hermeneutische Bahn zu lenken, als Treubruch angesehen. Im Einklang damit habe ich es vorgezogen, ihn nach den Kriterien seines eigenen Selbstverständnisses zu beurteilen und sein Werk als einen Beitrag zur regulären Wissenschaft zu behandeln.

In diesem Zusammenhang möchte ich noch eines vorweg klarstellen. Wenn ich von dem Versuch spreche, FREUD als einen Wissenschaftler anzusehen und die Psychoanalyse als einen wissenschaftlichen Forschungsbeitrag zu behandeln, so will ich damit keineswegs die Kunst, die Religion oder andere Formen menschlicher Erfahrung verunglimpfen. Die Kunst ist für mich immer von größter Bedeutung gewesen, und ich kann mir ein Leben ohne Poesie, Musik, Schauspiel oder Malerei nicht vorstellen. Mir ist auch bewußt, daß für viele Leute die Religion von außerordentlicher Bedeutung ist und in ihrem Leben mehr gilt als Kunst oder Wissenschaft. Daraus folgt aber nicht, daß nun die Wissenschaft ihrerseits den gleichen Stellenwert wie Kunst oder Religion hat. Vielmehr haben alle drei Bereiche ihre gesellschaftliche Funktion, und man gewinnt nichts, wenn man so tut, als machte es keinen Unterschied, sich für eine von ihnen auf Kosten der anderen zu entscheiden. Die Wahrheit, die der Dichter erlebt, ist nicht die Wahrheit, die der Wissenschaftler erkennt, und die poetische Identifikation der Wahrheit mit der Schönheit ist im Grunde völlig sinnlos. Zwar mag es eine gewisse Beziehung zwischen jener poetischen Wahrheit und der der Hermeneutik geben, doch besteht für den Wissenschaftler, der auf nackte Tatsachen baut, die Wahrheit in gesetzmäßigen Verallgemeinerungen von universaler Gültigkeit, die dem Beweis und der experimentellen Prüfung unterliegen. All dies ist weit von der Wahrheit der Dichtkunst, der Musik, der Malerei oder des Schauspiels entfernt. An eben jener wissenschaftlichen Wahrheit aber war FREUD interessiert, weshalb er auch nur nach den Kriterien, die für sie gelten, beurteilt werden sollte.

Lassen Sie mich den Unterschied zwischen dichterischer und wissenschaftlicher Wahrheit noch einmal an einem Beispiel verdeutlichen. Wenn JOHN KEATS über die Nachtigall nachsinnt, Lord TENNYSON über den Adler oder EDGAR ALLAN POE über den Raben, so versuchen sie sicher nicht, einen Beitrag zur Zoologie zu leisten. In jedem der Fälle reflektiert der Dichter ganz für sich allein die Welt seiner Gefühle, das heißt aber, er ist ausschließlich an einer persönlichen, emotionalen Reaktion auf bestimmte innere Erfahrungen interessiert. Unter dem Blickwinkel der Introspektion sind diese Erfahrungen zweifellos wahrheitsgemäß berichtet, doch handelt es sich dabei um eine individuelle und keine universelle Wahrheit, eben um Poesie und nicht um Wissenschaft.

Diese Unterscheidung ist sehr wichtig, da nicht wenige glauben, Dichter wüßten mehr über die menschliche Natur als Psychologen und SHAKESPEARE, GOETHE oder PROUST seien bessere Psychologen gewesen als etwa WUNDT, WATSON oder SKINNER. Hier wie überall begegnen wir der unüberbrückbaren Kluft zwischen individueller und universeller Wahrheit. Wenn beispielsweise ELIZABETH BARRET BROWNING uns weismachen will: »Hoffnungsloser Gram ist ohne Leidenschaft«, so müssen wir uns fragen: Stimmt das wirklich überein mit der psychiatrischen Erfahrung mit depressiven Patienten? Wenn SHAKESPEARE im Wortspiel sagt: »Drink provokes and unprovokes leachery...«, also soviel wie: der Trunk schafft und nimmt die Wollust, denn er weckt zwar die Begierde, verhindert aber zugleich die Leistung – ist das tatsächlich wahr? Der Psychologe würde hier peinlich genaue Fragen stellen, zum Beispiel: Hängt das mit der Menge des konsumierten Alkohols zusammen oder mit der Art des Alkohols oder der Alkoholkonzentration oder der Zusammensetzung des alkoholischen Getränks etc. Oder er würde Experimente anstellen, die zeigen können, daß ein (nichtalkoholisches) Placebo-Getränk, das die Versuchsperson unter Bedingungen einnimmt, die sie glauben lassen, sie trinke Alkohol, den gleichen Effekt hat wie richtiger Alkohol. Oder er würde nachweisen, daß die Wirkungen des Alkohols weitgehend von den sozialen Umständen abhängen, unter denen er konsumiert wird, beispielsweise auf einer geselligen Party oder aber in privater Abgeschlossenheit. Er könnte vielleicht auch zeigen, daß Extravertierte und Introvertierte ganz verschieden auf Alkohol zu reagieren pflegen. Sicher ist an SHAKESPEAREs Wortwitz etwas Wahres dran, aber dieses Etwas kann uns nicht genügen.

Und noch ein letztes Beispiel: In welchem Sinne können wir sagen, daß *Othello* der universale Typus des Eifersüchtigen ist, *Falstaff* der des Taugenichts oder *Romeo* der des Liebenden? Sie alle sind einzigartige Gestalten, die ihre individuelle Wahrheit in sich tragen; aber man kann diese Wahrheit sicher nicht verallgemeinern. Vor allem nicht, wenn man an die möglichen Konsequenzen einer solchen Verallgemeinerung denkt. Lesen Sie dieses Buch und fragen Sie sich im Ernst einmal selber, bei wem Sie sich Rat holen würden, wenn Sie mit einem Kind zu tun hätten, das andauernd mit dem Kopf anstößt, oder mit einem Bettnässer oder mit einem zwanghaften Händewascher – bei SHAKESPEARE, GOETHE, PROUST oder bei dem unsentimentalen Behavioristen, der Ihnen immerhin so gut wie garantieren kann, die Störung in ein paar Wochen zu heilen. Die Frage stellen heißt schon sie beantworten. Praktische Probleme dieser Art zu lösen ist nicht Aufgabe des Dichters, so wie die dichterische Rückbesinnung auf ein vergangenes Gefühl oder die Ausgestaltung eines einzelnen, ungewöhnlichen Charakters nicht Aufgabe des Psychologen sein kann. Die Anhänger der Hermeneutik versuchen vergeblich, die Kluft zu überbrücken – die Kluft bleibt bestehen.

Für den Wissenschaftler sind zwei Vehikel zur Wahrheitsfindung von besonderer Bedeutung. Das erste ist sachgemäße und konstruktive Kritik. Nichts ist nützlicher für den tätigen Wissenschaftler, als zu hören, wie seine Theorien und Ansichten von seinen Zunftgenossen diskutiert und kritisiert werden. Denn ist die Kritik schlecht fundiert, kann er sicher sein, daß seine Ideen überleben werden. Ist sie dagegen gut fundiert, dann wird er wissen, daß er seine Theorien abwandeln oder sie gar aufgeben muß. In diesem Sinne ist Kritik das Herzblut der Wissenschaft.

Auf der anderen Seite haben Psychoanalytiker, und insbesondere FREUD selber, stets jede Art von Kritik zurückgewiesen und es verstanden, potentielle Kritiker von vornherein zu entmutigen. Gewöhnlich lief ihre Strategie darauf hinaus, dem Kritiker »psychodynamische Widerstände« unterzuschieben, deren Ursprung in einem unaufgelösten Ödipuskomplex oder ähnlichem liegen sollte – wahrlich eine merkwürdige Art, sich seiner Gegner zu entledigen! Aus welchem Grund und von welcher Warte aus auch immer ein Kritiker auf den Plan tritt – die Argumente, die er ins Feld führt, dürfen ausschließlich mit Bezug auf die relevanten Tatsachen und im Hinblick auf ihre logische Konsistenz beurteilt und beantwortet werden. Man kennt nur zu gut den Versuch, »ad hominem zu demonstrieren«, das heißt, die Person und nicht die Sache anzugreifen – diese Taktik ist gewöhnlich die letzte Zuflucht jener, die auf Kritik nicht mit sachlichen Argumenten zu antworten vermögen. Es versteht sich von selbst, daß diese Art Gegenkritik in der ernsthaften wissenschaftlichen Auseinandersetzung nichts zu suchen hat.

Umgekehrt wurde die gleiche Technik auch benutzt, um FREUD zu kritisieren. Beispielsweise haben etliche seiner Gegner behauptet, die Psychoanalyse sei eine spezifisch jüdische Lehre und beruhe auf seiner jüdischen Erziehung und Schulbildung. Ich kann nicht beurteilen, ob dieses Argument stimmig ist oder nicht; doch ist es auf jeden Fall völlig irrelevant. FREUDs Theorien gehören auf den Prüfstand der Beobachtung und des Experiments, wo ihre Wahrheit oder Falschheit objektiv bestimmt werden kann: das jüdische Milieu, in dem er aufgewachsen ist und gelebt hat, darf auf diese Prüfung keinerlei Einfluß haben, weder im positiven noch im negativen Sinne. Historisch und biographisch gesehen mag FREUDs Lebenslauf durchaus von Interesse sein – unter dem Aspekt der Wahrheit aber sicherlich nicht. Nur in einem Punkt verhält sich die Sache etwas anders: Er betrifft FREUDs eigene neurotische Erkrankung und ihren Zusammenhang mit seiner Vater- und Mutterbeziehung. Wenn es wahr ist, daß FREUD seine Theorie vom Ödipuskonflikt nach seinen eigenen Kindheitserlebnissen bildete, dann wäre das ein Sachverhalt, der für die Beurteilung der Theorie äußerst relevant ist. Zur Untermauerung dieser Hypothese werde ich im Folgenden nachzuweisen versuchen, daß FREUDs Werk tatsächlich in einzigartiger Weise mit seiner Persönlichkeit verknüpft ist, und diese Feststellung fordert eine Diskussion geradezu heraus, auch wenn letzten Endes die Frage nach der Wahrheit seiner Lehren nicht von ihrem Ursprung abhängt.

Das gleiche Argument trifft auch für einige neuere Veröffentlichungen zu, die behaupten, FREUD habe seine Theorien bewußt geändert, und zwar nicht etwa, weil sie falsch waren, sondern weil sie Feindschaft auf sich ziehen könnten. Dies ist der Tenor eines Buches von J.M. MASSON mit dem Titel *Freud: The assault on Truth* (auf deutsch etwa: Freuds Vergewaltigung der Wahrheit). MASSON, der Zugang zu den FREUD-Archiven hatte und insbesondere den Briefwechsel mit WILHELM FLIESS analysierte, kommt zu dem Schluß, daß FREUD seine Kenntnisse über konkrete Kindesbelästigungen bewußt zurückhielt, indem er vorsätzlich sein eigenes klinisches Material wie auch die Aussagen seiner Patienten fälschte und ohne Rücksicht auf die vorliegenden Fakten seine Vorstellungen über traumatische »sexuelle Phantasien« und »ödipale Impulse« entwickelte. Nach MASSON begründete FREUD damit jenen »Trend weg von der Realität, der die Wurzel für die derzeitige, auf der ganzen Welt festzustellende Sterilität der Psychoanalyse und Psychiatrie bildet«. MASSON könnte im Recht sein, doch sicher sind die Zeugnisse nicht stichhaltig genug, um diese Behauptung zu beweisen. Wie dem auch sei – FREUDs Motive sind für die Frage der Wahrheit oder Falschheit seiner Theorien nicht wirklich relevant. Der ursprünglichen »Verführungstheorie« kommt nicht mehr Wahrheit zu als der späteren »»Phantasietheorie«; beide müssen in bezug auf gesicherte Tatsachen, empirische Untersuchungen und experimentelle Ergebnisse beurteilt werden, nicht aber im Hinblick auf hypothetische Beweggründe, die FREUDs Theoriebildung beeinflußt haben mögen.

Neben der konstruktiven Kritik ist die zweite Waffe im Arsenal der Wissenschaft die Aufstellung alternativer Hypothesen. Es kommt in der Forschung tatsächlich sehr selten vor, daß man eine Situation vorfindet, in der es für ein gegebenes Phänomen nur eine einleuchtende Erklärung gibt; gewöhnlich bieten sich alternative Erklärungsmöglichkeiten an, und der Experimentalforscher muß empirische Tests entwerfen, die zwischen den Alternativen entscheiden. Ein solches Experimentum crucis ist zwar in der Geschichte der Wissenschaft ein seltenes Ereignis, doch ist der ständige Versuch, zwischen konkurrierenden Theorien zu entscheiden, ein wesentliches Element im wissenschaftlichen Fortschritt. Auch in dieser Hinsicht sind Psychoanalytiker, und allen voran FREUD, in ihrer Haltung stets abweisend oder gar feindselig gewesen. Statt alternative Hypothesen zu begrüßen wie etwa jene, die mit PAWLOW und den Theorien über den bedingten Reflex verbunden sind, haben sie sich schlichtweg geweigert, von ihrer Existenz Kenntnis zu nehmen und ergo auch niemals ernsthaft über sie diskutiert. Auch wurde niemals Belegmaterial beigebracht, nach dem objektiv entschieden werden könnte, welche Theorie die Gegebenheiten besser erklärt. Ich habe – innerhalb des begrenzten Umfangs dieses Buches, versteht sich, und soweit es für unser Thema relevant ist – versucht, auf Theorien hinzuweisen, die zur FREUDschen im Gegensatz stehen, und die Aufmerksamkeit auf Belege zu lenken, die zeigen, daß diese Theorien den vorhandenen Daten besser Rechnung tragen. Die andauernde Feindschaft der FREUDianer gegen alle Formen der Kritik – wie wohlbegründet sie auch sei – und gegen gut fundierte alternative Theorien, spricht nicht gerade für eine wissenschaftliche Einstellung. Man wird folglich bei der Beurteilung der Psychoanalyse als einer wissenschaftlichen Disziplin um diesen dunklen Punkt nicht herumkommen.

Gegen den wissenschaftlichen Status der Psychoanalyse wendet sich noch ein Argument, das häufig von Wissenschaftstheoretikern (Philosophers of Science) vorgebracht wird, das meines Erachtens jedoch falsch ist und daher auch nicht allzu ernstgenommen werden muß. Bekanntlich schlägt Sir KARL POPPER vor, zwischen der Wissenschaft und einer Pseudowissenschaft zu unterscheiden, wobei sein Kriterium die sogenannte Falsifizierbarkeit ist. Danach wird Wissenschaft im Hinblick auf ihre Fähigkeit definiert, überprüfbare Hypothesen aufzustellen, die prinzipiell durch Experimente oder Beobachtungen falsifiziert – widerlegt – werden können. POPPER führt als Beispiele für Pseudowissenschaften, bei denen sich keine überprüfbaren Hypothesen finden, die Psychoanalyse, den MARXismus und die Astrologie an. Nun gibt es in der Tat beträchtliche Schwierigkeiten in der Planung guter Experimente für die in Frage stehenden Denkgebäude, doch erscheinen diese nicht größer als die Schwierigkeiten bei der

Ausarbeitung geeigneter Tests für die EINSTEINsche Relativitätstheorie. Niemand, der mit der Psychoanalyse, dem MARXismus oder der Astrologie vertraut ist, wird bestreiten, daß in allen drei Lehrsystemen Aussagen und Voraussagen gemacht werden, die sich experimentell überprüfen lassen, und ich werde in den folgenden Kapiteln zumindest für die Psychoanalyse zeigen, daß POPPERS Einwand fehlgeht. Zugleich werde ich nachweisen, daß die FREUDschen Theorien durch die vorliegenden Ergebnisse aus Experimenten und Beobachtungsreihen keinerlei Stütze erfahren – mit anderen Worten: sie versagen im Test. Es kann also kein Zweifel daran bestehen, daß diese Theorien falsifizierbar sind. Das heißt aber: Wenn Falsifizierbarkeit das adäquate Kriterium für die Unterscheidung zwischen Wissenschaften und Pseudowissenschaften wäre, dann müßte die Psychoanalyse durchaus als Wissenschaft angesehen werden. Konsequenterweise haben denn auch neuere Wissenschaftstheoretiker, wie etwa ADOLF GRÜNBAUM, auf die Irrelevanz des POPPERschen Wissenschaftskriteriums für die Psychoanalyse hingewiesen und im Anschluß daran gemeint, daß ihre logischen Ungereimtheiten und ihre Unfähigkeit, den objektiven Tatsachen Rechnung zu tragen, viel zwingendere Gründe dafür sind, sie als eine Pseudowissenschaft und nicht als Wissenschaft anzusehen.

Diese Kritik an FREUD und seinen Anhängern läßt sich natürlich – sogar in verstärktem Maße – auf diejenigen seiner Schüler ausweiten, die sich von ihm getrennt und selbstbewußt ihren eigenen Kreis gezogen haben, nämlich auf C. G. JUNG, ALFRED ADLER und andere. Bemerkenswert ist, daß die meisten von ihnen sogar den FREUDschen Anspruch auf eine exakte und im Grunde streng deterministische Wissenschaft aufgaben und sich – namentlich JUNG – offen dem Mystizismus zuwandten. Ich möchte mich in diesem Buch jedoch ausschließlich auf FREUD und seine Lehren konzentrieren.

Ein Punkt sollte in unserem Zusammenhang noch festgehalten werden. Es heißt gelegentlich, daß die FREUDschen Theorien gar keines (natur)wissenschaftlichen Beweises im traditionellen Sinne bedürfen, da sie ihre Stütze »auf der Couch« fänden. Wie GRÜNBAUM gezeigt hat, ist dieses Argument unannehmbar; doch unabhängig davon bleibt für jene, die so zu argumentieren belieben, das unlösbare Problem, zwischen sehr verschiedenen Theorien entscheiden zu müssen, die alle behaupten, auf die nämliche Art und Weise gestützt zu werden. Wie können wir aber ohne streng kontrollierte Experimente zwischen den verschiedenen »dynamischen« Theorien, die man uns offeriert, wählen? Sollen wir uns auf eine Art holländische Auktion verlassen, bei der der Preis solange gesenkt wird, bis sich ein Käufer findet, oder gar auf eine Auswahl, wie sie gewöhnlich am kalten Büfett stattfindet – man nimmt hiervon ein Stück und davon eines, ganz nach Lust und Laune, Geschick und Vordermännern... Sicherlich hieße beides den Boden der Wissenschaft völlig verlassen, denn gerade das Vorhandensein so vieler verschiedener Theorien macht es um so dringlicher, Mittel und Wege zu finden, deren Wahrheitsgehalt in rein wissenschaftlichem Sinne festzustellen.

Worin besteht nun der wesentliche Inhalt der FREUDschen Lehre? Um es kurz zu sagen: Es lassen sich – nach allgemeiner Auffassung – an der Psychoanalyse drei Aspekte unterscheiden. Zunächst einmal kann sie als eine *allgemeine psychologische Theorie* aufgefaßt werden, die sich mit Fragen der Motivation, Persönlichkeit, Kindheitsentwicklung, dem Gedächtnis und anderen bedeutsamen Seiten des menschlichen Verhaltens beschäftigt. Man nimmt zuweilen an – und dies nicht ohne Grund –, daß die Psychoanalyse wichtige und interessante Problemstellungen behandelt, wenngleich in nichtwissenschaftlicher Weise, während die akademische Psychologie in wissenschaftlicher Weise Dinge behandelt, die für die meisten Leute esoterisch und uninteressant sind. Das stimmt zwar nicht ganz, da auch die Schulpsychologie Fragen der Persönlichkeit, der Motivation, des Gedächtnisses und ähnliches diskutiert, doch tut sie dies zweifellos in einer weniger »interessanten« Art und Weise als FREUD und die FREUDianer.

Zum zweiten ist die Psychoanalyse eine *Therapie- und Heilmethode*. In der Tat hat FREUD sie als solche entwickelt, und zwar im Anschluß an die Behandlung einer angeblich hysterischen Patientin, *Anna O.*, durch JOSEF BREUER. Wie wir später sehen werden, war *Anna* in Wahrheit gar kein psychiatrischer Fall; vielmehr litt sie an einer ernsthaften körperlichen Krankheit, und die behauptete »Heilung« war überhaupt keine Heilung. Nichtsdestoweniger hat die Psychoanalyse gerade als therapeutisches Verfahren die größte Verbreitung gefunden, und da dieses Verfahren weitgehend von der allgemeinen psychologischen Theorie, die FREUDs Anhänger annahmen, abhängt, ist der Erfolg oder Mißerfolg der Behandlung von entscheidender Bedeutung, theoretisch wie auch praktisch gesehen.

Drittens kann die Psychoanalyse als eine *Untersuchungs- und Forschungsmethode* angesehen werden. Während FREUD selber zunächst von den Möglichkeiten der Psychoanalyse als Behandlungsmethode begeistert war, machte sich bei ihm nach und nach immer mehr Skepsis breit, und schließlich meinte er, daß er den Menschen wohl weniger als großer Therapeut in Erinnerung bleiben würde, denn als der Urheber einer Methode zur Untersuchung psychischer Prozesse. Was letztere angeht, so beruht sie auf der sogenannten freien Assoziation, bei der von einem Wort oder einer Vorstellung oder einer Szene ausgegangen wird, die ihrerseits von einem Traum, einem Versprechen oder Verschreiben oder aus sonst einer Quelle stammt. Der Patient bzw. die Versuchsperson beginnt alsdann eine Assoziationskette, die – FREUD zufolge – ausnahmslos zu Bereichen persönlichen Anliegens und Interesses führt und dabei häufig unbewußtes Material, das für ein Verständnis der Motive des Handelns bedeutsam und für den Einstieg in eine regelrechte Therapie grundlegend ist, zutage fördert. Tatsächlich wurde die freie Assoziation – wie noch zu zeigen sein wird – von Sir FRANCIS GALTON entdeckt, der ihre Qualitäten lange vor FREUD erkannte. Und wenn man sicherlich von ihr – als (diagnostischer) Technik – einiges Positive sagen kann, so ist sie jedenfalls vom wissenschaftlichen Standpunkt aus äußerst schwach – wir werden die Gründe dafür im Folgenden besprechen.

Das von FREUD aufgestellte Modell vom menschlichen Seelenleben ist oft

15

mit einem hydraulichen System verglichen worden, das Energie (wie Wasser in einem Röhrensystem) von einem Teil der Psyche in einen anderen leitet. Diese Analogie aus Großmutters Zeiten wird von FREUD wieder und wieder vorgebracht, obwohl es gewiß nicht zu dem paßt, was wir (heute) über die Arbeitsweise der menschlichen Psyche wissen. Wie dem auch sei, FREUDs Auffassung war folgende: Wenn eine Vorstellung geeignet ist, das Nervensystem über Gebühr zu erregen, so wird diese Energie in einer Weise umverteilt, daß die bedrohlichen Elemente nicht in das Bewußtsein eintreten können und also im Unbewußten verharren. Diese Energie soll entweder (in der früheren Theoriefassung) sexueller oder selbsterhaltender Natur sein oder (in der späteren Fassung) eine libidinöse oder aggressiv-destruktive Form annehmen. Das in Frage stehende Unbewußte ist allerdings ein höchst spekulatives Konstrukt FREUDs – nicht in dem Sinne, daß es seiner Theoriebildung entsprang, im Gegenteil: Philosophen und Psychologen haben seit über zweitausend Jahren unbewußte Prozesse hypostasiert (wir werden auf viele dieser Vorläufer noch zurückkommen), sondern wegen der eigentümlichen Fassung, die FREUD dem Unbewußten gab. Er schreibt ihm nämlich Kräfte und Tendenzen zu, deren Bestätigung der späteren Forschung nicht möglich war. Im übrigen hat sich seine eigene Theorie im Laufe der Jahre auf vielfältige Weise gewandelt, so sehr, daß man schwerlich eine Einigung darüber erzielen könnte, was eigentlich genau mit dem FREUDschen »Unbewußten« gemeint ist.

Es steht immerhin fest, daß das ganze psychische System danach trachtet, die Verteilung der Energie im Gleichgewicht zu halten, wobei es sich gegen die ihm von innen und außen drohenden Gefahren in mannigfacher Weise schützt. Diese sogenannten Abwehrmechanismen sind nicht zuletzt deshalb so bekannt geworden, weil ihre Bezeichnungen, namentlich Sublimierung, Projektion, Regression, Rationalisierung und andere praktisch schon ihre Bedeutung mitliefern. Jedenfalls war FREUD der Überzeugung, daß eine Verteidigung mit dieserart Mitteln nicht nur dem Neurotiker oder Psychotiker zu Gebote steht, der einem traumatischen Ereignis ausgesetzt ist, mit dem das Ich nicht fertig werden kann, sondern auch der normalen Persönlichkeit, die mit emotionalen Schwierigkeiten zu kämpfen hat. Zu diesem Zwecke entwickelt sich beim heranwachsenden Säugling und Kleinkind eine intrapsychische Struktur, die aus dem Es (der biologischen Energiequelle), dem Ich (einem Teil des Systems, das der Realität zugewandt ist) und dem Über-Ich (dem Teil, der das Gewissen und die Selbstkontrolle enthält) besteht.

Die FREUDsche Psychologie postuliert außerdem gewisse Phasen, die jedes Individuum in seiner Entwicklung bis zur Reifezeit durchläuft (wir werden sie später noch ausführlich besprechen). Sie alle sind »sexueller« Natur – der Ausdruck steht hier in Anführungszeichen, weil FREUD ihn oft in einem viel weiteren Sinne benutzt hat, als unser gewöhnlicher Sprachgebrauch es zuläßt, sollen sie sich doch nicht nur auf die Genitalien beziehen, sondern – schon vor deren Ausbildung – auch auf die Mundzone und den After. Verläuft nun die Entwicklung nicht in ordnungsgemäßen Bahnen, so ist die Wahrscheinlichkeit groß, daß der Betreffende als Erwachsener neurotisches oder psychotisches Verhalten an den Tag legt; und dies kann besonders leicht passieren, wenn jene Abwehrmechanismen, die in der Vergangenheit zum Schutze des Bewußtseins vor gefährlichen psychischen Elementen benutzt wurden, zusammenbrechen.

Ein besonderes Merkmal der Entwicklung beim kleinen Jungen besteht darin, daß er sich in seine Mutter verliebt und wünscht, bei ihr zu schlafen; der Vater hingegen wird als ein übermächtiger Feind betrachtet, der das Kind zu unterdrücken und sogar zu kastrieren vermag. Dies ist der Inhalt des berühmten Ödipuskomplexes. Nach FREUD hängt die zukünftige Gesundheit des Kindes ganz davon ab, wie es mit dieser Konfliktsituation fertig wird.

Die FREUDsche Therapie nun setzt sich zum Ziel, verdrängtes bzw. unbewußtes Material an die Oberfläche zurückzuholen, es bewußt zu machen. Der Therapeut, der die Technik der freien Assoziation einsetzt, baut eine besondere, Übertragung genannte Beziehung zum Patienten auf, die im Grunde einer starken emotionalen Bindung des Patienten an ihn entspricht und dazu dient, eine Heilung zu bewirken; in gewisser Weise ähnelt sie dem Band zwischen Vater und Kind. Ob sie aber tatsächlich zu einer Heilung führt, ist natürlich eine entscheidende Frage; und als Antwort sei vorweggenommen, daß Fachleute dies fast einhellig verneinen.

Soweit also die Grundelemente der Psychoanalyse, die – wenngleich stark vereinfacht – wenigstens das Feld abstecken, das der Autor dieses Buches beackert hat. Die meisten Leser werden zweifellos schon mit einigen Aspekten der Psychoanalyse in Berührung gekommen sein, so daß ich ein gewisses Vorverständnis als gegeben ansehe. Dennoch habe ich die für die einzelnen Kapitel relevanten Detailinformationen an geeigneter Stelle eingefügt. Allerdings werde ich – von Ausnahmefällen abgesehen – keinen Bezug auf die vielen Schüler nehmen, die gegen FREUD rebellierten und ihre eigenen Theorien hervorbrachten. Selbstverständlich gibt es unter diesen etliche Prominente, allen voran C. G. JUNG, des weiteren auch MELANIE KLEIN, WILHELM STEKEL und ALFRED ADLER. Indes wäre eine darüber hinausgehende Aufzählung aller bekannten Namen kaum möglich, kann man doch davon ausgehen, daß es allein in New York derzeit ungefähr hundert verschiedene Schulen der Psychoanalyse gibt. Daß sich diese Analytiker in einem gegenseitigen Vernichtungskrieg befinden, weist auf die Hauptschwäche der FREUDschen Lehre hin: Da sie in ihrer Beweismethode vollständig subjektiv ist, vermag sie keinerlei Methoden bereitzustellen, mit denen zwischen alternativen Theorien entschieden werden könnte. Nun – unser Buch ist der FREUDschen Theorie und nicht den Abtrünnigen unter seinen Schülern gewidmet, und so werden wir uns allein auf den Beitrag des Meisters konzentrieren.

---

[1] Die wörtliche Übersetzung des englischen Titels lautet: »Niedergang und Fall des Freudschen Imperiums«.

[2] S. FREUD (1916/17) 35. Vorlesung (Neue Folge) zur Einführung in die Psychoanalyse u.d.T. Über eine Weltanschauung, StA I, S. 587f.

ERSTES KAPITEL:

FREUD als Mensch

*»Zweifel ist kein angenehmer Zustand –
aber Gewißheit ein absurder.«*

VOLTAIRE

Dieses Buch handelt von der Psychoanalyse, jener psychologischen Theorie, die jetzt vor fast einem Jahrhundert von SIGMUND FREUD begründet wurde. Er selber war der Überzeugung, daß er mit ihr die Grundlagen für eine wahre Wissenschaft von der menschlichen Seele geschaffen hatte. Darüber hinaus erhob er den Anspruch, eine Methode zur Behandlung seelisch Kranker entwickelt zu haben, die allein eine dauerhafte Heilung herbeiführen könnte. Unser Anliegen ist es nun, den heutigen Stellenwert der FREUDschen Lehren im allgemeinen einzuschätzen, im besonderen aber die Ansprüche bezüglich des wissenschaftlichen Status seiner Hypothesen sowie des Wertes seiner therapeutischen Techniken zu überprüfen. Dabei erschien es mir unumgänglich, zunächst einmal FREUD als Menschen darzustellen – jene merkwürdige, widersprüchliche und geheimnisumwitterte Persönlichkeit, die hinter der Theorie und Praxis der Psychoanalyse steht.

In mancherlei Hinsicht werden gestandene Wissenschaftler dieses Unternehmen – zumal als Exposition – für ziemlich überflüssig halten. Wenn wir die Quantenmechanik diskutieren, beginnen wir normalerweise ja auch nicht mit einer Darstellung von PLANCKs Persönlichkeit; wenn wir die Relativitätstheorie erörtern, interessieren uns kaum die Lebensläufe von NEWTON und EINSTEIN. Indes ist es im Falle FREUDs unmöglich, zu einem adäquaten Verständnis seines Lebenswerkes zu gelangen, ohne ihm als Person eine gewisse Aufmerksamkeit zu schenken. Schließlich stammt ein Großteil der psychoanalytischen Theorie aus der Selbsterforschung seiner neurotischen Persönlichkeit: in seiner Schrift zur Interpretation der Träume – der sogenannten *Traumdeutung* von 1900 – beruft er sich auf die Analyse der eigenen Träume; und seine Ideen zur Behandlungstechnik entstammen überwiegend seinen Bemühungen, sich selber zu analysieren und auf diesem Wege seiner neurotischen Schwierigkeiten Herr zu werden. Man hat gesagt, FREUD sei der einzige Mensch gewesen, der es vermochte, seine eigene Neurose der ganzen Welt aufzubürden und die Menschheit quasi nach seinem (kranken) Ebenbild zu formen. Dies ist sicherlich eine beachtliche Leistung; ob sie als wissenschaftliche Leistung angesehen zu werden verdient, ist eine andere Frage, mit der wir uns in den folgenden Kapiteln noch ausführlich beschäftigen wollen.

In der Tat erscheint vielen Wissenschaftlern die Psychoanalyse eher als ein Kunstwerk denn als ein Werk der Wissenschaft. In der Kunst kommt es allein auf die künstlerische Einbildungskraft an; doch ist diese subjektiv, und – im Gegensatz zur wissenschaftlichen Theoriebildung – gibt es bei ihr keinen kumulativen Fortschritt. So ist etwa unsere heutige Physik der von

NEWTON ohne Frage weit überlegen, aber unser Schauspiel bzw. Drama ist dem von SHAKESPEARE und selbst dem der alten Griechen weit unterlegen. Unsere Dichtkunst wird sich kaum mit der von MILTON, WORDS-WORTH oder SHELLEY messen können, dagegen steht unsere Mathematik weit über der von GAUSS oder anderer großer Mathematiker aus früherer Zeit. Wie nun der Dichter oder Dramatiker sich auf sein je eigenes Leben zu berufen pflegt, so gewann auch FREUD seine Einsichten aus ganz persönlichen Erfahrungen, seinem emotionalen Aufruhr und seinen neurotischen Reaktionsweisen. Insofern mag die Psychoanalyse zwar als künstlerische Ausdrucksform akzeptabel sein, als wissenschaftliche Disziplin ist sie es sicher nicht, und folglich hat sie immer schon Proteste von seiten der Wissenschaftler und Wissenschaftstheoretiker (Philosophers of Science) hervorgerufen.

FREUD selbst war sich dieser Tatsache sehr wohl bewußt, und er verkündete gelegentlich, daß er im Grunde gar kein Wissenschaftler sei, sondern ein Konquistador. Der Zwiespalt in dieser Frage war übrigens tief in sein Bewußtsein eingegraben, und oft ließ er Widersprüchliches über den wissenschaftlichen Rang seines Werkes wie der Psychoanalyse überhaupt verlauten. Diese Zweifel sollen später noch ausführlich besprochen werden; hier wollen wir nur festhalten, daß die Psychoanalyse in bedeutsamer, ja fundamentaler Weise von den Prinzipien der reinen Wissenschaft abweicht. »Um so schlimmer für die Wissenschaft!«, hieß es denn auch immer wieder. »Was ist denn an ihr so unumstößlich, daß man die wunderbaren Einsichten des Denkers und Propheten einfach verwerfen dürfte!« Eine solche Einstellung wird sogar häufig von Psychoanalytikern selber offenbart, die den Begriff »Wissenschaft« in der Weise neu interpretiert sehen möchten, daß er die Psychoanalyse mit einschließt. Hiermit wiederum hätte FREUD sich ganz gewiß nicht einverstanden erklärt; er wollte die Psychoanalyse als eine Wissenschaft im traditionellen Sinn verstanden wissen, und jene Bestrebungen wären ihm nur als unbefugte Umdeutungen seines Lebenswerkes vorgekommen. Für ihn war die Psychoanalyse entweder eine reine Wissenschaft, oder sie war gar nichts. Wir werden auch auf diese Frage noch einmal – und zwar im letzten Kapitel – eingehen; es sei nur schon vorweggenommen, daß wir in diesem Buch gerade den Anspruch der orthodoxen Psychoanalyse auf Wissenschaftlichkeit unter die Lupe nehmen wollen. Dabei verwenden wir das Wort »Wissenschaft« im strengen Sinn, nämlich als *Naturwissenschaft* und nicht als *Geisteswissenschaft*. Bekanntlich werden diese beiden Termini technici im deutschen Sprachraum traditionell zur Unterscheidung zwischen den naturwissenschaftlichen Forschungen einerseits und literarischen und historischen Studien andererseits gebracht, während der Begriff *Wissenschaft* unterschiedslos jede Art von akademischer Untersuchung bezeichnet. [Die angelsächsische Tradition dagegen spricht nur von »science«.] –

SIGMUND FREUD wurde am 6. Mai 1856 in der kleinen Stadt Freiberg im seinerzeit österreichischen Mähren – etwa 250 km nordöstlich von Wien (das Gebiet gehört heute zur Tschechoslowakei) – geboren. Seine Mutter war die dritte Frau eines Tuchhändlers, und SIGMUND war ihr erstes Kind, während sein Vater bereits zwei erwachsene Söhne aus erster Ehe hatte. Die junge Frau, die 20 Jahre jünger war als ihr Mann, gebar ihm weitere sieben Kinder; doch SIGMUND war und blieb ihr »unbestrittener Liebling«, zumal keines seiner Geschwister sich mit ihm messen konnte. Diese mütterliche Bevorzugung ließ FREUD später sagen, daß sein Stehvermögen angesichts der zahllosen Anfeindungen von eben dieser Erfahrung, Mamas Liebling zu sein, herrührte. Im übrigen war die Familie jüdisch, wenngleich nicht orthodox.

Als SIGMUND vier Jahre alt war, begann das Geschäft seines Vaters zurückzugehen, und die Familie siedelte schließlich nach Wien über. Dort konnte er das Sperl-Gymnasium besuchen, wo er sich als guter Schüler erweisen sollte: Er blieb sieben Jahre lang Klassenprimus. Besonders überragende Leistungen vollbrachte er in den Sprachen. Er beherrschte das Latein und Griechisch und konnte bald auch Englisch und Französisch fließend lesen; überdies lernte er später noch Spanisch und Italienisch. Am meisten interessierte er sich für die Fächer Deutsch und Philosophie; als er jedoch mit siebzehn Jahren die Wiener Universität bezog, entschied er sich für das Medizinstudium. Bis zur Promotion verflossen acht Jahre, nachdem er zunächst seinen Neigungen zur Chemie und Zoologie nachgegangen war. Danach studierte und forschte er sechs Jahre lang in dem physiologischen Laboratorium von ERNST WILHELM RITTER VON BRÜCKE und veröffentlichte über seine Arbeit dort mehrere Artikel in Fachzeitschriften. Unter dem Zwang, seinen eigenen Lebensunterhalt zu verdienen, legte er schließlich sein medizinisches Examen ab und ließ sich 1882 als Assistenzarzt an das Allgemeine Krankenhaus in Wien verpflichten. Dort konnte er weiterhin seinen Forschungsinteressen nachgehen, die ihn jetzt auf das Gebiet der Hirnanatomie führten. Mit der Neurologie beschäftigte er sich immerhin bis zu seinem 41. Lebensjahr und veröffentlichte zahlreiche Monographien über Aphasie (Sprachausfälle) und zerebrale Lähmungen bei Kindern u.a.m.

Im Alter von 29 Jahren wurde er zum Privatdozenten der Neuropathologie ernannt. Zudem erhielt er ein Reisestipendium, das ihm einen fünfmonatigen Studienaufenthalt bei CHARCOT in Paris ermöglichte. Dieser war berühmt für seine Demonstrationen der Hypnosetechnik, und es war recht eigentlich die Beziehung zu CHARCOT, die FREUD endgültig von der (Neuro)Physiologie abbrachte und sein Interesse auf rein psychologische Probleme lenkte. Nach seiner Rückkehr aus Frankreich heiratete er und eröffnete eine neurologische Privatpraxis. Indes war und blieb sein Ziel, wissenschaftlichen Ruhm zu erlangen. Zu diesem Zweck entwickelte er auf der Grundlage seiner Beobachtungen an Patienten eine Theorie, die neurotische Störungen nicht nur zu erklären vorgab, sondern ihn zugleich in die Lage zu setzen schien, eine Heilung herbeizuführen, was viele seiner Kollegen bislang vergeblich versucht hatten.

Zweifellos spielte in FREUDs Leben der Ehrgeiz eine große Rolle; schon als Student schrieb er seiner Verlobten von seinen »zukünftigen Biographen«. Ein früher Anlauf, durch eine Entdeckung berühmt zu werden, führte ihn zur Untersuchung der potentiellen Anwendungen des Kokains; dabei galt sein Hauptinteresse dessen schmerzlindernden und zugleich euphorisierenden Eigenschaften, hatte er doch herausgefunden, daß das Mittel ihm selber über periodische Anfälle von Depression und Apathie, die seine Arbeit häufig unterbrachen und ihn geistig zu lähmen drohten, hinweghelfen konnte. Unglücklicherweise übersah er die suchtbildende Komponente des Kokains, so daß er es recht unbekümmert und wahllos in der Familie und im Freundeskreis empfahl, ja sogar in einem Aufsatz seine Anwendung allgemein befürwortete. Wie wir später noch sehen werden, kommt dem Kokain in FREUDs Entwicklung eine entscheidende Bedeutung zu.

In der Nachfolge von CHARCOT wandte FREUD die Hypnose bei seinen neurologischen Privatpatienten an, war jedoch von ihren Ergebnissen enttäuscht. Statt dessen begann er sich für eine neue Methode der Behandlung von Hysterie zu interessieren, in die er durch einen älteren Freund, den Nervenarzt JOSEF BREUER, eingeführt wurde. Die Hysterie war eines der häufigsten nervösen Leiden der Zeit. Der Krankheitszustand geht einher mit Lähmungen und anderen körperlichen Störungen, die ohne erkenntliche organische Ursachen auftreten. Heutzutage ist diese anscheinend stark kulturabhängige Krankheit fast vollständig verschwunden: Als einer meiner Doktoranden eine Untersuchung über die Fähigkeit von Hysterikern, konditionierte Reflexe auszubilden, durchführen wollte, konnte er über Jahre hin nur eine ganz kleine Zahl von Patienten ausfindig machen, bei denen wenigstens ansatzweise Symptome dieser klassischen Nervenstörung vorhanden waren.

Eine von BREUERs damaligen Patientinnen war BERTHA PAPPENHEIM, eine begabte, aus gutem Hause stammende junge Dame, deren Fall später unter dem Pseudonym *Anna O.* veröffentlicht wurde. BREUER versetzte sie unter Hypnose in einen entspannten Zustand und forderte sie auf, alles, was ihr in den Sinn kam, offen auszusprechen – diese »Redekur« scheint der Ursprung aller späteren sogenannten »Gesprächs(psycho)therapien« zu sein. Während jener Sitzungen nun erinnerte sich die Patientin bald gewisser Einzelheiten einer länger zurückliegenden heftigen Gefühlsreaktion auf einen schmerzlichen Vorfall, den sie offensichtlich aus ihrem Bewußtsein verdrängt hatte; das Reden wirkte wie eine »Katharsis« – eine Reinigung –, und als Folge verschwanden ihre Symptome. Wir werden noch sehen, daß dieser in den von FREUD und BREUER gemeinsam publizierten *Studien zur Hysterie* (1895) gegebene Bericht von Grund auf fehlerhaft war. In Wirklichkeit litt das Mädchen überhaupt nicht an einer Neurose, sondern an einer schweren körperlichen Krankheit – und sie wurde auch durch die bei ihr angewandte kathartische Methode keineswegs »geheilt«. Hier wie in vielen anderen von FREUD veröffentlichten Fällen entsprach der Krankenbericht durchaus nicht den Tatsachen.

Wie dem auch sei, bei jener Behandlung kam es dadurch zu Komplikationen, daß sich zwischen BREUER und seiner attraktiven Patientin eine starke emotionale Beziehung entwickelte, woraufhin BREUERs Frau eifersüchtig wurde und er die Behandlung abbrach, um mit ihr auf eine zweite Hochzeitsreise nach Venedig zu fahren. FREUD seinerseits, der die BREUERsche Behandlungsmethode übernahm, ersetzte die Hypnose durch die Technik der freien Assoziation. Dabei wählte er als Ausgangspunkt gewisse Ereignisse aus den Träumen seiner jetzt vorzugsweise weiblichen Patienten und ermutigte sie, alles zu sagen, was ihnen zu bestimmten Details des Traumgeschehens einfiel.

Die Methode der freien Assoziation als solche stammt ursprünglich von SIR FRANCIS GALTON, dem gefeierten englischen Naturforscher und einem der Begründer der Londoner Schule der Psychologie. Er benutzte – wie übrigens auch C.G. JUNG vierzig Jahre später – eine Liste von 100 Wörtern und ließ seine Versuchspersonen (oder sich selbst) das allererste Wort aussprechen, das ihnen bewußt wurde; dabei maß er ihre Reaktionszeiten. Er war sehr beeindruckt von der Sinnfülle der Assoziationen und berichtete darüber begeistert in der englischen Fachzeitschrift *Brain:*

»Sie offenbaren den Grund der Gedanken eines Menschen mit seltsamer Deutlichkeit und zeigen seine geistige Struktur mit mehr Lebendigkeit und Wahrhaftigkeit, als er es normalerweise vor anderen zugeben würde. ... vielleicht der stärkste Eindruck, den diese Experimente hinterlassen, betrifft die Mannigfaltigkeit jener Arbeit, die der Geist im halb unbewußten Zustand leistet, sowie das stichhaltige Argument, das sie für die Annahme der Existenz noch tieferer, gänzlich unter die Schwelle des Bewußtseins herabgesunkener Schichten geistiger Prozesse liefern und die möglicherweise auch geistigen Phänomenen Rechnung tragen, die anderweitig nicht erklärt werden können.«[1]

Hier ist noch eine andere aufschlußreiche Äußerung GALTONs über seine Wortassoziationsexperimente. Die Resultate, sagt er,

»... gaben mir ein interessantes und unerwartetes Bild von der Vielzahl geistiger Prozesse wie auch den dunklen Tiefen, in denen sie stattfanden und deren ich mir bislang nur wenig bewußt gewesen war. Der allgemeine Eindruck, den sie bei mir hinterließen, entspricht der Erfahrung, die wir machen, wenn unser Haus einmal grundlegenden sanitären Reparaturen unterzogen wurde und wir zum erstenmal im Keller das komplexe System von Abflüssen nebst Gas- und Wasserrohren, Abluftkanälen, Klingelzügen und so fort entdeckten, von dem zwar unsere Bequemlichkeit abhängt, das aber gewöhnlich unseren Blicken verborgen ist und um dessen Existenz wir uns, solange es einwandfrei funktioniert, niemals gekümmert haben.«[2]

C. T. BLACKER, der ehemalige Generalsekretär der [von GALTON initiierten] Eugenischen Gesellschaft Großbritanniens, schrieb in einem Buch über GALTON hierzu, er fände, es sei eine bemerkenswerte Tatsache, daß GALTON – ein schüchterner Mann, der in sexueller Hinsicht starken Hemmungen unterworfen war – eine von ihm selbst ersonnene Untersuchungsmethode so entschlossen und zielstrebig bei sich angewandt habe und daß er zu derartigen Schlußfolgerungen gelangen konnte. Seine Leistung sei ein Zeugnis für seine Aufrichtigkeit wie auch seine Willensstärke. Denn er habe in sich selbst jene »Widerstände« überwunden, die zu durchbrechen eigentlich eine der Aufgaben des Analytikers sei.

In GALTONs eigenen Worten war seine selbstauferlegte Aufgabe »… eine höchst widerwärtige und anstrengende Arbeit, und nur durch starke Selbstkontrolle konnte ich meinen Plan programmgemäß erfüllen«.

Die späteren Arbeiten von FREUD und JUNG erweitern zweifellos die von GALTON gezogenen Schlußfolgerungen, auch wenn es in keinem wichtigen Punkt echte Unterschiede gibt.

Was FREUD anbelangt, so war er damals Abonnent der Zeitschrift *Brain* und dürfte daher fast mit Sicherheit GALTONs Werk gekannt haben. Erstaunlicherweise aber nahm er niemals auf jene früheren Experimente Bezug, noch erkannte er in der Frage der Existenz unbewußter geistig-seelischer Prozesse GALTON die Priorität zu. Dies ist typisch für FREUD, der allgemein in der Anerkennung von Beiträgen seiner Vorgänger sehr sparsam war, ganz gleich, wie direkt sie sein eigenes Werk vorwegnahmen. Wir werden im Folgenden noch auf weitere Beispiele dieser Art zu sprechen kommen.

Unter dem Druck etlicher neurotischer Symptome unterzog sich FREUD einer langwierigen Selbstanalyse. Die daraus und aus seiner nervenärztlichen Tätigkeit gewonnenen Erfahrungen brachten ihn dazu, seine Aufmerksamkeit auf Kindheitsereignisse zu konzentrieren und insbesondere der frühkindlichen Sexualentwicklung für die Entstehung der Neurosen und die Entwicklung der Persönlichkeit überhaupt große Bedeutung beizumessen. Wie erwähnt, analysierte er auch seine eigenen Träume und befragte zwecks Aufklärung gewisser Details seine Mutter. FREUD glaubte nämlich, in dem auftauchenden Material Rückstände verdrängter Affekte aus seiner frühen Kindheit gefunden zu haben, insonderheit destruktive und feindliche Gefühle gegen seinen Vater und zugleich eine intensive Zuneigung zur Mutter. Wir ahnen schon: das war die Geburt des Ödipuskomplexes.

Im Jahre 1900 veröffentlichte FREUD sein erstes größeres Werk über die Psychoanalyse, nämlich *Die Traumdeutung*. Er fuhr fort zu publizieren, versammelte eine Schar ergebener Jünger um sich (mit ihnen gründete er später die *Wiener Psychoanalytische Vereinigung*) und erlangte schließlich auch den Professorentitel. Über seine Gefolgsleute herrschte er in ausgesprochen diktatorischer Weise, wobei er jene, die ihm nicht rückhaltlos zustimmten, kurzerhand aus dem Kreis ausschloß. Der berühmteste in der Reihe der Verbannten war wohl C. G. JUNG.

Die Psychoanalyse ist seither ein Kult geblieben, feindlich gegen alle Außenseiter und entschlossen in der Weigerung, Kritik zu akzeptieren, wie wohlbegründet sie auch sein mag; zudem beharrt sie weiterhin auf Initiationsriten, die mehrere Jahre Lehranalyse bei Mitgliedern der Vereinigung einschließen.

Es würde wenig Sinn ergeben, auch noch die späteren Ereignisse in

FREUDs Leben im einzelnen aufzuzeigen; diejenigen, die für die folgenden Kapitel relevant sind, werden an geeigneter Stelle Erwähnung finden. Im übrigen stehen dem interessierten Leser zahlreiche FREUD-Biographien zur Verfügung. Leider sind die meisten, wenn nicht alle dieser Lebensbeschreibungen quasi von Hagiographen verfaßt worden – Heldenverehrern also, die an ihrem Führer nichts Negatives erkennen können und die auch das kleinste Wort der Kritik als Sakrileg angesehen hätten. Infolgedessen werden sogar objektive Tatsachen falsch dargestellt oder falsch ausgelegt, so daß man diesen Schriften nur wenig Glauben schenken kann.

Das gleiche aber muß über FREUDs eigene Schriften gesagt werden; er war kein vertrauenswürdiger Gewährsmann – denken wir nur an die bereits erwähnte Mißachtung der Priorität anderer Forscher, ganz gleich, wie offenkundig diese Priorität für den Wissenschaftshistoriker sein mochte. Er war offensichtlich entschlossen, um seine Person und seine Leistungen eine Legende zu bilden; dabei sah er sich in der Rolle des alten Helden, der gegen eine feindliche Umwelt ankämpfen muß und trotz Verfolgung schließlich als Sieger heimkehrt. Mit Unterstützung ergebener Gefolgsleute gelang es ihm in der Tat, die Welt mit dieser durch und durch unaufrichtigen Selbstdarstellung zu beeindrucken. Dennoch dürfte niemand, der mit den wahren historischen Begebenheiten und ihren Hintergründen vertraut ist, die Diskrepanz zwischen FREUDs Berichterstattung über die Ereignisse und den Ereignissen selbst übersehen. Beim Lesen und Auswerten der Schriften FREUDs und seiner Anhänger empfiehlt es sich daher, eine Reihe von Regeln zu beachten, die wir im Folgenden ausführlich besprechen wollen; dabei soll es uns nicht an Beispielen fehlen, die zeigen, welchen Nutzen wir aus ihrer Anwendung ziehen können.

Die erste Regel – sie ist besonders wichtig für jeden, der die Wahrheit über die Psychoanalyse und FREUD herausfinden möchte – lautet so: *Glaube nichts von dem, was irgendwo über FREUD geschrieben steht – vor allem nicht, wenn es von FREUD selber oder von anderen Psychoanalytikern geschrieben wurde –, ohne auf die einschlägigen Beweise zu schauen!* Anders gesagt, was da behauptet wird, ist oft unrichtig und kann sogar das Gegenteil von dem sein, was tatsächlich passierte. FRANK J. SULLOWAY hat in diesem Zusammenhang vom »Mythos des Helden in der psychoanalytischen Bewegung« gesprochen und dazu folgendes ausgeführt:

»Wenige Gestalten der Wissenschaft – wenn denn überhaupt welche – sind derart legendenumwoben wie die Freuds. ... die traditionelle Darstellung der Freudschen Leistungen hat ihre mythologischen Proportionen auf Kosten des historischen Kontextes erworben.«[3]

In diesem Sinne sieht SULLOWAY die Kluft zwischen dem tatsächlichen und dem bloß behaupteten Geschehen als

»... eine Vorbedingung für das Entstehen wirksamer Mythen, die unweigerlich Geschichte zu leugnen versuchen... Virtuell [i.e. praktisch] alle wichtigen Legenden und Mißverständnisse der traditionellen Freud-Forschung...« seien aus der Tendenz erwachsen, diesen »Mythos des Helden« zu erzeugen.

Der Leser mag sich darüber wundern, warum er SULLOWAY (oder auch dem Autor dieser Zeilen) mehr glauben sollte als FREUD selber. Und ohne Frage empfiehlt es sich in jedem Fall, auf die Originaldaten zurückzuge-hen. Zum Glück wird dies dadurch erleichtert, daß einige Historiographen der FREUDschen Bewegung zahlreiche Dokumente gleich mit abdrucken, so auch SULLOWAY. Sollte also auf diesen Seiten irgend etwas stehen, das unwahrscheinlich klingt, so bleibt dem interessierten Leser immer die Möglichkeit, die dem Text zugrunde liegenden Quellen einzusehen.

Für unseren Gedankengang findet sich in besagtem Buch von SULLOWAY eine umfassende Dokumentation der wichtigsten Belegstellen, die sich ge-rade wegen ihrer Vollständigkeit für den weiteren Gebrauch anbieten. Da-bei werden wir uns gelegentlich den überflüssigen Einzelnachweis erspa-ren, zumal das Bibliographie-Kapitel noch weitere Hinweise liefert.

Es gibt – nach HENRY ELLENBERGER –[4] zwei Hauptmerkmale, die den Mythos des Helden in der Geschichte der Psychoanalyse charakterisieren. Als erstes haben wir die Betonung von FREUDs intellektueller Isolierung während seiner entscheidenden Entdeckerjahre sowie der übertrieben feindlichen Aufnahme seiner Theorien durch eine Öffentlichkeit, die auf diese Enthüllungen nicht vorbereitet war. Das zweite Merkmal der Hel-denlegende hebt FREUDs »absolute Originalität« als Wissenschaftler her-vor, wobei ihm Entdeckungen zugeschrieben werden, die bereits von sei-nen Vorläufern, Zeitgenossen, Rivalen und Anhängern gemacht wurden. SULLOWAY kommentiert:

»Solche Mythen über Freud als Helden der Psychoanalyse sind weit da-von entfernt, lediglich zufälliges Nebenprodukt seiner in höchstem Maße charismatischen Persönlichkeit oder seines ereignisreichen Le-benslaufes zu sein. Und sie sind auch nicht bloß unabsichtliche Entstel-lungen der biographischen Fakten. Eher hat sich Freuds Lebensge-schichte für ein archetypisches Schema, das nahezu allen Heldenmythen gemeinsam ist, angeboten, und seine Biographie ist häufig umgeschrie-ben worden, um diesem archetypischen Schema zu genügen, wann im-mer suggestive biographische Details erst einmal den Weg dazu gewie-sen haben.«

Gehen wir auf den traditionellen Heldenmythos zurück, so stoßen wir – nach JOSEPH CAMPBELL –[5] als wesentliches Element zunächst auf »eine gefährliche Reise«, die drei immer wiederkehrende Motive hat, nämlich »Isolation, Einweihung (Initiation) und Heimkehr«. Der »Berufung zum Abenteuer« geht oft eine zufällige Begebenheit voraus – im Falle FREUDs war es der ungewöhnliche Verlauf der Behandlung von *Anna O.* Der Ruf mag eine Zeitlang vom zukünftigen Helden abgewiesen werden – FREUD ließ das ungelöste Problem sechs Jahre auf sich beruhen –, und der Anstoß für seine verspätete Annahme kann von einer fremden Schutzgestalt kom-men – bei FREUD war es CHARCOT, der ihn auf den rechten Weg zurück-brachte. Als nächstes sieht sich der Held einer Reihe schwerer Prüfungen ausgesetzt, wobei er unter Umständen durch Frauen, die als Versucherin-nen auftreten, in die Irre geführt wird und seinen Weg verfehlt – man könnte hier an FREUDs verfehlte »Verführungstheorie« denken, nach der kleine Kinder, die als Erwachsene eine Neurose entwickeln, stets in jungen Jahren mißbraucht wurden; bekanntlich hielt diese Vorstellung FREUD lange Zeit von der Entdeckung der infantilen Sexualität und des Ödipuskomplexes ab –. In diesem Stadium tritt ein geheimer Helfer auf den Plan und steht dem Helden bei – hier können wir seinen Freund FLIESS nennen, der FREUD ja während seiner mutigen Selbstanalyse mit Rat und Tat zur Seite stand –. Die nächste Etappe der Reise des Helden ist die gefährlichste: sie geht – will man CAMPBELL folgen –

»... nach innen ... in die Tiefe, wo dunkle Widerstände überwunden und lange vergessene, verschwunden geglaubte Mächte wiederbelebt werden, die in den Dienst der Veränderung der Welt treten sollen.«[6]

SULLOWAY vergleicht die Geschichte von FREUDs heroischer Selbstanalyse mit analogen Episoden alter, mythenumwobener Heroen wie etwa ÄNEAS, der in die Unterwelt hinabstieg, um sein Schicksal zu erkunden, oder MOSES, der den Exodus der Israeliten aus Ägypten anführte. Ein weithin bekannter Psychoanalytiker, KURT EISSLER, schildert die Art und Weise, auf die diese Selbstanalyse so umgedeutet wurde, daß sie in das Heldenschema paßte, folgendermaßen:

»Der Heroismus – man ist geneigt, ihn so zu bezeichnen –, der erforderlich war, ein solches Unterfangen auszuführen, ist noch immer nicht hinreichend gewürdigt worden. Aber jeder, der sich je einer persönlichen Analyse unterzogen hat, wird wissen, wie stark der Impuls ist, vor der Einsicht ins Unbewußte und Verdrängte davonzulaufen ... Freuds Selbstanalyse wird eines Tages einen hervorragenden Platz in der Geistesgeschichte einnehmen, genau wie der Umstand, daß sie überhaupt stattgefunden hat, vielleicht für immer ein Problem bleiben wird, das den Psychologen verblüfft.«[7]

Auf die Isolierung und Einweihung folgt die Heimkehr; wenn der archetypische Held seine Bewährungszeit hinter sich hat, tritt er als ein Mensch in Erscheinung, der mit der Macht ausgestattet ist, seinen Mitmenschen große Wohltaten zu erweisen. Doch selbst jetzt ist der Weg des Helden nicht leicht: Die Verbreitung seiner neuen Lehre stößt auf starke Widerstände, da viele seine Botschaft nicht begreifen. Schließlich aber – nach langem Kampfe – wird er doch als Meister angenommen, empfängt seine Belohnung und erntet den ihm gebührenden Ruhm.

SULLOWAY hat nun die Rezeption von FREUDs Originalbeiträgen seitens der Fachwelt wie auch der allgemeinen Kritik aufs genaueste geprüft und dabei erstaunliche Ungereimtheiten festgestellt. So teilt uns ERNEST JONES, der offizielle Biograph FREUDs, mit, wie dieser sich anderthalb Jahre nach Veröffentlichung seines klassischen Werkes, der *Traumdeutung*, darüber beklagt habe, daß noch immer

»... keine einzige wissenschaftliche Zeitschrift und nur einige wenige andere das Buch erwähnt (hätten). Es werde einfach ignoriert.«[8]

Von den fünf allgemeinen Besprechungen des Werkes aber wären drei entschieden negativ gewesen. JONES' Fazit lautet:

»Selten hat ein wichtiges Buch so wenig Widerhall gefunden.«

Doch damit nicht genug: Während jenes Traumbuch »als phantastisch und lächerlich aufgenommen« worden war, empfand man die *Drei Abhandlungen zur Sexualtheorie*, in denen er die kindliche Unschuld in sexuellen Dingen bestritt,

»... als schockierende Verderbtheit. Freud mußte ein übler und obszöner Mensch sein«, und sein »Angriff auf die ursprüngliche Unschuld der Kinder war (in den Augen der puritanischen Kritiker) unverzeihlich«.[9]

FREUD versuchte in seiner ›*Selbstdarstellung*‹ einen ganz ähnlichen Eindruck zu erwecken:

»Durch mehr als ein Jahrzehnt nach der Trennung von Breuer hatte ich keine Anhänger. Ich stand völlig isoliert. In Wien wurde ich gemieden, das Ausland nahm von mir keine Kenntnis. Die *Traumdeutung*, 1900, wurde in den Fachzeitschriften kaum referiert.«

Und er fährt in gleichem Atemzug fort, daß

»... ich von jetzt ab zu denen gehörte, die ›am Schlaf der Welt gerührt‹ haben ... und daß ich auf Objektivität und Nachsicht nicht zählen durfte«.[10]

All dies steht im Einklang mit dem schönen Mythos von der Isolierung des Helden am Beginn seiner Reise; dagegen zeigt ein Blick auf die historischen Daten, daß die ursprüngliche Aufnahme von FREUDs Theorien eine ganz andere war, als es jene traditionellen Pro-domo-Darstellungen vermuten lassen. Nach den Untersuchungen von BRY und RIFKIN wurde die *Traumdeutung*

»... anfangs in wenigstens elf allgemeinen oder Fachzeitschriften rezensiert, darunter sieben aus dem Bereich von Philosophie und Theologie, Psychologie, Neuropsychiatrie, parapsychologischer Forschung und Kriminalanthropologie. Die Rezensionen sind individuelle Darstellungen und keine bloßen Routineanzeigen und belaufen sich zusammen auf mehr als 7500 Worte. Die Zeitspanne zwischen Veröffentlichung und Rezension beträgt durchschnittlich ein Jahr, was durchaus nicht unangemessen ist. Für den Essay ›Über den Traum‹ [1901a] haben wir neunzehn Rezensionen ausfindig gemacht, die sämtlich in medizinischen und psychiatrischen Fachzeitschriften erschienen, mit einer Gesamtsumme von 9500 Worten und einem durchschnittlichen Zeitabstand von acht Monaten. Es hat den Anschein, daß Freuds Traumbücher in anerkannten Zeitschriften ausführlich und rasch rezensiert worden sind, darunter in den hervorragendsten auf den jeweiligen Gebieten.

Überdies wählten die Herausgeber der internationalen Jahresbibliographien für Psychologie und Philosophie Freuds Bücher über den Traum zur Aufnahme aus. In diesem Lande [USA] verzeichnete *The Psychological Index* die *Traumdeutung* nur vier Monate nach der Veröffentlichung. Etwa Ende 1901 war Freuds Beitrag der Aufmerksamkeit von Ärzten, Psychiatern, Psychologen und allgemeingebildeten Kreisen auf internationaler Ebene nahegebracht.«

Schließlich stellen BRY und RIFKIN noch zur Qualität der Arbeiten fest:

»Einige Rezensionen sind gründlich und höchst kompetent, mehrere stammen von Autoren, die auf diesem Gebiet selbst entscheidende Arbeit geleistet haben, alle sind respektvoll. Einwände werden erst nach einer unvoreingenommenen Zusammenfassung der inhaltlichen Hauptthesen des Buches vorgebracht.«[11]

Addiert man die vorstehenden Zahlen, so ergeben sich allein in bezug auf FREUDs Abhandlungen über Träume nicht weniger als dreißig separate Besprechungen mit insgesamt 17.000 Worten – welch ein Kontrast zu dem, was FREUD, JONES und die meisten anderen Biographen FREUDs über jene Periode seines Schaffens behauptet haben. Es ist auch nicht wahr, wie behauptet wird, daß die Rezensenten im ganzen gesehen FREUDs neue Traumlehre feindselig aufnahmen. Schon die allererste Rezension, die überhaupt erschien, beschrieb sein Buch von 1900 als »epochemachend«; und der Psychiater PAUL NÄCKE, der auf dem Gebiet internationales Ansehen genoß und viele medizinische Bücher im deutschen Sprachraum rezensiert hat, nannte *Die Traumdeutung*

»... *psychologisch das Tiefste, was die Traumpsychologie bisher aufzuweisen hat* ... *im Ganzen* ... *aus einem Gusse und genial durchdacht.*« (Kursive von Näcke)[12]

Von dem deutschen Psychologen WILLIAM STERN gibt es eine interessante Besprechung, die von JONES – zusammen mit anderen – als »beinahe so vernichtend« eingeschätzt wurde, »wie es ein völliges Totschweigen gewesen wäre«;[13] hier dagegen, was STERN tatsächlich schrieb:

»Werthvoll erscheint mir vor Allem das Bestreben [des Autors], sich bei der Erklärung des Traumlebens nicht auf die Sphäre des Vorstellungslebens, des Associationsspiels, der Phantasietätigkeit, der somatischen Beziehungen zu beschränken, sondern auf die mannigfachen, so wenig bekannten Fäden hinzuweisen, die in die kernhaftere Welt der Affecte hinunterleiten und vielleicht erst in der That die Gestaltung und Auswahl des Vorstellungsmaterials verständlich machen werden. Auch sonst enthält das Buch viel Einzelheiten von hohem Anregungswert, feine Beobachtungen und theoretische Ausblicke: vor Allem aber ein außerordentlich reichhaltiges Material an sehr genau registrierten Träumen, das jedem Arbeiter auf diesem Gebiete hochwillkommen sein muß.«[14]

Vernichtend?

Wie aber steht es mit den *Drei Abhandlungen zur Sexualtheorie*? Tatsächlich wurden auch sie – nach BRY und RIFKIN – von der wissenschaftlichen Welt gut aufgenommen und erhielten zumindest zehn Besprechungen, die – wenngleich nicht ohne Kritik – FREUDs Beitrag eindeutig begrüßten. Sehen wir uns wiederum an, was NÄCKE zu sagen wußte:

»Verf. wüßte kein Werk anzuführen, das in solcher Kürze so geist- und gedankenreich die wichtigen Sexualprobleme behandelt. Dem Leser und sogar dem Sachverständigen erschließen sich ganz neue Horizonte und für Lehrer und Eltern werden neue Lehren zum Verständnis der Sexualität der Kinder gegeben ... Freilich verallgemeinert Verf. [scil. FREUD] sicher seine Thesen viel zu sehr ... Wie eben jeder seine Kinder

besonders liebt, so der Verf. seine Theorien. Wenn wir ihm nun hier und in so machem anderen nicht zu folgen vermögen, so benimmt das nur wenig dem Ganzen seinen Wert... Der Leser allein kann sich selbst von dem ungeheuren Reichtum des Inhalts einen richtigen Begriff machen. *Wenige Schriften dürften ihr Geld so wert sein, wie diese!*« (Kursive von Näcke)[15]
Und ein anderer bekannter Sexualforscher schrieb in einem seinerzeit sehr angesehenen Jahrbuch,

»... daß kein 1905 publiziertes Buch dem Freuds an Einsicht in die Probleme der menschlichen Sexualität gleichkomme.«[16]

SULLOWAY, der dies zitiert, beschließt sein Referat zur Rezeption der FREUDschen Theorien:

»Von besonderer historischer Bedeutung ist, daß kein Rezensent Freud wegen seiner Erörterung des infantilen Sexuallebens kritisierte, wenn manche Autoren in diesem Zusammenhang auch seine spezielleren Behauptungen über die oralen und analen erogenen Zonen in Frage stellten. ›Heutige Berichte über Freuds Leben besagen‹, so Ellenberger, ›die Veröffentlichung seiner Sexualtheorien habe Empörung hervorgerufen, weil sie in einer viktorianischen Gesellschaft etwas unerhört Neues gewesen seien. Dokumentarische Beweise zeigen, daß dies nicht den Tatsachen entspricht‹ (1973, 2:703). ›... in Wien..., wo Sacher-Masoch, Krafft-Ebing und Weininger mit Nonchalance gelesen wurden, schockierte Freuds Pansexualismus kaum jemanden‹ ([Johnston] 1972:249).«[17]

Es gibt noch andere Zeugnisse dafür, daß das, was FREUD und seine Biographen über die Entwicklung der Psychoanalyse und das persönliche Schicksal ihres Helden verlauten ließen, im Widerspruch zu den historischen Begebenheiten stand. Leser, die sich für weitere Details interessieren, kann ich nur auf SULLOWAY, ELLENBERGER und andere in meinem Bibliographie-Kapitel erwähnte Autoren verweisen. Allerdings dürfte schon das bisher Gesagte für den Nachweis genügen, daß die Aussagen FREUDs und seiner Anhänger als sachlich unrichtig angesehen werden können. Ihre Klagen entsprangen eindeutig der Absicht, um FREUD eine Legende zu bilden, die ihn – ganz im Sinne der alten Mythentradition – als Helden hinstellt. Einer derartigen Legende durften keinerlei Fakten oder Daten im Wege stehen. Diese Vereinnahmung des Mythos ist indes nicht nur im Hinblick auf die Anfänge der Psychoanalyse zu konstatieren, sondern sie erstreckt sich auch auf andere Bereiche.

Und damit kommen wir zu der zweiten Regel, die jeder Leser, der an einer wahrheitsgemäßen Darstellung der Psychoanalyse interessiert ist, befolgen sollte: *Glaube nichts, was FREUD und seine Anhänger über den Erfolg der psychoanalytischen Behandlung gesagt haben.* Nehmen wir beispielsweise den Fall der *Anna O.*, welche – der Legende gemäß – durch BREUER von ihrer Hysterie vollständig geheilt wurde und deren Krankengeschichte später geradezu als ein klassischer Fall von Hysterie präsentiert wurde.

Anna war eine junge Frau von 21 Jahren, als BREUER gebeten wurde, ihr zu helfen. Sie hatte sich ihr Leiden im Verlauf der aufopfernden Pflege ihres kranken Vaters zugezogen, und das emotionale Trauma, das sie infolge seiner Krankheit und schließlich seines Todes erlitten hatte, war nach Meinung BREUERs der unmittelbare Auslöser ihrer Symptome. Während der Behandlung entwickelte BREUER – dank ihrer Hilfe – jene neue »Redekur« (ursprünglich von ihr englisch »talking cure« genannt), die dann von FREUD übernommen werden sollte. Später behaupteten BREUER und FREUD, *Annas* Symptome seien durch die kathartische Wirkung der Behandlung »dauerhaft beseitigt« worden; im Gegensatz dazu enthalten Fallaufzeichnungen aus jener Zeit, die kürzlich in der berühmten BINSWANGER-Klinik, der Kuranstalt Bellevue im schweizerischen Kreuzlingen, gefunden wurden, den definitiven Beweis, daß die Symptome, die BREUER vorgeblich zum Verschwinden gebracht hatte, noch lange, nachdem *Anna* aus seiner Obhut entlassen worden war, weiterbestanden. Wie man in den *Studien über Hysterie* von 1895 (G.W. I) nachlesen kann, hatte die Krankengeschichte seinerzeit mit einem »hysterischen Husten« begonnen, jedoch waren bald Muskelkontrakturen, Lähmungen, Anfälle, Anästhesien, Eigentümlichkeiten in der Sehwahrnehmung und merkwürdige Sprachstörungen (darunter der Verlust ihrer Muttersprache) hinzugekommen. Wie gesagt, vermochte BREUER diese Symptome keineswegs zu »heilen«, vielmehr hielten sie auch nach Beendigung seiner Behandlung hartnäckig an.

Im übrigen aber litt *Anna* in Wirklichkeit gar nicht an »Hysterie«, sondern an einer schweren körperlichen Krankheit, nämlich an tuberkulöser Gehirnhautentzündung (Meningitis tuberculosa). E. N. THORNTON gibt über diese Fallgeschichte eine detaillierte Darstellung, in der es unter anderem heißt:

»Die Krankheit, an der Berthas Vater litt [Annas wirklicher Name war Bertha Pappenheim], war ein subpleuritischer Abszeß, eine häufige Komplikation der Lungentuberkulose, die damals in Wien grassierte. Da Bertha bei der Pflege half und viele Stunden an der Seite des Bettes verbrachte, mußte sie zahlreichen Gelegenheiten der Infektion ausgesetzt gewesen sein. Überdies hatte ihr Vater Anfang 1881 eine Operation durchgemacht – mutmaßlich eine Inzision des Abszesses und die Einsetzung einer Kanüle; dies wurde zu Hause durch einen Wiener Chirurgen besorgt. Das Wechseln der Wundverbände und die Beseitigung der eitrigen Wundabsonderungen dürften zu weiterer Ausstreuung der infektuösen Mikroben geführt haben. Daß der Vater trotz jeder erdenklichen Pflege starb, deutet auf einen virulenten Stamm der eingedrungenen Bakterien hin.«[18]

THORNTONs Bericht verdient vor allem Beachtung im Hinblick auf *Annas* langanhaltenden Krankheitsverlauf sowie die Tatsache, daß BREUERs Behandlung völlig unwirksam war, zumal sie – aufgrund einer irrtümlichen Diagnose – gar nicht auf die eigentliche Krankheit abzielte. Wenn also FREUD und seine Anhänger diesen Fall für ihre Erfolgsbilanz in Anspruch nehmen, so kann es sich dabei nur um ein Mißverständnis handeln, wie denn FREUD selber – laut THORNTON – sich zumindest einiger problematischer Aspekte der Fallgeschichte bewußt gewesen sein muß. Und ähnliches gilt auch für viele von FREUDs (frühen) Gefolgsleuten; so war es C. G.

JUNG, der als erster darauf hinwies, daß der behauptete Behandlungserfolg in Wahrheit gar kein Erfolg war. Wie dem auch sei, diese Geschichte
sollte uns äußerst vorsichtig stimmen, wenn wir prima facie geneigt sind, irgendwelche Aussagen FREUDs und der FREUDianer über angebliche Erfolge hinzunehmen.

Wir kennen noch andere Beispiele außer dem Fall der *Anna O.* für diese
Tendenz, Behandlungserfolge zu reklamieren, wo es gar keine gab; auf einen Fall, den des sogenannten *Wolfsmannes,* werden wir in einem späteren
Kapitel ausführlich zu sprechen kommen. Die Rekonstruktion der Fälle
läßt nur einen Schluß zu: Auch hier haben wir es mit jenem Mythos des
Helden zu tun, der unmögliche Hindernisse überwindet und allen Gefahren zum Trotz ans Ziel gelangt; unglücklicherweise – für die Patienten –
waren viele Erfolge FREUDs ganz und gar eingebildet. Ich kann daher Lesern, die an weiterer Aufklärung interessiert sind, nur immer wieder die
sorgfältigen historischen Analysen von Autoren wie SULLOWAY, THORN-
TON, ELLENBERGER und anderen empfehlen; die von ihnen aufgedeckten
Hintergründe dieser und ähnlicher Fälle ergeben zweifelsfrei ein ganz anderes Bild als das, welches die von FREUD gelieferten Krankengeschichten
widerspiegeln.

Wir haben aber noch weitere allgemeine Regeln für die kritische Lektüre
anzubieten; die dritte lautet: *Traue niemals Originalitätsansprüchen, sondern schaue stets auf das Werk von FREUDs Vorgängern!* Wie bereits im
Zusammenhang mit GALTONs Entdeckung der Methode der freien Assoziation bemerkt, zeigte sich FREUD alles andere als erkenntlich, wenn ein
anderer seine »Entdeckungen« vorweggenommen hatte. Ein weiteres
Beispiel ist die Art und Weise, wie er die bedeutenden Arbeiten des franzö-
sischen Psychiaters PIERRE JANET über die Angst benutzte, ohne dies
eigens anzumerken. Die Vorwegnahme FREUDscher Ideen hat vor allem
ELLENBERGER (1970) ausführlich dokumentiert. Das vielleicht klarste
und offensichtlichste Beispiel diesbezüglich ist jedoch »seine« Lehre vom
Unbewußten. Würde man seinen Apologeten glauben, so war FREUD der
erste, der in die dunklen Tiefen des Unbewußten eingedrungen ist – der
einsame Held überwindet auf seiner Suche nach der Wahrheit ärgste Gefahren. Leider ist von der Wirklichkeit nichts weiter entfernt als dies. So
konnte WHYTE in seinem Buch über »das Unbewußte vor FREUD«[19] zeigen, daß der Meister Hunderte von Vorläufern hatte, die die Existenz unbewußter Seelenbereiche postuliert und sich ausführlich darüber verbreitet haben. Es dürfte sogar schwierig sein, irgendeinen alten Psychologen zu
finden, der angelegentlich einer Abhandlung über das menschliche Seelenleben nicht irgendeine Form des Unbewußten angenommen hat. Zwar unterscheiden sie sich hinsichtlich der Aussagen über die wahre Natur der unbewußten Seele, doch kam FREUD in seiner Fassung sehr nahe an die von
EDUARD VON HARTMANN heran, dessen *Philosophie des Unbewußten*
dem Aufweis des Geltungsbereichs unbewußter seelisch-geistiger Prozesse
gewidmet ist. Wie WHYTE klarmacht, war

»... etwa um 1870 herum... das ›Unbewußte‹ nicht nur für Fachleute von aktuellem Interesse, es war bereits bei jenen, die ihre Kultur zur Schau stellen wollten, als Gesprächsstoff in Mode. Der deutsche Schriftsteller v. Spielhagen[20] beschrieb in einem um 1890 gedruckten Roman die Atmosphäre in einem Berliner Salon der siebziger Jahre mit dem Hinweis, daß zwei Themen die Konversation beherrschten: Wagner und v. Hartmann – die Musik und die Philosophie des Unbewußten, Tristan und der Instinkt.«

VON HARTMANNs Werk, das erstmals 1868/69 erschien und in drei Bänden weit über tausend Seiten füllt, bietet unter anderem eine Übersicht über seine eigenen Vorgänger, darunter eine Diskussion der in der indischen *Veda*-Philosophie enthaltenen Ideen, des weiteren der Gedanken von LEIBNIZ, HUME, KANT, FICHTE, SCHELLING, JEAN PAUL RICHTER, HEGEL, SCHOPENHAUER, HERBART, FECHNER, CARUS, WUNDT, HELMHOLTZ und vielen anderen.[21]

»Im Jahre 1870 war Europa zwar soweit, die Cartesische Ansicht von der Seele als mit dem Bewußtsein identisch aufzugeben, aber es war nicht darauf eingestellt, noch länger zu warten, bis die Physiologie sich dieses Problems annehmen würde.«

WHYTE behauptet übrigens, FREUD habe das Werk VON HARTMANNs nicht gelesen, doch ist dies einigermaßen unwahrscheinlich: auf jeden Fall aber weiß man, daß er in seiner Bibliothek ein Buch besaß, das in großer Ausführlichkeit die von dem Philosophen des Unbewußten vorgetragenen Ideen erläuterte.

Ein paar Zitate von orthodoxen Psychiatern in England mögen eine Vorstellung davon geben, welche Bedeutung dem Unbewußten zuerkannt wurde, lange bevor FREUD auf der Szene erschien. Hier zunächst, was LAYOCK im Jahre 1860 sagte:

»Kein allgemeines Faktum ist durch die menschliche Erfahrung so gut begründet bzw. so allgemein als Führer durchs Leben anerkannt wie das des unbewußten Lebens und Tuns.«[22]

MAUDSLEY drückte das Grundkonzept der englischen Schule der Psychiatrie mit folgenden Worten aus:

»Der wichtigste Teil der Geistestätigkeit, nämlich der zentrale Prozeß, von dem das Denken abhängt, ist unbewußte geistige Tätigkeit.«[23]

Ähnliches ließe sich aus den Schriften W. B. CARPENTERs, J. C. BRODIEs, D. H. TUKEs und anderen zitieren. Doch wollen wir es mit einem letzten Zitat bewenden lassen, mit Worten von WILHELM WUNDT, dem deutschen Vater der experimentellen Psychologie. Von diesem Mann, der wegen seiner scharfsinnigen Selbstbeobachtung berühmt war, würde man wohl kaum annehmen, daß er sich für das Unbewußte interessiert hat:

»Unsere Seele ist so glücklich angelegt, daß sie die wichtigsten Fundamente der Erkenntnis uns bereitet, während wir von der Arbeit, mit der dies geschieht, nicht die leiseste Ahnung haben… [und nur die Resultate derselben zum Bewußtsein zu gelangen pflegen] … Wie ein fremdes Wesen steht diese unbewußte Seele da, das für uns schafft und vorbereitet, um uns endlich die reifen Früchte in den Schoß zu werfen.«[24]

Wer die angeführten Belege ernst nimmt, wird sicherlich nicht mehr daran zweifeln, daß viele Psychologen und sogar Physiologen lange vor FREUD die Existenz einer unbewußten Seele postulierten und daß die Behauptung, er habe »das Unbewußte« ersonnen, einfach unsinnig ist. HERMANN EBBINGHAUS, der im Alleingang die experimentelle Untersuchung des Gedächtnisses in unsere Wissenschaft einführte, beklagte sich im Hinblick gerade auf FREUDs Vorstellung vom Unbewußten mit dem zum Zitat gewordenen Ausspruch:

»Was an diesen Theorien neu ist, ist nicht wahr, und was wahr ist, ist nicht neu.«

Dies ist der vollkommene Epitaph für FREUDs gesamtes Werk – nicht nur für seine Lehre vom Unbewußten –, und wir werden noch mehrmals Gelegenheit finden, das Zitat ins Gedächtnis zu rufen. Wohlgemerkt – daß es unbewußte seelische Aktivität gibt, sei nicht bestritten; aber jenes FREUDsche Unbewußte, das wie die mittelalterlichen Moralitäten (man denke an den *Jedermann)* von mythologischen Gestalten bevölkert ist wie dem Ich, dem Es und dem Über-Ich, dem Zensor, Eros und Thanatos [PAUL FEDERN] und erfüllt mit einer Vielfalt von Komplexen wie dem Ödipuskomplex und dem Elektrakomplex [C. G. JUNG 1913] – ein solches Unbewußtes ist zu absurd, als daß ihm wissenschaftliche Relevanz zukommt.

Wir wollen nun zu unserem vierten Ratschlag für FREUD-Leser kommen; er lautet: *Sei vorsichtig bei der Übernahme angeblicher Beweise für die Richtigkeit der FREUDschen Theorien; denn oftmals laufen sie auf das genaue Gegenteil hinaus.* Der Rest unseres Buches wird viel Material ausbreiten, um diesen Punkt zu rechtfertigen; indes soll zumindest ein Beispiel zur Illustration dessen gegeben werden, was ich damit sagen will. Das Beispiel stammt aus FREUDs Lehre über die Träume. Darin behauptet er, daß Träume stets Wunscherfüllungen sind, wobei die Wünsche sich auf verdrängte infantile Vorstellungen beziehen sollen. Wie wir noch in dem ausschließlich der »Traumdeutung« gewidmeten Kapitel zeigen werden, gibt FREUD in seinem Buch viele Beispiele dafür, wie er Träume zu deuten pflegte, doch erstaunlich genug handelt keiner dieser Träume von verdrängten kindlichen Wünschen. Dies haben natürlich auch die Psychoanalytiker bemerkt und anerkannt, was sich z.B. mit einer Äußerung eines der eifrigsten Bewunderer FREUDs, nämlich RICHARD M. JONES, belegen läßt:

»Ich habe die *Traumdeutung* intensiv durchgeforstet und kann nur berichten, daß es nicht ein Beispiel einer Wunscherfüllung gibt, das dem Kriterium des Bezuges auf einen verdrängten infantilen Wunsch genügt. In jedem Beispiel findet sich ein Wunsch, aber die einzelnen Wünsche… sind entweder ganz und gar der bewußten Reflexion zugänglich, oder sie sind verdrängte Wünsche postinfantilen Ursprungs.«[25]

Bevor wir auf diesen Punkt näher eingehen, müssen wir noch auf die Schwierigkeiten zu sprechen kommen, die einem bei der Interpretation der Träume begegnen, wenn man die FREUDsche Technik anzuwenden sucht; das Beispiel, das wir zur Illustration ausgewählt haben, stammt von einem bekannten amerikanischen Psychoanalytiker. Hier ist sein Traumbericht:

Eine junge Frau träumte, wie ein Mann versucht, ein sehr ausgelassenes kleines braunes Pferd zu besteigen. Er macht drei erfolglose Anläufe; beim vierten gelingt es ihm endlich, im Sattel Platz zu nehmen, woraufhin der Ritt losgehen kann.

Nun – nach der FREUDschen Traumsymbolik stellt das Reiten auf einem Pferd allgemein einen Koitus dar. Allerdings geht der Analytiker von den durch die zu analysierende Person gelieferten Assoziationen aus. Das Pferd erinnerte die Träumerin, deren Muttersprache Englisch war, daran, daß sie in ihrer Kindheit den Spitznamen »Cheval« trug und daß ihr Vater ihr auch erzählt hatte, was dieses französische Wort alles bedeutete. Der Analytiker beobachtete nebenher, daß seine Klientin eine kleine und sehr lebhafte Brünette war, genau wie das Pferd im Traum. Überdies ließ sich der Mann, der versuchte, das Pferd zu besteigen, als einer der engsten Freunde der Träumerin identifizieren. Sie gab daraufhin zu, daß sie beim Flirten schon dreimal so weit gegangen war, daß er eine Gelegenheit witterte, von ihr Besitz zu ergreifen, und daß jedesmal im letzten Moment ihre moralischen Bedenken die Oberhand gewonnen hatten, so daß sie noch mal davonkam. Im Traum sind die Hemmungen dagegen nicht so stark, es kommt zu einer vierten Gelegenheit, und diese endet mit der Erfüllung ihrer Wünsche. Insofern wird also die symbolische Deutung des Traumes durch die Deutung der Assoziationen offensichtlich bestätigt.

Der französische Psychoanalytiker ROLAND DALBIEZ, dessen Buch über »psychoanalytische Methoden und die Lehren von FREUD« weithin Beachtung fand, kommentiert diesen Fall wie folgt:

»In der ganzen Literatur über die Psychoanalyse, die ich durchgesehen habe, ist mir kein anschaulicheres Beispiel unter die Augen gekommen... Wenn die psychoanalytische Theorie zurückgewiesen wird, ist man gezwungen zu behaupten, daß es keinerlei Kausalzusammenhang zwischen den zwei Ereignisketten des wachen und des Traumlebens gibt, sondern nur eine zufällige Übereinstimmung. Zwischen dem der Träumerin in ihrer Kindheit gegebenen Spitznamen »Cheval« und den drei erfolglosen Versuchen ihres Freundes, sie zu verführen, auf der einen und den drei erfolglosen Versuchen des Traummannes, das Pferd zu besteigen, auf der anderen Seite gibt es dann keinerlei Abhängigkeit; eine andere Konsequenz gibt es nicht für jene, die sich weigern, die psychoanalytische Deutung zu akzeptieren.«[26]

Viele, die Trauminterpretationen wie diese lesen, werden überzeugt sein, daß die psychoanalytischen Thesen durch sie eine Stütze erfahren. Doch dem ist keineswegs so. In der FREUDschen Traumlehre sind die beteiligten Wünsche *unbewußt*; dagegen kann man kaum behaupten, daß eine Frau, die dreimal beinahe erfolgreich verführt wurde, sich ihres Verlangens nach Geschlechtsverkehr – und zwar mit dem in Frage stehenden Mann – nicht bewußt wäre. Auch ist der entsprechende Wunsch durchaus kein infantiler, sondern ein sehr realer und gegenwärtiger. Mit anderen Worten, die

Auflösung des Traumes verdankt der FREUDschen »Traumdeutung« nicht das geringste, im Gegenteil, sie widerlegt sie geradezu. Der im Traum enthaltene Wunsch ist vollständig bewußt und zeitlich präsent, und dieser Sachverhalt paßt ganz und gar nicht zu FREUDs Wunsch-Hypothese. So haben wir also die merkwürdige, aber gar nicht selten anzutreffende Situation vor uns, daß uns als Beweis für die Richtigkeit der FREUDschen Lehre Fakten dargeboten werden, die ihr in Wirklichkeit direkt widersprechen.

Andererseits kann man nicht ins Feld führen, daß Kritiker der Psychoanalyse unbedingt jegliches Abhängigkeitsverhältnis zwischen Traum und Realität ableugnen müßten. Wie wir im Kapitel über die Deutung der Träume belegen werden, ist jene Symbolik seit Jahrtausenden bekannt, und tatsächlich ist von ihr bei der Auslegung von Traumgesichten immer wieder Gebrauch gemacht worden. Und wenn nicht alles täuscht, dürfte das volkstümliche Verständnis der Traumsymbole am Ende viel richtiger sein als das FREUDsche Hineindeuten unbewußter infantiler Wünsche. Wie gesagt, wir werden uns mit der Frage noch ausführlicher beschäftigen; das hier gegebene Beispiel sollte lediglich eine häufig von FREUD und seinen Anhängern geübte Praxis offenlegen, bei der dem Leser suggeriert wird, ein bestimmter Fall unterstütze die Psychoanalyse, auch wenn er sie in Wahrheit widerlegt. Der Trick, der dabei benutzt wird, kann auf eine knappe Formel gebracht werden: Die Deutung eines Traumes erscheint plausibel, weil sie einen allgemein verständlichen Sinn ergibt, und dies wiederum hält den Leser davon ab, tiefer über die wirkliche Relevanz des Traumes für die FREUDsche Theorie nachzudenken, welche ja viel komplexer und vielschichtiger ist als die dem gesunden Menschenverstand entsprechende Traumauslegung vermuten läßt.

Wir kommen nun zum letzten Ratschlag für Leser, die sich über die psychoanalytische Theorie – und die Persönlichkeit ihres Urhebers – eine objektive Meinung bilden möchten. Er lautet: *Angesichts einer Lebensgeschichte übersehe man nicht das Naheliegende!* Wie wichtig auch dieser Rat ist, werden wir anhand von FREUDs eigener Biographie beleuchten, wobei zugleich eine Erklärung für jenes große Paradox, das sie darstellt, angeboten werden soll. Dieses Paradoxon ist der plötzliche Wandel, der sich Anfang der neunziger Jahre in FREUDs Persönlichkeit vollzog und der genauso abrupt wie unerwartet kam. Am Ende der achtziger Jahre war FREUD noch Privatdozent an der Wiener Universität, daneben Honorargutachter einer Kinderklinik und zeitweiliger Leiter ihrer neurologischen Abteilung. Er hatte etliche neuro(physio)logische Forschungsarbeiten veröffentlicht, und er war ein ausgezeichneter Neuroanatom, dessen technische Meisterschaft weithin anerkannt wurde. Er hatte sich in seiner einträglichen Privatpraxis auf Erkrankungen des Nervensystems spezialisiert, war glücklich verheiratet und hatte für eine rasch wachsende Familie zu sorgen. Er war ein loyaler Angehöriger des Bürgertums, dabei konservativ und konventionell. All dies änderte sich jäh in den frühen neunziger Jahren.

Dieser Wandel wurde besonders manifest in seiner allgemeinen Lebenseinstellung. War er zuvor namentlich in geschlechtlichen Dingen ausgesprochen sittenstreng, ja geradezu puritanisch gewesen, so warf er nun plötzlich die ganze traditionelle Sexualmoral über Bord. Sein Schreibstil veränderte sich, wie man deutlich an seinen veröffentlichten Aufsätzen sehen kann. Bislang waren seine wissenschaftlichen Beiträge klar und prägnant gewesen und hatten auch im Einklang mit dem seinerzeit bestehenden Wissen gestanden; jetzt wurde sein Stil außerordentlich spekulativ und theoretisch, zudem unnatürlich und geradezu gekünstelt.

ERNEST JONES, FREUDs offizieller Biograph, berichtet uns von einem bemerkenswerten Persönlichkeitswandel.

»... während der neunziger Jahre«; damals litt FREUD unter einer »ausgesprochenen Psychoneurose«... »Seine Stimmung schwankte zwischen Perioden des Hochgefühls, der Erregung und des Selbstvertrauens und solchen schwerer Niedergeschlagenheit voller Zweifel und Hemmungen... Während der letzteren konnte er weder schreiben noch seine Gedanken konzentrieren... Manchmal war sein Bewußtsein stark getrübt...« Diese psychische Symptomatik ging einher mit »Unregelmäßigkeit der Herztätigkeit (Arrhythmie)«; dazu kam eine (von Fließ sogenannte) Nasenreflex-Neurose. Zur nämlichen Zeit entwickelte er gegenüber seinem alten Freund und Kollegen Breuer eine »heftige Abneigung«, die bis zum Haß ging, während er zugleich in eine schrankenlose Bewunderung und Ergebenheit, ja »Liebe« für besagten Wilhelm Fließ verfiel.[27]

Schließlich sei noch erwähnt, daß sich auch in bezug auf sein Sexualverhalten ein Wandel vollzog: je mehr der Sexualtrieb zum Eckstein seiner allgemeinen Theorie wurde, desto weniger übte er ihn aus, und um die Jahrhundertwende hörte der Geschlechtsverkehr mit seiner Frau praktisch ganz auf.

Andere Symptome seines Persönlichkeitswandels, die um diese Zeit offenkundig wurden, waren der messianische Glaube an eine Sendung, die Annahme des schon erwähnten »Heldenmythos« und die allgemeine Tendenz, über seine Gefolgsleute höchst autoritär zu herrschen und diejenigen, die auch nur die geringsten Zweifel über die vollständige und universelle Wahrheit seiner Lehre äußerten, aus seinem Kreis auszustoßen. All dies unterschied sich völlig von seinem früheren Verhalten, das solcherart seltsame und unangenehme Charakterzüge nicht gekannt hatte.

THORNTON hat – nach Auswertung der FREUDschen Korrespondenz mit FLIESS – eine sehr einleuchtende Hypothese aufgestellt, die all diese plötzlichen Persönlichkeitsveränderungen mit einer Sucht erklärt, die FREUD infolge Kokainmißbrauchs entwickelte. Wie erinnerlich, hatte er mit und über »Coca« gearbeitet, hatte es dabei an sich selber zur Beseitigung seiner häufigen Kopfschmerzen ausprobiert und es begeistert allen empfohlen, die den Wunsch äußerten, ihre seelischen Zustände – ihre »Nerven« – unter Kontrolle zu bringen. FLIESS seinerseits hatte eine ziemlich abstruse Theorie über die Wirkung des Kokains aufgestellt, wonach es bei nasaler Anwendung zu einer dramatischen Besserung der Migräneschmerzen und anderer Störungen kommen sollte. Was in Wirklichkeit geschah, ist folgendes: Die Applikation der Droge auf die Schleimhäute – wie die im Naseninnenraum – führt zu extrem rascher Absorption, so daß die Wirkstoffe in den Blutstrom gelangen und das Gehirn schnell – und praktisch unverändert – erreichen. Es besteht kein Zweifel darüber, daß FREUD von FLIESS verleitet wurde, das Kokain anzuwenden, um seine Migräne zum Verschwinden zu bringen sowie seine »Nasenreflex-Neurose« zu kurieren. Doch hören wir, was JONES über den Fall aussagt:

>»Ferner [scilicet neben der Migräne] litt Freud in jenen Jahren, was zu seiner Beziehung zu einem Nasenarzt paßte, häufig unter schweren Naseninfektionen, und auch Fließ wurde von diesen Beschwerden befallen. Die beiden Männer bekundeten ein übertriebenes Interesse am Zustand ihrer Nasen – ein Organ, das übrigens zuerst Fließens Interesse an Sexualvorgängen geweckt hatte. Fließ operierte Freud zweimal, das zweitemal im Sommer 1895 – wahrscheinlich handelte es sich um Ausbrennen der Nasenmuscheln. Er verschrieb ihm auch fortwährend Kokain, zu dem er großes Zutrauen hatte.«[28]

Unglücklicherweise setzte dieser Gebrauch des Kokains einen Teufelskreis in Gang, in dessen Verlauf überhaupt erst eine echte Nasenkrankheit entstand, so daß das Medikament nur veschlimmerte, was es vorgeblich heilen sollte. THORNTON stellt dazu fest:

>»Solch ein pathologischer Befund ist eine Folgeerscheinung der regelmäßigen Anwendung des Kokains über längere Zeit. Nekrose [i.e. örtlicher Gewebstod] der Schleimhäute, Verkrustung, Ulzeration [i.e. Geschwürsbildung] und häufiges Bluten mit daraus resultierenden Infektionen sind immer wiederkehrende Sequenzen solchen Gebrauchs… Die Infektion der ulzerierten Gewebe führt zu schweren Sinusinfektionen [i.e. Nebenhöhlenentzündungen], an denen Freud tatsächlich in der zweiten Hälfte des Jahrzehnts ernstlich litt.«[29]

Dies also war der Grund für jenes »übertriebene Interesse« an des je anderen Nase, das zu JONES' amüsierter Darstellung beitrug. Aber es geht noch weiter:

>»Beide hatten begonnen, an den Auswirkungen des Kokains auf das Gehirn zu leiden. Daher die im Laufe des Jahrzehnts zunehmend bizarre Eigenart der Theorien beider Männer.«

Es gibt für diese nachträgliche Diagnose sogar in FREUDs Schriften einen direkten Beweis. So erinnert er sich in der *Traumdeutung* an die Sorge über seinen eigenen Gesundheitszustand, als er über einige Patienten berichtet. Er schreibt:

>»Ich gebrauchte damals häufig Kokain, um lästige Nasenschwellungen zu unterdrücken, und hatte vor wenigen Tagen gehört, daß eine Patientin, die es mir gleichtat, sich eine ausgedehnte Nekrose der Nasenschleimhaut zugezogen hatte.«[30]

THORNTON kommentiert diese Stelle wie folgt:

>»Freuds Gebrauch des Kokains geschah nicht nur zur Linderung eines gelegentlichen Migräneanfalls. Er war in einem Teufelskreis gefangen,

da er es anwandte, um die Nasenschwellungen zu mildern, die doch allererst durch die Droge selbst verursacht worden waren und die unvermeidlich verstärkt wiederkehren mußten, wenn seine Wirkung sich verlor. Beinahe permanenter Gebrauch war die zwangsläufige Folge.«[31] Angesichts der Tragweite dieser Enthüllungen sollten wir uns natürlich fairerweise fragen, ob der so interpretierte Fall als bewiesen angesehen werden kann. Die Beweisführung ist freilich sehr umständlich, doch wird jeder Leser von THORNTONs äußerst detaillierter und sorgfältig nachgewiesener Darstellung seine Argumentation zweifellos als sehr stark empfinden. Zusätzliches Beweismaterial könnte in FREUDS Briefwechsel mit FLIESS stekken, doch hat FREUDS Familie THORNTON und anderen wissenschaftlichen Untersuchern den Zugang zu dem Material bislang verwehrt. Was außer Frage steht, ist, daß jener sonderbare Wandel, der in FREUD stattfand, sowohl physisch wie auch psychisch sehr genau mit jener Art Veränderung übereinstimmt, die man schon oft bei kokainsüchtigen Patienten festgestellt hat. Es wäre also durchaus möglich, daß wir (ähnlich wie FREUD und BREUER im Fall der *Anna O.*) auf der falschen Fährte sind, wenn wir die Verhaltenssymptome FREUDS auf rein seelische Ursachen zurückzuführen suchen; in beiden Fällen könnten auch körperliche Ursachen beteiligt gewesen sein. In der Tat kommt es ja häufig vor, daß orthodoxe Mediziner eine seelische Ätiologie ignorieren und die Symptome ausschließlich somatischen Ursachen zuschreiben, so wie auf der anderen Seite Psychoanalytiker entsprechende Fehler in der entgegengesetzten Richtung machen. Infolgedessen kann uns nur eine genaue Untersuchung, die von vorgefaßten Anschauungen frei ist, im Einzelfall sagen, welches die wahren Ursachen einer Krankheit sind.

Damit genug über FREUDS Persönlichkeit, und genug auch der Warnungen, allzu ernst zu nehmen, was er und seine Anhänger irgendwann und irgendwo behauptet haben mögen. Sicherlich werden auch jetzt noch eine Reihe von Fragen den Leser beschäftigen, etwa: Wie ist es denn möglich, daß FREUD seine Vorstellungen über den Traum und das Unbewußte in der *Traumdeutung* lediglich mit Traumbeispielen zu belegen suchte, die offenbar völlig von seiner eigenen Theorie abwichen? Wie ist es möglich, daß selbst viele seiner Kritiker, die ihm – wie er meinte – durchaus feindlich gesonnen waren, diesen Sachverhalt übersahen? Wie kommt es, daß Psychoanalytiker, die diesen Mangel heute anerkennen, immer noch die *Traumdeutung* für ein geniales Werk halten? Es gibt viele derartige Fragen, die sich angesichts des hier dargebotenen Materials wie von selbst ergeben. Selbstverständlich haben wir nicht auf alles und jedes eine Antwort parat. Soviel aber ist gewiß: Die FREUDsche Psychoanalyse ist keine wissenschaftliche Theorie im gewöhnlichen Sinn; vielmehr wurde sie wie ein Propagandastück inszeniert – ohne Rücksicht auf das vorliegende klinische Material und ohne die Stringenz, die für eine wissenschaftliche Beweisführung nun einmal unumgänglich ist.

Jener propagandistische Zug aber hat außergewöhnliche Formen angenommen. So wurde ernsthaften Kritikern, ganz gleich, wie sachkundig sie auch waren, niemals mit wissenschaftlichen Argumenten geantwortet; man warf ihnen vielmehr vor, sie träten der Psychoanalyse feindselig entgegen; und diese Feindseligkeit wiederum sei nur ein Ausdruck neurotischer und anderer verdrängter infantiler Wünsche und Gefühle. Diese Art Argumentum ad hominum ist – wir müssen uns wiederholen – für die reine Wissenschaft ein Unding und verdient daher auch nicht, daß man sie ernst nimmt. Denn welche Motive auch immer hinter einer Kritik stehen mögen – ein Wissenschaftler darf nur auf die rationalen Teile der Kritik antworten. Dies aber haben die Psychoanalytiker niemals getan. Und sie haben niemals alternative Hypothesen zur FREUDschen Lehre auch nur in Erwägung gezogen – auch dies werden wir in den folgenden Kapiteln noch im einzelnen untermauern –.

Spottet so das Auftreten der Anhänger und/oder Nachfolger FREUDs dem traditionellen Kodex der wissenschaftlichen Auseinandersetzung, so läßt sich selbstredend erst recht bei ihrem Protagonisten die totale Abkehr von den Aufgaben und Pflichten seriösen Forschertums konstatieren, hatte er doch als selbsternannter mythischer Held recht eigentlich den Part eines religiösen Propheten oder politischen Führers übernommen. Nur unter diesem Aspekt können wir das in diesem Kapitel ausgebreitete Beweismaterial begreifen, so wie uns nur eine entsprechend realistische Einschätzung des Menschen FREUD helfen kann, die Psychoanalyse als Bewegung zu verstehen. Die Kunst lebt von der engen Beziehung zwischen dem Künstler und seinem Werk, das er schafft – in krassem Gegensatz zur Wissenschaft und ihren Leistungen. Denken wir zum Beispiel an den Infinitesimalkalkül, der gewiß auch ohne NEWTON erfunden worden wäre – und den LEIBNIZ ja auch ungefähr zur gleichen Zeit und ganz unabhängig von jenem entdeckte. Die Wissenschaft ist objektiv und weitgehend unabhängig von der Persönlichkeit des Forschers; Kunst und Psychoanalyse dagegen sind subjektiv und eng mit der Persönlichkeit des Künstlers beziehungsweise Analytikers verbunden. In diesem durchaus traditionellen Verständnis muß der psychoanalytischen Bewegung – und dies wird noch des näheren auszuführen sein – das Prädikat »wissenschaftlich« abgesprochen werden. Letztlich lassen sich all die merkwürdigen Dinge, die schon in diesem Kapitel Erwähnung fanden, auf dieses einfache Faktum zurückführen.

[1] FR. GALTON (1879) Psychometric Experiments, in: *Brain: A Journal of Neurology*. Vol. II, S. 149-162.

[2] FR. GALTON (1881) ›The Visions of Sane Persons‹ in: *Royal Institute Proc.*, 9, S. 644-655; dort auch das folgende Zitat.

[3] FR. J. SULLOWAY (1982) *Freud: Biologe der Seele. Jenseits der psychoanalytischen Legende* (orig. engl. 1979), 13. Kap.; die folgenden Zitate von S. 605.

[4] H. ELLENBERGER (1973) *Die Entdeckung des Unbewußten* (orig. engl. 1970), S. 611 (referiert nach SULLOWAY).

[5] J. CAMPBELL (1953) *Der Heros in tausend Gestalten* (orig. engl. ^{2}1968 u.d.T. *The Hero with a Thousand Faces;* referiert in SULLOWAY).

[6] J. CAMPBELL (1968), a.a.O., S. 29 (zit. nach SULLOWAY).

[7] K. EISSLER (1971) *Talent and Genius: The Fictitious Case of Tausk contra Freud*, S. 279f. (zit. nach SULLOWAY).

[8] E. JONES (1960) *Sigmund Freud*, Bd. I, S. 417f.; dort auch das nächste Zitat.

[9] E. JONES (1962) *Sigmund Freud*, Bd. II, S. 26.

[10] S. FREUD (1925d), G.W. XIV, S. 74.

[11] ILSE BRY & ALFRED H. RIFKIN (1962) ›Freud and the History of Ideas: Primary Sources, 1886-1910‹ in: *Science and Psychoanalysis*, Hg. J. H. MASSERMAN, Bd. 5, S. 20f. (zit. nach SULLOWAY).

[12] P. NÄCKE (1901a) ›Rezension der Traumdeutung von Sigmund Freud‹, in: *Archiv für Kriminal-Anthropologie und Kriminalistik*, 7, S. 168 (zit. nach SULLOWAY).

[13] E. JONES (1960), a.a.O., S. 418.

[14] W. STERN (1901) ›Rezension der Traumdeutung von Sigmund Freud‹, in: *Zeitschrift für Psychologie und Physiologie der Sinnesorgane*, 26, S. 131 (zit. nach SULLOWAY).

[15] P. NÄCKE, a.a.O., S. 166 (zit. nach SULLOWAY).

[16] NUMA PRAETORIUS (1906) ›Rezension der Drei Abhandlungen zur Sexualtheorie von Sigmund Freud‹, in: *Jahrbuch für sexuelle Zwischenstufen*, 8, S. 748 (zit. nach SULLOWAY).

[17] FR. J. SULLOWAY, a.a.O., S. 614.

[18] E. N. THORNTON (1982) *Freud and Cocaine: The Freudian Fallacy.*

[19] LANCELOT LAW WHYTE (1962) *The Unconscious Before Freud;* die zwei folgenden Zitate von S. 168f.

[20] Mutmaßlich der Erzähler und Romandichter FRIEDR. SPIELHAGEN (1829-1911).

[21] E. v. HARTMANN (1869, ^{12}1923) *Philosophie des Unbewußten*, Einl. I.c..

[22] THOMAS LAYCOCK (1860) *Mind and Brain or: The Correlations of Consciousness and Organization...* 2 Bde. (^{2}1869).

[23] HENRY MAUDSLEY (1867) *The Physiology and Pathology of the Mind.*

[24] W. WUNDT (1862) *Beiträge zur Theorie der Sinneswahrnehmung*, Leipzig u. Heidelberg, S. 375 [mit eckigem Klammereinschub von S. 436 (zit. nach E. v. HARTMANN – PhUbw ^{11}1904)].

[25] R. M. JONES (1970) *The New Psychology of Dreaming*, London: Penguin Book.

[26] R. DALBIEZ (1941) *Psychoanalytical Method and the Doctrine of Freud*, London: Longmans, Green & Co. (Orig. frz. Brügge 1936).

[27] E. JONES (1960), a.a.O., S. 356ff.

[28] E. JONES (1960), a.a.O., S. 361.

[29] E. N. THORNTON (1983), a.a.O.; dort auch das anschließende Zitat.

[30] S. FREUD (1900a), StA II, S. 131.

[31] E. N. THORNTON (1983), a.a.O.

ZWEITES KAPITEL

Die Psychoanalyse
als Behandlungsmethode

»Der einzige Maßstab,
an dem die Wahrheit gemessen werden kann,
liegt in ihren praktischen Ergebnissen.«

MAO TSE-TUNG

Der Laie stellt sich unter der Psychoanalyse in erster Linie eine Behandlungsmethode für neurotische und möglicherweise psychotische Störungen vor. Es besteht auch kein Zweifel, daß FREUD das theoretische und methodische Rüstzeug der Psychoanalyse ursprünglich zur Therapie seiner »nervösen« Patienten entwickelte, um schon bald für die neue Behandlungstechnik weitreichende Ansprüche geltend zu machen. Diese bezogen sich einmal auf die Fähigkeit der Psychoanalyse, seelisch Kranke von ihrem Leiden zu befreien, zum andern aber darauf, daß *nur* die Psychoanalyse dazu in der Lage sein sollte. Seine Theorie der Neurose und Psychose geht im wesentlichen von dem Postulat aus, daß die Beschwerden, mit denen der Kranke beim Psychiater oder Psychologen erscheint, bloß Symptome einer tieferen, der Störung zugrunde liegenden Krankheit sind; solange diese Krankheit nicht geheilt ist, gibt es für den Patienten keine Hoffnung. Denn wenn wir lediglich versuchen, seine Symptome zu beseitigen, werden diese entweder wiederkehren, oder es kommt zu einer Symptomersetzung, das heißt, es taucht ein neues Symptom auf, das genauso abträglich ist wie das alte oder gar noch schlimmer. Daher auch FREUDs Geringschätzung der sogenannten »Symptombehandlung« – eine Geringschätzung, die von seinen modernen Nachfahren geteilt wird.

Die »Krankheit«, die den manifesten Symptomen des nervösen Patienten zugrunde liegt, war nach FREUDs Ansicht durch Verdrängung von Gedanken und Gefühlen verursacht, die mit den moralischen Grundsätzen und der bewußten Einstellung und Werthaltung des Patienten im Konflikt standen; in den Symptomen drängte das so unbewußt gewordene Material – in verkleideter Form – wieder an die Oberfläche. Die einzige Möglichkeit, den Patienten zu kurieren, bestand darin, ihm zu einer »Einsicht« in diesen Vorgang zu verhelfen, und zwar durch Deutung seiner Träume wie auch der scheinbar zufälligen Versprecher, Erinnerungslücken und Fehlhandlungen, die – von den verdrängten Vorstellungen hervorgerufen – jetzt auf ihren Ursprung zurückverfolgt werden konnten. War jene Einsicht einmal erreicht – und FREUD verstand darunter nicht nur ein theoretisches Jasagen zum Therapeuten, sondern die gefühlsmäßige Annahme des dargebotenen Zusammenhangs –, so mußten die Symptome verschwinden und der Patient geheilt sein. Ohne solche Einsicht mochten zwar einige Behandlungen dazu führen, daß die Symptome für einige Zeit ausblieben, doch würde die eigentliche Krankheit weiterhin bestehen bleiben.

Dieses Modell, das der ärztlichen Auffassung vom Wesen der Krankheit entstammt, erschien den Medizinerkollegen durchaus plausibel, waren sie doch von ihrer Ausbildung her darauf gedrillt, daß man zum Beispiel Fie-

47

ber nicht direkt behandeln sollte, weil es nur ein Symptom sei; vielmehr müsse man die Krankheit bekämpfen, die das Fieber hervorruft, und dieses geht bekanntlich zurück, wenn die Krankheit als solche ausheilt. Nun ist aber selbst in der Allgemeinmedizin der Unterschied zwischen Krankheit und Symptom nicht immer eindeutig: Haben wir es etwa bei einem gebrochenen Bein mit einem Symptom oder mit einer Krankheit zu tun? FREUD und seine Anhänger zweifelten niemals an der Anwendbarkeit des somatischen Krankheitsmodells auf psychische Störungen, doch wird noch zu zeigen sein, daß ihre Ansicht nicht ohne weiteres richtig sein kann, weshalb auch alternative Auffassungen zu diesem Modell entwickelt worden sind.

In späteren Jahren äußerte sich FREUD zunehmend skeptisch über die Möglichkeit, die Psychoanalyse als eine Behandlungsmethode einzusetzen, und kurz vor seinem Tode erklärte er, daß er den Menschen wohl mehr als der Pionier einer neuen Methode zur Erforschung der psychischen Vorgänge im Gedächtnis bleiben würde denn als ein Therapeut. Wir werden sehen, daß auch bald von anderer Seite ernste Zweifel an der Wirksamkeit der Psychoanalyse als Behandlungsmethode laut wurden. Dennoch haben sich die meisten seiner Anhänger – soweit sie als Psychotherapeuten ihren Lebensunterhalt verdienen – geweigert, FREUD in seiner pessimistischen Selbsteinschätzung zu folgen. Zwar würden heute nur noch wenige Psychoanalytiker eine analytische Behandlung bei Psychosen wie der Schizophrenie oder dem manisch-depressiven Irresein vertreten, da allgemein die Übereinkunft herrscht, daß die Psychoanalyse hier kaum etwas ausrichten kann; in bezug auf neurotische Störungen wie Angstzustände, phobische Entwicklungen, Zwangsvorstellungen und -handlungen, Hysterien und so weiter werden von seiten der Psychoanalyse dagegen weiterhin die größten Erwartungen geweckt. Es leuchtet ja auch ein, daß Patienten sich nicht jahrelanger Behandlung unterziehen und ungeheure Honorare zahlen würden, wenn sie nicht davon überzeugt wären, die Analyse könnte sie von ihrer Krankheit heilen oder zumindest ihren Allgemeinzustand verbessern. Die Psychoanalytiker haben stets auf diese Hoffnungen gebaut, und so behaupten sie nach wie vor, etwas zu können, wozu sie in Wirklichkeit keineswegs in der Lage sind, nämlich Neurosen erfolgreich zu behandeln.

Dies ist ein schwerer Vorwurf, und es wird das Hauptanliegen dieses – wie auch des nächsten – Kapitels sein, das diesbezügliche Tatsachenmaterial etwas genauer unter die Lupe zu nehmen und damit unsere Schlußfolgerung abzusichern. Zuvor wollen wir uns aber darüber klarwerden, warum diese Frage so wichtig ist. Sie ist es aus zwei Gründen: Sollte sich unsere These, daß die Psychoanalyse gemessen an ihren selbstgestellten Aufgaben als Behandlungsmethode versagt, bestätigen, wird das öffentliche Interesse an ihr mit Sicherheit beträchtlich abnehmen. Gleichzeitig würden die Gesundheitsbehörden die Gelder, die sie für die psychoanalytische Behandlung und die Ausbildung von Psychoanalytikern bereitstellen, zurückziehen. Die öffentliche Wertschätzung des Analytikers als eines erfolgreichen »Heilers« würde schwinden, und seine Kommentare zu den Problemen der Zeit würden vielleicht mit weniger Enthusiasmus aufgenommen werden, wenn klargeworden ist, daß er nicht einmal der allerersten Pflicht, nämlich seine Patienten zu kurieren, Genüge tut. Eine zweite bedeutsame Konsequenz wäre die, daß wir nach anderen, besseren Behandlungsmethoden Ausschau halten würden; wir brauchten uns nicht länger nötigen zu lassen, auf rein symptomorientierte Therapieformen zu verzichten, nur weil FREUD eine Theorie vertrat, nach der solcherart Methoden gar nicht wirken *können*. Dieses wären praktische Konsequenzen ersten Ranges. Jedenfalls sollten wir angesichts der großen Zahl von Patienten, die an neurotischen Störungen leiden und auf eine erfolgversprechende Therapie hoffen (ungefähr jeder sechste in unserer Hemisphäre ist so sehr von Symptomen geplagt, daß er sich in Behandlung begibt), das Ausmaß an Unglück und wahrem Elend nicht unterschätzen. Wir sollten nicht darüber hinwegsehen, wenn falsche Hoffnungen auf eine erfolgreiche Behandlung geweckt und dadurch Patienten veranlaßt werden, Jahre ihres Lebens – eine Therapie kann sich über vier und mehr Jahre täglicher Konsultation des Psychoanalytikers erstrecken – und riesige Geldbeträge zu opfern.

Noch wichtiger aber – und zwar vom wissenschaftlichen Standpunkt aus – sind die theoretischen Konsequenzen, die sich aus dem Versagen der Psychoanalyse ergeben. Ginge es nach der Theorie, so *müßte* die Behandlung wirken; wenn sie nun aber nicht wirkt, so liegt es auf der Hand, daß mit der Theorie selbst etwas nicht stimmt. Dieses Argument wird von Psychoanalytikern häufig mit der Erklärung abgetan, die Behandlung sei in gewissem Grade von der Theorie unabhängig. Rein logisch ist dies natürlich möglich: Es mag Gründe geben, die FREUD verborgen geblieben sind, die seine Behandlungsmethode zum Scheitern verurteilen, obwohl die Theorie richtig ist. Wir halten dies jedoch für unwahrscheinlich, zumal die Psychoanalytiker selber keine derartigen Hindernisse vermutet haben; offensichtlich wurden auch keine Untersuchungen durchgeführt, um solche Hindernisse zutage zu fördern. Es besteht kein Zweifel darüber, daß FREUD anfänglich die vorgeblichen Therapieerfolge als mächtigste Stütze seiner Theorie ansah. Insofern hätte ihn das Versagen der Therapie eigentlich vor möglichen theoretischen Irrtümern warnen müssen; genau das aber war nicht der Fall.

Noch eindrucksvoller als das Versagen der FREUDschen Therapie ist der Erfolg alternativer Behandlungsmethoden (sie sollen im nächsten Kapitel noch ausführlich erörtert werden). Diese Behandlungsalternativen beruhen auf einem Prinzip, das FREUD zu dem bereits erwähnten Verdikt »Symptombehandlung« verleitete. Nach seiner Theorie mußten sie erfolglos bleiben oder konnten doch zumindest die Wiederkehr der Symptome oder das Auftauchen von Ersatzsymptomen nicht verhindern. Die Tatsache, daß diese so dringend benötigten Indizien für einen Mißerfolg ausbleiben – wir werden darauf noch zu sprechen kommen –, ist der eigentliche Todesstoß für das FREUDsche Theoriegebäude. Er hatte nämlich keinen

Zweifel daran gelassen, daß nach seiner Theorie jene negativen Konsequenzen zwangsläufig auftreten würden; da sie nun in Wirklichkeit ausblieben, kann man nicht umhin, den Schluß zu ziehen, daß die Theorie falsch gewesen sein muß. Es ist dies einer der wenigen Fälle, in denen FREUD aufgrund seiner Theorie sehr klare Voraussagen machte, und er tat recht damit; denn ohne Frage zog er aus der psychoanalytischen Theorie die richtige Schlußfolgerung; der Umstand, daß seine Voraussage sich nicht erfüllte, mußte die Theorie ernsthaft untergraben. Zuweilen ist es allerdings möglich, eine Theorie vor den Folgen irrtümlicher Voraussagen zu bewahren, indem man entweder kleine Korrekturen in der Theoriebildung vornimmt oder auf gewisse Faktoren hinweist, deretwegen die Voraussage fehlerhaft war; von FREUDianern wurde nichts dergleichen versucht, und es ist auch schwer auszumachen, wie eine solche Rettung erreicht werden könnte.

Ich möchte daher behaupten, daß das Studium der Auswirkungen der psychoanalytischen Therapie für die Beurteilung von FREUDs Leistung von größter Wichtigkeit ist. Zwar ist dies nicht absolut schlüssig, könnte doch die Therapie auch dann wirken, wenn die Theorie falsch wäre, oder die Therapie könnte unwirksam sein, obwohl die Theorie richtig ist. Im Hinblick auf theoretische Fragestellungen ist stets Vorsicht geboten, um nicht zu voreiligen und möglicherweise ungerechtfertigten Schlußfolgerungen zu gelangen. Praktisch aber kann kein Zweifel daran bestehen, daß es, wenn die Therapie wirkungslos bleibt, falsch wäre, weiterhin Leute zu überreden, sich einer Psychoanalyse zu unterziehen, teures Geld für sie auszugeben und eine Menge nutzloser Zeit auf der Couch zuzubringen.

Es ist ein merkwürdiges Charakteristikum der Psychoanalyse, daß bis vor relativ kurzer Zeit kaum Anstrengungen unternommen wurden, ihre Effektivität zu beweisen. Von Anfang an widersetzte sich FREUD der üblichen medizinischen Praxis, Versuchsreihen einzurichten, welche die Wirksamkeit der neuen Therapiemethoden zu erweisen vermochten; seine Anhänger haben diese Einstellung sklavisch übernommen. FREUD argumentierte, daß statistische Vergleiche zwischen zwei Gruppen von Patienten, die durch Psychoanalyse behandelt beziehungsweise nicht behandelt wurden, falsche Resultate ergeben würden, da kein Patient jemals einem anderen gleich sei. Dies ist zwar völlig richtig, aber es gilt gleichermaßen, wenn wir klinische Versuche vor uns haben, mit denen die Wirksamkeit eines bestimmten Medikaments überprüft werden soll. Zweifellos hat diese Schwierigkeit die Medizin nicht davon abhalten können, auf dem Wege experimenteller Untersuchungen permanent Fortschritte zu erzielen. So beruhen zum Beispiel die meisten, wenn nicht alle Erkenntnisse im Bereich der Pharmakologie auf dem nachweislichen Sachverhalt, daß die individuellen Unterschiede sich ausgleichen, wenn man nur genügend große Gruppen verwendet, so daß das Endergebnis die *durchschnittlichen* Wirkungen von Medikamenten anzeigt; und ähnliches gilt auch für andersartige Behandlungsmethoden. Falls die Psychoanalyse einigen oder den meisten oder gar allen Patienten in der Experimentalgruppe hilft, während die

Nichtanwendung der Psychoanalyse die Patienten einer Kontrollgruppe ohne Besserung läßt, dann käme aus dem Versuch zweifelsfrei eine Gesamterfolgsquote für die Experimentalgruppe gegenüber der Kontrollgruppe heraus.

Zu diesem Problem hat sich sogar FREUD selber geäußert:

»Freunde der Analyse haben uns dann geraten, einer Sammlung von Mißerfolgen durch eine von uns entworfene Statistik der Erfolge zu begegnen. Ich bin auch darauf nicht eingegangen. Ich machte geltend, daß eine Statistik wertlos sei, wenn die aneinandergereihten Einheiten derselben zu wenig gleichartig seien, und die Fälle von neurotischer Erkrankung, die man in Behandlung genommen hatte, waren wirklich nach den verschiedensten Richtungen nicht gleichwertig. Außerdem war der Zeitraum, den man überschauen konnte, zu kurz, um die Haltbarkeit der Heilungen zu beurteilen, und von vielen Fällen konnte man überhaupt nicht Mitteilung machen. Sie betrafen Personen, die ihre Krankheit wie ihre Behandlung geheimgehalten hatten und deren Herstellung gleichfalls verheimlicht werden mußte. Die stärkste Abhaltung lag aber in der Einsicht, daß die Menschen sich in Dingen der Therapie höchst irrationell benehmen, so daß man keine Aussicht hat, durch verständige Mittel etwas bei ihnen auszurichten.«[1]

Worauf ich nur erwidern kann, daß die Menschheit sehr wohl bereit ist, gut dokumentierten Berichten über erfolgreiche Therapien Aufmerksamkeit zu schenken; die Menschen mögen irrational sein, doch sind sie gewiß nicht so irrational, daß sie Theorien, die auf jegliche Beweise verzichten, anderen, die durch gut geplante Experimente abgesichert sind, vorziehen.

Würden wir FREUDs Vorbehalte gegen eine Erfolgsstatistik wirklich ernst nehmen, so müßten wir davon ausgehen, daß die nämliche Argumentation nicht nur auf die psychoanalytische Behandlung anwendbar sei, sondern gleichermaßen auf alle Arten psychologischer Behandlung, ja selbst auf die medikamentöse Behandlung psychischer oder somatischer Störungen. Daß dies tatsächlich nicht der Fall ist, zeigt die Geschichte der Psychiatrie sehr klar. Für jene, die mit FREUD an einem Strang ziehen, würde die einzig mögliche Konsequenz darin bestehen, daß die Psychoanalyse eine Therapie von unbewiesenem Wert – ja *von unbeweisbarem Wert* – ist. Dies aber müßte Analytiker in Zukunft davon abbringen, sie als eine praktikable Behandlungsmethode bei seelischen Störungen anzubieten oder gar darauf zu beharren, sie sei *die allein angezeigte Behandlungsmethode.*

Wir können also nur wiederholen: Um die Effektivität einer Therapie festzustellen, bedarf es sachgerechter klinischer Versuchsreihen, in denen die Krankheitsverläufe unbehandelter Kontrollgruppen mit denen verglichen werden, die sich bei psychoanalytisch behandelten Experimentalgruppen finden.

Im Gegensatz dazu verließ sich FREUD auf individuelle Fallgeschichten, wobei er glaubte, daß die Tatsache einer Besserung oder Heilung nach vollbrachter Psychoanalyse ein hinreichender Beweis für seine Theorie sei. Es gibt drei Hauptgründe, weshalb wir dieses Argument nicht für akzeptabel halten. Zunächst weiß man von neurotischen und psychotischen Kranken, daß sie ein Auf und Ab ihres Zustandes erleben: Sie zeigen unter Umständen eine scheinbar spontane Besserung, die über Wochen, Monate oder gar Jahre anhält. Plötzlich erkranken sie dann wieder, und nach einer gewissen Zeit wiederholt sich dieser Zyklus. In den meisten Fällen gelangen sie zum Psychiater, wenn sie sich in diesem Kreisprozeß besonders tief unten befinden; und es kann durchaus sein, daß die therapeutischen Bemühungen ihren Zustand bessern, es ist andererseits aber auch möglich, daß sie sich gerade in der aufsteigenden Phase befanden und von selbst gesund geworden wären. Man nennt dies zuweilen im angelsächsischen Sprachraum das »Hello-Goodbye«-Phänomen: Der Therapeut begrüßt den Patienten, wenn er mit seinen Beschwerden zu ihm kommt, und er verabschiedet ihn, sobald er sich besser fühlt. Nun aber einfach zu sagen, daß die Besserung den Bemühungen der Therapeuten zu verdanken ist, wäre ein typisches post-hoc-ergo-propter-hoc-Argument, das keine logische Bedeutung hat. Nur weil Ereignis (B) auf Ereignis (A) folgt, darf man nicht schließen, daß (A) die Ursache von (B) war. Es bedarf zweifellos einer stärkeren Begründung als dieser, um die Wirksamkeit einer Behandlungsmethode zu beweisen.

Man wird nun verstehen, warum wir eine Kontrollgruppe benötigen, die mit unserer Experimentalgruppe – der Gruppe der Behandelten – vergleichbar ist. Alle unsere Patienten mögen eine Besserung erleben, aber vielleicht wären sie in jedem Fall gesundet – selbst ohne Therapie. Wir können diese letztere Möglichkeit nur ausschließen, wenn wir eine Kontrollgruppe haben, die keine Behandlung erfährt; zeigt diese – im Gegensatz zur Experimentalgruppe – keine Besserung, dann haben wir zumindest einigen Grund für die Annahme, daß unsere Behandlung wirksam war. Zeigen dagegen die Kontrollgruppe und die Experimentalgruppe eine Besserung im gleichen Umfang, also sowohl dem Grade als auch der Schnelligkeit nach, dann haben wir auch keinen Grund, zu glauben, daß unsere Behandlung irgendeinen Effekt hatte. Wie die Dinge liegen, scheint genau dies bei der Psychoanalyse der Fall zu sein.

Der zweite relevante – und oft vernachlässigte – Punkt ist die Notwendigkeit von Nachuntersuchungen. Das Hello-Goodbye-Prinzip besagte, daß der Therapeut seinen Patienten möglicherweise nur auf dem Gipfel einer Aufschwungphase entläßt und daß es danach sehr wahrscheinlich zu einem erneuten Abschwung kommt. Solange wir nicht das Schicksal des als geheilt entlassenen Patienten über eine Reihe von Jahren verfolgt haben, werden wir kaum sicher sein können, ob unsere Behandlung tatsächlich einen therapeutischen Langzeiteffekt erzielt hat. Natürlich mag eine Therapie das Einsetzen der Besserung etwas beschleunigen, doch würde man auch dann nicht behaupten können, daß sie die nachfolgende Phase der Verschlechterung verhindert, mit anderen Worten: daß sie eine echte Heilung bewirkt habe. Wie wir sogleich sehen werden, kam FREUD im Fall des sogenannten Wolfsmannes während und nach dessen Behandlung anscheinend niemals auf den Gedanken, mit der vorgenannten Möglichkeit zu rechnen, wie er überhaupt Fälle als Erfolge deklarierte, die offenkundig erfolglos ausgingen. Um also das Fazit vorwegzunehmen: Nachuntersuchungen sind ein absolutes Muß für die Einschätzung jederart ärztlicher Behandlung.

Die dritte Schwierigkeit, die angesichts des naiven Vorschlags auftaucht, der Arzt solle doch im Einzelfall selber entscheiden, ob eine Behandlung erfolgreich war oder nicht, liegt darin, daß der Behandelnde ein starkes Interesse hat, seine Behandlung als erfolgreich abzustempeln. Denn wie der Patient hat auch er sehr viel in den Fall investiert, so daß er verleitet werden könnte, das Behandlungsergebnis durch eine rosa Brille anzusehen. Insofern dürfen unbestätigte Aussagen keineswegs als bare Münze genommen werden – gleich, ob sie vom Patienten oder vom Analytiker stammen.

Was wir brauchen, ist ein objektives Beurteilungskriterium, welches uns mit hinreichender Gewißheit sagt, ob tatsächlich im Zustand des Kranken eine erhebliche und nachhaltige Besserung eingetreten ist. Ein solcher Nachweis wurde von seiten der Psychoanalytiker niemals erbracht. Selbstherrlich halten sie an ihrer persönlichen Beurteilung des Krankheits- bzw. Heilungsprozesses ihrer eigenen Patienten fest. Diese Subjektivität können wir wissenschaftlich nicht tolerieren.

Weshalb sie keine klinischen Versuche durchführen, begründen Psychoanalytiker bisweilen mit der Schwierigkeit eines solchen Unternehmens, das ja nicht nur mit Experimental- und Kontrollgruppen arbeiten muß, sondern auch eine über längere Zeit gehende Nachuntersuchung verlangt. Es soll nicht bestritten werden, daß dies schwierig ist, und wir werden darauf auch noch im folgenden besonders eingehen; wir müssen hier jedoch einen sehr wichtigen Punkt klarstellen: Wenn ein Wissenschaftler den Anspruch erhebt, etwas geleistet zu haben – wie etwa die Entwicklung einer neuen Heilmethode –, so liegt die Beweislast selbstverständlich bei ihm. In der Tat ist es für den Forscher weit schwieriger, seine Theorie zu *beweisen,* als sie zunächst einmal *auszudenken*; Schwierigkeiten dieser Art gehören zum Fortgang einer jeden Wissenschaft, sie sind nicht auf die Psychoanalyse beschränkt. So lautete zum Beispiel eine der Deduktionen aus KOPERNIKUS' heliozentrischem System, daß Sternparallaxen zu beobachten sein müßten, das heißt, die relativen Positionen der Fixsterne sollten, sagen wir, im Dezember andere sein als im Juni, weil die Erde sich inzwischen um die Sonne bewegt hat. Der Beweis hierfür war extrem schwierig, und zwar wegen der einzukalkulierenden wahrhaft astronomischen Entfernungen; die Veränderungen der Beobachtungswinkel waren so klein, daß es 250 Jahre brauchte, bevor sie überhaupt beobachtet werden konnten! Schwierigkeiten dieser Art sind in der Wissenschaft an der Tagesordnung; und sie müssen von Fall zu Fall überwunden werden, bevor eine Theorie (allgemein) akzeptiert werden kann. Die Psychoanalytiker spotten oft über Bemühungen, klinische Versuche über die analytische Behandlung durchzuführen, wobei sie auf die vorgenannte Problematik verweisen; solange jedoch solche Untersuchungen kein brauchbares Ergebnis bringen, haben sie kein Recht irgendwelche Heilungserfolge anzumelden.

Jedenfalls wirft die Tatsache, daß sie dieser ihrer Pflicht bislang vollständig ausgewichen sind, ein recht trübes Licht auf ihr Verantwortungsgefühl – als Wissenschaftler wie als Ärzte.

Welches sind nun die Probleme bei der Durchführung aussage- und beweiskräftiger klinischer Versuche? Die meisten Leute würden wohl meinen, es handele sich dabei einfach darum, eine große Anzahl von Patienten zusammenzufassen, diese nach dem Zufallsprinzip in eine experimentelle und eine Kontrollgruppe aufzuteilen, dann den Patienten der Experimentalgruppe eine psychoanalytische Behandlung zuteil werden zu lassen, während gleichzeitig die Kontrollgruppe ohne Behandlung verbleibt oder eine Placebo-Behandlung erhält. Nach einigen Jahren müssen die Langzeitwirkungen dann überprüft werden. Nun – so einfach ist das alles nicht. Von den dabei auftauchenden Schwierigkeiten ist die vielleicht wichtigste die Frage nach dem Kriterium, das für eine Besserung oder Heilung gelten soll. Gewöhnlich stellt sich der Patient mit ziemlich eindeutigen und begrenzten Symptomen vor, zum Beispiel mag er eine schwere Phobie haben, oder er leidet unter Angstgefühlen, oder er macht depressive Phasen durch oder leidet an Zwangsvorstellungen oder -handlungen, oder er klagt über hysterische Lähmungserscheinungen an den Gliedmaßen oder ähnliches mehr. Für alle diese Menschen gilt nun, daß wir den Schweregrad ihrer Erkrankung messen können, und zwar vor, während und nach der Therapie, so daß wir die Möglichkeit haben, den Verlauf der Krankheit zu kontrollieren und dabei festzustellen, in welchem Ausmaß sie durch die Behandlung vermindert wird oder gar, ob sie nachher ganz verschwunden ist. Für die meisten dürfte ein solches Ergebnis sehr real und durchaus wünschenswert sein. Psychoanalytiker pflegen allerdings zu sagen, daß ein sichtbarer Behandlungseffekt nicht ausreicht, da es möglicherweise dem Therapeuten nicht gelungen ist, die den Symptomen zugrunde liegende und sie allererst hervorrufende »Krankheit« auszurotten. Für viele Psychologen hingegen, die moderne Ansichten über die Natur der Neurose vertreten, ist die Beseitigung der Symptome völlig hinreichend, und vorausgesetzt, die Symptome kehren nicht zurück und es treten auch keine anderen Symptome an ihre Stelle, werden sie auch nichts weiter erwarten.

Es liegt in der Natur der Sache, daß diese Fragen erst zu lösen sind, wenn man die dem Begriff der neurotischen Störung zugrunde liegenden theoretischen Aspekte geklärt hat; leider gibt es bis zum heutigen Tag keine Anzeichen, daß hierüber irgendeine Einigung in Sicht ist. Was wir vielleicht zum Zwecke einer Annäherung beider Seiten vorbringen können, ist, daß die Beseitigung der Symptome zwar eine *notwendige,* aber keine hinreichende Bedingung für eine vollständige Heilung ist. Die Experimentalforschung war hauptsächlich mit der Aufhebung der Symptome als einer notwendigen Bedingung für die Heilung beschäftigt, wobei sie die Möglichkeit, daß ein zugrunde liegender »Komplex« übrigbleiben könnte, außer acht ließ. Solange ein solcher Komplex nicht das erneute Auftauchen des Symptoms oder eines Ersatzsymptoms verursacht, dürfte diese Debatte auch weitgehend akademisch und von wenig praktischem Interesse sein.

Darüber hinaus ist es zweifelhaft, ob sie überhaupt von sehr großem wissenschaftlichem Interesse ist, da es in diesem Bereich absolut keinen Weg gibt, die Existenz der hypostasierten Komplexe zu beweisen. Indes würden auch hier Psychoanalytiker widersprechen, so daß wir dieses spezielle Problem offenlassen wollen. Die entscheidendere Frage ist nämlich die, ob es der Psychoanalyse gelingt, die »Symptome« zu beseitigen – die Anführungszeichen sind deshalb gesetzt, weil für viele Psychologen die Manifestationen der Neurosen nicht eigentlich Symptome irgendeiner zugrunde liegenden »Krankheit« sind, sondern das Symptom die Krankheit *ist*!

Können wir auf diese Weise die Schwierigkeiten, die mit der Suche nach einem allgemein anerkannten Kriterium zusammenhängen, umgehen, so müssen wir als nächstes das Problem der Zusammensetzung von Experimental- und Kontrollgruppen angehen. Psychoanalytiker sind sich darüber völlig im klaren, daß ihre Behandlung nur für einen sehr kleinen Prozentsatz aller neurotischen Patienten taugt, weshalb sie auch strenge Auswahlkriterien anzuwenden pflegen. Vorzugsweise sollte ein Patient jung sein, dazu gebildet, nicht allzu krank und einigermaßen gut situiert – das heißt, es werden als Analysanden Personen bevorzugt, die mit großer Wahrscheinlichkeit von einer Behandlung profitieren werden. Man muß sich also immer vergegenwärtigen, daß die Psychoanalyse damit vom sozialen Standpunkt aus als therapeutische Technik weitgehend nutzlos ist – denn wie anders soll man es bewerten, daß die große Mehrzahl der Menschen nach Aussagen der Analytiker selber kaum ihrer Wohltaten teilhaftig werden kann? Folglich machen derzeit nur sehr wenige Patienten eine psychoanalytische Behandlung durch, und die meisten echten Analysen sind außerdem *Lehranalysen* seitens praktizierender Analytiker, die Ärzte, namentlich Neurologen und Psychiater, Psychologen und andere, die sich der Psychoanalyse verschrieben haben, ausbilden.

Die Bedeutung der Auswahlkriterien wird durch eine als typisch anzusehende Studie verdeutlicht, nach der 64% der Patienten, die sich einer Psychoanalyse unterzogen, promovierte Akademiker waren (verglichen mit nur 2 oder 3% der Gesamtbevölkerung); 72% von ihnen waren in Lehre oder Forschung tätig, und annähernd die Hälfte aller Analysanden »arbeiteten in Berufen, die im Zusammenhang mit der Psychiatrie und Psychoanalyse stehen«. Zu der ausgesprochen hohen Ablehnungsquote für Patienten seitens der Analytiker kommt eine unerträglich große Zahl von Patienten (ungefähr die Hälfte), welche die Behandlung vorzeitig abbrechen.

Ob zu Recht oder zu Unrecht – Psychoanalytiker scheinen wahrhaftig zu glauben, daß ihre Methode nur für einen winzigen Bruchteil aller Fälle mit psychischen Störungen geeignet ist, weshalb zur Behandlung gewöhnlich diejenigen ausgewählt werden, die die besten intellektuellen und ökonomischen Reserven haben, um eine Wiederherstellung ihres Wohlbefindens herbeizuführen. Somit würde die Psychoanalyse selbst dann, wenn sie eine reichhaltige Quelle für geistig-seelische Gesundheit wäre, am wenigsten jenen zugute kommen können, die ihrer am meisten bedürfen.

Eine andere Schwierigkeit betrifft das Schicksal der Kontrollgruppe.

Wenn man Patienten eine psychoanalytische Behandlung vorenthält, so werden sie höchstwahrscheinlich anderswo Hilfe suchen – sei es, daß sie zu einem praktischen Arzt gehen oder auch zu einem Pfarrer, sei es, daß sie ihre Probleme mit Freunden oder Familienangehörigen besprechen und auf diese Weise zu ihrer »Therapie« kommen, auch wenn es sich dabei nicht um eine von medizinischer Seite anerkannte Form handelt. Zum Beispiel weiß man sehr wohl, daß die Ohrenbeichte der katholischen Kirche therapeutische Funktionen besitzt, und im Grunde ist sie ja auch eine Art Psychotherapie (wenn man dies mit Seelenbehandlung übersetzt). Wie können wir aber unter diesen Umständen verhindern, daß die Patienten unserer Kontrollgruppe von solchen Gelegenheiten Gebrauch machen, zumal diese – im Gegensatz zur Psychoanalyse – jedermann frei zugänglich sind?

Ein weiteres Problem, das auftaucht, wiegt noch schwerer: Es könnte sein, daß die Psychoanalyse erfolgreich ist, weil die FREUDschen Theorien richtig sind; sie könnte aber auch erfolgreich sein, weil die Behandlung gewisse Elemente enthält, die gar nichts mit ihren theoretischen Voraussetzungen zu tun haben und die dennoch dem neurotischen Patienten förderlich sind – man denke nur an die einfühlende Aufmerksamkeit des Analytikers, seine hilfreichen Ratschläge, die Gelegenheit, während der Sitzungen Probleme zu besprechen, und anderes mehr. Man spricht hier von »unspezifischen« Bestandteilen der Psychotherapie – unspezifisch, weil sie sich nicht von einer besonderen Theorie über Neurosen oder ihre Behandlung herleiten, sondern *allen* Arten psychiatrischer Behandlung gemeinsam und somit nicht auf eine bestimmte Therapieform beschränkt sind. Wie können wir nun zwischen den Wirkungen spezifischer und nonspezifischer Ursachen unterscheiden? Die Antwort liegt in der Anwendung einer Art Placebo-Therapie, bei der man den Patienten der Kontrollgruppe eine mehr oder weniger sinnlose Behandlung zukommen läßt, die alle theoretisch relevanten und bedeutsamen Teile der von den psychoanalytischen Grundannahmen abgeleiteten Behandlungsmethodik ausläßt. Die Placebo-Behandlung wird in klinischen Medikamentenversuchen für absolut notwendig erachtet, weil die Verabreichung einer unwirksamen Substanz unter Bedingungen, die den Patienten an eine Wirkung glauben lassen, gewöhnlich recht starke Reaktionen zeitigt, und zwar allein aufgrund der seelischen Beeinflußbarkeit des Patienten. Die Placebo-Effekte sind zuweilen genauso stark wie die des zu testenden Medikaments, was dann darauf hindeutet, daß das Muster die gewünschte oder vermutete medikamentöse Heilwirkung gar nicht besitzt.

Vieles von dem Vorgesagten könnte nun auch für experimentelle Untersuchungen auf dem Gebiet der Psychotherapie Gültigkeit haben. Infolgedessen erscheint es unumgänglich, zusätzlich – das heißt neben der Experimental- und der Kontrollgruppe – eine Placebo-Kontrollgruppe einzuplanen, wenn man mit einer Probe aufs Exempel wirklich Ernst machen will. Natürlich ist es recht schwierig, eine Placebo-Behandlung zu entwerfen, welche die Grundbedingung für jedes Placebo: nämlich den Ausschluß aller für die Experimentalbehandlung spezifischen Elemente, erfüllt und die dennoch vom betroffenen Patienten als sinnvoll angenommen werden kann. Dies ist gewiß nicht unmöglich, doch es erfordert sehr viel Erfahrung und eine Menge Gedankenarbeit dazu.

Es gibt noch viele solcher oder ähnlicher Schwierigkeiten, doch wir wollen nur noch ein Problem erörtern, das von Psychoanalytikern allerdings als äußerst wichtig eingeschätzt wird. Es geht dabei um ein ethisches Problem: Wie kann man es rechtfertigen, einer Kontrollgruppe von Patienten eine erfolgversprechende Behandlung allein aus wissenschaftlichem Interesse vorzuenthalten? Bei dieser Frage wird einfach *unterstellt*, daß die Behandlung in der Regel erfolgreich ist, obwohl wir doch in Wahrheit genau dies erst herauszufinden suchen. Die Annahme, daß eine Therapie Erfolg haben wird, nur weil sie weithin Anwendung gefunden hat, ist natürlich in der Medizin nicht ungewöhnlich. Bis vor kurzem war die Wirksamkeit der Intensivbehandlungseinheiten für bestimmte Zwecke unbestritten; doch dann stellten einige Kritiker ihren Nutzen in Frage und äußerten den Verdacht, daß eine normale Pflege im Hause des Patienten genauso wirksam sein könnte. Verfechter jenes Intensivpflegesystems widersetzten sich heftig klinischen Versuchen – mit der Begründung, daß die Verweigerung der Intensivpflege für Patienten aus einer Kontrollgruppe deren Leben aufs Spiel setzen würde. Schließlich wurde doch ein Experiment gemacht, und es stellte sich heraus, daß die Intensivpflegeeinheiten im Hinblick auf die Lebenserhaltung mit Sicherheit nicht besser – ja (in dieser Studie) sogar etwas schlechter! – abschnitten als die gewöhnliche häusliche Pflege. Natürlich widerspricht es unseren ethischen Grundsätzen, Kranken eine Behandlungsmethode zu versagen, wenn diese sich im klinischen Versuch bereits als wirksam erwiesen hat; solange es aber fraglich ist, ob sie überhaupt eine Wirkung hat, oder falls womöglich behauptet wird, daß ihre Wirkung negativ sei, das heißt dem Patienten eher schadet als nützt – und genau dies wurde und wird ja der Psychoanalyse vorgeworfen –, solange stellt sich auch die ethische Frage nicht. Tatsächlich kann man sagen, daß es unmoralisch ist, eine neue Behandlungsmethode *nicht* einem regelrechten klinischen Experiment zu unterwerfen; denn wenn dieses unterbleibt, wäre es denkbar, daß eine unwirksame und unter Umständen sogar gefährliche Behandlung dem Patienten aufgezwungen wird. Im übrigen könnte der generelle Einsatz eines solchen Verfahrens das Auffinden neuer und besserer Methoden verhindern.

Bevor wir uns mit den Resultaten der klinischen Studien beschäftigen, die in jüngerer Zeit durchgeführt wurden, um die relativen Erfolge oder Mißerfolge der Psychotherapie und Psychoanalyse festzustellen, erscheint es sinnvoll, eine typische Fallgeschichte aufzurollen, die FREUD als Stütze für seine Behauptung, die Psychoanalyse sei eine einzigartig erfolgreiche Technik zur Behandlung seelisch Kranker, publiziert hat. Es muß allerdings daran erinnert werden, daß FREUD in seinen wenigen Falldarstellungen weitgehend auf eine detailgerechte und umfassende Berichterstattung verzichtet hat, so daß man kaum zu einem endgültigen Schluß über die angeblichen Heilerfolge gelangen kann. Entscheidende Einzelheiten werden üblicherweise zurückgehalten – oftmals natürlich aus Gründen der Vertraulichkeit –, und es findet sich nirgendwo eine Nachuntersuchung, die den eindeutigen Nachweis erbringt, daß ein Patient aus der Analyse bleibenden Nutzen zog. Der von uns ausgewählte Fall ist der des sogenannten »Wolfsmannes«; seiner Behandlung kommt nicht zuletzt deshalb für unsere Zwecke eine Schlüsselrolle zu, weil sie immer wieder als eine von FREUDs herausragenden therapeutischen Leistungen hervorgehoben wird und auch von ihm selbst entsprechend hoch eingeschätzt wurde.[2]

Sechzig Jahre nach der Behandlung durch FREUD gelang es der österreichischen Psychologin und Journalistin KARIN OBHOLZER, mit dem Wolfsmann eine Reihe längerer Gespräche zu führen, und das Ergebnis dieser »Interviews« dürfte für jeden, der sich über die FREUDschen Ansprüche ein eigenständiges Urteil bilden möchte, von größtem Wert sein.[3] Dabei sollte man nie vergessen, daß FREUD überhaupt nur sechs ausführliche Fallgeschichten veröffentlicht und obendrein nur vier dieser Patienten selber behandelt hatte.

Der Wolfsmann erhielt seinen (Deck)Namen wegen eines Traumes, den FREUD in extenso analysierte und wegen seiner Bedeutung wiederholt zitierte:

> »Ich habe geträumt, daß es Nacht ist und ich in meinem Bett liege, (mein Bett stand mit dem Fußende gegen das Fenster, vor dem Fenster befand sich eine Reihe alter Nußbäume. Ich weiß, es war Winter, als ich träumte, und Nachtzeit). Plötzlich geht das Fenster von selbst auf, und ich sehe mit großem Schrecken, daß auf dem großen Nußbaum vor dem Fenster ein paar weiße Wölfe sitzen. Es waren sechs oder sieben Stück. Die Wölfe waren ganz weiß und sahen eher aus wie Schäferhunde, denn sie hatten große Schwänze wie Füchse und ihre Ohren waren aufgestellt wie bei den Hunden, wenn sie auf etwas passen. Unter großer Angst, offenbar, von den Wölfen aufgefressen zu werden, schrie ich auf und erwachte.«[4]

Der Patient hatte diesen Traum im Alter von ungefähr 4 Jahren; in ihm sah FREUD die Ursache der Neurose. Seiner Meinung nach fußte der Traum auf einem realen Erlebnis in früher Kindheit, das seinerzeit die Grundlage für die Kastrationsängste des Knaben lieferte. Im Alter von 1 $^1/_2$ Jahren war er an Malaria erkrankt und mußte im Zimmer der Eltern schlafen, anstatt in dem seiner Kinderfrau – wie es damals üblich war. Eines Nachmittags »wurde er Zeuge eines dreimal wiederholten coitus a tergo«, wobei er »das Genitale der Mutter wie das Glied des Vaters sehen« konnte. (S. 157) Die in dieser »Urszene« wahrgenommene weiße Unterwäsche der Eltern verwandelte sich – FREUDs Interpretation zufolge – in die weißen Wölfe des Traums.

Tatsächlich hatte jenes Erlebnis eine Verschlechterung seines Verhältnisses zum Vater hervorgerufen. Er identifizierte sich hinfort mit der Mutter – der Frau –, deren »kastrierten« Zustand er in dieser frühen Phase seiner Entwicklung beobachtete. In der Folge verdrängte der Knabe jedoch seine aufkeimenden homosexuellen Neigungen, und dieser Komplex manifestierte sich später in einer Dysfunktion der analen Zone:

»Das Organ, an dem sich die Identifizierung mit dem Weibe, die passiv homosexuelle Einstellung zum Manne äußern konnte, war die Analzone. Die Störungen in der Funktion dieser Zone hatten nun die Bedeutung von femininen Zärtlichkeitsregungen bekommen und behielten sie auch während der späteren Erkrankung bei.«[5]

Diese Dysfunktionen, die ihn viele Monate ununterbrochen an der spontanen Darmentleerung hindern konnten, waren von FREUD mit den Schwierigkeiten und Problemen verknüpft worden, die der Patient mit Geld hatte:

»Bei unserem Patienten war zur Zeit seiner späteren Erkrankung dies Verhältnis [zum Geld] in besonders argem Maße gestört, und dies war nicht das Geringste an seiner Unselbständigkeit und Lebensuntüchtigkeit. Er war durch Erbschaft von Vater und Onkel sehr reich geworden, legte manifesterweise viel Wert darauf, für reich zu gelten, und konnte sich sehr kränken, wenn man ihn darin unterschätzte. Aber er wußte nicht, wieviel er besaß, was er verausgabte, was er übrig behielt.«[6]

Das zweite Problem sah FREUD im gestörten Verhältnis des *Wolfsmannes* zu Frauen, fühlte sich dieser doch ausschließlich zu Bediensteten hingezogen und das auch nur, wenn er eine Frau in einer gewissen Position sah, nämlich genau der, die seine Mutter in der oben beschriebenen Urszene eingenommen hatte. Aus diesen und anderen Details schloß FREUD, das der *Wolfsmann* an einer Zwangsneurose litt – wegen dieser Störung wurde er auch behandelt –, daneben an depressiven Zuständen und anderen, in der Krankengeschichte dargelegten Symptomen. Nach vierjähriger Analyse und einer Nachanalyse, die einige Jahre später erfolgte, weil die Symptome wiedergekehrt waren, wurde der Patient von FREUD als geheilt entlassen. Indes fühlte sich der *Wolfsmann* kurze Zeit später genötigt, die Analyse wieder aufzunehmen, und diesmal behandelte ihn (die FREUD-Schülerin) RUTH MACK BRUNSWICK zunächst fünf Monate lang und dann nach ungefähr zwei Jahren in unregelmäßigen Zeitabständen über eine ganze Reihe von Jahren hin. – Es sei angemerkt, daß die Lösung dieses Falles für Psychoanalytiker eine der herausragenden und ganz besonders eindrucksvollen Leistungen der Psychoanalyse schlechthin war und ist.

Was hat nun der Betroffene selbst zu seiner angeblichen Heilung zu sagen? KARIN OBHOLZER beginnt die Reihe ihrer »Gespräche mit dem Wolfsmann« mit einem Zitat aus seinem Munde:

»Wissen Sie, mir geht es so schlecht, ich habe in der letzten Zeit immer solche schrecklichen Depressionen... Jetzt denken Sie wahrscheinlich, daß mir die Psychoanalyse nicht geholfen hat?«[7]

Dies klingt nicht nach einem großen Erfolg der von FREUD angewandten und weiterempfohlenen Therapie, und liest man das Buch zu Ende, so wird unmißverständlich klar, daß die psychoanalytische Behandlung zur seelischen Gesundheit des Patienten beziehungsweise zur Beseitigung seiner Symptome nicht das geringste beigetragen hat; vielmehr kam es auch in den folgenden sechzig Jahren, nachdem er von FREUD als »geheilt« entlassen worden war, zu einem andauernden Auf und Ab der Krankheit, geradeso als ob er überhaupt nicht behandelt worden wäre. Dieser Fall illustriert bestens die Notwendigkeit langfristiger Nachuntersuchungen; denn nie sollte von einem Erfolg gesprochen werden, solange nicht bewiesen ist, daß die Symptome nicht nur verschwunden sind, sondern auch über einen langen Zeitraum *verschwunden bleiben*. Man weiß sehr wohl, daß FREUD Therapeuten, die andere Behandlungsmethoden vorzogen, bezichtigte, sie würden Rückfällen Tür und Tor öffnen; umgekehrt behauptete er, daß seine Methode die einzige sei, die solche Rückfälle verhindern könnte, weil sie nämlich die zugrunde liegenden Komplexe eliminiere. Dennoch offenbart gerade dieser Fall – auf den er besonders stolz war und den er so oft als beispielhaft für den therapeutischen Wert der Psychoanalyse heranzog – die Wiederkehr der ursprünglichen Symptome, Rückfälle schwerster Art und damit die Fortdauer der Krankheit, die FREUD erklärtermaßen »geheilt« hatte.

Was für den *Wolfsmann* gilt, kann auch für einen anderen berühmten Fall der psychoanalytischen Folklore, nämlich den der »*Anna O.*«, geltend gemacht werden. Auch hier reklamierten FREUD und seine frühen Anhänger einen großen Erfolg. HENRY F. ELLENBERGER hat dagegen in seinem Buch über »die Entdeckung des Unbewußten«[8] dargelegt, daß dies einer ganz und gar irreführenden Wiedergabe des Falles entspringt. Er schreibt:

>»In einem 1925 in Zürich abgehaltenen Seminar offenbarte Jung, Freud habe ihm gesagt, die Patientin sei in Wirklichkeit nicht geheilt worden. 1953 veröffentlichte Jones eine Version von der Geschichte, die sich merklich von der Darstellung Breuers unterscheidet. Nach dieser Version hat Freud Jones gesagt, zur Zeit des angeblichen Endes der Krankheit sei die Patientin bei weitem nicht geheilt gewesen.« (2. Halbband, S. 662)

Und ELLENBERGER schließt nach einer vergleichenden Kritik der verschiedenen Falldarstellungen und unter Heranziehung eines bis 1982 unbekannten BREUERschen Krankenberichts mit den Worten:

>»Es ist wahrhaftig paradox, daß die nicht erfolgreiche Behandlung der Anna O. für die Nachwelt zum Prototypen einer kathartischen Heilung geworden ist.« (S. 667)

Auch E.N. THORNTON widmet diesem Fall in ihrem Buch über »Freud und Kokain«[9] viele Seiten, wobei sie zu verstehen gibt, daß FREUD über *Annas* Krankengeschichte (cf. 1895 d) einen völlig irreführenden Bericht abgab und nicht zuletzt die – ihm wohlbekannte – Tatsache verschleierte, daß das Mädchen gar nicht durch BREUER geheilt worden war. Eigentlich müßte man doch denken, daß Falldarstellungen – so wenig beweiskräftig sie auch in bezug auf den Behandlungserfolg sein mögen – zumindest die Anwendung einer bestimmten Behandlungsmethode illustrieren. Wenn nun ein Autor den Leser bewußt über entscheidende Einzelheiten des Falles, insonderheit über den Ausgang desselben, täuscht – wie kann man dann solche Fallgeschichten noch ernst nehmen? Und vor allem – wie kann man dem Autor, der sie erzählt, jemals wieder Glauben schenken? Im übrigen ist die mittlerweile gesichert erscheinende Aufklärung, daß der mangelnde Erfolg der BREUERschen Behandlung auf einer falschen Diagnose beruht – *Anna O.* litt überhaupt nicht an einer Neurose, sondern an tuberkulöser Meningitis – keine Entschuldigung; denn die Interpretation dieser eindeutig somatischen Krankheit in einem rein psychologischen Sinn und die nachfolgende Behauptung, daß sie via »Redekur« geheilt worden sei, ist an sich schon eine Absurdität, welche die ganze Unverantwortlichkeit verrät, die sich hinter dem alles (und nichts) sagenden Terminus »Psychotherapie« versteckt.

Das übertriebene Ausmaß an Spekulationen, mit dem FREUD die Aufgabe der Deutung von Träumen, Worten und Taten der neurotischen Persönlichkeit anging, zeigt am klarsten seine Studie über einen deutschen Richter namens DANIEL PAUL SCHREBER[10]. Dieser in der psychoanalytischen Literatur sogenannte Fall *Schreber* ist nicht nur von Interesse wegen des Ruhms, der ihm durch die FREUDsche Hypothese, Paranoia habe ihre Ursache in der Homosexualität, zufiel. Er macht auch deutlich, wie bereitwillig FREUD seine eigenen Gebote mißachtete. Für gewöhnlich verlangte er zum Verständnis der Symptome und Störungen der Patienten eine detaillierte Analyse und Interpretation von Träumen und anderem Material mittels freier Assoziationen des Analysanden; in diesem Fall jedoch sah er den Patienten persönlich nie, vielmehr bezog er sich ausschließlich auf dessen schriftliche Erinnerungen [die 1903 u. d. T. *Denkwürdigkeiten eines Nervenkranken* veröffentlicht wurden]. SCHREBER – ein Mann von sehr hoher Intelligenz und großen Fähigkeiten – verbrachte infolge einer schweren Geisteskrankheit zehn Jahre in Nervenheilanstalten. Nach der Gesundung publizierte er eine ausführliche Schilderung seiner Wahnvorstellungen, doch ermangelte der Bericht jeglicher Angaben über seine Familie, seine Kindheit und seinen Lebensweg vor der Einweisung – und genau dies, so möchte man meinen, hätte vom psychoanalytischen Standpunkt aus doch ganz wesentlich sein müssen –. Im übrigen wurde die Krankengeschichte als solche nicht in chronologischer Entwicklung wiedergegeben, sondern lediglich ihr letztes Stadium. Noch kritischer erscheint die Tatsache, daß die Herausgeber gerade die Teile aus SCHREBERs Darstellung herausgenommen hatten, die für die Analyse zweifellos am allerwichtigsten gewesen wären.

Trotz dieser Zensur verblieb in der Schrift immer noch erhebliches Material über die diversen Zwangsvorstellungen des Patienten. So schildert dieser, wie er sich mit der Sonne, den Bäumen und den Vögeln zu unterhalten pflegte, wie Gott zu ihm gesprochen hatte – auf Hochdeutsch, versteht sich –, wie nahezu alle Organe seines Körpers umgewandelt (zerstört und wieder hergestellt) worden waren; wie das Ende der Welt kommen würde und wie Gott ihn auserwählt hatte, um die Menschheit zu retten! FREUD seinerseits konzentrierte sich in der Analyse auf zwei bestimmte Wahnideen, die er für grundlegend hielt. Einmal glaubte der Patient, daß er im Begriff war, von einem Mann in eine Frau verwandelt zu werden, zum andern beklagte er sich über homosexuelle Übergriffe von seiten des Nervenarztes Prof. FLECHSIG, der als erster seine Behandlung übernommen hatte.

61

Auf der Grundlage dieser höchst unsicheren Stützen gelangte FREUD zu der Annahme, daß die Ursache von *Schrebers* paranoider Krankheit in seiner verdrängten Homosexualität lag, wobei er unvermittelt dazu überging, diesen »Befund« auf alle paranoiden Erscheinungen auszudehnen. In unserem konkreten Fall schien ihm das verantwortliche homosexuelle Liebesobjekt zuerst der Vater des Patienten gewesen zu sein, dann FLECHSIG und schließlich Gott oder die Sonne. FREUD suchte – und fand – alsdann die Ursprünge für *Schrebers* verwirrten Zustand in einem ödipalen Konflikt der Kindheit, in der er infolge von Kastrationsangst eine Fixierung auf die Idee einer sexuellen Unterwerfung unter seinen Vater erlebt hatte. Dieser später verdrängte Wunsch wurde vom Bewußtsein des Erwachsenen mittels verschiedener Abwehrmechanismen ferngehalten; insbesondere nennt FREUD die Verkehrung ins Gegenteil, wodurch aus dem Liebeswunsch Haß entstand, der wiederum projiziert und verschoben wurde, so daß *Schreber* am Ende überzeugt war, die anderen Menschen haßten ihn. Die vollständige Kette der Projektionen lautete wie folgt: Die Vorstellung »Ich liebe ihn« wird geleugnet und nacheinander ersetzt durch »Ich liebe ihn nicht«, »Ich hasse ihn ja«, denn: »Er haßt (verfolgt) mich«. (S. 186)

Kritiker FREUDs haben darauf hingewiesen, daß SCHREBERs sexuelle Abweichung von der Normalität eher als Transsexualismus zu bezeichnen sei denn als Homosexualität und daß zugleich seine Geisteskrankheit dem schizophrenen Formenkreis zugerechnet werden müßte und nicht der Paranoia. Diese alternativen Diagnosen oder Erklärungen für sein Verhalten und seine Krankheit brauchen uns an dieser Stelle nicht zu beschäftigen. Indes wollen wir noch aufzeigen, wie FREUD es anstellte, die großartigsten Theorien und Schemata zu konstruieren, obwohl sein Datenmaterial doch so dürftig und unverläßlich war. Zum Beispiel fragt es sich, wie er die unbestimmten Erinnerungen eines Schizophrenen, die obendrein noch durch den Herausgeber um einen Großteil der wichtigsten Einzelheiten gekürzt worden waren, für bare Münze nehmen konnte, zumal die dem Zusammenbruch vorausgehenden Krankheitsphasen ganz außer Betracht blieben? Weiter, wie sollte man jemals eine so komplexe Theorie überprüfen können? Natürlich hat jeder Wissenschaftler das Recht, zu spekulieren und neue Theorien zu formulieren, doch standen in FREUDs Analyse die gesicherten Tatsachen in keinem Verhältnis zu der Masse an reinen Spekulationen, weshalb auch der Fall *Schreber* besser als die meisten anderen Fallgeschichten die ungeheure Kluft zwischen Realität und bloßer Theorie sichtbar macht.

Wenn man die übrigen von FREUD behandelten Fälle genau überprüft, so schneiden sie um keinen Deut besser ab; doch ist dies nicht der Ort, Details auszubreiten, die von kompetenten Historikern der Medizin und Psychiatrie – wie etwa THORNTON – hinreichend besprochen worden sind. Nur mit einem weiteren Fall, dem des *»kleinen Hans«*, werden wir uns noch – allerdings erst im nächsten Kapitel – ausführlicher beschäftigen müssen, da mit ihm angeblich die psychoanalytische Praxis der Kindertherapie begründet wurde. Hier wollen wir nur soviel klarstellen: Selbst wenn einzelne Fälle den Wert einer bestimmten Behandlung bestätigen sollten, können die wenigen Fälle, die FREUD dargestellt hat, durchaus nicht als außerordentliche Erfolge gelten; sie müssen im Gegenteil als therapeutische und mutmaßlich schon als diagnostische Fehlschläge betrachtet werden! Wenn diese Fälle wirklich das Beste sind, was die psychoanalytische Praxis (bzw. Anwendung) anzubieten hat, dann fragt es sich, welche Kritik einem experimentell eingestellten Rezensenten überhaupt zu Gebote steht.

Es gibt indes noch einen von uns bislang nicht erwähnten, gleichwohl durchaus sinnvollen Weg, die FREUDsche Psychotherapie einer Probe zu unterziehen. Wenn die Theorie wahr wäre, dann müßte aus ihr folgen, daß die teilweise oder gar vollständige Einsicht des Patienten seine Symptome unverzüglich zum Verschwinden bringt. Tatsächlich behaupten Psychoanalytiker immer wieder, daß dies der Fall sei. Zwar erkannte FREUD selber sehr bald, daß sich in Wirklichkeit nur eine schwache Korrelation zwischen der Besserung (nicht selten auch Verschlechterung) des Zustandes des Patienten und der angeblich durch die Psychoanalyse vermittelten »Einsichten« findet. Er ließ sich aber dadurch nicht allzusehr beunruhigen, sondern versuchte, ad hoc allerlei Gründe heranzuziehen, nach denen dieser Mangel nicht allzu schlimm sei. Für die Beurteilung des therapeutischen Prozesses geht damit auch die allerletzte Chance verloren, durch die Behandlung des einzelnen Patienten die Wirksamkeit einer von der Theorie her entwickelten Therapieform nachzuweisen, hätte doch ein auffälliges Zusammentreffen von Einsicht und Gesundung als starkes Indiz für die Richtigkeit der Theorie dienen können. Die Tatsache, daß eine solche Übereinstimmung nicht feststellbar ist, muß zusätzlich die ernsthaftesten Zweifel am Sinn der Theorie – und der Therapie – aufwerfen.

Bevor wir uns – im nächsten Kapitel – den klinischen Studien über die Wirksamkeit der Psychotherapie im allgemeinen und der Psychoanalyse im besonderen zuwenden, mag es nützlich sein, noch ein weiteres Argument anzusprechen, das oft von seiten der Psychoanalytiker zur Rechtfertigung ihrer Behandlungsprozeduren vorgebracht wird. Danach geben sie zwar die Möglichkeit zu, daß die Analyse die Symptome nicht beseitigt; zugleich aber weisen sie darauf hin, daß die Behandlung den Patienten wenigstens in die Lage versetzt, mit seinen Symptomen zu leben – und zwar glücklicher als bisher. Darüber hinaus behaupten sie, daß die Analyse aus dem Patienten einen »besseren Menschen« macht, obwohl gewöhnlich nicht definiert wird, in welcher Hinsicht er »besser« geworden sein soll, so daß es dafür auch keinen objektiven Maßstab gibt. Derartige Aussagen können sich nämlich auf eine reale Besserung des Krankheitszustandes beziehen oder nicht; auf jeden Fall findet sich auch hierfür keinerlei seriöse Stütze, ja es liegen nicht einmal Anhaltspunkte vor, wonach Psychoanalytiker sich bemüht hätten, experimentelle oder zumindest indirekte Beweise für ihre Ansprüche zu liefern. Wie schon bei den Symptomen ist alles, was wir hören, ein Schwall von unbestätigten Behauptungen über die Wunder, welche die Psychoanalyse vollbringen könne; dagegen haben wir nicht den kleinsten Beweis, daß sie wirklich leistet, wofür man sie rühmt.

An dieser Stelle könnte ins Feld geführt werden, daß es vielleicht keine Alternativen zur Psychoanalyse bzw. Psychotherapie gibt und deshalb die in sie investierte Zeit wie auch das teure Geld durch das Gute, das sie tut, aufgewogen wird: Selbst wenn der Patient keine Heilung erfährt, erfährt er doch eine gewisse Beruhigung oder andere Vorteile aus der Behandlung. Indes *gibt es* eine Reihe alternativer Behandlungsmethoden, die viel kürzer und nachweisbar erfolgreicher sind und mit deren Hilfe die Symptome verschwinden und der Gesamtzustand des Patienten entscheidend gebessert wird (wir werden solche Methoden in den folgenden Kapiteln im einzelnen vorstellen). Man wird verstehen, daß wir unter diesen Umständen auch nicht akzeptieren können, wenn sich die Psychoanalytiker mit dem angeblichen Mangel an alternativen Therapien herausreden möchten; jedenfalls bewahrt diese Ausrede die Psychoanalyse nicht länger vor der Anklage ihrer Ineffektivität.

Ein Problem, das zwar die Psychoanalytiker nicht oft anschneiden, das jedoch mehr und mehr Gewicht erhält, betrifft die zuweilen sehr ausgeprägten *negativen* Auswirkungen der Psychoanalyse. Sie kann unter Umständen dem Patienten mehr schaden als nützen. HANS STRUPP und seine Kollegen liefern in einem Buch zur Frage »Psychotherapie zum Besseren oder Schlechteren?«[11] eine gründliche Diskussion, wobei sie beträchtliches Beweismaterial für die Existenz solch nachteiliger Wirkungen enthüllen. Die meisten Analytiker und Psychotherapeuten sind sich dieser Fehlschläge sehr wohl bewußt. So ist denn auch gesagt worden, daß der offenkundige Mangel an Effektivität der Psychoanalyse möglicherweise daher rührt, daß sie neben starken positiven eben auch starke negative Auswirkungen hat und daß diese einander ausgleichen. Wäre dies wahr, so hätte man damit sicher keine gute Reklame für die Psychoanalyse als Behandlungsmethode; wenige Patienten dürften bereit sein, eine Medizin zu nehmen, von der sie nichts weiter wissen, als daß sie ihnen entweder sehr viel hilft oder schadet. (Es sei der Hinweis gestattet, daß STRUPP stets ein ausgesprochener Befürworter der Psychotherapie war, so daß man ihn keineswegs als einen feindlich gesonnenen Kritiker ansehen kann; dies zur Information für jene, die glauben, alle Kritik an der Psychoanalyse sei nur eine Angelegenheit des psychischen Widerstandes gegenüber den von ihr offenbarten Wahrheiten!)

Wie ist es aber möglich, daß eine Behandlung, die zur Beseitigung von Befürchtungen und Ängsten, von Depressionen und den ihnen zugrunde liegenden Komplexen entwickelt wurde, die Patienten noch ängstlicher und depressiver macht, als sie es schon waren? Die Antwort ist nicht einfach, doch wird sie in jedem Fall die Persönlichkeit – und das Verhalten, den Stil – des Therapeuten in Rechnung stellen müssen. Wir werden im nächsten Kapitel eine zur FREUDschen alternative Theorie erörtern, die zeigt, daß man neurotische Patienten ohne weiteres auch mit Hilfe von Methoden heilen kann, die auf die unmittelbare Verminderung von Angst, Spannung und Kummer abzielen. So konnte man empirisch nachweisen, daß ein einfühlender, freundlicher und optimistischer Therapeut, der bereit ist, dem

Patienten zu helfen, ihm Ratschläge gibt und ganz allgemein auf seiner Seite steht, mit Wahrscheinlichkeit dessen Ängste und Sorgen zu reduzieren vermag und allein dadurch schon zu einem Behandlungserfolg beiträgt. Solche Untersuchungen zeigen aber auch, daß andere Therapeuten mit gegensätzlich gearteter Persönlichkeit, die hart, gezwungen und pessimistisch sind, denen das Interesse oder die menschliche Wärme fehlt und die – als FREUDianer – nur an der Interpretation der Träume und des Verhaltens interessiert sind, anstatt Rat zu geben und zu helfen, wahrscheinlich nur bewirken, daß die Ängste des Patienten sich in einem katastrophalen Ausmaß vergrößern. So steht also gerade die Ausbildung der Psychoanalytiker und die Rolle, die sie zu spielen haben, dem therapeutischen Erfolg im Wege, so daß es kein Wunder ist, wenn sie bei ihren Patienten das Gegenteil von dem erreichen, was sie anstreben.

Die Tatsachen über die negativen Auswirkungen der Psychoanalyse sind gut dokumentiert, doch dürfte der Laie von wirklichen Fallgeschichten mehr profitieren; überdies sind sie leichter lesbar. Ganz besonders gilt dies, wenn sie vom Standpunkt des Klienten aus geschrieben wurden; wozu wir zwei Beispiele benennen können, in denen Patienten das Verhalten der Psychoanalytiker und deren fatalen Einfluß auf ihren Zustand schildern. Der erste dieser Berichte trägt den unverblümten Titel ›Breakdown‹ – »Zusammenbruch« – und handelt von »einer persönlichen Krise und einem medizinischen Dilemma« eines hervorragenden Experimentalpsychologen, nämlich STUART SUTHERLAND, der die Geschichte seines Nervenzusammenbruchs und seine durchweg schlimmen Erfahrungen mit mehreren Psychoanalytikern genau wiedergibt. Der Autor ist nicht nur ein äußerst belesener und sachkundiger Psychologe, sondern er schreibt auch gut; die Darstellung seiner Erlebnisse in den analytischen Sitzungen ist auch und gerade für Leser, die selber keine Psychoanalyse durchgemacht haben, aufschlußreich, vermittelt sie doch eine Vorstellung von den schrecklichen Konsequenzen, welche die typische psychoanalytische Einstellung auf einen Patienten haben kann, der aufgrund seiner neurotischen Schwierigkeiten in extremem Maße zu Angst und Depressionen neigt und durch die gefühlskalte und bloß interpretierende Art des Therapeuten alles andere als Linderung erfährt. Die Lektüre erspart einem nichts, aber sie ist dennoch heilsam, bietet sie doch in ausgezeichnet erzählter Detailschilderung alle jene Fakten dar, die wir im Vorstehenden nur in ihrer wissenschaftlichen Nüchternheit anführen konnten.

Eine andere interessante Geschichte, die ausschließlich den analytischen Begegnungen mit fünf Psychiatern gewidmet ist, findet sich in CATHERINE YORKs ominös betiteltem *If Hopes were Dupes*. Der Autorenname verbirgt die Identität einer sehr bekannten Schauspielerin, und das Buch enthält den Tatsachenbericht über ihre Anstrengungen, mit Hilfe der Psychiatrie von ihren seelischen Störungen freizukommen. Es zeigt die Qual und die Verwirrung, in die jemand getrieben werden kann, wenn er die Welt der Psychoanalyse in beinahe völliger Unkenntnis ihrer Bedingungen betritt. Der Titel des Buches ist ein Zitat aus einem Gedicht von ARTHUR

HUGH CLOUGH; die volle Zeile lautet »If Hopes were Dupes, Fears may be Liars« und heißt soviel wie »Wenn Hoffnungen Betrogene wären, könn-(t)en Ängste Lügner sein«. Dem Leser beider Bücher wird die Ähnlichkeit der psychoanalytischen Erfahrungen von Mrs. YORK mit denen von SUTHERLAND auffallen; hier wie dort schlägt einem die Kälte der Analytiker und ihr Mangel an schlichtem menschlichem Mitgefühl ins Gesicht. Es ist in diesem Zusammenhang auch unbedeutend, ob die Haltung des Psychoanalytikers eine angenommene ist, um den FREUDschen Regeln zu entsprechen, oder ob sie zu seinem eigenen Wesen gehört: Die Wirkung auf den Patienten ist gleichermaßen verhängnisvoll. Wenn wir über die Auswirkungen der Psychoanalyse und Psychotherapie sprechen, sollten wir niemals vergessen, daß die angebliche »Behandlung« das Leiden des Patienten ernsthaft verschlimmern kann. Dies ist eine sachliche Warnung all denen, die vor lauter Ängsten und Depressionen schon so mutlos geworden sind, daß sie am Ende beim Psychoanalytiker landen; die Hoffnungen, mit denen der arglose Patient die Praxis des Analytikers betritt, erweisen sich in aller Wahrscheinlichkeit als »Trug«, während doch seine Ängste alles andere als »Lug« sind. Ob und wieweit es sich ethisch rechtfertigen läßt, medizinischen Praktikern zu erlauben, kranken Menschen zu ihrer Verzweiflung noch zusätzliche Seelenqualen aufzuerlegen – diese Frage mag der Leser selber beantworten.

Für jene, die glauben, daß es sich bei einem typischen FREUDianischen Psychotherapeuten um einen gütigen, wohlmeinenden, freundlichen Onkel handeln müsse, der seinen Patienten in ihren Schwierigkeiten zur Seite steht, ihnen ihre Angst nimmt und ganz allgemein hilfsbereit ist, dürfte noch eine Krankengeschichte von Interesse sein, über die FREUD lang und breit berichtet hat, nämlich der *Fall Dora*[12]. *Dora* (ein Deckname für IDA BAUER) war als intelligentes und attraktives Mädchen im Alter von 18 Jahren nach einer Reihe von Ohnmachten – (mutmaßlich [cf. S. 101[2]]) unter Krämpfen und Delirien – wegen Katarrh, gelegentlichem Stimmverlust, Atemnot und einem nachgezogenen Bein in die FREUDsche Praxis gelangt. Die Symptome hätten dem Arzt sagen müssen, daß es sich bei *Dora* um ein organisches Syndrom handelte, und tatsächlich war sie mit einem tuberkulösen Vater aufgewachsen, der sich vor ihrer Zeugung eine Syphilis zugezogen hatte; im übrigen litten Vater und Tochter an der gleichen Art Asthma. Als *Dora* FREUD bat, er möchte doch die mögliche syphilitische Grundlage ihrer Krankheit in Erwägung ziehen, schien er grundsätzlich einverstanden; allerdings erklärte er ihr, daß jede Neurose ein »gewisses somatisches Entgegenkommen« (S. 116) in einer zugrunde liegenden Disposition findet, und in der Falldarstellung merkte er an, daß nach seiner klinischen Erfahrung »Syphilis der Erzeuger als Ätiologie für die neuropathische Konstitution der Kinder sehr wohl in Betracht kommt«. (S. 991)

Trotz dieses angenommenen organischen Ursprungs ihrer Störungen sah er in *Dora* nur eine der zahlreichen willensschwachen Frauen, die »hysterische Unverträglichkeit« sowie »ein wahrscheinlich nicht ernst gemeintes *taedium vitae*« (i. e. Lebensmüdigkeit) demonstrieren (S. 101), und ohne eine ordentliche Untersuchung vorzunehmen, fällte er über die Patientin allein aufgrund ihrer Schilderung der einzelnen Krankheitssymptome die Diagnose im Sinne einer Psychoneurose. Dabei erschien ihm etwa die organische Seite von *Doras* Hustenanfällen nur als die unterste »Schichtung« der Psyche – gleichsam ein »Sandkorn... um welches das Muscheltier die Perle bildet« (S. 152). Die »Konsequenz« war, daß er sich gar nicht erst mit den körperlichen Symptomen oder Indikationen abgab, sondern unbeirrt seiner theoretischen Voraussetzung folgte, nach der die einzige Heilungschance in einem Rückgängigmachen ihrer seelischen Ausweichmanöver liegen mußte. Es hat den Anschein, als machte sich FREUD nicht einmal die Mühe, seine Patientin einer körperlichen Routineuntersuchung zu unterziehen; vielmehr bereitete er ihr einen außerordentlich qualvollen psychischen Prozeß.

JANET MALCOLM hat in ihrem Buch über die »Psychoanalyse als den unmöglichen Berufsstand« folgendes festgestellt:

> »Freud behandelte Dora wie eine Todfeindin. Er stritt mit ihr, stellte ihr Fallen, trieb sie in die Ecke, bombardierte sie mit Deutungen, ließ keinen Pardon gelten, war – in seiner Art – genauso unaussprechlich wie irgendeine der Personen aus dem Kreise ihrer unheilvollen Familie, dabei schoß er über das Ziel hinaus und trieb sie schließlich von dannen.«[13]

(*Dora* floh die Analyse nach drei Monaten.)

Als Beispiel nehme man FREUDs Reaktion auf *Doras* Aussage, sie habe vor nicht allzu langer Zeit eine Blinddarmentzündung durchgemacht. FREUD schob diese ärztliche Diagnose schlichtweg beiseite und entschied selbstherrlich, daß die »Perityphlitis« in Wirklichkeit »die Phantasie einer Entbindung realisiert« hatte (S. 169), welche ihre unbewußten sexuellen Wünsche ausdrückte. Hinsichtlich ihrer asthmatischen Symptome erkannte er zwar einen Zusammenhang mit dem gleichartigen Zustand ihres Vaters an, doch dies nur unter Rekurs auf die »Annahme«, daß *Dora* einstmals zufällig mitangehört hätte, wie ihr Vater bei einem ehelichen Koitus schwer gekeucht habe (S. 149); ihr nervöser Husten sollte demnach nichts anderes als ein schüchternes weibliches Liebeslied sein. FREDERICK CREWS schreibt dazu in einem Essay über »den Freudschen Erkenntnisweg«:

> »In Freuds lüsternen Gedankengängen waren fortan schwüle erotische Spekulationen von größerem diagnostischen Interesse als die manifesten Krankheitszeichen.«[14]

CREWS fährt fort:

> »Freuds romanhafte Fallgeschichte, in der er Poes unfehlbaren Detektiv Dupin spielt, ist voll von rechthaberischen Interventionen auf Doras Kosten. Eine ihrer – offenbar gerechtfertigten – Klagen bezog sich darauf, daß ihr fremdgehender Vater stillschweigend die Annäherungen des Ehemannes seiner Geliebten an seine Tochter ermutigte – eine Situation, in welcher der am wenigsten schuldige Teil zweifellos das bestürzte und verschreckte junge Mädchen war. Freud aber ging darauf aus, zu beweisen, daß Doras Schwierigkeiten hauptsächlich durch ihr eigenes Innenleben hervorgerufen worden waren. Als er beispielsweise hörte, daß

sie vor Jahren einmal einen heftigen Ekel verspürt hatte, nachdem sie jener ›noch jugendliche Mann von einnehmendem Äußern‹ sexuell attackiert hatte, schloß er: ›In dieser… Szene ist das Benehmen des 14jährigen Kindes bereits ganz und voll hysterisch. Jede Person, bei welcher ein Anlaß zur sexuellen Erregung überwiegend oder ausschließlich Unlustgefühle hervorruft, würde ich unbedenklich für eine Hysterika halten, ob sie nun somatische Symptome zu erzeugen fähig sei oder nicht.‹ (sic).«[15]

FREUD glaubte, daß Frauen mit neurotischen Problemen nahezu mit Sicherheit Masturbantinnen waren und daß solange kein Fortschritt zu erwarten sei, bis es gelingt, ihnen über diesen Punkt eine Beichte zu entlocken. Indem er die FLIESSsche Regel übernahm, daß häufig wiederkehrende Enuresis ihre Ursache in der Masturbation habe, zwang er *Dora,* zuzugeben, daß sie in ihrer Kindheit eine – verspätete – Bettnässerin gewesen war, und er versuchte ihr obendrein einzureden, daß ihr »Katarrh« (i. e. hier *fluor albus)* »vorzugsweise auf Masturbation deute« (S. 146). Das gleiche sollte für ihre »Magenkrämpfe« gelten.

Ein anderes Beispiel für FREUDs zwanghaftes Bedürfnis, für jede Verhaltensäußerung eine sexuelle Erklärung zu finden, ist seine Unterstellung, *Dora* würde mit ihrem nachgezogenen Bein nur eine innere Unruhe über den ihrer Entbindungsphantasie (phantasiert bloß von FREUD – und zwar unter energischem Protest der Analysandin –) zugrunde liegenden »Fehltritt« [der leider keiner war] ausdrücken (S. 168ff.). Viele andere ähnliche Absurditäten kann man in FREUDs Darstellung gerade dieses Falles entdecken, in welchem er ohne Zweifel seiner Patientin Deutungen aufzwingt, die eher zu seinen eigenen Komplexen zurückführen als zu den ihren. Dies sind nur ein paar Belege für die Manier, in der FREUD *Dora* behandelte. Man kann sich vorstellen, wie solch eine Haltung des Analytikers auf ein emotional labiles Mädchen von 18 Jahren wirkte, das in einem sinistren Familienkreis heranwuchs, der väterlichen Stütze entbehrte und mit Anträgen eines wollüstigen und aggressiven Freundes ihres Vaters belästigt wurde. Anstatt nun – wie erhofft – beim Nervenarzt Hilfe und Mitgefühl zu finden, begegnete sie einem feindseligen und aufs äußerste entschlossenen Gegner, dessen einziges Ziel es zu sein schien, sie zu erniedrigen und ihr ein Geständnis über Motive und Handlungen abzutrotzen, die ihr selbst völlig fremd waren. Wenn das tatsächlich das Urbild der FREUDschen Psychotherapie ist, dann kann es nicht Wunder nehmen, daß sie oft den Zustand eines Patienten verschlimmert, statt ihn zu bessern.

Zum Abschluß dieses Kapitels möchten wir noch bemerken, daß gerade die Existenz alternativer Theorien und Behandlungsmethoden für eine Einschätzung der Psychoanalyse – und zwar sowohl als Theorie wie auch als Behandlungsmethode – von größter Wichtigkeit erscheint. In der Wissenschaft ist selbst eine schlechte Theorie besser als überhaupt keine Theorie; denn eine schlechte Theorie kann man verbessern, hat man aber gar keine, so besteht die Gefahr, sich in einem Wirrwarr von unverbundenen Fakten zu verlieren. Ähnlich ist es mit der Behandlung: Jede Art von Therapie ist mutmaßlich besser als gar keine, weil sie zumindest im Patienten eine Hoffnung erweckt – wenn er weiß, daß etwas für ihn getan wird, fällt es ihm sicher leichter, an die Möglichkeit der Heilung zu glauben. Haben wir nun aber alternative Theorien und Therapien, so sind wir zugleich im Besitz einer einfachen Methode, ihre Effektivität zu überprüfen. So kann man ohne weiteres eine Theorie gegen die andere ausspielen, indem man mit Hilfe von Experimenten feststellt, welche von ihnen den faktischen Gegebenheiten angemessen ist. Gleiches gilt für die Therapien: Besitzen wir Alternativen, so können wir sie gegeneinander abwägen und prüfen, ob und wenn ja, inwieweit eine von ihnen überlegen ist. Zu diesem Zweck werden wir im folgenden einige alternative Theorien zu FREUDs psycho-analytischer Theorie erörtern, wobei wir kurz auch auf die Art der Be-handlung, die von der jeweiligen Theorie abgeleitet ist, eingehen wollen. Für die Einschätzung der Psychoanalyse müssen solche Vergleiche gera-dezu als unverzichtbar angesehen werden; vergrößern sie doch nicht nur unseren Wissensvorrat, sondern bringen uns auch in die Lage, über ihren theoretischen wie praktischen Wert ein gewisseres Urteil abzugeben, als es in Ermangelung solcher Alternativen möglich wäre.

[1] S. FREUD (1916-17) *Vorlesungen zur Einführung in die Psychoanalyse:* 28. »Die analytische Therapie«, G. W. Bd. 11; zit. nach StA I, S. 443.
[2] S. FREUD (1918b) ›*Aus der Geschichte einer infantilen Neurose*‹, G.W., Bd. 12; zit. im folgenden nach StA VIII.
[3] K. OBHOLZER (1980) *Gespräche mit dem Wolfsmann – Eine Psychoanalyse und ihre Folgen,* Reinbek: Rowohlt (engl. Übers. London 1982).
[4] S. FREUD (1918b), a.a.O., S. 149.
[5] S. FREUD, a.a.O., S. 193.
[6] S. FREUD, a.a.O., S. 188f.
[7] K. OBHOLZER (1980), a.a.O., S. 37.
[8] H. F. ELLENBERGER (1973) *Die Entdeckung des Unbewußten,* 2 Halbbände, Bern/Stuttgart/Wien: Huber (Orig. engl. 1970).
[9] E. N. THORNTON (1982) *Freud and Cocaine: The Freudian Fallacy,* London: Blond & Brigg.
[10] S. FREUD (1911c) ›*Psychoanalytische Bemerkungen über einen autobiographisch beschriebenen Fall von Paranoia (Dementia paranoides)*‹, G.W., Bd. 8; zit. nach StA VII.
[11] H. H. STRUPP/S. W. HADLEY/B. GOMES-SCHWARTZ (1977) *Psychotherapy for Better or Worse: the Problem of Negative Effects,* New York: Aronson.
[12] S. FREUD (1905e) ›Bruchstück einer Hysterie-Analyse‹, G. W., Bd. V; die Seiten-zahlen der folgenden Zitate nach StA VI.
[13] J. MALCOLM *Psychoanalysis: The Impossible Profession.*
[14] FR. CREWS *The Freudian Way of Knowledge.*
[15] FR. CREWS, a.a.O., (die FREUD-Zitate aus 1905e, a.a.O. S. 106).

DRITTES KAPITEL

Die psychotherapeutische Behandlung und ihre Alternativen

*»Wenn ein Mensch mit Gewißheit beginnen möchte,
wird er im Zweifel enden;
ist er es aber zufrieden, mit Zweifeln zu beginnen,
wird er in Gewißheit enden.«*

FRANCIS BACON

Etwa bis 1950 waren die Behauptungen der Psychoanalytiker, sie könnten neurotische Patienten erfolgreich behandeln, ja mehr: sie allein wären in der Lage, dauerhafte Heilerfolge zu erzielen, von seiten der Psychiatrie und Psychologie weitgehend akzeptiert. Zwar gab es im Hinblick auf die allgemeine psychoanalytische Theorie kritische Stimmen, doch waren selbst diese ziemlich gedämpft, und man könnte sagen, daß die Psychoanalyse zu jener Zeit im Hauptstrom des psychologischen Denkens schwamm, soweit Fragen der Persönlichkeit, der Neurose und der Sozialpsychologie überhaupt zur Diskussion standen. Diese Situation änderte sich, als eine Reihe von Kritikern daranging, das vorhandene Beweismaterial über die Wirksamkeit der Psychoanalyse und Psychotherapie zu überprüfen, und dabei keinerlei Daten fand, welche die psychoanalytischen Ansprüche zu stützen vermochten. Unter jenen, die zu der Ansicht kamen, es sei den Psychoanalytikern nicht gelungen, ihre Behauptungen zu beweisen, waren Männer wie P. G. DENKER, C. LANDIS, A. SALTER, J. WILDER, J. ZUBIN und – vielleicht der bedeutendste von allen – DONALD HEBB, der nachmalige Präsident der Amerikanischen Psychologischen Vereinigung (APA). Das Anwachsen dieser Bewegung ist sehr schön von ALAN KAZDIN in einem Buch über die »Geschichte der Verhaltensmodifikation«[1] beschrieben worden. Der Autor hebt darin unter anderen eine Studie, die ich im Jahre 1952 veröffentlichte, als »die einflußreichste kritische Einschätzung der Psychotherapie« hervor, weshalb es nützlich sein mag, noch einmal auf die Kernpunkte meiner Argumentation einzugehen.[2]
Damals interessierte ich mich für die äußerst wichtige Frage, was mit Neurotikern geschehe, die keine psychiatrische bzw. psychotherapeutische) Behandlung erhielten. Die erstaunliche Antwort lautete, daß die Neurose anscheinend eine ganz von selbst endende Krankheit ist, oder anders gesagt: Neurotiker zeigen die Tendenz, auch ohne irgendeine Behandlung gesund zu werden. Nach Ablauf von rund zwei Jahren ist der Zustand bei zwei Dritteln von ihnen so weit genesen, daß sie sich als geheilt betrachten – oder zumindest als stark gebessert. Diese Zahl sollte man sich unbedingt merken, stellt sie doch eine Art Grundlinie für alle vergleichenden Untersuchungen auf diesem Gebiet dar; denn jede Behandlung, die ihr Pulver wert ist, muß sie ohne Frage übertreffen, um von einem Erfolg sprechen zu können. Besagte Besserungsrate aber fand sich sogar in Versicherungsfällen, also bei Leuten, die von ihrer Kasse solange Krankengeld bekamen, wie sie nicht konzedierten, wieder gesund zu sein, so daß sie eigentlich einen beträchtlichen Anreiz hatten, ihre neurotischen Symptome beizubehalten! Dieser Gesundungsprozeß ohne Therapie wurde »*Spontanremis-*

sion« (oder auch »spontane Besserung«) genannt, wobei die Ähnlichkeit mit jenen Selbstheilungstendenzen auffiel, die wir alle erleben, wenn wir etwa eine Erkältung haben – nach drei oder vier Tagen läßt der Husten oder Schnupfen nach, ganz gleich, was man tut, ja auch dann, wenn man gar nichts tut. Wer diese Heilung etwa der Tatsache zuschreibt, daß er Vitamin-C-Tabletten geschluckt hat oder Aspirin oder Whisky, der wendet offensichtlich das alte Prinzip *post hoc ergo propter hoc an*: was immer wir am ersten oder zweiten Tag einer Erkältung unternehmen, sie hört bald danach auf, uns zu plagen – aber nicht notwendigerweise, weil wir zu diesem oder jenem Mittel gegriffen hätten; vielmehr wäre sie in jedem Fall – also auch ohne unser Zutun – vorübergegangen. Genauso aber verhält es sich mit der Neurose: in einer großen Zahl von Fällen remittiert sie spontan, das heißt sie geht im Laufe von ein oder zwei Jahren von selbst zurück. Aus diesem Grunde müssen wir auch stets sorgfältig überprüfen, was während dieser Zeit mit dem Kranken passiert; nur so können wir herausfinden, ob die neurotischen Störungen aus eigenem Antrieb verschwunden sind oder aber ob etwas Besonderes oder Entscheidendes vorgefallen ist, bevor jene spontane Besserung eintreten konnte. Übrigens heißt »spontan« in diesem Zusammenhang lediglich soviel wie »ohne den Nutzen psychiatrischer Hilfe«; der Begriff »Spontanremission« bezieht sich also keineswegs auf irgendein wunderbares Ereignis ohne jegliche Ursache.

Als ich seinerzeit die von Psychoanalytikern und Psychotherapeuten beanspruchten Erfolge mit jener grundlegenden 2/3-Erfolgsrate verglich, stellte sich heraus, daß es keinen relevanten Unterschied gab, mit anderen Worten, Neurosepatienten, die sich einer Psychoanalyse oder einer psychoanalytisch orientierten Psychotherapie unterzogen, wurden kein bißchen schneller gesund als jene Kranke, die trotz ernsthafter neurotischer Störungen keine Behandlung erhielten! Nach Durchsicht der Literatur über etwa 10000 Fälle kam ich zu dem Schluß, daß in Wahrheit kein echter Beweis für die Wirksamkeit der Psychoanalyse vorlag. Man beachte indes die genaue Form dieser Aussage: Ich schrieb nicht, daß die Psychoanalyse oder die Psychotherapie bewiesenermaßen nutzlos sei – das wäre weit über die Beweiskraft der vorliegenden Zeugnisse hinausgegriffen gewesen; ich stellte nur fest, die Psychoanalytiker und Psychotherapeuten hätten nicht *bewiesen*, daß ihre Behandlungsmethoden besser seien als gar keine Behandlung, wörtlich:

> »... die Daten liefern keinen Beweis dafür, daß Psychotherapie, im Stile Freuds oder auf andere Art, die Genesung neurotischer Patienten fördert. Sie zeigen, daß rund zwei Drittel einer Gruppe von neurotischen Patienten innerhalb von zwei Jahren nach dem Beginn ihrer Krankheit genasen bzw. daß sich ihr Zustand besserte – ob sie nun psychotherapeutisch behandelt wurden oder nicht.« Und zusammenfassend: »Die Darstellungen konnten die Hypothese, daß Psychotherapie die Heilung von neurotischen Störungen fördert, nicht bestätigen.«[3]

Dieser Schlußfolgerung war und ist schwer beizukommen, da die Zahlen eindeutig sind. Trotzdem erhob sich in den nachfolgenden Jahren in psychologischen und psychiatrischen Fachzeitschriften ein wahrer Sturm von Versuchen, meine These zu widerlegen.

Die Kritiker pochten – mit vollem Recht – auf die mangelhafte Qualität der Beweisquellen: Es seien zu wenig Angaben über die genauen Diagnosen der einbezogenen Patienten vorhanden gewesen; außerdem waren offenbar die Lebensbedingungen der behandelten und unbehandelten Kranken völlig verschieden; die von den einzelnen Autoren benutzten Kriterien waren wahrscheinlich auch nicht identisch; und schließlich gab es zwischen den Gruppen Unterschiede bezüglich ihres Alters, des sozialen Status und anderer Kriterien. Nun hatte mein Artikel in – wie ich meine – recht unmißverständlicher Form durchaus auf die Dürftigkeit der Beweise aufmerksam gemacht, ja ich hatte gerade wegen dieser zahlreichen Schwächen des Materials meine Schlußfolgerung nicht auf die Spitze getrieben. Wie dem auch sei – je mehr jenes Datenmaterial zum Hauptangriffsziel der Kritik wurde, desto mehr schien meine These sich zu bewahrheiten. Denn ohne Frage bedarf es sicherer Zeugnisse, um den Wert einer bestimmten Behandlungstechnik nachzuweisen; wenn nun das einzig vorliegende Material der Kritik nicht standhält, dann kann es selbstverständlich auch nicht als Beweismittel herhalten.

Indes unterstellten mir die meisten, wenn nicht alle Kritiker, daß ich aus solch schwachem Beweismaterial gefolgert hätte, der Anspruch der Psychoanalyse als einer erfolgreichen Behandlungsmethode sei widerlegt. Dieser Vorwurf kam für mich etwas überraschend, da ich meine Worte sehr sorgsam gewählt hatte. Ich schrieb also eine Entgegnung auf meine Kritiker, in der ich darauf verwies, daß ich falsch zitiert worden war. Doch kann man selbst heute noch jene irrige Auslegung meiner These antreffen; und das kommt vielleicht gar nicht einmal so überraschend, ist doch für viele Leute die Psychoanalyse eine Art Lebenseinstellung – wie sollte es da anders sein, als daß jede Kritik starke Emotionen weckt, die es unmöglich machen, die Logik eines vorgebrachten Arguments gegen ihre hochgehaltenen Überzeugungen nachzuvollziehen oder wenigstens eine Kritik sorgfältig zu lesen.

In den folgenden Jahren nahmen die Veröffentlichungen von Untersuchungen über die psychotherapeutischen Effekte erheblich zu, und viele davon waren besser als diejenigen, auf die ich meinen ursprünglichen Artikel gegründet hatte. Im Jahre 1965 veröffentlichte ich einen weiteren Überblick, aus dem sich die folgenden acht Schlußfolgerungen ergaben:[4]

1. Vergleicht man unbehandelte neurotische Kontrollgruppen mit Experimentalgruppen von neurotischen Patienten, die mittels Psychotherapie behandelt werden, so erholen sich beide Gruppen in annähernd dem gleichen Ausmaß.

2. Vergleicht man Soldaten, die einen Nervenzusammenbruch erlitten haben und keine Psychotherapie erhielten, mit Soldaten, die Psychotherapie erhielten, so sind die Chancen für eine Wiederaufnahme des Dienstes bei beiden Gruppen annähernd gleich.

3. Entfernt man neurotische Soldaten aus dem Dienst, so werden ihre

Heilungschancen durch den Erhalt oder Nichterhalt einer Psychotherapie nicht beeinflußt.

4. Zivile Neurotiker, die durch Psychotherapie behandelt werden, erholen sich oder genesen in annähernd dem gleichen Ausmaß wie ähnliche
Neurotiker, die keine Psychotherapie erhalten.

5. Kinder, die an emotionalen Störungen leiden und durch Psychotherapie behandelt werden, erholen sich oder genesen in annähernd dem
gleichen Ausmaß wie ähnliche Kinder, die keine Psychotherapie erhalten.

6. Behandelt man neurotische Patienten mittels psychotherapeutischer
Verfahren, die auf der Lerntheorie basieren, so genesen sie signifikant
schneller als Patienten, die durch psychoanalytische oder eklektische
Psychotherapie oder überhaupt nicht durch Psychotherapie behandelt
werden.

7. Neurotische Patienten, die durch psychoanalytische Psychotherapie behandelt werden, genesen nicht schneller als Patienten, die mittels
eklektischer Psychotherapie behandelt werden, und möglicherweise
genesen sie weniger schnell, wenn man den großen Anteil an Patienten
in Rechnung stellt, welche die Behandlung abbrechen.

8. Mit der einzigen Ausnahme der auf der Lerntheorie basierenden psychotherapeutischen Methoden deuten die Ergebnisse der veröffentlichten Untersuchungen bei militärischen und zivilen Neurotikern sowie
bei Erwachsenen und Kindern darauf hin, daß die therapeutischen Wirkungen der Psychotherapie gering sind oder ganz fehlen und in keinem
nachweisbaren Umfang etwas zu den unspezifischen Wirkungen der üblichen ärztlichen Behandlung hinzufügen, noch zu solchen Ereignissen,
wie sie in der Alltagserfahrung des Patienten vorkommen.

Zu diesen Thesen ist zweierlei anzumerken. Zunächst einmal erscheinen
sie ziemlich überraschend, denn: Patienten, die sich einer Psychoanalyse
unterziehen, gehören fast immer zu einem Persönlichkeitstypus mit den
Eigenschaften »jung, anziehend, sprachgewandt, intelligent und erfolgreich«; für diesen Personenkreis aber ist die Prognose ganz allgemein gün-
stig, gleich, welche Behandlung angewandt wird. Die von Psychoanalytikern aufgestellten Selektionskriterien führen zu einem Ausschluß aller
übermäßig gestörten Fälle (einschließlich sexuell Abnormer und Alkoholi-
ker), des weiteren von Kranken, die keine »Gesprächstherapie« wünschen, sowie Personen, die der geschulte Beurteiler schon ganz allgemein
nicht für eine Psychotherapie als geeignet ansehen würde. In Anbetracht
der Tatsache, daß sie auf so elegante Weise die schwierigsten und hartnäk-
kigsten Neurotiker von der Behandlung ausschließen und sich allein auf
diejenigen Patienten konzentrieren, die mit hoher Wahrscheinlichkeit gesund werden, möchte man meinen, die Psychoanalytiker hätten das
Schicksal von vornherein zu ihren Gunsten beeinflußt; die Tatsache, daß
es ihnen dennoch nicht gelingt, besser abzuschneiden, läßt keinen anderen
Schluß zu, als daß die Psychoanalyse, wenn überhaupt, weniger wirksam
ist als eklektische Therapieformen, ja selbst als gar keine Therapie.

Der zweite Punkt, der erwähnt werden muß, betrifft die große Zahl von psychoanalytisch behandelten Kranken, die freiwillig aus der Behandlung ausscheiden, bevor sie abgeschlossen ist. Dies hat zu einer Kontroverse bezüglich der Statistiken über eine Genesung in der Zeit nach der psychoanalytischen Behandlung geführt. Soll man die 50% oder mehr Patienten, die die Analyse beenden, bevor sie große Besserung zeigen, als Fehlschläge zählen, oder soll man sie in der Statistik ganz unberücksichtigt lassen? Ich selbst war immer der Meinung, daß sie als Fehlschläge zu rechnen sind. Ein Patient kommt zu einem Arzt, um sich behandeln und heilen zu lassen; wenn er nun ohne erhebliche Fortschritte auf dem Wege zur Besserung wieder geht, so ist die Behandlung doch eindeutig fehlgeschlagen. Das Argument wird noch bestärkt durch eine von seiten der Psychoanalytiker häufig gebrauchte – allerdings sehr seltsame – Logik: Danach gibt es drei Gruppen von Patienten. Die erste Gruppe umfaßt die Patienten, die erfolgreich behandelt worden sind und als geheilt gelten. Die zweite Gruppe umschließt Patienten, die noch in Behandlung sind – eine Behandlung, die vielleicht schon einige Jahre läuft, ja, möglicherweise bis zu 30 Jahren andauert. Die dritte Gruppe besteht aus Patienten, die die Behandlung abbrechen. Nun behaupten Psychoanalytiker, daß eine Behandlung stets erfolgreich ist, so daß die zweite Gruppe nicht zu den Fehlschlägen zu rechnen sei; sie müssen eben mit der Therapie weitermachen, solange es nötig ist – vielleicht noch 10, 20 oder 30 Jahre, oder bis sie sterben. Falls sie aus der Behandlung aussteigen und sich der dritten Gruppe zugesellen, dann sagen die Analytiker, daß diese Patienten durchaus geheilt worden wären, hätten sie nur die Analyse fortgesetzt, und also auch nicht als Fehlschläge gezählt werden sollten. Indes könnte auf diese Weise wahrhaftig kein Patient jemals ein Fehlschlag werden: Entweder wird er als geheilt entlassen (und wir wissen aus dem Fall des *Wolfsmannes,* was das bedeuten kann), oder er führt seine Behandlung fort. Es kann also *per definitionem* gar keine »Versager« geben, und infolgedessen ist es auch unmöglich, die psychoanalytische Hypothese zu widerlegen, daß die Behandlung immer Erfolg hat (bzw. haben muß oder würde u. a. m.). Diese für Psychoanalytiker typische Argumentation erinnert fatalerweise an einen Lehrsatz des griechischen Arztes GALEN aus dem 2. Jh. n. Chr., der als Empfehlung einer besonderen Medizin folgendes schrieb:
»Alle, die diese Arznei trinken, genesen in kurzer Zeit, ausgenommen jene, denen sie nicht hilft, die alle sterben und keine Erleichterung von irgendeiner anderen Medizin her erlangen. Deshalb ist es klar, daß sie nur in unheilbaren Fällen versagt.«
Das mag wie eine leichtfertige Karikatur auf die psychoanalytische Beweisführung klingen, aber es trifft nichtsdestoweniger den Kern der Sache, bedienen sich doch viele Analytiker eben dieserart Pseudologik, wenn sie auf Kritiken, denen veröffentlichte Daten über therapeutische Fehlschläge zugrunde liegen, reagieren.
Es gibt aber noch einen weiteren Grund, weshalb wir uns einerseits wundern müssen, wieso die Psychoanalyse so erbärmlich abschneidet, und der

uns andererseits zugleich hilft, dafür eine Erklärung zu finden. Wie schon erwähnt, pflegen Psychoanalytiker ihre Patienten solchermaßen auszuwählen, daß nur diejenigen, die mit hoher Wahrscheinlichkeit von einer Analyse profitieren werden und die am wenigsten ernstlich krank sind, zur Behandlung angenommen werden. Doch damit nicht genug: Viele von denen, die einen Psychoanalytiker aufsuchen, sind in Wirklichkeit überhaupt nicht neurotisch! Für die Mehrheit von ihnen stellt die Psychoanalyse etwas dar, das ein Kritiker einmal die »Prostitution der Freundschaft« genannt hat. Mit anderen Worten: Weil sie aus Persönlichkeits- und Charaktermängeln nicht in der Lage sind, vertrauenswürdige Freunde zu gewinnen bzw. zu halten, bezahlen sie den Psychoanalytiker, damit er diese Funktion erfüllt, geradeso wie Männer Sex von Prostituierten kaufen, weil sie unfähig oder unwillig sind, den notwendigen Preis für Zuneigung, Liebe und Zärtlichkeit zu bezahlen, mit dem man eine sexuelle Beziehung auf nichtkommerzieller Basis erreichen kann. Andere – besonders in Amerika – pflegen den Psychoanalytiker zu konsultieren, weil dies zu den Dingen gehört (oder gehörte – die Mode stirbt allmählich aus –), die man unbedingt erlebt haben muß: Wer über seinen Psychoanalytiker zu berichten weiß, ist seinen Freunden und Bekannten um mindestens eine Nasenlänge voraus, und die »Einsichten«, die man gewonnen hat, liefern einem garantiert genug Gesprächsstoff für die nächste Party. All diese Leute können natürlich, da sie nicht krank sind, auch nicht geheilt werden. Das Sichverlassen auf den Psychoanalytiker (wie man sich sonst auf den Priester verläßt oder auf den Astrologen oder den Medizinmann) wird zu einer bleibenden Gewohnheit, die – wenn man genug Geld hat – durchaus amüsant sein kann. Aber all das hat nichts mit ernsthaften seelischen Störungen jener Art, mit der wir uns beschäftigen, zu tun. Der Psychoanalytiker in der Rolle der Prostituierten oder des Unterhalters – dies entspricht sicherlich nicht jener überheblichen Vorstellung vom »Heiler«, wie sie von FREUD und seinen Nachfahren hochgehalten wurde; gleichwohl ist jene Rolle nur allzuoft Analytikern auf den Leib geschrieben.

Nun – zurück zur Empirie! Nach meinem zweiten, im Jahre 1965 veröffentlichten Überblick erhöhte sich die Zahl der publizierten Artikel zur Frage der Effektivität der Psychotherapie dramatisch, und kürzlich ist ein Buch von STANLEY RACHMAN u. TERENCE WILSON über die »Wirkungen der psychologischen Therapie«[5] erschienen, in dem umfangreiches Material kritisch untersucht wird. Ich möchte hier nur die Schlußfolgerungen zitieren, zu denen die Autoren nach sorgfältiger Analyse der gesamten vorliegenden Zeugnisse gelangt sind:

»Das Vorkommen von Spontanremissionen neurotischer Störungen lieferte den Ausgangspunkt für Eysencks skeptische Einschätzung der Lage der Psychotherapie. Seine Analyse der damals zugegebenermaßen noch ungenügenden Daten brachte Eysenck dazu, als bestmögliche Schätzung eine Zahl anzunehmen, nach der rund gerechnet zwei Drittel aller neurotischen Störungen innerhalb von zwei Jahren nach ihrem erstmaligen Auftreten spontan remittieren. Unser Überblick über die wäh-

78

rend der vergangenen 25 Jahre angehäuften Zeugnisse setzt uns nicht in den Stand, Eysencks ursprüngliche Schätzung zu revidieren, doch gibt es gewichtige Gründe, seine Schätzung für einzelne Gruppen mit verschiedenen neurotischen Störungen zu verfeinern; die frühe Annahme einer gleichförmigen Spontanremissionsrate bei den unterschiedlichsten Störungen ist immer schwerer zu halten. Unter der Voraussetzung, daß das Vorkommen von Spontanremissionen weit verbreitet ist – und es ist schwer einzusehen, wie dies länger geleugnet werden könnte –, erscheinen die Ansprüche zugunsten des spezifischen Wertes besonderer Formen der Psychotherapie mehr und mehr übertrieben. Insofern muß es überraschen, wenn man entdeckt, wie mager die Beweise zur Unterstützung der weitreichenden – ausdrücklichen oder impliziten – Ansprüche von seiten der analytischen Therapeuten sind. Die ausführlichen Beschreibungen spektakulärer Besserungen, die in einigen besonderen Fällen erreicht wurden, werden zahlenmäßig von den Beschreibungen über Patienten, deren Analyse ohne Ende zu sein scheint, weit übertroffen. Wichtiger noch ist die Seltenheit jeglicher kontrollierter Einschätzung der Wirkungen der Psychoanalyse. Wir kennen keine Studie, die methodisch auf diesen Sachverhalt eingeht und den spontanen Veränderungen und insbesondere auch dem Beitrag nichtspezifischer therapeutischer Einflüsse wie Placebowirkungen, Erwartungshaltungen und so fort angemessen Rechnung trägt. Angesichts der Ambitioniertheit, des Anwendungsbereichs und des Einflusses der Psychoanalyse ist man geneigt, seinen wissenschaftlichen Kollegen eine Einstellung anhaltender Geduld zu empfehlen, nicht aber hinsichtlich der Tatsache, daß weder in bezug auf die Anerkennung der Notwendigkeit stringenter wissenschaftlicher Einschätzungen noch bezüglich der Aufstellung von Kriterien für Erfolge auch nur halbwegs befriedigende Fortschritte gemacht wurden. Man möchte allerdings argwöhnen, daß Verbrauchergruppen sich als weit weniger geduldig erweisen könnten, wenn sie einmal die Beweise unter die Lupe nehmen würden, auf denen die Behauptungen über die psychoanalytische Effektivität derzeit noch gründen.«

Hieraus ergibt sich, daß die Entwicklung im wesentlichen dahin ging, die jeweiligen Spontanremissionsraten für verschiedene Typen von Neurotikern genauer in Augenschein zu nehmen; denn daß es derartige Unterschiede gibt, dürfte inzwischen unbestritten sein. Zum Beispiel sieht es so aus, als hätten Zwangserkrankungen eine viel niedrigere Rate der Spontanheilung als Angstzustände, wobei die Zahlen für hysterische Symptome in der Mitte liegen. Konsequenterweise heben RACHMAN und WILSON hervor:

»Zukünftige Untersucher werden wohlberaten sein, die Spontanremissionsraten der verschiedenen Neurosen innerhalb der diagnostischen Gruppierungen – und nicht mehr quer durch sie hindurch – zu analysieren. Wenn wir in dieser Weise vorgehen, wird es möglich sein, präzisere Schätzwerte für die Wahrscheinlichkeit der bei den einzelnen Arten von Störungen – ja sogar bei einer bestimmten Gruppe von Patienten – auftretenden Spontanremission zu machen.«

Bevor wir uns nun der Diskussion alternativer Therapiemethoden zuwenden – und vor allem den auf der Lerntheorie beruhenden Therapien (wir erwähnten sie bereits im Kontext der Untersuchungen zur Wirksamkeit der Psychotherapie) –, müssen wir noch auf die Stellungnahmen anderer Psychologen eingehen, die zwar ebenfalls das Beweismaterial geprüft haben, dabei jedoch zu Schlüssen gelangt sind, die von denen RACHMANs und WILSONs abweichen. Beispielsweise meinte A. E. BERGIN,[6] daß eine Spontanremissionsrate von 30% der Wahrheit viel näher käme als die von mir vorgelegte Schätzung von ca. 66%. Wie jedoch die vorgenannten Autoren in einer ausführlichen Kritik von BERGINs Arbeit feststellen, gibt es darin viele kuriose Details, die sie völlig unannehmbar machen. Als erstes sei angeführt, daß BERGIN zwar den Durchschnitt aus etlichen neuen Studien berechnet, zugleich aber vergißt, die älteren Untersuchungen, auf denen meine eigene Schätzung beruhte, in seine Statistik einzuschließen. Deshalb machen RACHMAN u. WILSON geltend,

»… daß die neuen Daten… in Verbindung mit der bestehenden Information – oder zumindest in ihrem Lichte – hätten betrachtet werden sollen«.

Ein anderer Kritikpunkt lautet, daß BERGIN in seiner Übersicht eine Reihe von Studien ausläßt, die befriedigender und im Hinblick auf die Spontanremissionsrate sachgerechter sind als die von ihm berücksichtigten Arbeiten. Und schließlich beziehen sich einige der Untersuchungen, die BERGIN für seine Schätzung von 30% als Stütze reklamiert, in Wahrheit gar nicht auf die Spontanremission von neurotischen Störungen! Zum Beweis dieser These wollen wir ein oder zwei der von ihm herangezogenen Studien unter die Lupe nehmen. So gibt BERGIN für eine Studie von D. CAPPON eine Spontanheilung von 0% (Null!) an, während ein genauerer Blick auf diese Arbeit einige Überraschungen liefert. Die erste entspringt dem Titel der Untersuchung: »Resultate der Psychotherapie.« CAPPON berichtet zum Beispiel über eine Gruppe von 201 Privatpatienten, die sich einer Therapie unterzogen und deren Zustand sich teils besserte, teils verschlechterte; es fehlen jedoch Zahlen, nach denen man die Häufigkeit der Spontanheilungen ausrechnen könnte. BERGINs Quote von 0 % scheint daher aus CAPPONs einleitender Beschreibung seiner Patienten zu stammen, worin es heißt, daß »ihre Krankheitssymptome oder ihre Hauptprobleme oder ihre Dysfunktion im Durchschnitt schon 15 Jahre vor der Behandlung bestanden«. CAPPON arbeitete demnach zweifellos mit einer Reihe von Patienten, die keine Spontanremission erlebt hatten. Dies ist durchaus möglich, wenn tatsächlich zwei Drittel aller Kranken von selbst – ohne Therapie – genesen; dann bleibt eben ein Drittel übrig, und wenn von dieser Restgruppe wiederum ein Teil in die Therapie kommt, so kann der Arzt nur feststellen, daß keiner seiner Patienten spontan gesund geworden ist – ergo keine spontane Besserung! Nun müssen aber in einer echten Untersuchung alle Zahlen aus einer Zufallsstichprobe stammen und nicht aus einer Patientengruppe wie dieser, bei der das Auswahlprinzip eindeutig darauf hinauslief, daß die neurotischen Symptome über viele Jahre hin persistierten. Und noch ein Einwand: Fast die Hälfte von CAPPONs Patienten zeigten andere Störungen als neurotische; es liegt aber kein Beweis vor, daß diese Störungen unbehandelt blieben, bevor die Patienten zu CAPPON kamen; deshalb dürfen wir auch nicht annehmen, daß die Diagnose bei Beginn der Behandlung dem Krankheitszustand in den vorausgegangenen Jahren entsprach. Wir könnten so fortfahren, doch dürfte dieses Beispiel genügen, um die Irrelevanz der Studie für die Frage nach der Häufigkeit von Spontanremissionen deutlich zu machen.

Eine weitere von BERGIN zitierte Arbeit, für die eine Spontanremissionsrate von 0 % angegeben wird, stammt von J. O'CONNOR; auch hier erscheint schon der Titel im Zusammenhang mit neurotischen Störungen merkwürdig, handelt doch die Schrift von den »Wirkungen der Psychotherapie auf den Verlauf der Colitis ulcerosa«. Eine ulzerierende Kolitis (= Dickdarmentzündung) ist zweifellos etwas anderes als eine Psychoneurose, und insofern dürfte die Relevanz der Untersuchung für die Remission von Neurosen sehr fraglich sein. Doch damit nicht genug: Die obige Diagnose wurde bei 114 Patienten gestellt, von denen die Hälfte eine Psychotherapie und die andere keine Psychotherapie erhielt. Nun waren aber nur jeweils drei Patienten in jeder Gruppe zugleich psychoneurotisch, so daß im günstigsten Fall – also selbst wenn die Studie für unsere Frage relevant wäre – ein Zahlenverhältnis von drei zu drei Neurotikern in Betracht käme. Leider kann man aber den Berichten überhaupt keine Prozentsätze entnehmen, da alle Resultate im Gruppendurchschnitt angegeben werden, und deshalb lassen sich die Resultate für die drei Neurotiker in der einen und die drei in der anderen Gruppe gar nicht identifizieren.

Viele andere Studien, deren Anspruch, zur Lösung der Streitfrage über die Spontanheilung von Neurosen beigetragen zu haben, ziemlich bizarr anmutet, werden von BERGIN verwertet, wohingegen zahlreiche weit relevantere Untersuchungen mit besserer Methodik und umfangreicherem Datenmaterial ausgelassen wurden. Insofern kann man mit Recht sagen, daß die weithin zitierte Zahl von 30 % als Ergebnis von BERGINs Überblick keineswegs auf angemessenen Daten basiert. Leser, die nicht glauben wollen, daß die BERGINsche Zusammenstellung irreführend, ja geradezu unverantwortlich ist, sollten die von RACHMAN u. WILSON im einzelnen vorgebrachten Kritiken lesen.

Eine ähnlich phantastische Besprechung der Zeugnisse über Spontanremissionen, die gleichfalls große Aufmerksamkeit auf sich gezogen hat, wurde von L. LUBORSKY publiziert; dort heißt es so schön:

> »Die meisten vergleichenden Studien über verschiedene Formen der Psychotherapie fanden nur unbedeutende Unterschiede in bezug auf den Anteil derjenigen Patienten, die am Ende der Psychotherapie gebessert waren.«[7]

Offensichtlich stammen Methodologie und Ausführung von LUBORSKYs Arbeit – genau wie das Zitat – aus *Alice im Wunderland* (wo *Dodo* den berühmten Urteilsspruch fällt: »Jeder hat gewonnen und alle verdienen einen Preis!«). Jedenfalls steht hier wie dort Subjektivität an erster Stelle, was sich bei LUBORSKY unter anderem darin zeigt, daß er seine Zahlenergebnisse nur durch willkürlichen Ein- und Ausschluß der vorliegenden Untersuchungen erreicht. Auch hierzu haben RACHMAN u. WILSON in ihrem schon genannten Buch detaillierte Kritik angebracht, so daß es sicher überflüssig wäre, noch einmal alles auszubreiten. Nur eines sei erwähnt: Am Schluß seines Artikels scheint LUBORSKY allem zu widersprechen, was er zuvor errechnet hat, unterscheidet sich doch sein Fazit zur Wirksamkeit der Psychotherapie auf einmal gar nicht mehr von meiner eigenen Schlußfolgerung. So läßt er am Ende seines Überblicks einen hypothetischen »Skeptiker über die Wirksamkeit jederart Psychotherapie« sagen:

> »Wissen Sie, Sie können nicht beweisen, daß eine Art von Psychotherapie besser ist als die andere, ja nicht einmal, daß sie gelegentlich besser ist als minimale oder gar keine Psychotherapie. Und dies paßt durchaus zu dem Mangel an Belegen, wonach die Psychotherapie überhaupt zu etwas gut ist.«

Und seine Entgegnung lautet:

> »Die nichtsignifikanten Unterschiede zwischen Behandlungsarten beziehen sich nicht auf die Frage nach ihrem Nutzen – ein großer Prozentsatz von Patienten scheint von jederart Psychotherapie *wie auch von Kontrollverfahren* zu profitieren.«

Dies ist wahrlich eine seltsam zweideutige Schlußfolgerung von seiten eines der führenden Verfechter der Psychotherapie!

Zu guter Letzt müssen wir noch eine Studie über die »Wohltaten der Psychotherapie« von MARY LEE SMITH, GENE V. GLASS u. THOMAS I. MILLER zitieren;[8] das Buch ist insofern faszinierend, als es zu geradezu extrem positiven Schlußfolgerungen über die Wirkungen psychotherapeutischer Bemühungen gelangt. Hier ist ihr Schlußplädoyer:

> »Die Psychotherapie ist nützlich (beneficial), und dies durchweg und in vielerlei Hinsicht. Ihr Nutzen (benefits) ist dem anderer teurer und anspruchsvoller Eingriffe wie etwa Unterricht und Medizin ebenbürtig. Der Nutzen der Psychotherapie ist nicht von Dauer, aber das sind sowieso nur wenige Dinge.«

Sie geraten ins Schwelgen, wenn sie versichern:

> »Das Belegmaterial liefert eine gewaltige Stütze für die Wirksamkeit der Psychotherapie. Journalisten mögen fortfahren, wie üblich den Berufsstand der Psychotherapeuten mit Schmutz zu bewerfen, doch wird jeder, der Achtung und Verständnis für die Durchführung empirischer Forschungen zeigt, anerkennen müssen, daß die Psychotherapie ihre Wirksamkeit mehr als bewiesen hat. In der Tat konnte ihre Wirkung mit fast monotoner Regelmäßigkeit nachgewiesen werden. Die seitens akademischer Kritiker versuchten *Post-hoc*-Rationalisierungen der Literatur über die Ergebnisse der Psychotherapie [worin ja behauptet wird, daß die Studien – und zwar alle – weder angemessen kontrolliert noch überwacht wurden] haben sich fast ganz erschöpft. Sie können kaum neue Entschuldigungen vorbringen, ohne in Verlegenheit zu geraten oder ihre Motive zu erkennen zu geben.«

Schließlich erheben die Autoren ihre Stimme zu einem wahren Crescendo:

»Die Psychotherapie nützt Menschen jeden Alters genauso zuverlässig, wie der Unterricht sie bildet oder die Medizin sie heilt oder Arbeit und Fleiß ihnen Gewinn bringen. Zuweilen sucht sie die gleichen Ziele wie die Erziehung oder die Medizin; wenn sie das tut, schneidet sie lobenswert gut ab – so gut, daß sie in der Tat die künstlichen Barrieren ins Wanken bringt, welche die Tradition zwischen den Institutionen der Besserung und Heilung errichtet hat. Das soll nicht mehr und nicht weniger heißen, als daß die Psychotherapeuten zwar keinen exklusiven, aber doch einen legitimen, durch kontrollierte Forschungen begründeten Anspruch auf jene – privat oder öffentlich unterhaltenen – Funktionen in der Gesellschaft haben, in deren Verantwortung es liegt, die Gesundheit der Kranken, Gestörten und Unzufriedenen wieder herzustellen.«

Sie fahren noch eine ganze Weile in dieser hoffnungsfreudigen Manier fort, um auch den letzten Uneingeweihten von ihrer Sache zu überzeugen; doch scheint eine ins Detail gehende Prüfung ihrer Arbeit zu einem gegenteiligen Schluß zu führen.

SMITH und ihre Kollegen kritisieren frühere Zusammenfassungen der Zeugnisse nebst ihren so gegensätzlichen Schlußfolgerungen mit dem simplen Hinweis, daß sie keinen erschöpfenden Überblick über die gesamte Literatur geben; ihrer Meinung nach ist es nicht ratsam, sich nur auf gute Forschungsberichte zu konzentrieren und die schlechten auszulassen, weil eine solche Vorentscheidung zu einem gewissen Grade immer subjektiv sei. Im Einklang damit sammelten die Autoren alle erhältlichen Forschungsergebnisse über den Ausgang von Psychotherapien, sofern in die Untersuchungen neben der Experimentalgruppe eine Kontrollgruppe einbezogen war. Alsdann verglichen sie die Ergebnisse dieser zwei Gruppen rein quantitativ, indem sie einen ES (effect size score) genannten Wert der Effizienz berechneten. Dabei wurde der Wert Null vereinbart für den Fall, daß es keinen Unterschied zwischen beiden Gruppen gibt; der Wert ist positiv, wenn die Experimentalgruppe besser abschneidet als die Kontrollgruppe; und er ist negativ, wenn die Experimentalgruppe vergleichsweise schlechter fährt. Die Autoren nennen dieses Verfahren »Metaanalyse« (meta-analysis). Im übrigen weisen sie darauf hin, daß die Daten auch in verschiedener Weise aufgespalten werden können, so zum Beispiel nach der Art der Therapie, der Länge der Behandlung, der Dauer der Therapeutenausbildung und so weiter. Das ganze stellen sie schließlich in Form einer Tabelle dar, welche für 18 verschiedene Arten von Behandlung die durchschnittlichen Effizienzwerte (ES) wie auch die Anzahl der jeder einzelnen Gruppe zugrunde gelegten Untersuchungen angibt.

Nun könnte man bereits etliches gegen die Methode als solche einwenden – etwa, daß es sehr ungewöhnlich ist, in einem Referat über wissenschaftliches Beweismaterial gute und schlechte Studien gleich zu behandeln, indem man ihnen das nämliche Gewicht beimißt. Die meisten Wissenschaftler würden dies, gelinde gesagt, für unzuverlässig ansehen und infolgedessen Untersuchungen, von denen man weiß, daß sie schlecht kontrolliert, schlecht ausgeführt und schlecht interpretiert sind, nach Möglichkeit aus der Statistik heraushalten. Jedoch wollen wir über die vielen methodischen Ungereimtheiten hinweggehen und uns auf die tatsächlichen Befunde konzentrieren. So wurde für die Gruppe der psychodynamischen Therapie ein ES von 0,69 errechnet, was – nach Meinung der Autoren – ein sehr deutlicher Effekt ist, der voll und ganz ihre Ansicht untermauert, daß die psychodynamische Behandlung – im Vergleich mit keiner Behandlung – äußerst erfolgreich ist. Genauso effektiv oder noch effektiver sind viele andere aufgelistete Behandlungsarten, darunter die systematische Desensibilisierung – ein Beispiel für die im folgenden zu besprechende Verhaltenstherapie – mit einem ES von 1,05, womit diese praktisch um 50 % höher liegt als die psychodynamischen Therapien.

Die letzte Rubrik in der Tabelle – an 18. Stelle – lautet »Placebobehandlung«! Wie wir bereits gesehen haben, handelt es sich dabei um eine Pseudobehandlung, die weder vernünftig noch bedeutungsvoll ist und der Intention nach dem Patienten auch nicht nützen soll; sie ist lediglich so eingerichtet, daß der Patient glaubt, er würde eine reguläre Behandlung erhalten, während diese in Wirklichkeit nur zum Schein gegeben wird und an und für sich gar nicht effektiv sein kann. Eine solche Scheinbehandlung gilt als Kontrolle für nichtspezifische Wirkungen, die sich beispielsweise allein dadurch ergeben, daß jemand einen Psychotherapeuten aufsucht und dann glaubt, es werde etwas für ihn getan, oder auch nur, daß er mit einem »Seelendoktor« spricht. Die Placebobehandlung sollte daher eine reine Kontrolle für andere Behandlung – keine Behandlung per se – sein, und aus diesem Grunde überrascht es auch, zu sehen, daß der ihr zugerechnete ES bei 0,56 liegt, also sehr nahe dem genannten Wert für die psychodynamische Therapiegruppe von 0,69. Mit anderen Worten, wenn man eine Kontrollgruppe verwendet, also eine Gruppe von Patienten, denen nur eine Placebobehandlung gewährt wird, dann ergibt sich für die psychodynamische Therapie überhaupt keine Wirksamkeit. Dagegen liegen offenbar Beweise für die Effektivität der systematischen Desensibilisierung vor, und in der Tat fanden die Autoren in ihrer Einschätzung, daß die Verhaltenstherapien den Gesprächstherapien im allgemeinen signifikant überlegen sind; allerdings wollen wir hierauf nicht beharren, da es andere Gründe gibt, die nahelegen, die Schlußfolgerungen dieser Analyse im ganzen zu vergessen.

Besonders interessant ist allerdings, daß SMITH und ihre Kollegen die Placebobehandlung im Sinne einer tatsächlichen Behandlung aufgefaßt zu haben scheinen, obwohl die von ihnen übernommene Definition der Psychotherapie dagegen spricht. Diese Definition, die zuerst von JULIAN MELTZOFF und MELVIN KORNREICH vorgeschlagen wurde, lautet wie folgt:

»Der Name Psychotherapie soll die sachkundige und planvolle Anwendung von Techniken bezeichnen, die auf fest begründeten psychologischen Prinzipien beruhen, durch Personen, die durch Ausbildung und Erfahrung qualifiziert sind, diese Prinzipien zu verstehen und diese Techniken mit der Intention anzuwenden, anderen Menschen zu helfen, persönliche Eigenarten ihrer Gefühle, Werte, Einstellungen und Verhaltensweisen zu modifizieren, soweit sie vom Therapeuten als fehlangepaßt oder unangemessen (maladaptive or maladjustive) beurteilt werden.«[9]

Was immer man über die Placebobehandlung sagen mag – sie ist ganz gewiß keine Technik, die sich von »fest begründeten psychologischen Prinzipien« herleitet, und sie wird auch nicht angewandt in der Absicht, Patienten zu helfen, ihre individuellen Eigenheiten zu verändern. Im übrigen dürfte der Hinweis von Interesse sein, daß andere Forscher ebenfalls Analysen all jener – veröffentlichten – Untersuchungen, die neben Psychotherapiegruppen auch Placebobehandlungsgruppen berücksichtigen, durchgeführt haben und im Ergebnis keinerlei Unterschied feststellen konnten. Damit ist klargeworden, daß man bei Einschluß geeigneter Kontrollen Resultate erhält, die nach wie vor meine ursprüngliche These aus dem Jahre 1952 zu stützen vermögen, während sie zugleich in keinster Weise zu den falschen Schlußfolgerungen passen, die SMITH und ihre Kollegen aus ihren eigenen Daten gezogen haben.

Insofern ist es schon merkwürdig, daß das Buch von SMITH, GLASS u. MILLER von Psychotherapeuten häufig als endgültiger Beweis der tatsächlichen Effektivität ihrer Methoden zitiert wird und nicht selten auch in angesehenen psychologischen Zeitschriften durchaus freundlich besprochen wurde, ohne daß diese unorthodoxe Stellung der Placebobehandlung bisher jemals Erwähnung fand. Der Grund liegt darin, daß in der psychotherapeutischen Zunft mehr Psychologen, Psychoanalytiker und Psychiater beschäftigt sind als in irgendeinem anderen psychologischen Bereich; infolgedessen gibt es ein tief eingewurzeltes berufsständisches Interesse daran, den Wert ihrer Tätigkeiten nachzuweisen. Jeder, der die Literatur durchsieht, sollte dies im Gedächtnis behalten, denn andernfalls dürfte es schwierig sein, all den einander widersprechenden Publikationen, die, jede auf ihre Weise Ansprüche erheben, einen Sinn abzugewinnen.

Es gibt noch weitere interessante Seiten in dem Buch von SMITH und Kollegen, die ihren eigenen Schlußfolgerungen glattweg widersprechen. Wenn man auf die oben zitierte Definition der Psychotherapie zurückgeht, so sollte sie ja von Personen ausgeübt werden, die »durch Ausbildung und Erfahrung qualifiziert sind«, und konsequenterweise würde man doch wohl erwarten, daß die Behandlungsergebnisse um so besser sind, je länger der Therapeut ausgebildet wurde. In der vorliegenden Studie aber fand sich diesbezüglich nicht der geringste Zusammenhang – die oberflächlichste Instruktion erschien geradeso nützlich und effektiv für eine Behandlung neurotischer Störungen wie die fachlich umfassendste und zeitlich langwierigste psychoanalytische Ausbildung! Sollte dies wirklich wahr sein, dann wäre Psychotherapie zweifellos keine Fähigkeit, die sich erlernen läßt, sondern etwas, das durch eine kurze Einführung in das Gebiet erworben werden kann; jedenfalls bedarf es – nach allem, was wir sehen können – keiner besonderen Schulung, um therapeutische Erfolge zu erzielen! Natürlich würden nur wenige Psychotherapeuten dieser Schlußfolgerung zustimmen und die Konsequenzen, die sich daraus für die Ausbildung zukünftiger Psychotherapeuten ergeben, akzeptieren.

Genauso naheliegend ist die Vorstellung, daß zwischen der Dauer einer Psychotherapie und ihrer Wirksamkeit ein Zusammenhang bestehen müßte in dem Sinne, daß eine sehr kurze Behandlung weniger erfolgreich ist als eine sehr lange. Auch diese Vermutung konnten SMITH und ihre Kollegen nicht bestätigen; vielmehr stellte sich der Zeitfaktor als ganz und gar irrelevant heraus: Die kürzeste Art von Therapie, die vielleicht nur eine oder zwei Stunden dauerte, war genauso erfolgreich wie die längste, die sich über mehrere Jahre erstreckte. Auch dieser Befund dürfte kaum bei Psychoanalytikern oder anderen Psychotherapeuten Anklang finden, da sie ja schon aus theoretischen Erwägungen von der Notwendigkeit einer langfristigen Behandlung ausgehen. Es stehen also auch hier die allzu optimistischen Schlußfolgerungen der Autoren im Gegensatz zu den von Psychotherapeuten hochgehaltenen Überzeugungen. Im übrigen sollte man nicht glauben, die schwierigsten Fälle erhielten die längste Behandlung, was den relativ geringen Erfolg bei Langzeittherapien erklären würde. In Wirklichkeit ist die Psychoanalyse – wir sagten es schon – eine Behandlungsform, die einerseits zu ganz besonders langer Anwendung tendiert und andererseits nur diejenigen als Patienten zuläßt, die am wenigsten schwer krank sind und die größte Chance haben, schnell zu genesen.

Es finden sich noch viele andere merkwürdige Einzelheiten in dem genannten Buch, doch dürfte das Vorgebrachte ausreichen, um den Leser zu überzeugen, daß die von SMITH, GLASS u. MILLER gezogenen Schlüsse über die Wirksamkeit der Psychotherapie durch ihr eigenes Beweismaterial keineswegs gedeckt sind. Gleichwohl wird ihre Arbeit immer wieder als die beste Beweisführung für die Behauptung zitiert, daß die Psychotherapie und Psychoanalyse funktionieren. Selbst heute – 30 Jahre nach jenem Artikel, in welchem ich auf den Mangel an Beweisen für die therapeutische Effektivität der Psychotherapie aufmerksam gemacht habe, und nachdem weitere 500 ausgedehnte Untersuchungen veröffentlicht wurden – muß die These aufrechterhalten werden, daß es keinen echten Beweis gibt, dem zufolge die Psychoanalyse oder Psychotherapie irgendeine positive Wirkung auf den Verlauf der neurotischen Störungen hat, die eindeutig über den Beitrag der Spontanremission hinausgeht. Behandlung oder keine Behandlung – unsere Erkältung geht vorüber –, und Behandlung oder keine Behandlung – wir können damit rechnen, unsere Neurose loszuwerden, wenngleich längst nicht so schnell und mit weniger Gewißheit: Selbst wenn zwei Drittel aller Kranken nach Ablauf von zwei Jahren auch ohne Behandlung geheilt oder zumindest wesentlich gebessert sind, verbleibt ein Drittel ohne Besserung – und daher die notwendige Suche nach effektiveren bzw. schneller wirkenden Therapien; wenn wir jene, die von selbst nicht gesund werden, mit Erfolg behandeln könnten und wenn wir die zweijährige Leidensperiode jener, die am Ende eine spontane Besserung erleben würden, abzukürzen vermöchten, dann wäre dies zweifellos von beträchtlichem gesellschaftlichem Nutzen. Wir stellen also nochmals die

Frage: Gibt es irgendwelche Alternativen zur FREUDschen Theorie, und begründen diese irgendwelche neuen Therapieformen, von denen man objektiv zeigen kann, daß sie effektiver sind als die FREUDsche Psychoanalyse bzw. Psychotherapie?

Die Antworten auf diese Fragen sind ohne Zweifel positiv. Ich habe mich mit den Aussichten, welche die Verhaltenstherapie bietet, bereits ausführlich in meinem Buch ›Neurose ist heilbar‹ (dt. 1978) beschäftigt und will hier nur eine flüchtige Skizze vom Inhalt der Theorie und von den Beweisen für ihre Effektivität liefern. Es gibt natürlich auch innerhalb des Lagers der Verhaltenstherapeuten im einzelnen unterschiedliche Auffassungen; aber so interessant es auch wäre, darauf des näheren einzugehen, so ist dies doch nicht der geeignete Ort – schließlich handelt unser Buch von FREUD und nicht von PAWLOW. Nur soviel sei in Erinnerung gerufen, daß es IWAN PETROWITSCH PAWLOW war, der die Konzepte der Konditionierung und der Extinktion oder (Aus)Löschung entwickelte und insofern als Vater der Verhaltenstherapie angesehen zu werden verdient, und daß J.B. WATSON – der Protagonist des amerikanischen Behaviorismus – aufzeigen konnte, wie sich jene experimentell begründeten Vorstellungen mit großem Gewinn zur Erklärung der Ursachen und zur Rechtfertigung der Therapie von neurotischen Störungen einsetzen lassen.

Ein paar Worte sollen aber doch noch über die Prinzipien der Konditionierung angefügt werden. Die meisten Leute sind mit PAWLOWs entscheidendem Tierexperiment vertraut, in welchem er es sich zunutze machte, daß Hunde Speichel absondern, wenn sie Futter zu Gesicht bekommen, während sie normalerweise keinen Speichelfluß haben, wenn sie im Laboratorium eine vom Experimentator betätigte Glocke hören. PAWLOW gelang es nun, zu zeigen, daß man beide Ereignisse miteinander koppeln kann, und zwar auf folgende Art: Wenn er die Glocke läutete (der sogenannte bedingte Reiz oder auch konditionierte Stimulus CS), kurz bevor die Fütterung einsetzte oder auch nur das Futter sichtbar wurde (der unbedingte Reiz oder unkonditionierte Stimulus US), und wenn diese Paarung von CS und US mehrere Male hintereinander wiederholt wurde, dann stellte sich der Speichelfluß in der Folge auch bei Präsentation des CS allein ein. Mit anderen Worten: Der Experimentator brauchte schließlich nur noch die Glocke zu läuten, um beim Versuchshund die Speichelsekretion hervorzurufen. Damit war in der Tat das berühmte Konditionierungsprinzip gefunden; jedoch bestand PAWLOWs Leistung nicht nur darin, das Phänomen als solches entdeckt und im Laboratorium vorgeführt zu haben; vielmehr deckte er zugleich die Gesetze auf, nach denen die Konditionierung abläuft. Diese sind viel zu kompliziert, als daß wir sie hier darstellen könnten. Da wir uns aber im folgenden auf das Extinktionsgesetz beziehen müssen, soll es wenigstens kurz beschrieben werden.

Wenn man einmal eine bedingte oder konditionierte Reaktion (CR) erzielt hat, so hält sie gewöhnlich an; soll sie wieder verschwinden, so muß man eine spezielle Methode verwenden, eben die Extinktion. Diese besteht in der über längere Zeit wiederholten Darreichung des CS ohne Verstärkung, also ohne Präsentation des Futters; nach und nach wird der durch den CS hervogerufene Speichelfluß abnehmen, bis er am Ende ganz aufhört. Somit sind die zwei wesentlichen Merkmale des konditionierten Stimulus seine Aneignung und seine Löschung oder – mit den üblichen Termini technici – die Akquisition und die Extinktion; bei beiden Prinzipien wissen wir heute eine Menge über die Gesetzmäßigkeiten, denen sie gehorchen. Warum aber sollte dieser Konditionierungsprozeß für die Untersuchung neurotischer Verhaltensweisen wichtig sein?

Bevor wir diese Frage erörtern, wollen wir uns noch kurz auf die Natur des Menschen besinnen. Es dürfte allgemein anerkannt sein, daß der Mensch ein biosoziales Wesen ist, dessen Verhalten teilweise von biologischen Trieben, die seiner natürlichen Ausstattung entspringen und von genetischen Faktoren herrühren, bestimmt wird. Die biologischen Verhaltensdeterminanten sind fest in seiner Konstitution eingebettet; sie wurden in einem Millionen Jahre während evolutionären Fortschritt gebildet. Daneben aber wird der Mensch in seinem Tun und Handeln auch durch soziale Faktoren – wie Unterricht, die Einstellungs- und Verhaltensformung im Umgang mit den Mitmenschen und so weiter – beeinflußt. Einige Psychologen legen nun den größeren Nachdruck auf die biologischen Faktoren, andere auf die sozialen Faktoren des Verhaltens, doch darf man bei dem Versuch, ein Erklärungsmodell zu entwickeln, die biosoziale Natur des Menschen nicht vergessen, in der beiden Arten von Determinanten entscheidende Bedeutung zukommt.

Alles menschliche Tun wird natürlich weitgehend vom Gehirn gesteuert, und dieses wiederum weist unverkennbare Überreste aus der Anthropogenese – unserer Evolution – auf. So hat man schon wiederholt darauf hingewiesen, daß der Mensch ein »dreieiniges« Gehirn besitzt, das heißt, er hat eigentlich drei Gehirne in einem. Das älteste davon – das sogenannte »Reptiliengehirn« – liegt im Hirnstamm, welcher eine Brücke zwischen dem Cortex (der Hirnrinde) und den vielen, zum Gehirn hin und von ihm wegführenden Nerven bildet. Darüber liegt der sogenannte Paläocortex (»Althirn«), der hauptsächlich aus dem limbischen System besteht und den Ausdruck der Emotionen organisiert. Umgeben und überwölbt wird der Paläocortex vom Neocortex (»Neuhirn«), welcher durch seine riesige Entwicklung den Menschen von den meisten anderen Tieren abhebt und für das Denken, die Sprache, das Problemlösen und die übrigen kognitiven, spezifisch menschlichen Prozesse zuständig ist. Nun sind die Neurosen im Grunde Störungen des Paläocortex bzw. des limbischen Systems; es ist für neurotische Störungen charakteristisch, daß sie sich durch Prozesse, die ihren Ursprung im Neocortex haben, kaum beeinflussen lassen. Eine Person, die eine Katzenphobie hat, weiß in ihrem Neocortex sehr wohl, daß ihr Gebaren absurd ist, da von unseren Hauskatzen ja keine reale Gefahr ausgeht. Dennoch sind die Angstgefühle da, und man kann sie nicht willentlich abstellen. Zwischen den alten und neuen Gehirnteilen gibt es zwar sicherlich einen gewissen Austausch an Informationen, doch es gibt nur verhältnismäßig wenig Wechselbeziehungen zwischen ihnen.

Die Sprache des Paläocortex ist offenbar die der PAWLOWschen Konditionierung. Lange bevor der Mensch seinen Neocortex entwickelte, mußten seine Vorfahren einerseits lernen, unsichere Gegenden zu meiden, in denen sie Gefahr liefen, angegriffen zu werden: andererseits mußten sie die Plätze wiederfinden, an denen es Nahrung und Wasser gab. Tiere erwarben diese Erfahrungen zweifellos durch jenen Prozeß, der seit PAWLOWs Experimenten als Konditionierung bezeichnet wird, und auch beim Menschen zeigte sich, daß Emotionen (also Gefühle oder Affekte) in der gleichen Weise erworben werden können. Wenn man eine Glocke läutet und gleichzeitig einer Versuchsperson einen elektrischen Schlag versetzt, so bedarf es nur einiger Wiederholungen, damit schon allein beim Läuten der Glocke die physiologischen Reaktionen zu beobachten sind, die sich ursprünglich erst auf den Elektroschock hin eingestellt hatten. Der Mensch entwickelt sogar ganz besonders leicht Angst vor Schmerzen oder andere Furchtreaktionen, und nicht zuletzt deshalb gelangte PAWLOW – und später auch WATSON – zu der theoretischen Vorstellung, daß *neurotische Störungen in ihrem Wesen konditionierte emotionale Reaktionen* sind.

Ein von WATSON ausgeführtes Experiment, das weithin bekannt geworden ist, mag die Sache verdeutlichen. Es gelang ihm, einen elf Monate alten Jungen namens *Albert,* der gern mit weißen Ratten spielte, so zu konditionieren, daß er eine Rattenphobie entwickelte: Jedesmal, wenn der Kleine eine der Ratten zu berühren versuchte, wurde hinter seinem Kopf ein fürchterlicher Krach veranstaltet. Es bedurfte nur weniger Wiederholungen, bis *Albert* eine beträchtliche Furcht vor Ratten zeigte, die er obendrein auf andere Pelztiere, auf Weihnachtsmannmasken, Pelzmäntel und ähnliches übertrug. Diese Angst hielt über längere Zeit an, und WATSON schloß daraus, daß er dem Kind eine neurotische Phobie ankonditioniert hatte. Er behauptete außerdem, daß sich Ängste dieser Art – wie andere Ängste auch – mittels eines PAWLOWschen Extinktionsprozesses beseitigen lassen. Eine seiner Schülerinnen, MARY COVER JONES, konnte dies später sogar experimentell beweisen, indem sie eine Anzahl von Kindern, die an neurotischen Ängsten und Phobien litten, entsprechend behandelte. Obgleich diese Studien – und die dazugehörigen Theorien – aus den frühen zwanziger Jahren datieren, bilden sie heute den Grundstock unserer modernen Verhaltenstherapie.

Es gibt mehrere Arten, auf welche eine Verhaltenstherapie durchgeführt werden kann. Die drei Hauptmethoden sind die (systematische) Desensibilisierung, die Reizüberflutung und das Modellernen. Beginnen wir mit der Desensibilisierung! Zur Erläuterung dieses Ausdrucks soll das Beispiel einer Frau herangezogen werden, die durch irgendein traumatisches Ereignis in ihrer Vergangenheit eine Katzenphobie erworben hatte. Der Verhaltenstherapeut betrachtet diese als eine konditionierte Reaktion und sucht nach einem Weg, auf dem sie wieder gelöscht werden kann. Eine Vorbedingung der Löschung ist die Desensibilisierung. Dabei muß die Patientin zuallererst gewisse Entspannungsmethoden erlernen, mit deren Hilfe ihr die schrittweise Aufhebung der Spannung in den verschiedenen

Muskelpartien des Körpers gelingt. Die Muskelspannung ist eines der Merkmale großer Furcht bzw. Angst, und die Entspannung schafft die Voraussetzung für den nachfolgenden Extinktionsprozeß.

Als nächstes wird nun gemeinsam mit der Patientin eine Angsthierarchie aufgestellt, die bei dem am wenigsten angsterregenden Aspekt des Angstobjektes – es kann sich dabei um einen auf Katzen bezogenen Gegenstand oder eine Situation handeln – beginnt und bei dem am meisten angsterregenden Aspekt endet. So könnte etwa ein Bild von einem Kätzchen, das der Phobikerin auf große Entfernung dargeboten wird, ein niedriger Angstreiz für sie sein, während eine große und wilde Katze, die auf ihren Schoß gesetzt wird, einen hohen Angstreiz darstellt. Alsdann wird die Patientin angewiesen, sich vollständig zu entspannen, und wenn ihr das gelungen ist, wird sie gebeten, sich einen Reiz vorzustellen, der nur wenig Angst auslöst, oder es wird ihr von weitem ein Bild des Kätzchens gezeigt. Die dabei auftretende Angst ist in der Regel nicht stark genug, um die Entspannung aufzuheben, und somit wird ein kleiner Betrag an Extinktion erzielt.

Nach und nach arbeitet sich der Therapeut durch Darbietung immer stärkerer Reize in der Angsthierarchie höher hinauf, und wenn er schließlich die höchste Stufe erklommen hat und die Angstreaktionen vollständig gelöscht sind, ist die Patientin wirklich geheilt, das heißt, sie wird in Zukunft angesichts von Objekten oder Situationen, die zuvor Angst erzeugt haben, keinerlei emotionale Reaktion mehr zeigen. In der Tat hat sich diese Methode als außerordentlich praktikabel erwiesen: auch sie ist natürlich nicht nur auf einfache Phobien (die ja ziemlich selten sind) anwendbar, sondern gleichfalls auf viel komplexere Zustände von Angst, Depression oder andere neurotische Symptome. Auch bezieht sich unsere Beschreibung nur auf die allereinfachste und elementarste Form; natürlich gibt es eine große methodische Vielfalt, die hier nicht zur Sprache kommen kann. Jedenfalls ist die Desensibilisierung die wohl am meisten angewandte Methode der Verhaltenstherapie, und unzweifelhaft ist sie eine der erfolgreichsten.

Die zweite Methode, die Reizüberflutung, wird so genannt, weil sie den Patienten mit einer Flut von Emotionen überspült, welche eine Beziehung zu seinen besonderen Ängsten, Furchtreaktionen oder Phobien haben. In einem gewissen Sinne ist dieses Verfahren das Gegenstück zur Desensibilisierung, beginnt sie doch quasi an der Spitze und nicht am Boden der Angsthierarchie. Dennoch vermag auch diese Technik eine Extinktion herbeizuführen; und wir werden im folgenden noch Gelegenheit finden, ihre Wirkung anhand eines ausführlichen Beispiels darzulegen.

Die dritte der am häufigsten verwendeten Methoden der Verhaltenstherapie ist das Modellernen. Hier wird dem Patienten durch den Therapeuten oder durch ein anderes Modell (die jeweils als Leitbild fungieren) vorgemacht, wie man mit einer Situation oder einem Objekt, die bzw. das zuvor dem Betreffenden Angst bereitete, mit Erfolg fertig wird. Wenn zum Beispiel ein Kind eine Hundephobie hat, kann man ihm einen Freund oder Verwandten vorführen, der sich einem gefährlich wirkenden Hund nähert, ihn streichelt und sich mit ihm anfreundet. Allmählich erzeugt dies eine Löschung der Angst, und nach einiger Zeit ist das Kind selber in der Lage, sich dem Hund zu nähern und seine Phobie auf diese Weise zu überwinden.

Wir kommen nun zu dem angekündigten Beispiel für die Anwendung einer mit Reizüberflutung arbeitenden Verhaltenstherapie, wobei wir anschließend einen Vergleich mit der Wirkung der Psychoanalyse anstellen werden. Es dürfte einleuchten, daß wir aus der umfangreichen Literatur eine bestimmte Störung auswählen müssen, doch sollte man aus dieser besonderen Wahl nicht schließen, es sei die einzige Störung, die man mit Verhaltenstherapie angehen könne. Vielmehr lassen sich alle möglichen Krankheitsbilder, die unter die Diagnose »neurotisch« fallen, mit ihr behandeln. Wir haben aus ganz bestimmten Gründen als Beispiel das zwanghafte (obsessive-compulsive) Händewaschen gewählt. Zunächst einmal hat diese spezielle Störung einen sehr eindeutigen und leicht meßbaren Aspekt: Es ist der Zeitaufwand pro Tag, den jemand treibt, um sich die Hände zu reinigen, Beschmutzung zu vermeiden und sonstwie in irrationaler Weise gewissen von ihm entwickelten Reinigungsritualen zu folgen. Ob die Beseitigung solcher Rituale irgendwelche anderen komplexen psychischen oder physischen Symptome hinterläßt – darauf werden wir später noch zu sprechen kommen.

Der zweite Grund, weshalb unsere Wahl gerade auf diese Störung fiel, liegt darin, daß sie nicht nur hinsichtlich spontaner Besserung ungewöhnlich resistent ist, sondern auch gegen alle Bemühungen, sie mit Hilfe von Psychoanalyse, Psychotherapie, Elektroschockbehandlung, Leukotomie und vielen anderen propagierten Methoden zu kurieren. Man kann daher sagen, daß praktisch überhaupt keine Therapie anschlägt, so daß wir von einer Ausgangslinie von »null Erfolg« starten müssen. DAVID HUNTINGFORD MALAN, einer der bekanntesten – und auf seinem Gebiet sehr oft zitierten – Psychoanalytiker in England, machte vor kurzem in einem Buch[10] das Zugeständnis, daß er niemals einen Fall von zwanghaftem Händewaschen gesehen hat, der mittels Psychoanalyse erfolgreich behandelt worden ist. Deshalb ist für ihn in diesem Fall die Verhaltenstherapie fraglos die Methode der Wahl.

Auf den ersten Blick mögen exzessives Händewaschen und andere Reinigungsrituale als nicht allzu schwere Störungen erscheinen; für den Betroffenen aber haben sie insofern schlimmste Auswirkungen, als sie seine Fähigkeit beschneiden, auf übliche Weise mit dem Leben zurechtzukommen. Er verliert so viel Zeit mit seinen Reinigungsritualen, daß er weder regelmäßig zur Arbeit gehen noch ein einigermaßen normales Familienleben führen kann. Die durch die Rituale erzwungene Isolierung vom gesellschaftlichen Leben läßt ihn oft überängstlich, depressiv und lebensmüde werden. Die Störung ist dann sehr ernst zu nehmen, zumal sie sich – wie gesagt – bislang gegenüber jeglicher Behandlung, und zwar psychotherapeutischer wie somatischer, als fast völlig resistent erwiesen hat.

Es gibt aber noch einen weiteren Grund, weshalb diese Störung als ein gutes Lehrstück für die Anwendung verhaltenstherapeutischer Prinzipien gelten kann. Dieser Grund bezieht sich auf einen häufig erhobenen Einwand gegen die Verhaltenstherapie, wonach diese auf Konditionierungsmechanismen gegründet sei, die ihrerseits in der Hauptsache aus Tierexperimenten abgeleitet sind: menschliche Neurosen seien dagegen viel zu komplex, als daß man sie mit einem so einfachen Modell ausloten könne. Nun gibt es im Falle der Zwangsneurosen tatsächlich ein gutes Tiermodell, das unserer Behandlungsmethode zum Vorbild dient, und dieses wird veranschaulichen, daß der Einwand unrealistisch ist. Wir können a priori nicht entscheiden, welche Komplexitätsebene eine Behandlung erreichen muß, um erfolgreich zu sein; nur empirische Untersuchungen vermögen uns darüber Aufschluß zu geben. Verläuft die Behandlung offensichtlich und unzweifelhaft erfolgreich, dann müssen solche theoretischen Einwände ihre Kraft verlieren.

Das experimentelle Paradigma, von dem die Behandlungsmethode abgeleitet ist, sieht folgendermaßen aus: Ein Hund wird in einen sogenannten »Versuchsstand der bedingten Fluchtreaktion« (shuttle box) gesetzt, das ist ein großer Kasten oder Raum, der in der Mitte durch eine Hürde in zwei Raumhälften geteilt ist; die Abteilungen haben getrennte Fußböden aus elektrifizierbaren Metallgittern, über die man den Pfoten des Versuchstieres – eines Hundes – einen elektrischen Schlag versetzen kann. Außerdem befindet sich im Kasten ein Blinklicht – der konditionierte Reiz CS; der Elektroschock ist der unkonditionierte Stimulus US –. Das Experiment beginnt, indem der konditionierte Stimulus – das Lichtsignal – aufleuchtet; zehn Sekunden später wird dem Hund ein elektrischer Schlag verabreicht, woraufhin er schnell über die Hürde in das andere Abteil springt und dort in Sicherheit ist. Das Licht erlöscht, aber nach einer Weile geht es wieder an, zehn Sekunden danach wird der bislang sichere Boden elektrifiziert, und der Hund springt wieder in das erste Abteil zurück. Bei Wiederholung der Prozedur lernt der Hund schnell, in dem Moment zu springen, in dem der Strom einsetzt, und nach einiger Zeit wird er sogar schon zum Sprung ansetzen, sobald nur der konditionierte Reiz erscheint, um so den Stromschlag zu vermeiden bzw. ihm zuvorzukommen. Er ist jetzt konditioniert, und der Experimentator kann die elektrische Verbindung zur Box abklemmen; denn obwohl der Hund gar keinem weiteren Elektroschock mehr ausgesetzt ist, fährt er fort, auf den CS hin die Seite zu wechseln, und dies nicht nur einigemal, sondern dutzend-, hundert-, ja sogar tausendmal. Das aber bedeutet nichts anderes, als daß er eine zwanghafte Gewohnheit erworben hat, die dauerhaft ist und nicht mehr von selbst verschwindet.

Die Ähnlichkeit mit dem zwanghaften Händewascher ist offensichtlich. Der Patient wäscht seine Hände, um seine Angst vor einer möglichen Beschmutzung zu reduzieren; der Hund springt über die Hürde, aus Angst vor dem erwarteten elektrischen Schlag. In Wirklichkeit würden die schmutzigen Hände dem Patienten überhaupt nicht schaden; und was den Hund betrifft, so würde er keinen Schlag mehr bekommen. Insofern sind beide Gewohnheiten unrealistisch und unangepaßt; nichtsdestoweniger sind sie sehr stark und schwer auszumerzen. Wir haben dies bereits im Zusammenhang mit menschlichen Patienten gesehen; aber auch für Hunde ist es schwierig, solche frisch gebildeten neurotischen Gewohnheiten wieder abzulegen. So hat man versuchsweise erneut einen Stromanschluß hergestellt, diesmal aber entgegengesetzt, das heißt der Strom floß auf das Lichtsignal dort, wohin der Hund vermeintlich in Sicherheit sprang. Dies funktioniert aber nicht, sondern erhöht nur das Angstniveau des Hundes und veranlaßt ihn, noch schneller – und mit mehr Kraftanstrengung – loszuspringen.

Wie aber können wir den Hund von seiner »Neurose« kurieren? Die Antwort: durch eine Methode, die die Verhaltenstherapeuten »(Reiz)Überflutung mit Reaktionsverhinderung« nennen. Was bedeutet das? Nun – die Hürde in der Mitte des Versuchsstandes wird so erhöht, daß der Hund nicht mehr hinüberspringen kann. Dann wird der konditionierte Reiz verabreicht und dadurch beim Hund eine beträchtliche Angst ausgelöst; er jault, läuft in seinem Abteil herum, springt die Wände hoch, uriniert und defäziert, zeigt also alle Symptome extremer Furcht. Dies ist der Überflutungsteil des Experiments: Durch das Erscheinen des CS wird der Hund mit Angst – einer emotionalen Reaktion – überflutet. Unter normalen Umständen könnte er über die Hürde springen und auf diese Weise den konditionierten Stimulus vermeiden; indem die Hürde jetzt so hoch ist, daß er nicht mehr hinüber kann, wird die konditionierte Reaktion verhindert.

Indes machen die unmittelbar nach Einsatz der Reaktionsverhinderung sichtbaren Anzeichen extremer Angst schon bald einem weniger erschreckten Verhalten Platz; allmählich beruhigt sich der Hund, und nach etwa einer halben Stunde scheint er völlig entspannt – mit anderen Worten, er ist im Hinblick auf die Situation desensibilisiert, und zugleich hat in gewissem Grade eine Löschung stattgefunden. Wiederholt man das Experiment einige Male, so wird der Hund vollständig geheilt sein. Zur Probe kann man jetzt die Hürde wieder absenken und beobachten, wie der Hund – trotz einsetzendem konditioniertem Reiz – keine Anstalten mehr macht, hinüberzuspringen.

Wie können wir nun diese Methode der Reaktionsverhinderung an menschliche Zwangskranke anpassen? Die Antwort ist sehr einfach: Der Therapeut informiert den Patienten – in unserem Fall den zwanghaften Händewascher – zunächst genau über die anzuwendende Prozedur einschließlich der Gründe, weshalb sie und keine andere Methode gewählt wurde, und der Patient muß sich mit der Art der Behandlung einverstanden erklären (selbstverständlich hat er das Recht, nach eigenem Gutdünken eine andere Behandlung zu wählen). Er wird alsdann in den Behandlungsraum geführt, welcher abgesehen von einem Tisch und zwei Stühlen – einem für den Therapeuten und einem für den Patienten – leer ist. Auf dem Tisch steht ein mit Schmutz, Sand und anderem Unrat angefülltes Gefäß. Der Therapeut greift mit seiner Hand hinein und nimmt einiges davon heraus; dann fordert er den Patienten auf, das gleiche zu tun. Kaum hat dieser eingewilligt, da steigt seine Angst ins Ungeheuerliche, so daß er aufspringen und seine Hände waschen möchte. Der Therapeut bedeutet ihm, dies nicht zu tun, sondern sitzenzubleiben – mit den Händen voll Dreck. Diese Situation erzeugt bei ihm die gleiche Art von Überflutung mit »Emotion«, das heißt Angstgefühlen, wie der Hund sie im *shuttle-box*-Experiment der verhinderten Fluchtreaktion erleben mußte; und genau wie dort nimmt auch hier die Angst mit der Zeit ab; nach einer oder zwei Stunden sitzt der Patient zwar immer noch ein wenig unglücklich in seinem Stuhl, aber seine Furcht hat sich stark reduziert. Wenn er keinerlei ängstliche Erregtheit mehr zeigt, wird die Sitzung beendet, und der Patient kann gehen, um sich die Hände zu waschen. Wie beim Hund wird auch diese Prozedur etliche Male über einen Zeitraum von zwei oder drei Monaten – mit etwa zwei Sitzungen pro Woche – wiederholt, und der Theorie zufolge sollte der Patient am Ende geheilt sein. Ist das wirklich der Fall?

STANLEY RACHMAN und RAY HODGSON geben in ihrem Buch über »Zwangsvorstellungen und Zwangshandlungen«[11] einen detaillierten Bericht über ihre Experimente mit dieser Behandlungsmethode, wobei das Ergebnis lautet, daß ca. 85-90% aller Patienten weitgehend oder vollständig geheilt werden. Außerdem zeigen Nachuntersuchungen, daß es keinerlei Hinweise auf Rückfälle und auch keine Anzeichen für Symptomersetzung gibt. Das Gegenteil scheint der Fall zu sein: Berufs- und Arbeitsleben der Patienten bessern sich auch noch, wenn die Behandlung schon abgeschlossen ist, und das generelle Niveau ihrer Angst- und Depressionsbereitschaft wird weiter reduziert. Nach dem, was die Patienten und ihre Familie mitteilen, ist die Behandlung außerordentlich erfolgreich. Dies hätte FREUD bestimmt nicht erwartet. Da der Verlauf der Experimente seinen selbstgewissen Annahmen über die Konsequenzen »rein symptom orientierter Behandlungen« widerspricht, müssen sie als starker Gegenbeweis gegen die psychoanalytischen Theorien angesehen werden.

Selbstverständlich reicht ein einziges Beispiel nicht aus, um die Überlegenheit der Verhaltenstherapie abzusichern; der Leser findet jedoch eine ausführliche Besprechung der gesamten Literatur in einem Buch von ALAN KAZDIN und TERENCE WILSON, das der »Einschätzung der Verhaltenstherapie« gewidmet ist und ein breites Spektrum von »Fragen, Belegen und Forschungsstrategien« darbietet.[12] Schon heute deutet das Beweismaterial stark darauf hin, daß die Methoden der Verhaltenstherapie nicht nur erfolgreicher sind als jede andere Art von Psychotherapie, sondern daß sie auch viel schneller wirken; es ist jetzt nicht mehr eine Frage von Jahren, sondern von Monaten oder gar Wochen, bevor der Erfolg sichtbar wird. Das Ausbleiben von Rückfällen oder Symptomsubstitution nach Beendigung der Verhaltenstherapie – trotz gegenteiliger Voraussagen durch FREUD und die anderen Psychoanalytiker – muß als eines der stärksten Argumente gegen die psychoanalytische Theorie gelten. Es mutet nachgerade sonderbar an, daß jene, die nicht einmal Symptome beseitigen können, die Verhaltenstherapeuten anprangern, weil sie *nur* Symptome heilen.

Die Konditionierungs- und Extinktionstheorie der Neurose erlaubt uns, viele Tatsachen zu erklären, die ansonsten unerklärlich blieben. So scheint es durchaus zu stimmen, daß die meisten Arten von Psychotherapie (es gibt inzwischen an die Hundert) recht erfolgreich sind, und zwar in gleicher Weise, wie keine Behandlung erfolgreich wäre, was heißen soll, daß sie die Genesung der Patienten nicht verhindern. Dies geschieht ungeachtet der speziellen Theorie, die der Gründer einer besonderen Therapiemethode voraussetzt, und natürlich gleichermaßen in Fällen von spontaner Heilung, also ohne Therapie. Vielleicht bedarf dies Auftreten der Spontanremission mehr als alles andere einer Erklärung; denn wenn wir sie erklären können, werden wir auch in der Lage sein, nach ähnlichen Prinzipien den Erfolg der einzelnen Therapiemethoden zu erklären. Ist dies nun aber im Sinne des Extinktionskonzepts möglich?

Schauen wir uns daraufhin einmal an, was im Falle der angeblich »spontanen« Heilung einer Neurose wirklich passiert. Höchstwahrscheinlich wird der Leidende mit seinen Problemen zu einem Priester oder Lehrer oder Arzt oder zu Freunden und Verwandten gehen. Dabei stellt sich eine Situation ein, die man als ein schwaches Abbild eben jener – oben beschrieben – Desensibilisierungsprozedur auffassen kann. Die Person, mit der er spricht, wird in der Regel einfühlsam, freundlich und so hilfreich wie möglich sein; dies alles senkt das allgemeine Angstniveau des Betroffenen und bringt ihn in einen entspannten Zustand. Zudem wird er beim Reden über seine Schwierigkeiten sicherlich mit dem am wenigsten angstmachenden Problem beginnen und dann nach und nach zu den immer schwereren Problemen übergehen (was der erwähnten Angsthierarchie entspricht). Natürlich ist der Prozeß längst nicht so erfolgreich wie eine echte Verhaltenstherapie, weil er nicht systematisch abläuft; aber in dem Maße, in dem er der kunstgerechten Desensibilisierung nahekommt, sollte auch er ein positives Ergebnis erzielen. Wie es scheint, können wir auf diese Weise die verhältnismäßig häufig einsetzende Spontanremission erklären; denn diese muß jetzt überhaupt nicht mehr »spontan« erfolgen, da ihr ein Prozeß zugrunde liegt, der im Grunde einer Verhaltenstherapie sehr ähnelt.

Genau das gleiche geschieht, wenn der Kranke einen Psychotherapeuten (beliebiger Provenienz) aufsucht. Auch hier haben wir einen freundlichen und einfühlenden Zuhörer, der seine Hilfe anbietet und den Patienten versteht, so daß dieser – wiederum eine Parallele – Gelegenheit hat, seine Lebensprobleme aufzutischen, sich über seine Schwierigkeiten zu beklagen und allgemein über seine Ängste zu reden. Wiederum wird dieser Vorgang weniger erfolgreich sein als die Desensibilisierung, weil er nicht richtig programmiert ist, doch dürfte er zweifellos so erfolgreich sein wie die »spontane« Heilung. Wenn wir uns an den Befund von SMITH, GLASS u. MILLER erinnern, daß die Ausbildungsdauer des Therapeuten für den Behandlungserfolg überhaupt nicht ins Gewicht fällt, so können wir ohne weiteres die Gruppe der Therapeuten auf die Priester, Lehrer, Ärzte, Freunde und Verwandten des Patienten extrapolieren, die zwar alle keine systematische Ausbildung genossen haben, aber allein durch ihre Anwesenheit und ihr geduldiges Zuhören zum Prozeß der Desensibilisierung beitragen. Wie wir gesehen haben, hängt die Ausbildung, die ein Therapeut genossen hat, von einer bestimmten Theorie ab; diese aber ist für den Behandlungserfolg völlig irrelevant. Daher möchten wir behaupten, daß die Theorie der Extinktion alle im Bereich der Psychotherapie anzutreffenden Phänomene erklärt, was mehr ist, als was von irgendeiner alternativen Theorie gesagt werden kann.

Oft wird die Frage aufgeworfen, wie es möglich ist, daß so viele Patienten – und so viele Therapeuten – von dem Wert der Psychoanlayse als einer Heilmethode überzeugt sind, wenn es dafür objektiv nur wenig Belege gibt. Die Antwort liegt wahrscheinlich auf einer Linie mit einem bekannten Experiment, das B.F. SKINNER als erster ausgeführt hat und das den Ursachen des Aberglaubens auf die Spur kommen sollte. Er sperrte eine Anzahl Tauben in einen großen Käfig und ließ sie über Nacht dort allein. Futter erhielten sie über einen automatischen Mechanismus, der in ungleichen Abständen einige Getreidekörner fallen ließ. Am nächsten Morgen bemerkte der Experimentator, daß mehrere Tauben sich ganz ungewöhnlich benahmen: Die eine spazierte, den Kopf hoch in die Luft erhoben, umher, eine andere drehte mit einem Flügel auf dem Boden ihre Runden, eine dritte hob ständig ihre Schwanzfedern. Was war geschehen? Nun – in der Sprache der Konditionierung bietet sich folgende Erklärung an: Die Tauben pflegten natürlich – jede auf ihre Weise – im Käfig herumzustolzieren; so kam es, daß sie im Augenblick, wo das Futter im Käfig erschien, jeweils in einer bestimmten Bewegung oder Lage befangen waren. Diese assoziierten sie nun mit den Körnern, die sie nach Erscheinen unverzüglich aufpickten, was wiederum – der Theorie vom bedingten Reflex gemäß – wie ein Verstärker wirkte. Verstärkt wurde also gerade dasjenige, was die Tauben unmittelbar vor dem Auftauchen des Futters taten – eine hielt ihren Kopf hoch, eine andere hatte einen Flügel auf dem Boden, und eine dritte hob ihren Schwanz in die Höh'. Dieses eigenartige Gebaren wurde nun von Zeit zu Zeit wiederholt, so daß die Tauben das nächste Mal, wenn wieder Körner auftauchten, abermals eine Verstärkung erlebten. Als sie dann sahen, daß bei der Wiederholung der gleichen Bewegung erneut Futter kam, dämmerte ihnen, daß dies geschah, *weil* sie jene Handlung vollzogen hatten. Auf diese Weise entstand bei den Tauben offenbar so etwas wie ein Aberglaube. SKINNER meinte nun im Anschluß an das Experiment, daß der Glaube an die Wirksamkeit der Psychotherapie auf einem ähnlichen Prinzip beruhe. Wenn es – wie dargelegt – häufige Spontanheilungen gibt, das heißt, wenn viele Patienten auch ohne Therapie gesund werden, so kann dieser Effekt natürlich auch zur Zeit der Behandlung eintreten; in diesem Fall aber schreiben Patient und Therapeut die Besserung selbstverständlich der Behandlung zu, obwohl es gar keine reale Beziehung zwischen beiden Ereignissen gibt. Ist dann ein Zustand beidseitiger Zufriedenheit erreicht, wird der Patient als »geheilt« entlassen. Die Tatsache aber, daß es ihm oftmals hinterher wieder schlechter geht, interessiert den Therapeuten nicht mehr, und es beeinträchtigt auch seine abergläubischen Überzeugungen nicht. Aberglauben wiederum ist sehr zählebig, denn er verschließt sich der Vernunft oder dem Experiment und läßt somit keinen

Zweifel an seinem irrationalen Ursprung. Es ist eine der amüsanten Paradoxien der Psychologie, daß die Psychoanalytiker, die nach ihrem eigenen Selbstverständnis wissenschaftliche und rationale Vorstellungen in das irrationale und emotionale Feld der seelischen bzw. geistigen Störungen eingeführt haben, selber diesem konditionierten Aberglauben erlegen sind. Daß sie es aber vermochten, normale Menschen von der Wahrheit ihrer Theorien und der Wirksamkeit ihrer Behandlungsmethoden zu überzeugen – das wird eines der Wunder unserer Zeit bleiben.

[1] A. E. KAZDIN *History of Behaviour Modification.*
[2] H. J. EYSENCK (1952) ›The Effects of Psychotherapy‹; dt.: ›Die Wirkungen der Psychotherapie: Eine kritische Einschätzung‹, in: H. J. EYSENCK/G. D. WILSON (Hrsg.) *Experimentelle Studien zur Psychoanalyse Sigmund Freuds,* Wien/München/Zürich: Europa Verlag 1979.
[3] H.J. EYSENCK (1952), a.a.O., S. 444f.
[4] H.J. EYSENCK (1965) Fact and Fiction in Psychology, London: Methuen.
[5] S. RACHMAN/G. T. WILSON (1980) *The Effects of Psychological Therapy,* 2nd Edition, London: Pergamon Press.
[6] A. E. BERGIN (1967) ›Implications of Psychotherapy Research‹, *Int. J. Psychiatry* 3.
[7] L. LUBORSKY (1954) ›A Note on Eysenck's Article »The Effects of Psychotherapy: An Evaluation«‹, in: *Brit. J. Psychol.* 45, S. 129-131.
[8] M. L. SMITH/G. V. GLASS/T. I. MILLER (1980) *The Benefits of Psychotherapy,* Baltimore: Johns Hopkins University Press.
[9] J. MELTZOFF/M. KORNREICH (1970) *Research in Psychotherapy,* New York: Atherton Press.
[10] D. H. MALAN (1979) *Individual Psychotherapy and the Science of Psychodynamics,* London/Boston: Butterworths.
[11] S. RACHMAN/R. J. HODGSON (1980) *Obsessions and Compulsions,* Englewood Cliffs, N. J.: Prentice-Hall.
[12] A. E. KAZDIN/G. T. WILSON (1980) *Evaluation of Behaviour Therapy: Issues, Evidence and Research Strategies,* Lincoln: University of Nebraska Press.

FREUD
und die Entwicklung des Kindes

*»Sie urteilen rein theoretisch,
ohne experimentellen Beweis,
und Irrtümer sind das Resultat.«*

MICHAEL FARADAY

Nachdem wir uns im vorigen Kapitel mit der Frage der Effizienz der FREUDschen Therapie auseinandergesetzt haben, wollen wir uns nun seinen Vorstellungen über den Ursprung der neurotischen Symptome zuwenden. Gemäß seiner »Theorie der Psychoneurosen« können

»... nur sexuelle Wunschregungen aus dem Infantilen... die Triebkräfte für alle psychoneurotische Symptombildung abgeben.«[1]

Es bleibt uns folglich nicht erspart, FREUDs Theorie der infantilen Entwicklung unter die Lupe zu nehmen. Damit bietet sich aber auch die Gelegenheit zu prüfen, in welchem Maße man den FREUDschen Theorien einen empirischen Charakter zusprechen kann und ob die Auffassung von KARL POPPER haltbar ist, wonach die Psychoanalyse eine Pseudowissenschaft sei, weil sie keine falsifizierbaren Voraussagen mache. Schließlich werden wir die Fallgeschichte des »kleinen Hans« zu untersuchen haben, da diese allgemein als der Beginn der Kinderpsychoanalyse angesehen wird und als einer der größten Erfolge FREUDs gilt. Wir werden die Frage aufwerfen müssen, inwieweit eine solche Einschätzung richtig ist und ob nicht alternative Theorien besser in der Lage wären, die neurotischen Symptome jenes kleinen Patienten zu erklären.

Beginnen wir gleich mit POPPERs Verdikt bezüglich des Mangels an Falsifizierbarkeit der FREUDschen Lehren. Auf den ersten Blick möchte es scheinen, daß POPPER im Unrecht ist. Denn ohne Zweifel lassen sich aus der psychoanalytischen Theorie deduktive Schlüsse ableiten, und diese können sehr wohl empirisch falsifiziert werden. Ein Beispiel dafür ist FREUDs Voraussage, daß eine rein symptomorientierte Behandlung entweder eine Wiederkehr der Symptome oder aber eine Symptomersetzung nach sich ziehen müßte. Wie wir gesehen haben, ist dies nicht der Fall, womit zugleich eine fundamentale These der FREUDschen Lehre zurückgewiesen werden kann. Aber – lediglich auf die Falsifizierbarkeit schauen, hieße POPPER mißverstehen, bezeichnet er doch auch »solche in der Tat prüfbaren Theorien« als pseudowissenschaftlich, die »selbst dann noch von ihren Bewunderern aufrechterhalten werden, wenn sie sich als falsch herausstellen«. Und gerade beim FREUDschen Werk wird man mit etwas konfrontiert, das viel ursprünglicher, gefährlicher und schwerer abzuweisen ist als bloße Nichtfalsifizierbarkeit.

FRANK CIOFFI hat diesen Punkt in seinem Essay über »FREUD und die Idee einer Pseudowissenschaft«[2] sehr klar herausgestellt. Er meint, daß es in der psychoanalytischen Theorie und Praxis eine Menge Eigentümlichkeiten gibt, die offensichtlich grundlos und unzusammenhängend sind; diese seien als Manifestationen eines einzigen Motivs zu verstehen, nämlich des Bestrebens, Widerlegungen zu verhindern. Etliche beziehen sich auf die scheinbare Vielfalt der Methoden, mit denen die Richtigkeit der psychoanalytischen Behauptungen zu überprüfen seien, als da sind: die Beobachtung des Verhaltens von Kindern; Nachforschungen über die Besonderheiten des gegenwärtigen oder infantilen Sexuallebens der Neurotiker; die Untersuchung der Ergebnisse prophylaktischer Maßnahmen, die auf FREUDs Vorstellungen über die Ätiologie der Psychoneurosen basieren. CIOFFI weist auch darauf hin, daß sie alle nur auf einen Holzweg hinauslaufen, nämlich den der Interpretation, der Deutung. In der Tat hat FREUD selber diesen Deutungsvorgang auf mannigfache Weise beschrieben, etwa als »Übersetzen unbewußter Prozesse in bewußte«, als »Ausfüllen der Lücken der bewußten Wahrnehmung«, als »Konstruieren einer Reihe bewußter Ereignisse, die den psychisch unbewußten Ereignissen komplementär sind«, als »Erschließen der unbewußten Phantasien aus den Symptomen« und als »den Patienten Befähigen, sich deren bewußt zu werden«.[3]

CIOFFI führt weiter aus:

>»Es ist charakteristisch für eine Pseudowissenschaft, daß die Hypothesen, die sie enthält, in einem asymmetrischen Verhältnis zu den von ihr geweckten Erwartungen stehen, indem sie diese in eine Richtung lenken und durch ihre Erfüllung auch gerechtfertigt werden, ohne aber durch ihre Nichterfüllung in Mißkredit zu geraten.«

Mit anderen Worten, eine Pseudowissenschaft versucht, ihren Kuchen zu essen und ihn gleichzeitig aufzuheben; solange Beobachtungen und Experimente gut ausgehen, werden sie als Beweis genommen; fallen sie dagegen ungünstig aus oder scheinen sie die in Frage stehenden Hypothesen zu widerlegen, dann werden sie als irrelevant zurückgewiesen. CIOFFI zeigt am Beispiel der psychoanalytischen Theorie der infantilen Entwicklung, wie übermächtig FREUDs Bestreben war, Einwänden aus dem Wege zu gehen. Der Kritiker hat das Sujet gut gewählt, denn wie wir sehen werden, gibt es vieles, was für seine Gegenargumente spricht.

Interessanterweise stellt POPPER fest, daß sich ein anderer berühmter Pseudowissenschaftler, nämlich KARL MARX, ebenfalls weitgehend auf Interpretationen verließ, anstatt auf direkte Verifikation durch faktische Beobachtungen. In diesem Fall lautete die Grundthese, daß das Proletariat an der Spitze des geschichtlichen Fortschritts stünde, doch müßten seine Wünsche und Bestrebungen »richtig« interpretiert werden, um von seinem – MARXens – Standpunkt aus akzeptabel zu sein. Wer aber war besser geeignet, diese Interpretationen zu liefern, als die MARXistische Vorhut, die sich als Kommunistische Partei konstituierte? Die Tatsache, daß jene Interpretationen sehr wenig mit den von Proletariern geäußerten Wünschen und Zielsetzungen zu tun hatten, scheint MARX und seine Anhänger überhaupt nicht gekümmert zu haben, gerade so wie FREUD sich nicht daran störte, daß seine Deutungen immer wieder von Patienten als unannehmbar und von Kritikern als unglaubwüdig betrachtet wurden. In Wirklichkeit gibt es kein Kriterium, nach dem man den Wahrheitsgehalt der Deutungen sicher beurteilen kann, wenn man mehr von diesen selbst als von beobachtbaren Tatsachen hält.

Wenngleich FREUDs Theorie der (frühkindlichen) Entwicklungsphasen als recht bekannt vorausgesetzt werden kann, müssen wir hier kurz auf einige Einzelheiten eingehen. Nach psychoanalytischer Auffassung hat der kleine Junge von Natur aus ein Verlangen, mit seiner Mutter geschlechtlich zu verkehren [»bei der Mutter zu schlafen«], doch fühlt er sich in der Erfüllung seiner Sehnsucht durch seinen Vater bedroht, welcher offensichtlich ältere Rechte gegenüber der Mutter hat. Bemerkt der Knabe nun (zufällig), daß sein Schwesterchen nicht im Besitz eines Penis ist – jenes wunderbaren Spielzeugs, das so viel für ihn bedeutet –, entwickelt er in zunehmendem Maße Kastrationsängste, und diese lassen ihn schließlich alle ungehörigen Wünsche aufgeben, sozusagen »verdrängen«; nichtsdestoweniger leben sie im Ödipuskomplex des Unbewußten weiter, um dann im späteren Leben alle möglichen schlimmen neurotischen Symptome zutage zu fördern. Da dieser so berühmt gewordene Ödipuskomplex in den FREUDschen Spekulationen eine zentrale Stelle einnimmt, werden wir im Folgenden untersuchen, ob es experimentelle bzw. empirische Beweise gibt, die ihn zu stützen vermögen. Selbstverständlich finden sich in FREUDs Lehre noch andere kritische Punkte, doch dürfte schon dieser dem Leser eine Vorstellung vermitteln, auf welche Weise FREUD seine Theorie entwickelte.

FREUDs diesbezügliche Darstellungen sind ziemlich schockierend, und zweifellos haben sie seine frühen Leser in Aufregung versetzt. Ihre Bedeutung hängt einmal damit zusammen, daß sie in der Frage nach dem Ursprung der Neurosen Erklärungswert beanspruchten, und zum andern, daß sie die Gültigkeit der psychoanalytischen Methoden beweisen sollten. FREUD glaubte offenbar an den universellen Charakter seiner Rekonstruktionen für die Kindheit, und er war davon überzeugt, daß man zu ihrer Bestätigung lediglich einen Blick in die »Kinderstube« zu werfen brauchte. Dementsprechend schrieb er einmal:

> »Ich kann mit Befriedigung darauf verweisen, daß die direkte Beobachtung die Schlüsse aus der Psychoanalyse voll bekräftigt und somit ein gutes Zeugnis für die Verläßlichkeit der letzteren Forschungsmethode abgegeben hat.«[4]

Bei vielen Gelegenheiten behauptete FREUD, daß seine klinisch (d. h. in der psychoanalytischen Praxis) gewonnene Auffassung über das infantile Sexualleben durch die systematische Beobachtung des kindlichen Verhaltens überprüft werden könnte. So rekurriert er in der Fallgeschichte des »kleinen Hans«, auf die wir sogleich zu sprechen kommen, auf die Beobachtung von Kindern als

> »... einen direkteren, auf kürzerem Wege gewonnenen Beweis jener fundamentalen Sätze...«

und stellt anschließend die rhetorische Frage:

> »... sollte es denn unmöglich sein, unmittelbar am Kinde in aller Lebensfrische jene sexuellen Regungen und Wunschbildungen zu erfahren, die

wir beim Gealterten mit soviel Mühe aus ihren Verschüttungen ausgraben...?«[5]

Zu dem von ihm so genannten Penisneid schrieb FREUD:

»An dem kleinen Mädchen kann man mit Leichtigkeit beobachten, daß es die Schätzung des Bruders [scilicet für seinen Penis] durchaus teilt. Es entwickelt ein großes Interesse für diesen Körperteil beim Knaben, das aber alsbald vom Neide kommandiert wird. Es fühlt sich benachteiligt...«[6]

Und von der Ödipusphase heißt es,

»... daß das frühinfantile Sexualleben im sogenannten Ödipuskomplex gipfelt, in der Gefühlsbindung an den gegengeschlechtlichen Elternteil mit Rivalitätseinstellung zum gleichgeschlechtlichen, eine Strebung, die sich in dieser Lebenszeit noch ungehemmt in direkt sexuelles Begehren fortsetzt. Das ist so leicht zu bestätigen, daß es wirklich nur einer großen Kraftanspannung gelingen konnte, es zu übersehen.«[7]

Das eindeutigste Bekenntnis FREUDs, daß die direkte Beobachtung normaler Kinder der psychoanalytischen Theorie die erwartete Bestätigung liefert, ist eine Passage aus dem Jahre 1914:

»Meine Aufstellungen über die Sexualität des Kindes waren anfangs fast ausschließlich auf die Ergebnisse der in die Vergangenheit rückschreitenden Analyse von Erwachsenen begründet... Es war also ein außerordentlicher Triumph, als es Jahre später gelang, den größten Teil des Erschlossenen durch direkte Beobachtung und Analyse von Kindern in sehr frühen Jahren zu bestätigen, ein Triumph, der allmählich durch die Überlegung verringert wurde, die Entdeckung sei von solcher Art, daß man sich eigentlich schämen müsse, sie gemacht zu haben. Je weiter man sich in die Beobachtung des Kindes einließ, desto selbstverständlicher wurde die Tatsache, desto sonderbarer aber auch der Umstand, daß man sich solche Mühe gegeben hatte, sie zu übersehen.«[8]

Mit anderen Worten, direktes Beobachten soll genügen, um seine Theorien zu verifizieren, und man müsse schon regelrecht wegschauen, um jene Tatsachen nicht zu bemerken.

Was aber kommt wirklich heraus, wenn ein psychologisch geschulter Beobachter, der es eigens auf die Bestätigung der FREUDschen Theorien anlegt, das Verhalten seiner eigenen Kinder und »alle Aspekte ihrer psychischen Entwicklung bis herauf zum Alter von 4 oder 5 Jahren« studiert? Nun, wir können hierzu auf einen bekannten britischen Psychologen und Pädagogen verweisen, nämlich Professor C. W. VALENTINE, der schon 1942 seine Erfahrungen in einem Buch über »die Psychologie der frühen Kindheit« mitgeteilt hat. Darin sind außer seinen eigenen Beobachtungen auch die einer Reihe ehemaliger Studenten und befreundeter Kollegen an ihren Kindern – und zwar zumeist im Hinblick auf spezielle Probleme – ausgewertet worden. Das so gewonnene Material diskutiert VALENTINE im Zusammenhang mit anderen publizierten Tagebuchaufzeichnungen verläßlicher Beobachter über die ersten drei oder vier Lebensjahre ihrer Kinder, wobei ihm nach eigenen Angaben über ein Dutzend dieser überaus aufschlußreichen Zeugnisse zur Verfügung standen.[9]

Bei all dem ist festzuhalten, daß VALENTINE seine Untersuchung keineswegs als ein Kritiker der Psychoanalyse, der FREUD womöglich feindlich gesonnen war, begann; er stand im Gegenteil, wie er zu erkennen gibt, FREUDs Spekulationen anfangs durchaus wohlwollend gegenüber:

»Ich kann sagen, daß ich von der ersten seiner auf Englisch erschienenen Schriften sehr angetan war. Auch spürte ich das Vorurteil, das ihm entgegenschlug, bloß weil er so freizügig über sexuelle Dinge geschrieben hatte; und schließlich veröffentlichte ich ein kleines Buch, in welchem ich einige seiner Hauptideen erläuterte und sie mit der allgemeinen Psychologie verband. Ich hoffe also, von dem Verdacht des Vorurteils gegen seine Ideen freigesprochen zu werden.«

Doch wenden wir uns nun dem zu, was VALENTINE über die Relevanz seiner Beobachtungen für die FREUDschen Theorien zu sagen hatte. Zunächst einmal kritisiert er FREUDs Hypothesen über die Beziehungen zwischen Kindern derselben Familie, insbesondere ihre hypostasierte Rivalität untereinander:

»Die vorausliegenden Beobachtungen meinerseits wie auch anderer Untersucher widersprechen entschieden den von ihm [Freud] geäußerten Ansichten bezüglich der Einstellung sehr kleiner Kinder gegenüber ihren jüngeren Brüdern und Schwestern.«

FREUD hatte geschrieben:

»Es ist unzweifelhaft, daß es in ihnen [scil. den Geschwistern] seine Konkurrenten haßt ... diese Einstellung ... wird ja häufig genug durch eine zärtlichere abgelöst oder sagen wir lieber: überlagert, aber die feindselige scheint sehr regelmäßig die frühere zu sein. Am leichtesten kann man sie an Kindern von 2 1/2 bis 4 oder 5 Jahren beobachten, wenn ein neues Geschwisterchen dazukommt.«[10]

Wie VALENTINE hervorhebt, zeigen seine eigenen Beobachtungen

»... im Gegenteil bei diesen Kindern *zuerst* das Erscheinen einer natürlichen Zärtlichkeit gegen den kleinen Bruder, lange bevor irgendeine Art von Eifersucht auftritt; und das berichtete Verhalten ist [offenbar] typisch für die Reaktionen all unserer Kinder gegen ihre kleinen Brüder und Schwestern, ja ich habe selten ein größeres Entzücken gesehen, als jenes, das die älteren Kinder äußerten, wenn sie hörten, daß sie noch ein Geschwisterchen bekämen ... Weitere Zeugnisse ... aus anderen zuverlässigen Berichten legen den Schluß nahe, daß die Mehrzahl der kleinen Kinder überhaupt keine Eifersucht kennt, obwohl es einigen von ihnen nach den ersten Lebensjahren gelingen mag, diese zu verbergen.«

Noch kontroverser sind VALENTINEs Beobachtungsergebnisse in bezug auf die angebliche Existenz des Ödipuskomplexes – eines zentralen Punktes des FREUDschen Gedankengebäudes; er schreibt:

»Freud hatte behauptet, daß im Alter von etwa 2:0 [Jahren] die Knaben anfangen, sich leidenschaftlich ihrer Mutter zuzuwenden und gleichzeitig auf ihren Vater eifersüchtig zu werden, ja ihn richtiggehend zu hassen, und damit einen ›Ödipuskomplex‹ offenbaren. Andererseits sollen die Mädchen eine neue Zuneigung für ihren Vater entwickeln und dabei ihre Mutter als eine Rivalin betrachten... Indes kann ich bei meinen eigenen Kindern nicht das geringste Anzeichen für solch einen Ödipuskomplex entdecken, und ich werde darlegen, daß die meisten Beobachtungen jener Vorstellung direkt widersprechen – ganz besonders gilt das für die Tatsache, daß die Mädchen im Alter von 2:0 ihre Mütter mehr bevorzugten, als es die Jungen taten, während nach Freud doch in diesem Alter die Knaben anfangen sollten, sich gegen den Vater zu wenden, und die Mädchen, ihn lieber zu haben. Die Beziehungen der Kinder zu ihren Eltern verlaufen vielmehr genauso, wie man es vernünftigerweise erwarten würde. Zuerst zeigen Knaben und Mädchen eine starke Anhänglichkeit an ihre Mutter – bzw. Kinderschwester oder Trostspenderin; später – nach dem zweiten Lebensjahr – fühlen sie sich auch von ihrem Vater angezogen, der nun an ihrem Spiel teilnehmen kann und ihnen in ausgeprägten Fällen die aufregendsten Vergnügungen bereitet. Aber diese verstärkte Anziehung seitens des Vaters im Alter von 2 oder 3 Jahren zeigt sich viel eher bei den Knaben als bei den Mädchen, denn deren Vorlieben und Interessen stehen selbst in diesem frühen Alter mehr im Einklang mit denen der Mutter als denen des Vaters.«

Gelegentlich der Diskussion der behaupteten sexuellen Strebungen kleiner Kinder stellt VALENTINE fest:

»Die Tatsache, daß eine Anzahl von Neurotikern (oder von Personen, die sich – fasziniert von den Freudschen Ideen oder interessiert an ihrer eigenen abnormen Seelenlage – einer Psychoanalyse unterziehen) aus ihrer frühen Kindheit Sexualstrebungen erinnern, ist kein Beweis dafür, daß diese schlechthin allgemein sind, ganz abgesehen von der im nachhinein von Freud selber entdeckten Tatsache, daß in vielen, ja ›der Mehrzahl‹ dieser Fälle die Erinnerung eine ›Einbindung‹ und die Vorstellung in Wirklichkeit ein ›Rückphantasieren‹ ist. Das aus direkter Beobachtung stammende Material über angeblich auf die Eltern gerichtete Sexualstrebungen normaler Kinder ist somit äußerst fadenscheinig.« [die FREUD-Zitate aus (1916/17), GW XI; StA I, S. 358 bzw. 330]

VALENTINE referiert – wie gesagt – viele andere direkte Beobachtungen von Fachleuten; unter anderem teilt er die Resultate einer Erhebung mit, die er bei sechzehn Psychologen und Wissenschaftlern angestellt hat:

»Zusammenfassend läßt sich aus dieser Umfrage der Befund ableiten, daß unter allen Aspekten – der Bevorzugung von *M* oder *F* in verschiedenem Alter, durch Knaben oder Mädchen, Gründen für den Wechsel der Bevorzugung, dem Einfluß der Erziehung, Anlässen für Eifersucht – durchaus vernünftige Erklärungen der Tatsachen geliefert werden, während sich für den angenommenen Ödipuskomplex keinerlei Belege finden.« (S. 330)

Entsprechend lautet das Fazit:

»Was die Stärke des Sexualtriebes (power of sex) angeht, so dürften die Erfahrungen während der Adoleszenz und der nachfolgenden Zeit gewiß überzeugend genug sein; ob die von Patienten berichteten Vorstellungen über die infantile Sexualität in Wirklichkeit (a) von Psychoanaly-

106

tikern suggeriert sind, wie Freud einmal vermutete, oder (b) vollständig oder teilweise des Patienten eigene Deutungen und Übertreibungen verhältnismäßig leichter Gefühle und Regungen sind oder (c) ob sie weitgehend wahr sind, wenngleich nur in ein paar abnormen Fällen – dies zu untersuchen ist hier nicht der Ort. Die Tatsache aber, daß sich Berichte von Patienten, welche Freud selber zunächst als wahrheitsgemäß hinnahm, als bloße Phantasien herausstellten, ist sehr bezeichnend.« (S. 351)

VALENTINEs allgemeiner Schlußkommentar

»... bezieht sich auf die von Psychoanalytikern ausgesprochene Vermutung, daß jene, die nicht an den Ödipuskomplex und die entscheidende Bedeutung der Sexualität in der Kindheit glauben, sich vorsätzlich weigerten, die Wahrheit anzuerkennen«,

wobei er Zitate von FREUD und GLOVER beibringt. Alsdann fährt er fort:

»Meine derzeitige Antwort auf diese Anschuldigung des Vorurteils und die Weigerung, eine unangenehme Wahrheit anzuerkennen, ist die, daß ein medizinischer Psychologe, der an den Einfluß des Unbewußten glaubt, im Gebrauch eines derartigen Arguments gegen andere vorsichtig sein sollte. Ihm könnte nämlich entgegnet werden – und dies ist auch bereits geschehen –, daß Freud und seine Anhänger, als sie sich einmal der Wahrheit des Ödipuskomplexes verschrieben hatten, auch angesichts eindeutig widersprechender Zeugnisse nicht mehr davon abgehen konnten, da sie von dem unbewußten Wunsch geleitet waren, ihr eigenes Prestige aufrechtzuerhalten. Ja, eigentlich mutet es gar nicht unnatürlich an, wenn praktizierende Psychoanalytiker, die sich ihre über hundert oder zweihundert Stunden Honorar zahlenden Patienten sichern wollen, an ihrer Überzeugung – wie auch an dem Glauben anderer an die Richtigkeit ihrer Theorien und dem Wert ihrer therapeutischen Maßnahmen – festhalten. Ich behaupte nicht, daß dies der Grund für ihre Überzeugung ist, glaube persönlich auch nicht, daß es so sei, zumindest nicht regelmäßig oder überwiegend. Ich möchte nur darauf hinweisen, daß jene Verfechter des Ödipuskomplexes, die ihre Kritiker blinder Vorurteile und unbewußter oder gar unwürdiger Motive zeihen, Leute sind, die in einem sehr dünnen Glashaus sitzen und dabei noch ihre Widersacher mit sehr großen Steinen ausstatten. Im übrigen haben sie selber sogar einen passenden technischen Ausdruck dafür bereitgestellt: ›Projektion‹ (Wurf). Wie sagte Freud: ›Die Analyse eignet sich aber nicht zum polemischen Gebrauche...‹ Es ist bedauerlich, daß Freud und seine Anhänger diese weise Bemerkung nicht beherzigt haben.« [Das FREUD-Zitat aus (1914d), FB 6096, S. 185]

VALENTINEs Buch erschien erstmals im Jahre 1942; seither wurden viele andere Berichte veröffentlicht, die seine Schlußfolgerungen bestätigen. Auch ich habe an meinen fünf Kindern Beobachtungen angestellt, die zwar weniger systematisch waren, dafür aber von dem Bestreben geleitet, auf eigene Faust herauszufinden, ob FREUDs Behauptung, man könne seine Hypothesen auf dem Wege direkter Beobachtung kleiner Kinder überprüfen wahr ist; wie andere konnte ich weder Anzeichen für die Existenz des Ödipuskomplexes noch für frühkindliche Sexualregungen entdecken. So werden wir es wohl hinnehmen müssen, daß FREUD mit der schon zitierten Aussage, diese Tatsachen seien »so leicht zu bestätigen, daß es wirklich nur einer großen Kraftanspannung gelingen konnte, es zu übersehen«, völlig daneben lag. In der Tat dürfte es kaum möglich sein, Beweise für seine Ansichten zu finden, wenn selbst Leute, die wie VALENTINE von Anfang an den FREUDschen Theorien wohlgesonnen waren, nur negative Erfahrungen machen konnten.

Wie nun reagierte FREUD auf solch eine Zurückweisung seiner höchsten Überzeugungen? Hören wir CIOFFI:

»Wenn immer sich FREUD genötigt sieht, gegenteiligen Berichten zuvorzukommen, vergißt er den so leicht zu bestätigenden Charakter seiner Rekonstruktionen des infantilen [Sexual]lebens und pocht auf ihrer esoterischen, nur von Eingeweihten zu beobachtenden Qualität.«

So schreibt FREUD einmal:

»Andere aber als Ärzte, welche die Psychoanalyse üben, haben überhaupt keinen Zugang zu diesem Gebiet und keine Möglichkeit, sich ein Urteil zu bilden, das der Beeinflussung durch ihre eigenen Abneigungen und Vorurteile entzogen wäre. Verstünden es die Menschen, aus der direkten Beobachtung der Kinder zu lernen, so hätten diese drei Abhandlungen [scil. zur Sexualtheorie] überhaupt ungeschrieben bleiben können.«[11]

CIOFFI erwidert sehr vernünftig:

»Dieser Rückzug auf das nur auf esoterischem Wege Beobachtbare im Falle gegenteiliger Zeugnisse ist ein allgemeines Merkmal der psychoanalytischen Apologetik.«

In der Tat ist FREUDs scheinbare Billigung direkter Nachprüfung des von ihm postulierten Verhaltens oftmals merkwürdig zweideutig. Wenn die klinischen Rekonstruktionen der frühen Lebenserfahrungen korrekt sind, wenn die Kinder tatsächlich eine Kastrationsdrohung erfahren haben, wenn sie verführt wurden oder Zeugen des elterlichen Geschlechtsverkehrs geworden sind, dann könnte die Richtigkeit dieser Erinnerungen zweifellos durch geeignete Nachforschungen überprüft werden.

FREUD seinerseits ist natürlich anderer Ansicht:

»Es läge darum nahe, die Lücken in der Erinnerung des Patienten durch Erkundigungen bei den älteren Familienmitgliedern mühelos auszufüllen, allein ich kann nicht entschieden genug von solcher Technik abraten. Was die Angehörigen über Befragen und Aufforderung erzählen, unterliegt allen kritischen Bedenken, die in Betracht kommen können. Man bedauert es regelmäßig, sich von diesen Auskünften abhängig gemacht zu haben, hat dabei das Vertrauen in die Analyse gestört und eine andere Instanz über sie gesetzt. Was überhaupt erinnert werden kann, kommt im weiteren Verlauf der Analyse zum Vorschein.«[12]

Mit anderen Worten, die Konstruktion zweifelhafter symbolischer Bedeutungen von Träumen und alltäglichem Verhalten wird als Beweis den aus direkter Beobachtung stammenden Berichten echter Zeugen vorgezogen, weil diese sozusagen eine Berufungsinstanz darstellen würden, die FREUD eifrig zu meiden sucht. Es bedarf keiner äußeren Beweisaufnahme, an der seine Deutungen überprüft werden können.

Noch merkwürdiger ist eine andere Aussage FREUDs, in der er behauptet, daß die Traumanalyse der Erinnerung an die Seite gestellt wird:

»Es scheint mir durchaus der Erinnerung gleichwertig, daß sie sich ... durch Träume ersetzen, deren Analyse regelmäßig zu derselben Szene zurückführt, die in unermüdlicher Umarbeitung jedes Stück ihres Inhalts reproduzieren. Träumen ist ja auch ein Erinnern...« (S. 169)

Dies ist eine wirklich erstaunliche Feststellung. Die phantasiereiche und völlig subjektive Deutung der komplexen Symbolik eines Traumes unterscheidet sich ganz sicherlich von einer deutlichen Erinnerung des Patienten; wonach wir suchen, ist eine Methode, mit der wir die Glaubwürdigkeit der Interpretation prüfen können. FREUD geht selbstverständlich davon aus, daß seine Traumdeutung richtig ist, aber genau das ist der Punkt, der zuerst bewiesen werden muß. Doch heben wir uns diese Frage noch bis zum Kapitel über die Deutung von Träumen auf.

In seinem Bemühen, uns von der Authentizität seiner Rekonstruktionen der infantilen Sexualität zu überzeugen, greift FREUD noch zu einem anderen recht befremdlichen Mittel. Er erklärt, die Wahrheit seiner Theorien würde durch die Tatsache bewiesen, daß sie erfolgreiche Behandlungen ermöglichen; was allerdings in direktem Widerspruch zur Ansicht derjenigen seiner heutigen Anhänger steht, die das Argument, die Theorien könnten durch ein Versagen der Therapie widerlegt werden, zu leugnen pflegen.

Bei FREUD heißt es dazu:

»Ausgehend von dem Heilungsmechanismus, wird es jetzt möglich, ziemlich definitive Vorstellungen über den Ursprung der Krankheit zu konstruieren.«

Und an anderer Stelle schreibt er:

»Es sind ausschließlich Erlebnisse in der Kindheit, die die Empfänglichkeit für spätere Traumen erklären«, da »es nur durch Aufdecken und Bewußtmachen dieser fast stets vergessenen Erinnerungsspuren gelingt, die Kraft zu erwerben, uns von den Symptomen zu befreien«.[13]

Wie wir nun aber in den vorhergehenden Kapiteln gesehen haben, gibt es keine Beweise dafür, daß uns die Psychoanalyse tatsächlich »die Kraft« gibt, »uns von unseren Symptomen zu befreien«. Wenn wir also FREUDs Argument, die Tatsache einer Heilung garantiere die Richtigkeit seiner Theorien und Rekonstruktionen, ernst nehmen, dann müssen wir zweifellos jetzt argumentieren, daß die Tatsache des Nichteintretens von Heilungen seine Theorien und Rekonstruktionen umstößt.

Wie viele Kritiker betont haben, ist insbesondere FREUDs Entwicklungstheorie der neurotischen Störungen merkwürdig ambivalent, drückt sie doch zwei einander widersprechende Ansichten aus: Einerseits scheint er sich selbst auf eine besondere infantile Sexualgeschichte der Neurotiker festzulegen, was ihn für eine Widerlegung anfällig macht; andererseits besteht er auf der Universalität der beteiligten pathogenen Eigenschaften. So postuliert er einmal:

»Am Grunde jeglicher Symptombildung findet man traumatische Erlebnisse aus dem frühkindlichen Sexualleben.«[14]

Dies scheint eindeutig auf eine ätiologische Beziehung zwischen jenem frühen traumatischen Erleben und der späteren Ausbildung der neurotischen Symptome hinauszulaufen. FREUD sagt aber auch folgendes:

»... weitere Erkundigungen bei normal gebliebenen Personen [lieferten] das unerwartete Ergebnis..., daß deren sexuelle Kindergeschichte sich nicht wesentlich von dem Kinderleben der Neurotiker zu unterscheiden brauche...«[15]

Nun, wenn dies so ist, kann uns dann das Vorkommen von Traumen in der Kindheit von Neurotikern Gründe für die Annahme ihrer kausalen Bedeutung liefern? Es muß doch etwas in der Reaktion des Kindes auf diese »Traumen« [i.e. seelische Verletzungen] geben, das die neurotische Kindheit von der normalen unterscheidet, und tatsächlich erklärt FREUD auch:

»Es kam also nicht darauf an, was ein Individuum in seiner Kindheit an sexuellen Erregungen erfahren hatte, sondern vor allem auf seine Reaktion gegen diese Erlebnisse, ob es diese Eindrücke mit der Verdrängung beantwortet habe oder nicht.«

Ist es dann die Verdrängung, die zwischen neurotischer und nichtneurotischer Kindheit unterscheiden läßt? Die Antwort muß »Nein!« lauten, denn nach FREUD bleiben nicht nur keinem Menschenkind solche »traumatischen Erlebnisse« erspart, es entgeht auch niemand der »Verdrängung«, die sie nach sich ziehen. Entsprechend heißt es an einem anderen Ort:

»In der Tat hatte jeder einzelne diese Phase durchgemacht, ihren Inhalt aber dann in energischer Anstrengung verdrängt und zum Vergessen gebracht.«[16]

Wie sich zeigt, gelangt FREUD also nirgendwo zu einer definitiven Aussage dessen, was genau die frühe Kindheit des Neurotikers von der des normalen Erwachsenen sondert.

CIOFFI trifft den Kern der Sache, wenn er schreibt:

»Als Erklärung für diese Zweideutigkeiten, Ausflüchte und Widersprüche kann dienen, daß Freud gleichzeitig im Banne zweier Notwendigkeiten steht: sagen zu wollen und doch irgendwie nicht sagen zu können, welche frühkindlichen Ereignisse die Prädisposition für die Neurose erzeugen. Sagen zu wollen, weil seine Entdeckung der pathogenen (krankheitsverursachenden) Rolle der Sexualität in der Kindheit der Neurotiker der vorgebliche Ausgangspunkt für seine Überzeugung ist, daß die Neurosen Manifestationen des Wiederauflebens infantiler Sexualkonflikte sind, und damit zugleich auch für die Gültigkeit der Methode, mit welcher diese Ätiologie erschlossen wurde; und es doch nicht sagen zu können, weil eine zu explizite Darstellung seiner ätiologischen Hypothesen das Risiko ihrer Widerlegung mit sich bringen mußte, und dies wiederum hätte nicht nur seine Erklärungsversuche der Neurosen gefährden können, sondern – verhängnisvoller noch – auch die Methode, mit der sie gewonnen worden waren. Nur indem er jene prophylaktischen und [?] pathogenen Behauptungen aufstellte, ließen sich seine Interessen und Vorgehensweisen rechtfertigen, während sie doch nur durch deren Zurücknahme gesichert werden konnten.« (a.a.O.)

Wir werden noch sehen, daß FREUD sich ausschließlich auf die Deutung von Träumen, Sprachschnitzern, Fehlhandlungen und anderem nebulösen Material verläßt, dem gewiß keine unwiderlegbare Aussagekraft zukommt. Seine Gültigkeit hängt nämlich von der Annahme ab, daß die Theorie, auf der es gründet, zweifelsfrei bewiesen ist. Indes bleibt gerade ein solcher unabhängiger Beweis aus, und wir können als Beleg sogar einen bekannten Psychoanalytiker unserer Tage zitieren, nämlich JUDD MARMOR, der quasi unseren Anklagepunkt vertritt:

»Je nach dem Standpunkt des Analytikers scheinen die Patienten jeder Schule genau die Art von phänomenologischen Daten hervorzubringen, welche die Theorien und Interpretationen ihres Analytikers bestätigen! So neigt jede Theorie dazu, ihre eigene Gültigkeit zu erweisen. Freudianer pflegen Material über den Ödipuskomplex und die Kastrationsangst zum Vorschein zu bringen, Jungianer Material über Archetypen, Rankianer über Trennungsangst, Adlerianer über männliches Streben und Minderwertigkeitsgefühle, Horneyaner über idealisierte Bilder, Sullivanianer über gestörte zwischenmenschliche Beziehungen, und so weiter. Tatsache ist, daß in einem so komplexen Prozeß, wie es die psychoanalytische Therapie darstellt, der wechselseitige Einfluß von Patient und Therapeut aufeinander, und besonders des letzteren auf den ersteren, ungewöhnlich tief geht. Wofür der Therapeut sich interessiert, die Art der Fragen, die er stellt, das Datenmaterial, auf das er reagiert oder das er ignoriert, und die Deutungen, die er anstellt – all dies übt eine subtile, aber nicht zu unterschätzende suggestive Wirkung auf den Patienten aus, gewisse Arten von Daten eher zu produzieren als andere.«[23]

Wenn führende Psychoanalytiker selber solch fundamentale Interpretationsfehler zugeben, muß dann wirklich noch der Kritiker der Psychoanalyse das Argument erhärten, daß es anderen, echten Beweismaterials bedarf, um FREUDs spekulative Theorien glaubhaft zu machen; liegt der Schluß nicht auf der Hand, daß es weit besser wäre, sich auf direkte Beobachtungsdaten zu verlassen, wie sie von VALENTINE und vielen anderen beigebracht worden sind, anstatt diese zugunsten der bleibenden Ungewißheit der Deutungstechniken zurückzuweisen? Um noch einmal CIOFFI zu zitieren:

»Die Untersuchung von Freuds Deutungen kann zeigen, daß er in seinem Vorgehen regelmäßig bei dem beginnt, was ihm seine theoretischen Vorannahmen über die den Symptomen zugrunde liegenden Prozesse nahelegen, und dann – immer zwischen diesen (den Vorannahmen) und dem Explanandum (dem zu Erklärenden) hin und hergehend – zwar eindringliche, aber falsche Beziehungen zwischen ihnen konstruiert. Auf diesem Wege gelangt er zu allen möglichen Befunden wie etwa: Anspielungen auf das Keuchen beim väterlichen Koitus bei Anfällen von Dys-

pnoe (»nervösem Asthma«), auf Fellatio bei Tussis nervosa (einem heftigen trockenen Husten), Defloration bei Migräne, Orgasmus bei hysteri-
scher Ohnmacht, Geburtswehen bei Appendizitis (Blinddarmentzündung), Schwangerschaftswünsche bei hysterischem Erbrechen, Schwan-
gerschaftsängste bei Anorexie (Appetitlosigkeit), eine Entbindungs-
(phantasie) bei einem selbstmörderischen Sturz, Kastrationsängste bei
zwanghaft wiederholtem An-den-Hut-Fassen, Masturbation bei der Gewohnheit des Mitesserausquetschens, die anale Geburtstheorie bei einer
hysterischen Obstipation (Verstopfung), Gebären bei einem fallenden
Zugpferd, nächtlicher Erguß bei Bettnässen, uneheliche Mutterschaft
bei Hinken, Schuld(gefühle) über die gewohnheitsmäßige Verführung
pubertierender Mädchen im Zwang, Geldscheine zu sterilisieren, bevor
sie weitergegeben werden, etc.« (Die FREUD-Zitate aus 1905e, StA VI)
Es liegt auf der Hand, daß dermaßen subjektive Interpretationen keine
Wissenschaft begründen können, weshalb auch die FREUDsche Darstel-
lung der Kindheitsentwicklung, die angeblich die Grundlage für die Ent-
wicklung neurotischer Symptome abgibt, völlig unannehmbar erscheint.
Daß sie sich darüber hinaus durch solide Fakten widerlegen läßt, zeigt eine
Untersuchung der Fallgeschichte des *kleinen Hans,* die – wie gesagt – ein
Eckstein der FREUDschen Theoriebildung ist und allgemein als Beginn der
Kinderpsychoanalyse angesehen wird.
Bevor wir uns nun der »Analyse der Phobie eines fünfjährigen Knaben« wid-
men wollen, mag es sinnvoll sein, FREUDs Beschreibungen zweier Kinder
gegenüberzustellen, nämlich des fast fünfjährigen *»kleinen Hans«* und des
einige Monate jüngeren *»kleinen Herbert«.* Letzteren charakterisiert er wie
folgt:
»Ich kenne da einen prächtigen Jungen…, dessen verständige Eltern
darauf verzichten, ein Stück der Entwicklung des Kindes gewaltsam zu
unterdrücken. Der kleine [Herbert] … zeigt… das lebhafteste Interesse
für jenes Stück seines Körpers, das er als ›Wiwimacher‹ zu bezeichnen
pflegt.« Denn: »… er ist nicht eingeschüchtert worden, wird nicht vom
Schuldbewußtsein geplagt und gibt darum arglos von seinen Denkvor-
gängen Kunde«.[17]
Nach FREUD mußte sich ein Junge, der wie dieser *kleine Herbert* von psychoanalytisch orientierten Eltern aufgezogen wurde, mit großer Wahrscheinlichkeit zu einer nichtneurotischen Persönlichkeit entwickeln.
Welch ein Kontrast zu dem unglücklichen *kleinen Hans,* der – so FREUD –
geradezu »ein Ausbund aller Schlechtigkeit« zu sein schien.[18] Tatsächlich
hatte seine Mutter einmal, als er 3 1/2 Jahre alt war, eine Kastrationsdrohung ausgesprochen; und als die Geburt der kleinen Schwester ihm »das
große Rätsel« aufgegeben hatte, »woher die Kinder kommen«, war ihm
vom Vater »die Lüge vom Storch« (S. 112) erzählt worden, woraufhin es
ihm versagt blieb, über diese Dinge nähere Aufklärung zu erhalten. Nicht
zuletzt infolge der »Ratlosigkeit, die sich aus den infantilen Sexualtheorien
ergab« (S. 113), entwickelt er kurz vor seinem fünften Geburtstag eine
Tierphobie. Natürlich mußte der *kleine Hans* nach FREUDs Vorstellungen

durch seine Erziehung dazu prädestiniert sein, in seinem späteren Leben neurotischen Störungen anheimzufallen.

Doch halten wir hier kurz inne! ERNEST JONES erwähnt in seiner berühmten FREUD-Biographie beiläufig (Bd. II, S. 308), daß es sich bei »Hans« und »Herbert« um dasselbe Kind handelt, indem der Bericht über den ersten vor dem Ausbruch der Tierphobie (allerdings nicht vor den Ereignissen, die FREUD später als pathogen ansah) und der über den zweiten nachher geschrieben wurde. Ja, FREUD vermutete – im nachhinein – sogar, daß Herbert/Hans gerade wegen seiner »aufgeklärten« Erziehung stärker an der phobischen Entwicklung gelitten habe:

»... da er ohne Einschüchterung, mit möglichster Schonung und möglichst geringem Zwang erzogen wurde, hat sich seine Angst kühner hervorgewagt. Die Motive des schlechten Gewissens und der Furcht vor der Strafe haben ihr gefehlt, die sonst gewiß zu ihrer Verkleinerung beitragen.« (S. 119)

Diese Janusköpfigkeit in FREUDs Argumentationsweise macht die Prüfung seiner Hypothesen praktisch unmöglich.

Wenn wir unser Augenmerk nun der Fallgeschichte des *kleinen Hans* (1909b) zuwenden, so steht uns glücklicherweise eine kritische Besprechung nebst alternativer Interpretation der Professoren JOSEPH WOLPE und STANLEY RACHMAN zur Verfüung.[19] Ich bin ihrer erhellenden Diskussion bis in Einzelheiten gefolgt, weil sie sehr schön die unlogischen Elemente in FREUDs Theoriebildung illustriert und zugleich die Bedeutung und Rationalität der von ihnen selber vorgeschlagenen Hypothesen aufzeigt. Hier also in Kürze der »Text« der Analyse:

Der *kleine Hans* war der Sohn eines mit FREUD in engem Kontakt stehenden Bewunderers psychoanalytischer Ideen. Anfang Januar 1908 erhielt FREUD vom Vater die Mitteilung, daß

Hans »eine nervöse Störung entwickelt« hätte, deren manifeste Symptome in »der Furcht, auf die Gasse zu gehen«, weil ihn dort »ein Pferd beißen werde«, sowie in »abendlicher Verstimmung« bestanden.

Dabei vermutete *Hans*ens Vater, daß

»... sexuelle Übererregung durch Zärtlichkeit der Mutter... wohl den Grund gelegt« habe und die Pferdephobie »irgendwie damit zusammenzuhängen (scheint), daß er durch einen großen Penis geschreckt ist«. (S. 26)

Die ersten Anzeichen der Erkrankung tauchten am 7. Januar des Jahres auf, als *Hans* wie gewöhnlich von seinem Kindermädchen in den Stadtpark ausgeführt wurde. Er fing zu weinen an und wünschte, mit seiner Mutter »zu schmeicheln« (zu liebkosen). Wieder zu Hause angekommen, wollte er partout nicht sagen, warum er sich geweigert hatte, weiterzugehen. Am nächsten Tag ging er nach anfänglichem Zaudern und Weinen mit seiner Mutter aus; auf dem Heimweg faßte er sich ein Herz und beichtet der Mutter: *»Ich hab' mich gefürchtet, daß mich ein Pferd beißen wird.«* (Kursive im Original) Wie am Vortag zeigt *Hans* des Abends Angst und möchte mit der Mammi schmeicheln. Nach dem Bericht des Vaters sagt er schließlich:

»Ich weiß, ich werde morgen wieder spazierengehen müssen«, und weiter: »Das Pferd wird ins Zimmer kommen.« (S. 27) Als die Mutter ihn fragt, ob er »vielleicht die Hand zum Wiwimacher« gebe, antwortet er: »Ja jeden Abend, wenn ich im Bett bin.« Tags darauf »wird er vor dem Nachmittagsschlaf gewarnt«, seinen Wiwimacher (Penis) anzufassen. (S. 27)
An diesem Punkt mag der Leser überrascht sein, zu hören, daß FREUDs nachfolgender Analyse keinerlei von ihm selbst erhobene klinische Daten zugrunde lagen; vielmehr verließ er sich ausschließlich auf die regelmäßigen schriftlichen Berichte des Vaters, der sich allerdings mehrmals mit FREUD über *Hans*ens Phobie besprach. Während der ganzen Analyse sah FREUD den kleinen Jungen nur ein einziges Mal – eine wahrhaft merkwürdige Art, eine Behandlung durchzuführen! Um so erstaunlicher, daß offenbar nur wenige Analytiker an dieser Prozedur Anstoß nahmen.
Wie dem auch sei, FREUD lieferte eine Deutung von *Hans*ens Benehmen und verabredete mit dem Vater,
> »...daß er dem Knaben sagen solle, das mit den Pferden sei eine Dummheit, weiter nichts. Die Wahrheit sei, daß er die Mama so gern habe und von ihr ins Bett genommen werden wolle. Weil ihn der Wiwimacher der Pferde so sehr interessiert habe, darum fürchte er sich jetzt vor den Pferden.«

Ferner schlug FREUD dem Vater vor,
> »... den Weg der sexuellen Aufklärung zu betreten« und dem Kleinen zu sagen, »daß die Mama und alle anderen weiblichen Wesen ... einen Wiwimacher überhaupt nicht besitzen«. (S. 30)

In der Folgezeit verzeichnete der Vater ein Auf und Ab der phobischen Entwicklung, wobei sich *Hans*ens Zustand insbesondere nach einer Mandeloperation deutlich verschlechterte. Nachdem er sich körperlich erholt hat, kommt es wiederholt zu Unterhaltungen zwischen ihm und seinem Vater. Dieser meint, daß seine Furcht etwas mit der masturbatorischen Gewohnheit zu tun haben müsse; auch fühlt er sich zu der wiederholten Aufklärung veranlaßt, daß »Mäderl und Frauen... keinen Wiwimacher« haben. Überhaupt versucht er, den kleinen *Hans* von dem psychosexuellen Ursprung seiner »Dummheit« zu überzeugen.
Wir überspringen aus Platzgründen weitere Einzelheiten und kommen zum 30. März, an dem FREUD Vater und Sohn zu einer kurzen Konsultation empfängt und hören muß, daß
> »... trotz aller Aufklärung die Angst vor den Pferden sich noch nicht gemindert habe.«

Hans erklärt,
> »daß ihn besonders geniere, was die Pferde vor den Augen haben, und das Schwarze um deren Mund«.

Auf die vermutete symbolische Bedeutung anspielend, fragt FREUD den Kleinen,
> »... ob er mit dem Schwarzen um den Mund den Schnurrbart meine, und eröffnete ihm dann, er fürchte sich vor seinem Vater, eben weil er die Mutter so lieb habe.« (S. 41)

114

Natürlich weist er *Hans* darauf hin, daß seine Furcht in dieser Hinsicht ganz und gar unbegründet sei.

Kurz darauf erzählt Hans seinem Vater wieder, daß er sich am meisten vor Pferden fürchtet, die »etwas Schwarzes am Munde« haben (S. 46), aber auch davor, daß »die Pferde umfallen« (S. 44f.) und daß ihn besonders die von großen Lastpferden gezogenen schweren Wagen beunruhigen. Auf Befragen des Vaters berichtet er außerdem, daß er einmal gesehen hat, »wie das Pferd vom Stellwagen umgefallen ist« (S. 47) – ein Vorfall, der später von seiner Mutter bestätigt wird. Übrigens schien es sich bei jenem »Schwarzen am Munde« um »das dicke Riemenzeug der Lastpferde über der Schnauze« zu handeln. (S. 47) Was die Phobie anbelangt, so war sie unmittelbar nach dem Unfall ausgebrochen. (S. 47)

Die ganze Zeit über versuchte der Vater, dem *kleinen Hans* psychoanalytische Vorstellungen aufzuzwingen, die dieser allerdings meistenteils zurückwies, wenngleich er sich zuweilen genötigt sah, um des lieben Friedens willen einfach ja zu sagen. Indes gibt es keinen Beweis dafür, daß die Deutungen, die seinem Fall zuteil wurden, in irgendeiner Weise halfen, und in der Tat läßt sich auch keinerlei Zusammenhang zwischen den Zeiten, in denen es ihm besser ging, und jenen, in denen er offenbar »Einsicht« in seine Krankheit gewann, erkennen. Daß er aber schon bald wieder gesund wurde, hätte man bei dem verhältnismäßig leichten Grad der phobischen Angstentwicklung von vornherein erwarten können.

Soweit also die kurzgefaßte Krankengeschichte, die im übrigen jeder, der an der Art und Weise interessiert ist, in der FREUD seine Patienten befragte, ganz lesen sollte – am besten natürlich im Verein mit besagter Kritik von WOLPE und RACHMAN.

Wenn wir uns nun fragen, was überhaupt von dem Fall zu halten ist, so müssen wir zunächst feststellen, daß das Material für die Analyse zweifellos ausgewählt worden ist, indem jenen Fakten die größte Aufmerksamkeit geschenkt wurde, die mit der psychoanalytischen Theorie in Zusammenhang gebracht werden konnten, während andere der Tendenz nach ignoriert wurden. Wie FREUD selbst mitteilte, gehörten der Vater wie die Mutter zu seinen »nächsten Anhängern« (S. 14), und man muß annehmen, daß *Hans* fortgesetzt ermuntert wurde, direkt oder indirekt Daten zu produzieren, die für das psychoanalytische Verständnis relevant waren.

Zweitens ist der Bericht des Vaters offensichtlich höchst unzuverlässig, da seine Interpretationen durch die tatsächlichen Begebenheiten beziehungsweise die Worte, mit denen *Hans* sie beschreibt, durchaus nicht gerechtfertigt sind. Jedenfalls finden sich in der Darstellung etliche Verdrehungen, weshalb man sie mit großer Sorgfalt lesen sollte.

Ähnlich ist auf *Hans*ens Zeugnis kein Verlaß. Nicht nur, daß er in den letzten Wochen seiner Erkrankung zahlreiche Lügen erzählte; er gab auch viele unzusammenhängende und zuweilen sogar widersprüchliche Auskünfte. Vor allem aber wurden *Hans* immer wieder Ansichten und Gefühle unterstellt, die in Wirklichkeit dem Vater, der ihm die Worte in den

115

Mund legte, zuzuschreiben sind. Dies gibt FREUD selber zu, auch wenn er die Tatsache als solche zu überspielen versucht:

>»Während der Analyse allerdings muß ihm [scil. Hans] vieles gesagt werden, was er selbst nicht zu sagen weiß, müssen ihm Gedanken eingegeben werden, von denen sich noch nichts bei ihm gezeigt hat, muß seine Aufmerksamkeit die Einstellung nach jenen Richtungen erfahren, von denen her der Vater das Kommende erwartet. Das schwächt die Beweiskraft der Analyse; aber in jeder verfährt man so. Eine Psychoanalyse ist eben keine tendenzlose, wissenschaftliche Untersuchung, sondern ein therapeutischer Eingriff...« (S. 91)

FREUD scheint also mit seinen zahlreichen Kritikern übereinzustimmen, die ebenfalls meinen, daß »die Psychoanalyse keine tendenzlose Untersuchung« ist und daß Suggestionen in ihr eine beträchtliche Rolle spielen, wodurch sich ihre Beweiskraft praktisch auf Null reduziert. Doch zurück zu FREUDs Deutung von *Hans*ens Phobie, die dahin ging, daß seine ödipalen Konflikte den Ausgangspunkt der neurotischen Störung darstellen. Dazu schreibt er:

>»Dies sind bei Hans Regungen, die bereits vorher unterdrückt waren und sich, soviel wir erfahren, niemals ungehemmt äußern konnten, feindselig-eifersüchtige Gefühle gegen den Vater und sadistische, Koitusahnungen entsprechende, Antriebe gegen die Mutter. In diesen frühzeitigen Unterdrückungen liegt vielleicht die Disposition für die spätere Erkrankung. Diese aggressiven Neigungen haben bei Hans keinen Ausweg gefunden, und sobald sie in einer Zeit der Entbehrung und gesteigerten sexuellen Erregung verstärkt hervorbrechen wollen, entbrennt jener Kampf, den wir die ›Phobie‹ nennen.« (S. 116)

Dies entspricht natürlich der geläufigen Ödipusvorstellung, nach der *Hans* seinen Vater, den er als Rivalen einfach hassen mußte, am liebsten verschwinden lassen möchte, um dann in einem sexuellen Akt von der Mutter Besitz ergreifen zu können. Zur Bestätigung führt FREUD folgendes ins Feld:

>»Durch eine andere, wie zufällig erfolgende Symptomhandlung gibt er zu, daß er den Vater tot gewünscht hat, indem er ein Pferd, mit dem er spielt, umfallen läßt, d.h. umwirft, in dem Momente, da der Vater von diesem Todeswunsche spricht.« (S. 110; s.a. S. 79)

Er erklärt daher auch unumwunden:

>»Er [scil. Hans] ist wirklich ein kleiner Ödipus, der den Vater ›weg‹, beseitigt haben möchte, um mit der schönen Mutter allein zu sein, bei ihr zu schlafen.« (S. 96)

Die durch den Ödipuskonflikt begründete »Disposition für die spätere Erkrankung« (S. 116) bildet nach FREUDs Auffassung die Basis für die »Verwandlung der libidinösen Sehnsucht in Angst«. (S. 114)

Was hat aber all dies mit den Pferden zu tun? Nun – bei der einzigen Konsultation im Beisein von *Hans* fand FREUD Gelegenheit,

>»...ihm als ein wesentlich zu postulierendes Stück seiner unbewußten Regungen mitzuteilen: seine Angst vor dem Vater wegen seiner eifersüchtigen und feindseligen Wünsche gegen ihn.«

Nach seiner Einschätzung war dies für die Analyse ein entscheidender Schritt, denn er kommentiert:

»Damit hatte ich ihm teilweise die Angst vor den Pferden gedeutet, der Vater mußte das Pferd sein, vor dem er sich mit guter innerer Begründung fürchtete.«

FREUD setzt erläuternd hinzu, daß

»...das Schwarze am Munde und das vor den Augen« Hans deshalb Furcht einflöße, weil es für »Schnurrbart und Augengläser als Vorrechte des erwachsenen Mannes« stand, und daß somit die Angst »direkt vom Vater auf die Pferde versetzt zu sein« schien. (S. 105)

Schließlich deutet FREUD das agoraphobische Element in Hansens Angst wie folgt:

»Absicht und Inhalt der Phobie ist eine weitgehende Einschränkung der Bewegungsfreiheit... Die Phobie vor dem Pferde ist doch wieder ein Hindernis, auf die Gasse zu gehen, und kann als Mittel dienen, um bei der geliebten Mutter im Hause zu bleiben. Darin hat sich also die Zärtlichkeit für die Mutter siegreich durchgesetzt...« (S. 116f.)

Und nun zur Kritik der Fallgeschichte! WOLPE und RACHMAN geben sich recht dezidiert:

»Wir behaupten, daß Freuds Einschätzung des Falles durch die Daten nicht gedeckt ist, weder im einzelnen noch im allgemeinen. Folgende Hauptpunkte betrachtet er als erwiesen: 1. Hans begehrte seine Mutter sexuell, 2. er haßte und fürchtete seinen Vater und wünschte ihn zu töten, 3. seine sexuelle Erregung und das Begehren nach seiner Mutter wurden in Angst umgewandelt, 4. seine Furcht vor Pferden war symbolisch für seine Furcht vor dem Vater, 5. die Absicht der Krankheit war, seiner Mutter nahe zu bleiben, und schließlich 6. seine Phobie verschwand, weil er seinen Ödipus-Komplex überwand.

Überprüfen wir jeden dieser Punkte einzeln:

1. Es wird nicht einmal versucht zu bestreiten, daß Hans durch seine Mutter Befriedigung erlangte und Vergnügen an ihrer Gegenwart hatte. Aber nirgendwo ergibt sich ein Beweis für den Wunsch, sie sexuell zu besitzen... Er spricht von ›triebhaften Ahnungen‹ [›Koitusahnungen entsprechenden Antrieben‹ (S. 116)] wie von einer Tatsache, obwohl es keinen Beweis für ihr Vorhandensein gibt...

2. Hans, der weder Furcht noch Haß dem Vater gegenüber geäußert hatte, wurde von Freud gesagt, daß er diese Gefühle habe. Bei späteren Gelegenheiten bestritt Hans derartige Gefühle, als ihn sein Vater darüber befragte. Höchstens sagte er ›Ja‹ zu einer Äußerung dieser Art, die sein Vater machte. Diese simple Bestätigung, die nach beträchtlichem Druck von seiten des Vaters und Freuds erzielt wurde, wird als der wahre Stand der Dinge akzeptiert, und alles Ableugnen des Kleinen Hans wird ignoriert. Der ›symptomatische Akt‹, über das Spielzeugpferd zu stolpern [die ›Symptomhandlung‹, bei der er ein Spielzeugpferd umfallen läßt (S. 110)], wird als weiterer Beweis für die Aggressionen des Buben gegen seinen Vater genommen. Diesen ›gedeuteten Tatsa-

chen‹ [dieser ›Deutung‹] liegen drei Annahmen zugrunde – erstens, daß das Pferd den Vater repräsentiert, zweitens, daß das Stolpern über das Pferd [das Umfallen] kein Zufall ist, und drittens, daß diese Handlung den Wunsch anzeigt, das zu beseitigen, was durch das Pferd symbolisiert wird, nämlich den Vater.

Hans leugnet konsequent den Zusammenhang zwischen dem Pferd und seinem Vater. Er habe, sagt er, Angst vor Pferden. Das mysteriöse Schwarze um die Mäuler [›am Munde‹] der Pferde und das Ding an ihren Augen wurden später vom Vater [von Hans (S. 47)] als Maulkörbe [›Riemenzeug‹] und Scheuklappen identifiziert. Diese Entdeckung untergräbt die Behauptung (Freuds), daß es sich um transponierte Schnurrbärte und Brillen [›Augengläser‹] handle. Einen anderen Beweis, daß die Pferde den Vater des Kleinen Hans wiedergeben, gibt es nicht. Die Annahme, das Stolpern über das Spielzeugpferd [das Umstoßen] sei von einem unbewußten Motiv suggeriert und daher bedeutungsvoll, ist wie die meisten ähnlichen Beispiele dieser Art, ein strittiger Punkt...

Da nichts für eine Bestätigung der ersten beiden Annahmen [spricht], die Freud bei der Deutung dieser ›symptomatischen Handlung‹ [›Symptomhandlung‹] traf, ist die dritte Annahme (daß diese Handlung den Wunsch nach seines Vaters Tod anzeigt) unhaltbar, und es muß wiederholt werden, daß es keinen unabhängigen Beweis dafür gibt, daß der Knabe seinen Vater fürchtete oder haßte.

3. Freuds dritte Behauptung besagt, daß die sexuelle Erregung und das Begehren seiner Mutter in Hans zu Angst umgewandelt wurden. Diese Behauptung basiert auf der Erklärung, daß es ›ja wohl so zugehen‹ muß; ›die Theorie fordert es, daß dasselbe einmal Gegenstand einer hohen Lust war, was heute das Objekt der Phobie ist‹. (S. 54) Ganz gewiß aber ist eine solche Umwandlung nicht anhand der vorliegenden Fakten erkennbar. Wie oben erwähnt, liegt kein Beweis dafür vor, daß Hans seine Mutter sexuell begehrte. Es liegt auch kein Beweis für eine Veränderung in seiner Einstellung zu ihr im Vergleich zu der Zeit vor dem Ausbruch der Phobie vor. Wenn es auch in gewisser Weise einen Beweis dafür gibt, daß Pferd in einem bestimmten Ausmaß früher für ihn Gegenstände ›hoher Lust‹ waren, wird im allgemeinen der Ansicht, daß die Objekte von Phobien früher die Gegenstände hoher Lust gewesen sein müssen, experimentell weitgehend widersprochen.

4. Die Behauptung, daß die Phobie des Kleinen Hans vor Pferden die Furcht vor dem Vater symbolisiert, wurde bereits kritisiert. Der angenommene Zusammenhang zwischen Vater und Pferd wird nicht bestätigt und scheint sich aus der [merkwürdigen] Weigerung des Vaters, zu glauben, daß Hans mit dem Schwarzen um ihre Mäuler die Maulkörbe der Pferde [mit dem ›Schwarzen um deren Mund‹ das Riemenzeug der Pferde (S. 41)] meinte, ergeben zu haben.

5. Die fünfte Behauptung besagt, daß die Phobie des Kleinen Hans bezweckte [die Absicht hatte], ihn in der Nähe der Mutter zu halten. Abgesehen von der fragwürdigen Ansicht, daß neurotische Störungen zweck-

gebunden auftreten [aus einer Absicht heraus entstehen], trägt diese Interpretation nicht der Tatsache Rechnung, daß Hans auch an Angst litt, wenn er *mit seiner Mutter* spazierenging.

6. Schließlich wird mitgeteilt, daß die Phobie infolge der Lösung der ödipalen Konflikte des Kleinen Hans verschwand. Wie wir zu zeigen versuchten, gibt es keinen ausreichenden Beweis dafür, daß bei Hans ein Ödipuskomplex vorlag. Außerdem beruht die Behauptung, daß dieser angenommene Komplex aufgelöst wurde, auf einem einzigen Gespräch zwischen Hans und seinem Vater (s. oben). Dieses Gespräch stellt einen schlagenden Beweis [Beispiel] dafür dar, was Freud selbst über Hans sagt: ›Während der Analyse allerdings muß ihm vieles gesagt werden, was er selbst nicht zu sagen weiß, müssen ihm Gedanken eingegeben werden, von denen sich noch nichts bei ihm gezeigt hat, muß seine Aufmerksamkeit die Einstellung nach jenen Richtungen erfahren, von denen her der Vater das Kommende erwartet.‹ (S. 91)

Es liegt also [auch] kein befriedigender Beweis dafür vor, daß die Einsichten, auf die der Knabe unaufhörlich aufmerksam gemacht wird, von irgendwelchem therapeutischen Wert waren. Der Hinweis auf die Fakten des Falles zeigt nur gelegentliche Übereinstimmungen zwischen Interpretationen und Veränderungen der phobischen Reaktionen des Kindes...

...Freud jedoch basiert seine Schlußfolgerungen zur Gänze auf Ableitungen von dieser Theorie. Die spätere Besserung des Kleinen Hans scheint ruhig und allmählich vor sich gegangen und völlig unbeeinflußt von diesen Interpretationen gewesen zu sein. Im allgemeinen stellt Freud Beziehungen auf eine wissenschaftlich unzulässige Art her: haben die Aufklärungen und Deutungen, die Hans zuteil werden, Besserungen seines Verhaltens zur Folge, werden sie automatisch als gültig akzeptiert. Haben sie keine Besserung zur Folge, wird uns mitgeteilt, daß der Patient sie nicht akzeptiert habe, und nicht, daß sie ungültig waren. Zum Mißlingen solcher frühen Aufklärungen meint Freund, daß ein therapeutischer Aspekt nicht das hauptsächliche Ziele der Analyse sei und lenkt damit vom Problem ab [(... und einer früheren Aussage, wonach die Psychoanalyse ein therapeutisches Verfahren und nicht eine wissenschaftliche Untersuchung sei, widerspricht!)]; und er behauptet weiterhin, daß eine Besserung einer Deutung zu verdanken sei, selbst wenn diese falsch war – z.B. die Schnurrbart-Interpretation...«[20]

Wie würde nun die moderne Psychologie *Hans*ens Phobie erklären? Wir erwähnten schon im letzten Kapitel J.B. WATSONs Experimente mit dem *kleinen Albert,* die zeigten, daß durch einen einfachen Konditionierungsprozeß phobische Ängste erzeugt werden konnten und diese für lange Zeit bestehen blieben. Man könnte daher auch vermuten, daß der Vorfall, den FREUD als die bloß auslösende Ursache der Pferdephobie des *kleinen Hans* ansah, nämlich jener Augenblick, in dem ein großer Wagen verunglückte und das Zugpferd umfiel, de facto die Ursache der ganzen Störung war. Tatsächlich erinnerte sich *Hans* genau an jene Situation und der ihr folgenden Angst:

»Nein, ich hab' sie erst gekriegt. Wie das Pferd vom Stellwagen umgefallen ist, hab' ich mich so sehr erschrocken, wirklich! Wie ich gegangen bin, hab' ich sie gekriegt.«

Und der Vater fügte hinzu:

»Das alles wird von meiner Frau bestätigt, auch daß unmittelbar nachher die Angst ausgebrochen ist.« (S. 47f.)

Darüber hinaus war der Vater in der Lage, zwei andere unangenehme Begebenheiten zu erinnern, die *Hans* mit Pferden erlebt hatte, bevor die Phobie ausbrach. Wahrscheinlich hatten ihn diese Erfahrungen in bezug auf Pferde sensibilisiert oder, mit anderen Worten gesagt, er war bereits partiell auf die Furcht vor Pferden konditioniert worden. WOLPE und RACHMAN argumentieren wie folgt:

»Ganz wie der kleine Albert (aus Watsons klassischer Demonstration, Watson und Rayner 1920) nicht nur auf den ursprünglichen konditionierenden [konditionierten] Reiz, die weiße Ratte, mit Angst reagierte, sondern auch auf andere, ähnliche Reize, wie Pelze, Watte und so weiter, so reagierte Hans ängstlich auf Pferde, von Pferden gezogene Stellwagen, Möbelwagen und Merkmale, die zu Pferden gehören, wie Scheuklappen und Maulkörbe [Riemenzeug]. Er zeigte in Wirklichkeit Angst vor einer Reihe generalisierter Reize. In den Unfall, der die Phobie hervorrief, waren zwei Pferde verwickelt, die einen Stellwagen zogen, und Hans sagte, daß er sich mehr vor großen Wagen fürchte, vor Möbelwagen oder Stellwagen, als vor kleinen Wagen. Wie zu erwarten, wirkte ein phobischer Reiz um so beunruhigender auf Hans, je enger er mit dem ursprünglichen Zwischenfall in Zusammenhang stand und umgekehrt. Mehr noch, das letzte Anzeichen seiner Phobie vor ihrem Verschwinden bildete seine Angst vor großen Möbelwagen oder Stellwagen. Es liegen genügend experimentelle Beweise dafür vor, daß, werden Reaktionen auf generalisierte Reize gelöscht, die Reaktionen auf andere Reize im Kontinuum um so weniger vermindert werden, je mehr sie dem ursprünglichen konditionierenden [konditionierten] Reiz gleichen.

Die Genesung des Kleinen Hans von seiner Phobie läßt sich durch konditionierende Ursachen [Konditionierungsprinzipien], die auf verschiedene Weise gedeutet werden können, erklären, aber der tatsächliche Mechanismus, der wirksam war, ist nicht festzustellen, da der Vater des Kindes sich nicht mit der Information, die für uns von Interesse wäre, befaßte. Es ist bekannt, daß besonders bei Kindern viele Phobien innerhalb weniger Wochen oder Monate abklingen und verschwinden. Der Grund dafür scheint zu sein, daß im normalen Velauf des Lebens generalisierte phobische Reize zu Angstreaktionen führen, die schwach genug sind, um von anderen emotionalen Reaktionen, die gleichzeitig [im Individuum] entstehen, gehemmt werden zu können. Möglicherweise führte dieser Vorgang zur eigentlichen Genesung des Kleinen Hans. Die Interpretationen mögen dabei irrelevant gewesen sein oder haben die Genesung sogar hinausgezögert, indem sie der schon vorhandenen Bedrohung neue Bedrohungen hinzufügten und neue Ängste außer den schon

120

vorhandenen Ängsten schufen. Da aber Hans durch sie nicht besonders verstört gewesen zu sein scheint, ist es vielleicht wahrscheinlich, daß die Therapie wirksame Hilfe leistete, weil dem Kind phobische Reize wieder und wieder in verschiedenen emotionalen Zusammenhängen vorgeführt wurden, was die Angst hemmte und in der Folge ihre gewohnte Stärke verminderte. Die *stufenweise* Genesung des Kleinen Hans steht im Einklang mit einer derartigen Erklärung (Wolpe 1958).«[21]

Es mag vielleicht unbesonnen erscheinen, eine Kinderphobie, die so lange zurückliegt, neu interpretieren zu wollen. Jedoch fügen sich die Fakten bemerkenswert gut zusammen, und zumindest wird uns hier eine alternative Theorie geliefert, die vielen Leuten plausibler klingen dürfte als die ursprünglich von FREUD entwickelte. Was wir indes ganz sicher brauchen, ist ein Beweisverfahren, das zwischen diesen alternativen Erklärungen zu unterscheiden vermag – und zwar nicht so sehr im Hinblick auf den *kleinen Hans,* sondern im Hinblick auf Fälle, die uns in der Gegenwart vorgestellt werden und für deren Behandlung Methoden zur Wahl stehen, die entweder von dem FREUDschen Theorietypus abgeleitet werden oder aber von dem WOLPEschen. Aber diesen Punkt haben wir ja bereits im vorhergehenden Kapitel erörtert, und so wollen wir an dieser Stelle nur noch die Schlußfolgerungen zitieren, zu denen WOLPE und RACHMAN aufgrund ihrer Untersuchung der Fallgeschichte des *kleinen Hans* gelangen, wobei sie ihr Augenmerk vor allem auf die angeblichen Beweise richten, die jene Analyse für die FREUDschen Theorien abgibt:

»Die wichtigste Schlußfolgerung, die aus unserer Überprüfung des Falles des Kleinen Hans zu ziehen ist, besteht darin, daß nichts für einen direkten Beweis der psychoanalytischen Lehrsätze spricht. Wir haben Freuds Bericht nach einem wissenschaftlich [vor dem hohen Gericht der Wissenschaft] akzeptablen Beweis durchkämmt und keinen gefunden... Freud ist völlig überzeugt, daß ihm mit dem Kleinen Hans eine direkte Bestätigung seiner Theorie gelungen ist, denn er spricht gegen Ende der Abhandlung vom ›ans Lichtziehen‹ (S. 120) der frühkindlichen Komplexe, die sich hinter der Phobie verbargen [von den ›infantilen Komplexen... die sich hinter der Phobie Hansens aufdecken ließen‹ (S. 122)]. Es scheint klar, daß Freud, obwohl er wissenschaftlich vorzugehen gedachte, überraschend naiv war, was die Erfordernisse eines wissenschaftlichen Beweises betrifft. Frühkindliche Komplexe wurden beim Kleinen Hans nämlich nicht ›ans Licht‹ gezogen: sie wurden nur hypothetisch angenommen.

Es ist bemerkenswert, daß zahllose Psychoanalytiker dem Fall des Kleinen Hans ihre Reverenz erwiesen haben, ohne sich an seinen krassen Unzulänglichkeiten zu stoßen. Wir wollen hier nicht nach Erklärungen dafür suchen, sondern nur auf einen dafür wahrscheinlich wichtigen Grund hinweisen – auf den stillschweigenden Glauben der Psychoanalytiker, daß Freud eine Art unfehlbare Einsicht besessen hätte, die ihn von der Verpflichtung, Regeln zu gehorchen, die normalen Sterblichen auferlegt sind, freisprach. Zum Beispiel sagt Glover (1952) über andere

Analytiker, die sich das Recht anmaßten, das Material in der von Freud beanspruchten Weise zu behandeln [scilicet: es einer leichten Revision zu unterziehen (›a touch of revision‹)]: ›Zweifellos, wenn jemand vom Format Freuds in unserer Mitte erschiene, würden ihm ... diese Privilegien freiwillig zugestanden.‹ [Und weiter:] ›Überhaupt jemand [Jedermann] ein solches Privileg zuzugestehen, heißt den Geist der Wissenschaft beleidigen. [‹]«[22]

Soweit also die wesentlichen Details über die von FREUD verfochtene Theorie der Kindheitsentwicklung sowie sein Beweismaterial, namentlich die Fallgeschichte des *kleinen Hans,* die er benutzte, um seine Vorstellungen von der Kinderanalyse publik zu machen. Das vorliegende Untersuchungsergebnis ist betrüblich, offenbart es doch den völligen Mangel an wissenschaftlicher Einstellung bei FREUD: Naiv verläßt er sich auf Deutungen spekulativster Art, vernachlässigt, ja mißachtet die aus Beobachtungen und anderen Quellen gesicherten Tatsachen, versäumt, alternative Theorien in Erwägung zu ziehen, und glaubt schließlich messianisch an seine eigene Unfehlbarkeit; das alles paart sich bei ihm mit purer Verachtung für seine Kritiker. Unter solchen Voraussetzungen wäre es sehr ungewöhnlich gewesen, wenn seinen Ergebnissen wissenschaftlicher Erkenntniswert zugekommen wäre. Von daher ist es auch verständlich, daß wir noch heute, fünfundsiebzig Jahre, nachdem die Phobie jenes »fünfjährigen Knaben« von FREUD analysiert worden ist, dem Ziel nicht nähergekommen sind, für seine Theorien über den Ödipuskomplex, die Kastrationsängste und die infantile Sexualität echte Beweise zu erhalten. Zwar sind viele psychoanalytische Begriffe in das Bewußtsein der Öffentlichkeit eingedrungen und werden – besonders von Literaten und anderen Leuten ohne wissenschaftliche Ausbildung – ausgiebig benutzt, um ihre Schriften bzw. ihre Konversation zu spicken; doch gibt es derzeit unter Psychologen, die für sachbezogene Aussagen Beweise verlangen, nur wenige, die an die Gültigkeit der FREUDschen Ideen glauben. Die Gründe für solche Skepsis dürften im Laufe dieses Kapitels deutlich geworden sein. Wir können am Ende nur noch unser Staunen darüber ausdrücken, daß jene unbewiesenen Spekulationen bei Psychiatern und Psychoanalytikern eine so breite Zustimmung gefunden haben, daß FREUD es fertigbrachte, hochintelligente Leute von der Triftigkeit seiner Argumente zu überzeugen, und daß seine Methoden eine so allgemeine Anwendung in der Behandlung neurotischer und anderer Störungen erlebten. Es wird Aufgabe der Wissenschaftsgeschichte sein, zu erklären, wie all dies möglich war. Ich meinerseits habe für diese wahrhaft mirakulöse Entwicklung keine Lösung anzubieten. Mir scheint allerdings, daß an ihr weniger die wissenschaftliche Überzeugungskraft eine Rolle gespielt hat als eine Art religiöser Bekehrung, die sich auf Vertrauen und Glauben gründete, anstatt auf Tatsachen und Experimente, und die mehr auf Suggestion und Propaganda baute als auf Beweisführung und Verifikation. Was bleibt, ist die Frage: Gibt es wirklich keine experimentellen Beweise zugunsten des FREUDschen Menschenbildes? Wir wollen versuchen, darauf in den nächsten zwei Kapiteln eine Antwort zu geben.

[1] S. FREUD (1900a) *Die Traumdeutung*, GW II/III; Studienausgabe Bd. II, S. 574f.

[2] F. CIOFFI (1970) ›Freud and the Idea of a Pseudo-Science‹, in: M. R. BORGER/F. CIOFFI (Hrsg.) *Explanations in the Behavioural Sciences*, Cambridge: Cambridge University Press (dort auch die folgenden Zitate).

[3] Die aus F. CIOFFI (1970) stammenden FREUD-Zitate wurden ad hoc aus dem Englischen rückübersetzt; entsprechende deutsche Originalstellen lauten wie folgt: »... Übersetzung [des] Unbewußten im Seelenleben der Kranken in ein Bewußtes« (1905a), GW V; StA E, S. 106; »... daß die Psychoanalyse diese [Gedächtnis]Lücke ausgefüllt... hat« (1913j), GW VIII; FB 6016, S. 121; »Die Herrschaft des Traumes über das Kindheitsmaterial, welches bekanntlich zum größten Teil in die Lücken der bewußten Wahrnehmungsfähigkeit fällt...« (1900a), GW II/III; StA II, S. 43; »... eine ganze Reihe von Träumen..., in welchen der... Reiz und ein Stück des Trauminhalts so weit übereinstimmen, daß der Reiz als Traumquelle erkannt werden konnte« (1900a), ebenda S. 49.

[4] S. FREUD (1905d) *Drei Abhandlungen zur Sexualtheorie*, GW V; Studienausgabe Bd. V, S. 99^2 (Zusatz 1910).

[5] S. FREUD (1909b) *Analyse der Phobie eines fünfjährigen Knaben*, GW VII; Studienausgabe Bd. VIII, S. 13f.

[6] S. FREUD (1908c) *Über infantile Sexualtheorien*, GW VII; Studienausgabe Bd. V, S. 178.

[7] S. FREUD (1925a) *Die Widerstände gegen die Psychoanalyse*, GW XIV; zit. nach *Selbstdarstellung: Schriften zur Geschichte der Psychoanalyse*, Fischer Taschenbuch 6096, S. 232.

[8] S. FREUD (1914d) ›Zur Geschichte der psychoanalytischen Bewegung‹, GW X; zit. nach *Selbstdarstellung...*, l.c., S. 154.

[9] C. W. VALENTINE (1942) *The Psychology of Early Childhood*, London: Methuen (von dort die Seitenzahlen der folgenden Zitate).

[10] S. FREUD (1916/17) *13. Vorlesung zur Einführung in die Psychoanalyse* u.d.T. ›Archaische Züge und Infantilismus des Traumes‹, GW XI; Studienausgabe Bd. I, S. 208f.

[11] S. FREUD (1905d) *Drei Abhandlungen zur Sexualtheorie*, Vorwort zur vierten Auflage (1920), GW V; Studienausgabe V, S. 46.

[12] S. FREUD (1918) ›Aus der Geschichte einer infantilen Neurose‹, GW XII, Studienausgabe VIII, S. 135^2 (daselbst auch das folgende Zitat).

[13] S. FREUD: *Two Short Accounts of Psychoanalysis*, p. 48 u. 71 (aus dem Englischen übersetzt).

[14] S. FREUD (1923a) *Psychoanalyse‹ und *Libidotheorie*, GW XIII.

[15] S. FREUD (1906a) *Meine Ansichten über die Rolle der Sexualität in der Ätiologie der Neurosen*, GW V; Studienausgabe V, S. 154. (dort auch das nächste Zitat).

[16] S. FREUD (1925e) *Die Widerstände gegen die Psychoanalyse*, GW XIV; Fischer Taschenbuch 6096, S. 232.

[17] S. FREUD (1907c) *Zur sexuellen Aufklärung der Kinder*, GW VII, Studienausgabe V, S. 164.

[18] S. FREUD (1909b) *Analyse der Phobie eines fünfjährigen Knaben*, GW VII; Studienausgabe VIII, S. 21 (daselbst auch die folgenden Seitenzahlen).

[19] J. WOLPE/S. RACHMAN (1960/dt. 1979) ›Psychoanalytic Evidence: A Critique Based on Freud's Case of Little Hans‹, dt.: ›Psychoanalytischer ›Beweis‹: Eine Kritik anhand von Freuds ›Fall des Kleinen Hans‹, in: EYSENCK/WILSON (1979) *Experimentelle Studien...*, S. 379ff.

[20] J. WOLPE/S. RACHMAN (dt. 1979) ›Psychoanalytischer ›Beweis‹: Eine Kritik anhand von Freuds ›Fall des Kleinen Hans‹, in: EYSENCK/WILSON: *Experimentelle Studien...*, a.a.O., S. 393-397 (eckige Klammerzusätze nach dem engl. Originaltext von 1960 bzw. nach S. FREUD 1909b, Studienausgabe, Bd. VIII).

[21] J. WOLPE/S. RACHMAN (dt. 1979), a.a.O., S. 398f. (eckige Klammerzusätze nach dem engl. Original).

[22] J. WOLPE/S. RACHMAN (dt. 1979), a.a.O., S. 400f. (eckige Klammerzusätze nach dem engl. Original).

[23] J. MARMOR (1968), *Modern Psychoanalysis. New Directions and Perspectives*, New York: Basic Books.

FÜNFTES KAPITEL

Die FREUDsche Traumdeutung und die Psychopathologie des Alltagslebens

»Die Geschichte lehrt uns, daß …
neue Wahrheiten gewöhnlich als Irrlehren beginnen
und als Aberglauben enden.«

THOMAS HENRY HUXLEY

Im Bewußtsein des Laien sind FREUDs Theorien über die Träume und die so nah verwandten Fehlleistungen im Vergleich zur Psychoanalyse als Behandlungsmethode nur zweitrangig. FREUD selbst sah indes in der *Traumdeutung* sein wichtigstes Werk, stellte er doch nachdrücklich fest:

»Die Traumdeutung... ist die Via regia zur Kenntnis des Unbewußten im Seelenleben.«[1]

Der Traum war das Modell, nach dem FREUD seine Theorie der Neurosen konstruierte, wobei er die von Sir FRANCIS GALTON übernommene Technik der freien Assoziation als Bindeglied einsetzte. Seinen Ausgangspunkt aber fand er bei einzelnen Traumelementen oder auch bei unbeabsichtigten Irrtümern, bei Vergessen und fehlerhaften Wahrnehmungen, die im Wachzustand auftraten und über die er wenig später seine *Psychopathologie des Alltagslebens* schreiben sollte. Er war überzeugt, daß jene Assoziationen zu den unbewußten Antriebskräften, die den Traum oder die Fehlleistung verursachten, zurückführen mußten.

Was den Traum als solchen angeht, so unterscheidet FREUD streng zwischen dem manifesten Trauminhalt und dem latenten Inhalt des Traumes [den sogenannten Traumgedanken]. Er schreibt dazu:

»Der Trauminhalt ist gleichsam in einer Bilderschrift gegeben, deren Zeichen einzeln in die Sprache der Traumgedanken zu übertragen sind. Man würde offenbar in die Irre geführt, wenn man diese Zeichen nach ihrem Bilderwert anstatt nach ihrer Zeichenbeziehung lesen wollte. Ich habe etwa ein Bilderrätsel (Rebus) vor mir: ein Haus, auf dessen Dach ein Boot zu sehen ist, dann ein einzelner Buchstabe, dann eine laufende Figur, deren Kopf wegapostrophiert ist, u. dgl. Ich könnte nun in die Kritik verfallen, diese Zusammenstellung und deren Bestandteile für unsinnig zu erklären. Ein Boot gehört nicht auf das Dach eines Hauses, und eine Person ohne Kopf kann nicht laufen; auch ist die Person größer als das Haus, und wenn das Ganze eine Landschaft darstellen soll, so fügen sich die einzelnen Buchstaben nicht ein, die ja in freier Natur nicht vorkommen. Die richtige Beurteilung des Rebus ergibt sich offenbar erst dann, wenn ich gegen das Ganze und die Einzelheiten desselben keine solchen Einsprüche erhebe, sondern mich bemühe, jedes Bild durch eine Silbe oder ein Wort zu ersetzen, das nach irgendwelcher Beziehung durch das Bild darstellbar ist. Diese Worte, die sich so zusammenfinden, sind nicht mehr sinnlos, sondern können den schönsten und sinnreichsten Dichterspruch ergeben. Ein solches Bilderrätsel ist nun der Traum, und unsere Vorgänger haben den Fehler begangen, den Rebus als zeichnerische Komposition zu beurteilen. Als solche erschien er ihnen unsinnig und wertlos.« (S. 280f.)

Der tatsächliche Traum wird – wie gesagt – durch die Traumarbeit erzeugt, welche die latente Bedeutung in den manifesten Traumtext verwandelt. Auf diese Weise entsteht die für Träume so charakteristische Entstellung. FREUD hält sie für das Werk eines »Zensors« [alias der »Zensur(instanz)«], der den Träumer vor der Wahrnehmung der verdrängten und darob unbewußten infantilen Wünsche, die sich im Traum auszudrücken suchen, schützen will und der sie mittels symbolischer und anderer Umformungen unverständlich macht.

Wie H.B. GIBSON in seinem Buch über »Schlaf, Träumen und psychische Gesundheit«[2] dargelegt hat, läßt sich FREUDs Traumtheorie durch vier Thesen wiedergeben: Die erste These lautet, daß Träume dem Zweck dienen, den Schlaf zu behüten. Den Schlaf als solchen faßt er als einen Zustand der Unbewußtheit auf, welcher von Wahrnehmungsreizen abgeschirmt werden muß, die den Schläfer normalerweise wecken würden. Diese können entweder von außen kommen, beispielsweise störender Lärm, schlagartiges Licht, Hitze- oder Kälteeinwirkung und ähnliches mehr, oder von innen, wie etwa Erinnerungsspuren und unbefriedigte Antriebe sprich Bedürfnisse. Nun hatte FREUD damit sicherlich nichts allzu Neues behauptet; denn Hypothesen dieser Art waren im neunzehnten Jahrhundert, lange bevor FREUD seine Ideen an die Öffentlichkeit brachte, gang und gäbe. Und dennoch, so vernünftig solche Grundannahmen (die er selber als Axiome betrachtete) auf den ersten Blick auch erscheinen mögen, in Wahrheit ist es doch sehr zweifelhaft, ob Träume wirklich in einem Zustand der Unbewußtheit ablaufen; im übrigen ist auch nicht gesagt, ob sie tatsächlich als »Hüter des Schlafes« fungieren – wir kommen darauf noch zurück.

Gehen wir zur zweiten Aussage über. Wie schon in den Theorien seiner Vorläufer steht auch in der FREUDschen psychoanalytischen Theorie an zentraler Stelle die These, daß der Äußerung sexueller und aggressiver Antriebe durch die menschliche Kultur zahlreiche Beschränkungen auferlegt sind. Indes behauptet FREUD, daß die Kontrolle dieser unterdrückten bzw. verdrängten Wünsche während des Schlafes mehr oder weniger geschwächt sei; da aber ihr unverkleidetes Auftauchen den erwachenden Träumer schockieren würde, soll es verschiedene Schutzmechanismen geben, die das Schockierende des latenten Materials entstellen und den manifesten Traum so harmlos machen, daß er den Zensor passieren kann und dem Träumer erlaubt, ruhig weiterzuschlafen. Die nämliche Zensurinstanz ist nach FREUD auch für unsere Fehlhandlungen verantwortlich, das heißt sie produziert die schon erwähnte »Psychopathologie des Alltagslebens«, die wir im letzten Teil dieses Kapitels untersuchen wollen. FREUD faßt diesen Vorgang in folgende Worte:

> »Dieses Produkt, der Traum, soll vor allem der *Zensur* entzogen werden, und zu diesem Zwecke bedient sich die Traumarbeit der Verschiebung der psychischen Intensitäten bis zur Umwertung aller psychischen Werte...« (S. 486)

Jeder Traum – und jedes Element eines jeden Traumes – stellt nach

FREUD einen Wunsch dar, wenngleich keinen gewöhnlichen bewußten Wunsch, wie er alltäglich ist. Anders gesagt:
»Der Traum ist die (verkleidete) Erfüllung eines unterdrückten (verdrängten) Wunsches.« (S. 175; im Original kursiv)
Und diese Unterdrückung (Verdrängung) reiche bis in die frühesten Kinderjahre des Träumers zurück.

Die dritte These besagt, daß das Material, aus dem die Träume gefügt sind, weitgehend aus erinnerten Ereignissen des vergangenen Tages bestehe – den sogenannten »Tagesresten«. Nach FREUDs Auffassung können solche Überreste vom Vortag als Schlafstörer und Traumerreger operieren; sie sind Denkvorgänge, die im Laufe des Tages eine affektive Besetzung erhalten und sich der allgemeinen Energieherabsetzung während des Schlafes teilweise widersetzt haben. Sie lassen sich aufdecken, indem man den manifesten Trauminhalt bis zu den latenten Traumgedanken zurückverfolgt. Die Tagesreste sind jedoch nicht selbst der Traum, können auch keinen solchen bilden, da ihnen der wesentlichste Bestandteil des Traumes fehlt. Streng genommen sind sie nur das psychische Material, das die Traumarbeit verwendet, geradeso wie sensorische und somatische Reize, die entweder zufällig auftreten oder unter experimentellen Bedingungen erzeugt werden, das somatische Material für die Traumarbeit abgeben. Ihnen den Hauptanteil an der Traumbildung zuzuschreiben, hieße einfach den voranalytischen Irrtum, wonach Träume mittels hypothetischer Magenbeschwerden oder Druckempfindlichkeit auf der Haut erklärt wurden, in neuem Gewand zu wiederholen.

Tagesreste sind also für FREUD lediglich die Elemente, die zur Traumbildung verwendet werden, während die Träume selbst von ganz anderen Dingen handeln. All die verschiedenen, an sich harmlosen und trivialen Ereignisse, die am Tage passieren oder die durch eine Assoziationskette aus der Vergangenheit wachgerufen werden, tauchen nicht etwa deshalb im manifesten Trauminhalt auf, weil wir uns kurz zuvor mit ihnen besonders beschäftigt haben, sondern weil sie als geeignete Tarnung für Dinge, die uns *wirklich* interessieren, dienen, nämlich – laut FREUDs Interpretation – »sexuelles Material« und die entsprechenden Wunschvorstellungen. In der Tat sagt er, daß »die auffällig harmlosen Träume durchwegs grobe erotische Wünsche verkörpern« (S. 388). Zwar gibt er zu, daß verdrängte Wünsche sich auch auf Haß, Neid und Aggressionen beziehen können, doch betrachtet er die sexuellen Motive als die weitaus wichtigsten.

Die vierte These lautet, daß der Traum, wie er nach längerer Zeit vom Träumer erinnert oder wie er schließlich dem Analytiker erzählt wird, einer »sekundären Bearbeitung« unterzogen wurde. Dies ist unzweifelhaft wahr; die Träume, die gleich nach dem Erwachen berichtet werden, unterscheiden sich inhaltlich auffallend von Traumberichten, die ein oder zwei Wochen später aus der Erinnerung abgegeben werden. Die neuere Forschung hat überzeugend nachgewiesen, daß Lernen bzw. Gedächtnis kein passiver, sondern ein aktiver Prozeß ist; es verändert, entstellt und bearbeitet die zu speichernden Inhalte in einer Weise, daß sie in vorgefaßte

Schemata passen. Aus diesem Grunde insistieren moderne (aber auch schon vorFREUDianische) Traumforscher darauf, daß Träume unmittelbar nach dem Erwachen aufzuzeichnen sind; läßt sich doch nur so der Einfluß jener sekundären Bearbeitung auf ein Mindestmaß reduzieren. Nach FREUD findet sie nämlich am ehesten statt, wenn »die niemals ganz schlafende Zensur sich durch den bereits zugelassenen Traum überrumpelt fühlt«(S. 470). Mit anderen Worten, wenn der Traum, den wir erinnern, der Zensur immer noch anstößig erscheint, wird er durch den Erinnerungsprozeß sorgsam verändert, damit er für unser Über-Ich weniger anstößig, oder – umgekehrt – leichter akzeptierbar erscheint.

Wir sollten in diesem Zusammenhang daran denken, daß FREUD seine Patienten niemals ihre Träume gleich nach dem Wachwerden aufschreiben ließ, ja, daß er selber diesem wohlweislichen Rat auch nicht folgte. Deshalb haben wir es in FREUDs Schriften niemals mit Träumen als solchen zu tun, sondern bloß mit Konstrukten, bei denen ein bestimmter Trauminhalt mit Hilfe der Gedächtnisarbeit bis zur Unkenntlichkeit verändert wurde. Es gehört zu den Merkwürdigkeiten der *Traumdeutung*, daß FREUD das alles zwar wußte, es aber versäumte, aus dieser seiner eigenen Einsicht die Konsequenzen zu ziehen. Ein anderes, das wir bereits im ersten Kapitel angemerkt haben, ist die Tatsache, daß sämtliche von FREUD in seinem Buch als Beispiele und Beweise für seine Hypothesen angeführten Träume in Wahrheit genau das Gegenteil darstellen; keiner von ihnen beruht auf Wünschen, die aus der infantilen Verdrängung aufsteigen, und so eignen sich die von ihm ausgewählten Träume letztlich nur dazu, seine Theorie zu widerlegen.

Was nun die von FREUD sogenannte Traumarbeit angeht, so macht sie von vier umfassenden Verkleidungstechniken (Entstellungen) Gebrauch, nämlich von Verdichtung, Verschiebung, Dramatisierung (Rücksicht auf Darstellbarkeit) und Symbolik. Die *Verdichtung* ist ein Prozeß, als dessen Resultat der manifeste Trauminhalt nur eine Verkürzung des latenten Trauminhalts darstellt:

> »Der Traum ist knapp, armselig, lakonisch im Vergleich zu dem Umfang und zur Reichhaltigkeit der Traumgedanken.« (S. 282)

Als Beispiel betrachte man einen Traum, der von E. FRINK, einem amerikanischen Psychoanalytiker, gedeutet und publiziert wurde. Eine junge Frau träumte, daß sie mit einer befreundeten Dame auf der Fifth Avenue (in New York City) spazierenging. Als sie am Schaufenster eines Hutladens vorbeikamen, blieb sie einen Augenblick stehen, um sich die Hüte anzuschauen. Ihrer Erinnerung nach ging sie schließlich hinein und kaufte einen der Hüte. Soweit der Traumtext. Die Analyse erbrachte folgendes Material: Die Anwesenheit der Freundin im Traum erinnerte die Träumerin daran, daß sie am Vortag tatsächlich mit derselben die Fifth Avenue hinuntergegangen war; einen Hut hatte sie allerdings nicht gekauft. Ihr Mann war an jenem Tag krank im Bett gelegen, und obwohl sie wußte, daß es sich um nichts Ernsthaftes handelte, war sie sehr beunruhigt und konnte die Vorstellung nicht loswerden, ihr Mann könnte sterben. Auf den unvermittelten Anruf ihrer Freundin hin hatte ihr Mann gemeint, daß ihr ein Bummel guttun würde. Die Träumerin erinnerte sich außerdem daran, daß sie auf dem Wege von einem Mann gesprochen hatte, den sie vor ihrer Heirat gekannt und vermeintlich geliebt hatte. Auf die Frage der Freundin, warum es nicht zur Heirat gekommen war, hatte die junge Frau aufgelacht und berichtet, es sei niemals eine Heirat zwischen ihnen vereinbart worden, wobei sie hinzufügte, daß seine finanzielle und soziale Stellung der ihrigen so weit überlegen war, daß es geradezu absurd gewesen wäre, von so etwas zu träumen. Als der Analytiker sie auffordert, Assoziationen zum Hutkauf im Traum zu liefern, sagt sie, daß sie einen Hut im Schaufenster jenes Ladens sehr bewundert habe und daß sie ihn sehr gern gekauft hätte, doch sei dies wegen der Armut ihres Mannes undenkbar. Es ist also ganz offensichtlich, daß der Traum ihren Wunsch erfüllte, indem er ihr den Hutkauf erlaubte. Dann aber fällt der Träumerin plötzlich ein, daß der Hut, den sie im Traum gekauft hatte, schwarz war: ein Trauerhut also!

Die Interpretation des Analytikers war nun folgende: Am Tag vor dem Traum war die Patientin in Sorge gewesen, daß ihr Mann sterben könnte. In der Nacht träumt sie, daß sie einen Trauerhut kauft; sie erfüllt sich damit die Todesphantasie. Im wirklichen Leben hindert sie die Armut ihres Mannes daran, einen (solchen) Hut zu kaufen; wenn sie es nun im Traum tun kann, so setzt dies voraus, daß sie einen reichen Ehemann hat. Diese Assoziationen führen zu dem reichen Mann, den sie zugegebenermaßen geliebt hat, und weiter zu der Vorstellung, daß sie sich als dessen Ehefrau so viele Hüte hätte kaufen können, wie es ihr beliebte. Dem Analytiker drängt sich alsdann der sichere Schluß auf, daß die junge Frau ihres Mannes überdrüssig ist; daß ihre Angst, ihn sterben zu sehen, nur eine Kompensation ist – eine Abwehrreaktion gegen ihren realen Wunsch, er möge sterben; daß sie sich wünscht, den ehemals geliebten Freund zu heiraten und genug Geld zu besitzen, um all ihre Launen zu befriedigen. Es mag von Interesse sein, daß sie die Richtigkeit der Deutung ihres Traumes akzeptierte, nachdem der Analytiker sie mit den darin enthaltenen (latenten) Gedanken vertraut gemacht hatte, und daß sie ihm noch etliche bestätigende Einzelheiten mitteilte. Die wichtigste davon betraf die Tatsache, daß sie *nach* ihrer Heirat erfahren habe, jener andere Mann, in den sie verliebt gewesen war, hätte sie ebenfalls geliebt. Diese Enthüllung ließ natürlich ihr Gefühl für ihn wieder aufflammen, woraufhin sie ihre übereilte Heirat bedauerte, da es jetzt schien, als hätte sie nur ein wenig länger warten müssen, um für sich ein besseres Schicksal zu erhaschen.

Nun – der Traum illustriert die »Verdichtungsarbeit« insofern, als eine große Anzahl von verschiedenen Vorstellungen in einen sehr kurzen und ziemlich uninteressanten Traumtext zusammengedrängt, eben verdichtet wird. Er ist in der psychoanalytischen Literatur mehrmals zur Untermauerung der FREUDschen Position zitiert worden, obwohl schwer einzusehen ist, wie dies eigentlich geschehen konnte. Der Traum enthält keine verdrängten infantilen Wünsche; tatsächlich sind die meisten jener Wünsche der Frau vollständig bewußt. Sie weiß, daß sie den Mann, den sie gern geheiratet hätte, immer noch liebt; sie ist sich darüber im klaren, daß sie ihre Eheschließung bedauert, und auch, daß sie arm ist und doch gern reich wäre. Was soll also hier die FREUDsche Traumdeutung? Natürlich kann uns die Wortassoziation helfen, Träume zu deuten, doch ist die Bedeutung gerade dieses Traumes völlig verschieden von der Art der latenten Traumgedanken, welche FREUD in seiner Traumlehre postuliert. Infolgedessen lautet der einzige Schluß, den wir aus der psychoanalytischen Deutung besagten Traumes ziehen können, daß FREUDs Theorie falsch ist. Erstaunlicherweise fällt professionellen Psychoanalytikern ein solcher Schluß nicht ein.

Die *Verschiebung* bezeichnet einen Vorgang, durch den die affektive Besetzung von ihrem eigentlichen Objekt abgezogen und auf ein nebensächliches Objekt gelenkt wird, mit anderen Worten, der Affekt (die Emotion oder auch das Gefühl), welcher einem bestimmten Traumobjekt in der Wirklichkeit zukäme, zeigt sich nicht auf dieses gerichtet, sondern auf ein anderes Objekt. Schauen wir uns auch hier das Beispiel eines Traumes an, der eine Verschiebung (im FREUDschen Sinne des Wortes) manifestiert. Ein Mädchen träumte, daß sie mit jemandem zusammen war, dessen Identität sehr vage schien, dem sie sich aber in irgendeiner Weise verpflichtet fühlte; um sich erkenntlich zu zeigen, schenkt sie ihm ihren Kamm. – Dies war der ganze (manifeste) Trauminhalt. Um ihn zu verstehen, mußte man etwas über die näheren Lebensumstände der Patientin in Erfahrung bringen. Sie war eine Jüdin, um deren Hand im Jahr zuvor ein Protestant angehalten hatte. Obwohl sie seine Gefühle erwiderte, hatte die unterschiedliche Konfession beider eine Verlobung verhindert. Am Tag vor dem Traum war sie mit ihrer Mutter in einen heftigen Streit geraten, und beim Zubettgehen war ihr der Gedanke gekommen, daß es für sie wie für ihre Familie besser wäre, wenn sie das Elternhaus verlassen würde. Beim Einschlafen dachte sie über Mittel und Wege nach, wie sie sich allein durchbringen könnte, ohne ihren Eltern auf der Tasche zu liegen.

Als sie um Assoziationen zu dem Wort »Kamm« gebeten wird, fällt ihr eine Redensart ein, die die Leute sagen, wenn jemand Kamm oder Bürste eines anderen benutzen will: »Tu das nicht, die Brut vermischt sich.« Dies deutet darauf hin, daß der Jemand im Traum, dessen Identität vage bleibt, der Exfreier ist; indem sie ihm ihren Kamm schenkt, offenbart die Träumerin ihren Wunsch, daß »die Brut sich vermischt«, was nichts anderes heißen kann, als daß sie ihn heiraten und ihm Kinder gebären möchte. In ihrem Traum muß der Kamm den Beinahe-Bräutigam ersetzt haben – anders gibt es keinen Sinn; denn erst durch eine derartige Verschiebungsarbeit kann er zum zentralen Gegenstand ihrer Gefühle werden.

Wiederum können wir festhalten, daß diese durchaus vernünftig erscheinende Trauminterpretation FREUDs Hypothese keineswegs bestätigt, sondern ihr vielmehr zuwiderläuft. Es finden sich keinerlei verdrängte, geschweige denn infantile Wünsche; die Patientin ist sich ihrer Gefühle für den Exfreund vollkommen bewußt, und sie weiß auch warum. Wieso die Zensur etwas gegen einen direkten Traum haben sollte, der diese ganz und gar bewußten Fakten beinhaltet, ist schwer zu verstehen. Auch sehen wir einmal mehr, daß GALTONs Methode der freien Assoziation von Wert ist, indem sie zu einer sinnvollen Deutung eines scheinbar sinnlosen Traumes führt, aber das ist auch schon alles; jedenfalls widerspricht die erzielte Interpretation dem Wesen der FREUDschen Theorie.

Dramatisierung (Darstellbarkeit) ist ein Ausdruck, der die Tatsache bezeichnen soll, daß sich ein Traum größtenteils »in visuellen Bildern« abspielt. Das begriffliche Denken wird durch eine filmartige Bilddarstellung ersetzt. Dieser Prozeß ist offenkundig und dem Träumer so gut bekannt, daß wir an dieser Stelle keine Zeit damit verlieren wollen, einen Traum und dessen Analyse wiederzugeben; wir werden allerdings auf diesen Punkt zurückkommen, wenn wir HALLs Theorie über das Träumen referieren, da in ihr das dramatische Element einen entscheidenden Stellenwert beansprucht. Die von FREUD so benannte »Rücksicht auf Darstellbarkeit« (cf. Kap VI.D. der ›Traumdeutung‹) ist in vielerlei Hinsicht dem Symbolismus ähnlich, dem wir uns im folgenden zuwenden.

Die *Symbolik* (Symboldarstellung) wird von allen Traummechanismen am ehesten mit dem Namen FREUDs verbunden. Dennoch kann trotz der Berühmtheit der sogenannte FREUDschen Symbole nicht gesagt werden, daß sie – selbst zur Zeit der ›*Traumdeutung*‹ – sehr originell waren, stellen sie doch seit Urzeiten das Hauptwerkzeug der Traumdeuter dar. Wir brauchen nur an den biblischen Traum des Pharaos von den sieben fetten und den sieben mageren Kühen zu erinnern, die JOSEPH als Symbole für bevorstehende Jahre des Überflusses und Jahre der Hungersnot deutete. Nirgendwo aber ist die Absurdität der Ehrung FREUDs für eine angeblich neue Entdeckung so offensichtlich wie im Hinblick auf die symbolische Darstellung sexueller Objekte und Aktivitäten. (Was gleichwohl die Anhänger FREUDs nicht davon abhalten konnte, den Mythos zu pflegen, daß er es war, der die Symbolik aufgefunden hat.) Ganz besonders deutlich wird dies bei jener Symbolik, die scharfe und spitze Gegenstände mit dem männlichen Genitale und runde Gegenstände und Gefäße mit dem weiblichen in Beziehung bringt. Dabei waren gerade diese Symbole nicht nur Schriftstellern, Philosophen, Dichtern und Psychologen seit vielen Tausend Jahren bekannt, sondern auch und gerade den Ungebildeten. Im Vulgärlatein beispielsweise wurde das männliche Geschlechtsorgan als »mentula« oder »verpa« bezeichnet, doch galten diese Ausdrücke als obszön, und daher verwendete man die verschiedensten Metaphern (übrigens sind diese den im Altgriechischen vorfindlichen sehr ähnlich). So hat. J.N. ADAMS in seinem Buch über den »lateinischen Sexualwortschatz« folgendes hervorgehoben:

> »Keine Gegenstände werden leichter mit dem Penis gleichgesetzt, als scharfe Werkzeuge, und es ist wahrscheinlich, daß unsere Sprache von Metaphern aus diesem gefühlsgeladenen (romantic) Bereich geradezu wimmelt.«[3]

Im Lateinischen finden sich etwa folgende symbolischen Ausdrücke zur Umschreibung des Penis: »virga« (Rute), »vectis« (Pfahl), »hasta« (Lanze,

Speer), »rutabulum« (Rechen, Haken), »terminus« (Grenzstein, -pfahl), »temo« (Pfosten), »vomer« (Pflug), »clavus« (Ruderpinne = Seemannssprache). ADAMS gibt noch viele andere Beispiele, nicht ohne darauf hinzuweisen, daß

>»der lateinisch sprechende Mensch bei dem Wort (für) *Schlange* immer auch an die phallische Bedeutung dachte«.

Selbst hierzu hat FREUD also nichts Neues gesagt.

Was nun das weibliche Genitale anbelangt, so wurde das vulgäre Pendant zu »mentula«, nämlich »cunnus«, außer in Grafitti und Epigrammen kaum verwandt. Doch gibt es – wie ADAMS aufzeigt – eine Unmenge von Metaphern:

>»Die Häufigkeit der Metapher[n] des Ackers, des Gartens, der Wiese usw., die (im Lateinischen wie in anderen Sprachen) die weibliche Scham bezeichnen, hängt teilweise mit der äußeren Gestalt des Organs zusammen, teilweise mit der Beziehung, die sich zwischen der Fruchtbarkeit des Ackers und der der Frau herstellen läßt. Diese Metapher[n] ergänzen die bildhaften Ausdrücke des Säens und Pflügens, die für die männliche Rolle im Geschlechtsverkehr benutzt wurden.«

Niemand, der mit der altgriechischen und römischen Literatur oder den mittelalterlichen Schauspielen und Texten vertraut ist, kann auch nur den geringsten Zweifel über die ungeheure Verbreitung der Sexualsymbolik haben, noch an der Tatsache, daß sie praktisch jedem bekannt war. Sich auch nur für einen Augenblick vorzustellen, daß jene Symbolik von FREUD allererst entdeckt wurde, ist genauso absurd, wie wenn man sich vorstellen wollte, daß ihr Vorkommen in Träumen von ihm entdeckt wurde; denn auch diese hat selbstverständlich eine lange Geschichte, die bis auf die Anfänge der geschriebenen Sprache zurückgeht. Nicht die Verwendung der Symbole in Träumen ist das Novum in FREUDs Traumanalyse, sondern die *besondere* Verwendung, die er ihnen unterstellt, sowie die Deutung, die er dem Zweck der Symbolik zuteil werden läßt. Hier wie andernorts gilt: Was neu ist in seinen Theorien, ist nicht wahr, und was wahr ist in seinen Theorien, ist nicht neu! Natürlich kommen Symbole in Träumen vor, aber es sind keine FREUDschen Symbole – was immer dieses Wort sagen soll.

Soviel in Kürze zu FREUDs »Traumdeutung«! Die ihr zugrunde liegende Theorie ist zweifellos nicht so originell, wie er es behauptet; historische Recherchen vieler Autoren haben eine große Zahl von Philosophen und Psychologen eruiert, die FREUD vorausgingen und zu erstaunlich ähnlichen Auffassungen gelangt sind. Zwar enthielt auch das Literaturverzeichnis der *Traumdeutung* ungefähr 80 Quellen, doch sind die meisten davon im Text nicht erwähnt, und wenn FREUD sich auf sie bezieht, erwähnt er sie nur kurz, wobei er ihrer Bedeutung kaum gerecht wird. Alles in allem gibt es 134 Bücher und Artikel über Träume, die vor der Erstauflage publiziert wurden, ohne daß FREUD sie – auch nicht in späteren Auflagen – eigens behandelt, die aber nichtsdestoweniger in den Literaturlisten der diversen Ausgaben aufgeführt sind [cf. in der dt. Ausg. (Fischer 1961) insgesamt ca. 257 Titel von vor 1900].

Neben diesem finden sich in FREUDs Abhandlung noch viele merkwürdige Dinge, die mittlerweile aufgedeckt worden sind. Eine besonders sachverständige Kritik derselben bietet das schon zitierte Buch von GIBSON über »Schlaf, Träumen und psychische Gesundheit«, aus dem wir einige wenige Punkte referieren wollen. Der erste Punkt ist bereits angesprochen worden, nämlich das Versäumnis FREUDs, den Einfluß der sekundären Bearbeitung auf den Traumtext gebührend zu berücksichtigen und konsequenterweise seine Patienten zu veranlassen, ihre Träume unmittelbar nach dem Erwachen zu notieren. Und obwohl etliche seiner Vorgänger dieser Vorsichtsmaßnahme durchaus gefolgt waren, hielt FREUD solch wissenschaftliche Exaktheit offenbar für unnötig. Jedenfalls läßt die folgende Zusammenfassung seiner Ansichten keine andere Interpretation zu:

»In den ›wissenschaftlichen‹ Arbeiten über Träume, die trotz ihrer Ablehnung der Traumdeutung durch die Psychoanalyse einen neuen Anstoß erhalten haben, findet man immer wieder eine ganz überflüssige Sorgfalt, die der exakten Konservierung des Traumtextes zuteil wird. Dies wird als notwendig erachtet, um ihn vor den Entstellungen und Erweiterungen zu bewahren, die in den auf das Erwachen folgenden Stunden einzutreten pflegen. Selbst viele Psychoanalytiker scheinen sich nicht konsequent genug auf das Wissen um die Bedingungen der Traumherstellung zu verlassen, wenn sie ihren Patienten die Anweisung geben, den Traum gleich nach dem Erwachen aufzuschreiben. Für die Behandlung ist diese Instruktion überflüssig; und die Patienten machen nur allzu bereitwillig davon Gebrauch, um ihren Schlummer zu unterbrechen und eifrigen Gehorsam zu zeigen, auch wenn damit keinem vernünftigen Zweck gedient ist.« (Übersetzt aus dem Englischen)

FREUD sorgte sich zweifellos nicht nur nicht um die Entstellungen, die das Gedächtnis dem Traum, wie er dem Analytiker schließlich erzählt wird, auferlegt, sie waren sogar ganz in seinem Sinne. Ein Patient, der erst Stunden, ja selbst Tage, nachdem er einen bestimmten Traum hatte, in seinem Ordinationszimmer erschien, mußte einfach eine Darstellung geben, die infolge sekundärer Bearbeitung während der verstrichenen Wachzeit von der ursprünglichen Erinnerung erheblich abwich. Noch entscheidender aber ist, daß ein Patient, der die Prinzipien von FREUDs Deutungsmethode kennengelernt hatte, seinen Traum bewußt oder unbewußt umbilden konnte, um ihn der FREUDschen Theorie anzupassen. Heute wird von den meisten Psychoanalytikern anerkannt, daß die Träume der Patienten durch die Theorien des jeweiligen Analytikers stark beeinflußt werden; so träumen Patienten von FREUDianern in FREUDschen Symbolen, die von JUNGianern in JUNGschen Symbolen und so weiter. Der Patient wird instruiert und lernt, welche Art von Träumen und Symbolen seinem Analytiker gefallen, und mit Hilfe eben jener sekundären Bearbeitung neigt er dazu, der Deutung beizupflichten.

Dies alles kann kaum bestritten werden, da Psychoanalytiker selbst häufig zugegeben haben, daß das beschriebene Phänomen weitgehend gesichert ist. Als Beispiel können wir noch einmal eine Passage des prominenten amerikanischen Analysikers JUDD MARMOR anführen, die wir bereits in einem früheren Zusammenhang verwendet haben, die aber von solcher Relevanz ist, daß ihre Wiederholung gerechtfertigt erscheint. Das folgende Zitat stammt aus dem Jahre 1962:

> »Je nach dem Standpunkt des Analytikers scheinen die Patienten jeder Schule genau die Art von phänomenologischen Daten hervorzubringen, welche die Theorien und Interpretationen ihres Analytikers bestätigen! So neigt jede Theorie dazu, ihre eigene Gültigkeit zu erweisen. Freudianer pflegen Material über den Ödipuskomplex und die Kastrationsangst zum Vorschein zu bringen, Jungianer Material über Archetypen, Rankianer über Trennungsangst, Adlerianer über männliches Streben und Minderwertigkeitsgefühle, Horneyaner über idealisierte Bilder, Sullivanianer über gestörte zwischenmenschliche Beziehungen...«

Das ist ein sehr bemerkenswertes Zugeständnis seitens eines überzeugten Psychoanalytikers, der aus der extremen Subjektivität der Deutung und dem Einfluß der Suggestibilität des Patienten auf seine Träume und freien Assoziationen nun wirklich keinen Hehl mehr macht.

Wie GIBSON hervorhebt, haben Experimente gezeigt, in welchem Ausmaß Träume, die im Augenblick des Erwachens erinnert werden, signifikant verändert sein können, wenn sie später einem Psychoanalytiker erzählt werden. Die Patienten wurden während der Nacht geweckt, wenn elektrophysiologische *REM*-Messungen (der schnellen Augenbewegung: *R*apid *Eye-M*ovement) eine Traumphase anzeigten, und mußten unverzüglich zu Protokoll geben, was sie gerade geträumt hatten. Aufzeichnungen dieser Träume wurden dann später mit den Darstellungen verglichen, die die Patienten im Laufe des folgenden Tages dem Psychoanalytiker gaben. Man fand, daß gewisse Träume zwar nachts dem Untersucher berichtet wurden, nicht aber dem Psychoanalytiker; und umgekehrt wurden dem Psychoanalytiker Träume »wiedererzählt«, die aber nur wenig mit dem zu tun hatten, was der Träumer nach dem Gewecktwerden erinnert hatte. Aber mehr noch: Die Unterschiede waren nicht zufälliger Natur; jene Träume, von denen die Patienten erwarten konnten, daß sie beim Analytiker eine negative Reaktion hervorrufen würden, wurden ihm nämlich verschwiegen. Woraus man schließen kann, daß das Material, an dem FREUDs Deutungen ansetzten, auf jeden Fall nicht die *Träume* seiner Patienten waren, sondern deren – teils bewußte, teils unbewußte – Bearbeitungen, die nur die zur Analyse passenden Traumelemente bewahrt hatten.

FREUD rechtfertigte sein Vorgehen mit folgenden Worten:

> »Daß der Traum von der Erinnerung entstellt und verstümmelt wird, fanden wir richtig, aber nicht hinderlich, da dies nur das letzte manifeste Stück einer von Anfang der Traumbildung an wirksamen Entstellungstätigkeit ist.« (S. 561)

Die Bedeutung dieses Arguments liegt darin, daß es sich direkt auf die psychoanalytische Theorie bezieht. Angeblich soll die Zensur einen latenten Traum ja verkleiden, um den Patienten vor dem Erwachen zu bewahren und ihm damit – sozusagen – das Erröten zu ersparen. Die Gedächtnistätigkeit aber, die den Traum während des Wachseins entstellt, ist nicht das Subjekt jener Traumzensur. Daher muß jede Information, die der Traum über die Aktivitäten der Zensur weitergeben könnte, durch sekundäre Bearbeitung verschleiert werden, was wiederum bedeutet, daß wir überhaupt nicht wissen, wie wir FREUDs Theorie jemals praktisch überprüfen sollen.

Die Tatsache der sekundären Bearbeitung erklärt auch ein interessantes Merkmal der von FREUD analysierten und dargelegten Träume, welches sie von anderen Träumen, die er vor und nach der Niederschrift der *Traumdeutung* aufzeichnete, sondert. In diesem Sinne bemerkte der Philosoph LUDWIG WITTGENSTEIN einmal, FREUD liefere in den allermeisten Fällen eine Deutung, die wir nicht anders als eine sexuelle nennen könnten. Interessanterweise aber finde sich unter all den Traumberichten, die er gibt, nicht ein einziges Beispiel für einen regelrechten Sexualtraum. Dabei seien diese doch so gewöhnlich wie Regen.

GIBSON zitiert viele Autoren, und zwar sowohl frühe als auch neuere, die alle diese Aussagen bestätigen können; im übrigen werden die meisten Leser selber in der Lage sein, dies zu bezeugen. Einer der bekanntesten unter den zeitgenössischen Sammlern von Träumen, CALVIN S. HALL, schreibt:

>»Es fehlt nicht an Träumen in unserer Sammlung, in denen die geschmacklosesten und beschämendsten Dinge passieren. Väter und Mütter werden von dem Träumer ermordet. Der Träumer verkehrt geschlechtlich mit Angehörigen seiner Familie. Er vergewaltigt, plündert, foltert und zerstört. Er führt alle Arten von Obszönitäten und Perversionen aus. Und er tut dies häufig ohne Gewissensbisse, ja sogar mit beträchtlicher Freude.«[4]

Dies steht in starkem Kontrast zu den FREUDschen Träumen, die – wie GIBSON hervorkehrt – ziemlich »fade und gekünstelt« erscheinen. Zweifellos hat FREUD eine Auswahl getroffen, und diese ist wohl kaum FREUDs »Zensor« zuzuschreiben, sondern viel eher der bewußten Weigerung seiner bourgeoisen Wiener Patienten, über solch obszöne und pornographische Dinge zu reden. Wenn wir aber direkt von all diesen Dingen träumen können, die nach FREUD durch jenen Zensor zurückgewiesen werden müßten, was ist dann seine wahre Funktion? Und gibt es irgendeinen Grund für die Annahme, daß er wirklich existiert?

GIBSON sagt dazu:

>»Es ist ganz klar ... warum Freud seinen Patienten auf die eine oder andere Weise zu verstehen geben mußte, daß die Traumberichte, die sie ihm gaben, ziemlich fade und gekünstelt sein sollten ... denn waren sie es nicht, schien es offenbar, daß sie im Prozeß der Traumarbeit nicht zensiert worden waren, was wiederum die Theorie entkräftet hätte. Damit soll nicht gesagt werden, daß Freud vorsätzlich seine Patienten anleitete, was sie ihm sagen durften und was nicht; der Vorgang ist subtilerer Natur ... Zu behaupten – wie Freud es tut –, daß der Zensor ein Teil des Unbewußten und [auch] aktiv ist, während das Gehirn fest schläft, widerspricht allen bekannten Fakten ...
>Es ist (daher) wichtig, zu wissen, warum die Patienten Freud nur zö-

gernd die ungeschminkte Wahrheit über ihre Träume erzählten und sie statt dessen einer umfangreichen sekundären Bearbeitung unterwarfen, bevor sie sie ihm zu Gehör brachten. Wir haben oben schon darauf hingewiesen, daß Träume, in denen grobe sexuelle Szenen, unverstellter Haß und anstößige Redensarten vorkamen, aus Gründen des Anstandes eine gewisse Säuberung verlangten, und wenn die Patienten sie Freud in der ursprünglichen Gestalt erzählt hätten, würden sie in der Tat die Legitimität seiner Traumtheorie herausgefordert und damit seine ganze Kompetenz in Frage gestellt haben. Es mußte viel leichter sein, sich mit dem Analytiker gut zu stehen, wenn man die Träume sozusagen einpackte und ihn sie wieder auspacken ließ. Wenn also ein Patient in einem gemeinen Traum etwa ›eine Hure stieß‹, so konnte dieser Wortlaut im Laufe des Tages, in dem die sekundäre Bearbeitung vonstatten ging, dahingehend abgewandelt werden, daß der Träumer nur mit einem Stock in eine Obsttorte hineinstach, was er dann im Sprechzimmer als seinen Traum vortrug… Es ist eine ernste Angelegenheit, daß weder Freud noch seine Anhänger dazu ordnungsgemäß Stellung genommen haben. Die Patienten konnten die Spielregeln schnell erlernen und sich entsprechend verhalten, indem sie *bewußt* Träume zensierten, die noch völlig unzensiert waren, als sie sie träumten.«

Noch ein anderer Punkt mag der Erwähnung wert sein. DAVID FOULKES zitiert in seinem Buch über »Langzeitstudien an Kinderträumen« eine Reihe von Forschungsarbeiten, die folgendes erbrachten:

»Gegen klinische [in der Behandlung gewonnene] Träume richtet sich ein weiteres Vorurteil, das über das methodische Problem ihrer Stichprobenerhebung hinausgeht. Sowohl für Erwachsene… als auch für Heranwachsende… konnte gezeigt werden, daß beunruhigtere Personen auch beunruhigendere Träume haben. Das heißt, man kann von den Träumen klinischer Patienten – wie immer sie gesammelt sein mögen – nicht auf Träume unausgewählter (›normaler‹) Populationen verallgemeinern.«[5]

Dazu GIBSONs Kommentar:

»Wenn es tatsächlich einen Zensor gibt, der über das Material wacht, dem erlaubt wird, sich im manifesten Trauminhalt zu offenbaren, gerade so wie die Fernsehzuschauervereinigung von Mrs. Whitehouse versucht, den Inhalt der Fernsehprogramme zu überwachen, dann muß das ein sehr inkonsequenter, ja verrückter Zensor sein. Er toleriert eine Mischung von Material, das eher zum ärgsten ›Schmutz‹ der Videobranche gerechnet werden sollte, mit anderem, das durchaus für die Kinderstunde taugen würde, sowie mit vielem, das einfach nur langweilig und belanglos ist.« (s.a.a.O.)

Überdies erlaubt der »Zensor«, daß jener Schmutz in Träumen von Leuten erscheint, die am wenigsten fähig sind, solches Material zu ertragen, nämlich von Neurotikern und anderen psychisch Kranken.

Gibt es also wirklich irgendeinen Beweis dafür, daß wir einen »Zensor« brauchen, der unseren Schlaf hütet? Geht man von breitangelegten

Traumuntersuchungen aus, so scheint es, daß Leute dann, wenn sie einen besonders lebhaften Traum erotischen, obszönen oder pornographischen Inhalts haben oder wenn ihr Traum mit unkontrollierter und übermäßiger Gewalt angefüllt ist, gerade nicht aufwachen. Wenn wir träumen können, daß wir unsere Mütter vergewaltigen und unsere Väter ermorden, ohne aufzuwachen, dann muß die Nützlichkeit jenes Zensors wirklich in Frage gestellt werden. Wie sagte *Jokaste* zu *Ödipus:* »... viele Menschen [junge Männer] sahen auch in Träumen schon sich zugesellt der Mutter...« (übers. von DONNER, zit. nach der *Traumdeutung*, StA II, S. 268) Warum sollte man sich in dem einen Traum mit einer raffinierten Verkleidung ausstaffieren und sie in einem anderen als überflüssig erachten?

Soviel zu den inneren Widersprüchen der FREUDschen Theorie sowie seinen ganz offensichtlichen Irrtümern und Fehlinterpretationen im Zuge ihrer Anwendung. Wir wollen uns jetzt die einfache Frage stellen, auf welchem Wege sich eine solche Theorie beweisen ließe. *Eine* Methode wäre natürlich, die Theorie mit der psychoanalytischen Therapie zu verknüpfen, wonach die speziellen Traumdeutungen als Antwort auf das Problem genommen werden, welches die Neurose eines Patienten aufwirft, während zugleich die so gewonnenen Einsichten den Patienten von seinen Symptomen befreien. Tatsächlich war FREUD anfänglich von derartigen Überlegungen ausgegangen, und hätte dies in der angenommenen Weise funktioniert, so wäre es in gewissem Sinne ein Beweis zu seinen Gunsten gewesen, auch wenn dieser »Beweis« hinter den Anforderungen einer echten Wissenschaft zurückgeblieben wäre. Indes kam es anders: FREUD und seine Anhänger mußten eingestehen, daß Patienten dadurch, daß sie mit der Deutung ihrer Träume konfrontiert wurden, nicht nur häufig nicht geheilt wurden, sondern daß auch im Falle von eingetretenen »Heilungen« kein zeitlicher Zusammenhang mit den durch die Traumdeutungen gewonnenen »Einsichten« bestand. Infolgedessen müssen die Behandlungsergebnisse geradezu als Widerlegung der FREUDschen Theorien betrachtet werden.

Könnten wir aber nicht wenigstens die Annahme der FREUDschen Traumdeutungen durch den Patienten als Bestätigung der Psychoanalyse nehmen? Die Antwort muß unmißverständlich nein lauten. Zum einen ist der Patient allgemein in einer schlechten Position, um mit dem Analytiker streiten zu können: Er hat viel Zeit und Geld für die Behandlung geopfert, und wenn er nicht mit dem Analytiker übereinstimmt, so verrät das seine Unzufriedenheit oder gar den Mangel an Loyalität; außerdem läßt er damit durchblicken, daß er seine Zeit und sein Geld verschwendet zu haben vermeint. Zum anderen hatte FREUD eine sehr schlaue Masche, mit abweichenden Ansichten fertigzuwerden. Wenn der Patient seinen Deutungen zustimmte, dann erhob er den Anspruch, daß sie zweifelsfrei richtig seien. Stimmte der Patient dagegen nicht zu, so behauptete er, daß dies in einem »Widerstand« gegen die Analyse begründet läge, welcher die Deutung gerade deshalb unannehmbar erscheinen ließ, *weil* sie richtig sei; daher mußte die fehlende Übereinstimmung gleichfalls die Richtigkeit der

Theorie anzeigen. Selbstredend gibt es damit keine Möglichkeit, die Theorie zu widerlegen – wahrlich ein günstiger Status für eine wissenschaftliche Theorie, möchte man meinen. In Wirklichkeit ist allerdings genau das Gegenteil der Fall; wenn eine Theorie nicht durch eine beobachtbare Tatsache widerlegt werden kann, dann ist sie – wie KARL POPPER immer wieder betont hat – überhaupt keine wissenschaftliche Theorie.

Nun gibt es experimentelle Methoden in der Traumforschung, die in der Tat zu akzeptablen Theorien verhelfen. Als Beispiel möchte ich die in den frühen zwanziger Jahren von ALEXANDER LURIA in der UdSSR unternommenen Arbeiten anführen. Wie der Titel seines Buches besagt, beschäftigte er sich mit der »Natur der menschlichen Konflikte«, wobei er die Technik der Wortassoziation in experimentellen Situationen anwandte, unter anderem auch bei der Untersuchung von Träumen. Mit gutem Recht kritisierte er, daß die gewöhnliche Methode der Traumanalyse den Karren vor das Pferd spannte. Gehen wir für einen Moment einmal von der FREUDschen Unterscheidung zwischen latentem und manifestem Traum aus, so sehen wir die Psychoanalytiker wie auch andere Deuter beim manifesten Traum ansetzen, um dann weiter zu der Bedeutung, dem Sinn des latenten Traums vorzustoßen. Jedoch ist dieser Sinn ja per definitionem unbekannt, und konsequenterweise ist es unmöglich, die Richtigkeit der Deutung zu beweisen oder zu widerlegen. Wenn wir eine korrekte wissenschaftliche Analyse wünschen, so müßten wir – nach LURIA – mit einem bekannten latenten Traum beginnen und herausfinden, wie dieser verändert wird, damit er sich als manifester Traum zeigen kann.

Um dies zu bewerkstelligen, machte LURIA raffinierten Gebrauch von der Hypnose. Er hypnotisierte seine Versuchspersonen, ließ sie in ihrer Phantasie ein sehr traumatisches Ereignis durchleben und gab ihnen dann den [posthypnotischen] Auftrag, über dieses Erlebnis zu träumen, aber alles über die Hypnose zu vergessen, jedenfalls, soweit es das bewußte Erinnern betraf. Leicht hypnotisierbare Personen sind nämlich durchaus in der Lage, solche Instruktionen zu befolgen, und LURIA konnte auf diese Weise eine Anzahl von Träumen in ihrer manifesten Gestalt sammeln, von denen er – infolge seiner vorherigen Anweisungen – den latenten Traum schon kannte, das heißt jenen Inhalt, der durch die Traumarbeit umgebildet worden war.

Schon während meiner Studentenzeit war ich von LURIAs Arbeit sehr beeindruckt. Unglücklicherweise wurde sie durch die auch den Wissenschaftsbetrieb treffende strenge Zensur der STALIN-Ära zu Fall gebracht; LURIA selbst arbeitete fortan im Bereich der Neuropsychologie und kehrte niemals wieder zu seinen vielversprechenden frühen psychologischen Experimenten zurück. Ich versuchte meinerseits, einige seiner Experimente zu wiederholen, und fand genau die gleichen Resultate, wie er sie in seinem Buch dargelegt hatte. Greifen wir nur ein einzelnes Beispiel aus dieser Arbeit heraus. Die der Versuchsperson, einer jungen Studentin, [unter Hypnose] gegebenen Anweisungen lauteten in etwa so: »Sie werden etwas sehr Unangenehmes erleben. Ich werde Ihnen das Erlebnis jetzt beschreiben,

und es wird Ihnen vorkommen, als wenn es Wirklichkeit wäre – mit den dazugehörigen Emotionen. Wenn ich Sie am Ende dieses Erlebnisses auf-
wecke, werden Sie alles darüber vergessen, doch werden Sie, wenn Sie zu
Bett gehen, einen lebhaften Traum über das Erlebnis haben. Also: Sie gehen spät abends nach einer Party bei Kommilitonen allein nach Hause, und
Sie gehen über einen Friedhof. Sie hören hinter sich Schritte, und im Um-
drehen sehen Sie, daß Ihnen ein Mann folgt. Sie fangen an zu laufen, aber
er holt Sie ein, reißt Sie zu Boden und vergewaltigt Sie. Dann läuft er davon. Sie sind aufs äußerste verstört und schleppen sich nach Hause, wo Sie
Ihren Eltern alles berichten.«

Der nachfolgend erzählte Traum zeichnet gewöhnlich die suggerierte Geschichte in ihren Umrissen recht genau nach, doch wird fast immer die Vergewaltigung durch ein Symbol ausgetauscht. So kann der Mann, der das
Mädchen vergewaltigt, im Traum durch einen Mann ersetzt werden, der
ein Messer trägt, mit dem er das Mädchen bedroht oder das er benutzt, um
sie zu erstechen; in einer anderen Beschreibung mag er mit Gewalt dem
Mädchen die Handtasche entreißen. Solche Symboldarstellungen, die
schon die alten Griechen und Römer kannten, kommen in den Träumen
ziemlich deutlich heraus, aber selbstverständlich sind sie kein Beweis für
die Wirkung FREUDscher Mechanismen, namentlich verdrängter infantiler Wünsche, geschweige denn irgendeiner Wunscherfüllung; denn sicherlich wäre es übertrieben, sich vorzustellen, daß die Träumerin tatsächlich
vergewaltigt zu werden wünscht! Es ist – wie gesagt – ein großes Unglück,
daß LURIA an der Fortführung dieser Arbeit gehindert wurde und daß nur
wenige andere Psychologen sie wieder aufgenommen haben; man hätte
zweifellos viel über die Natur des Träumens lernen können, wenn dieser
Forschungsansatz weiterverfolgt worden wäre. –

Wir haben jetzt gesehen, daß FREUDs psychoanalytische Theorie zur
Traumdeutung weder neu noch wahr ist – gibt es aber irgendeine bessere
Traumtheorie, die an ihre Stelle treten könnte? In der letzten Zeit sind eine
Reihe experimenteller Untersuchungen durchgeführt worden, die sich ins-
besondere mit dem oben erwähnten REM-Schlaf und der Tendenz der
Träume, in Verbindung mit diesem Schlaftyp aufzutreten, befassen. So interessant solche Experimente auch sein mögen, sie sagen uns nicht viel über
die Bedeutung des Traumes. In meiner Sicht ist die beste Alternative zur
FREUDschen Theorie – und dieser weit überlegen – die Theorie von CALVIN
S. HALL, der seine Arbeit in besagtem Buch über den Sinn bzw. die Bedeutung der Träume beschrieben hat. HALL sammelte mehr Traumberichte, als
irgendein anderer Forscher auf diesem Gebiet es jemals getan hat, und seine
daraus abgeleiteten Hypothesen sind sowohl praktikabel als auch überzeugend. Natürlich kann ich nicht behaupten, daß sie unbedingt richtig sein müssen; in Ermangelung strenger experimenteller Forschungen – die übrigens in
diesem Sektor sehr schwierig sind – läßt sich unmöglich ein solcher Anspruch
erheben. Immerhin erklärt die Theorie die meisten, wenn nicht alle bedeutsamen Traummerkmale, und sie tut dies auch ohne Rückgriff auf mysteriöse oder mythologische Wesenheiten wie jene FREUDschen »Zensoren«.

Einen nützlichen Beitrag zur Methodologie der Trauminterpretation leistete HALL damit, daß er die Analyse einer *Traumserie* einer Person empfahl, anstatt sich auf die Analyse eines einzelnen Traumes zu verlassen. Er begründete diesen Vorschlag so:

>»Man versucht verschiedene Kombinationen, verknüpft diesen Traum mit jenem, bis alle Träume miteinander verbunden sind und ein sinnvolles Bild vom Träumer herauskommt. Bei dieser Methode, die wir die Methode der Traumserie nennen, ist die Deutung eines jeden Traumes eine Art von Verfolgungsjagd, die erst dann zu Ende ist, wenn sie mit der von anderen Träumen gelieferten Deutung zusammentrifft.«

HALL gibt zahlreiche Beispiele dafür, wie die Interpretation durch das gleichzeitige Betrachten mehrerer Träume erleichtert wird, doch würde es zu weit von unserem Wege abführen, dies im einzelnen zu verfolgen.

Die Hauptneuerung in HALLs Theorie ist seine Auffassung des Symbolismus. Er glaubt, daß es in Träumen Symbole gibt und daß diese eine notwendige Funktion haben, nur handelt es sich dabei nicht, wie in FREUDs Theorie, um die Funktion der Verkleidung; vielmehr dienen die Symbole dazu, etwas *auszudrücken,* und nicht, es zu verbergen. Träumen – so meint er – ist eine Form des Denkens, und das Denken besteht in der Formulierung von Begriffen oder Ideen bzw. Vorstellungen (conceptions or ideas). Während des Träumens werden diese nun in Bilder verwandelt, welche die konkreten Verkörperungen der Gedanken des Träumers sind; sie stellen einen sichtbaren Ausdruck des an sich Unsichtbaren dar, nämlich von Begriffen, Vorstellungen, Gedanken und dergleichen mehr.

Des weiteren vertritt er die Ansicht, daß der wahre Bezugspunkt eines jeden Traumsymbols nicht ein Gegenstand oder eine Tätigkeit ist, sondern stets eine Vorstellung (idea) in der Seele des Träumers. Als Beispiel weist er auf die vielen Möglichkeiten hin, den männlichen Penis zu symbolisieren. Dies kann durch eine Pistole bzw. ein Gewehr oder ein Messer geschehen, womit aggressive sexuelle Gedanken symbolisiert werden. Es kann aber auch ein Schraubenzieher erscheinen oder ein Benzinhahn, der in den Tankeinfüllstutzen eines Autos eingeführt wird; dies würde eine mechanische Ansicht vom Geschlechtsverkehr (cf. *screwing* = amerikan. für *koitieren)* bedeuten. Oder der Penis kann durch eine schlaffe Blume oder einen gebrochenen Feuerhaken dargestellt sein, was die Vorstellung sexueller Impotenz illustrieren würde.

Ein anderes Beispiel, das HALL gibt, betrifft die mannigfache Art und Weise, in der man von seiner Mutter träumen kann. Wenn der Träumer das Gefühl ausdrücken will, daß seine Mutter eine pflegende und behütende Person ist, könnte er von einer Kuh träumen; wenn er seine Mutter mehr als eine entfernte und autoritäre Person sieht, kann sie ihm im Traum als eine Königin erscheinen. Mit anderen Worten, der Traum symbolisiert nicht nur die betreffende Person oder Tätigkeit (das Hauptwort im Satz), sondern fügt auch eine Beschreibung (das Eigenschaftswort) hinzu – »aggressiv«, »pflegend« usw. Die Symbolik wird verwendet, um in knapper und bündiger Sprache komplexe und schwer faßbare Gedanken auszudrücken.

Wir wollen zur Illustration ein Traumbeispiel aus HALLs Buch heranziehen. Er erzählt von einer jungen Frau, die träumte, daß sie an ihrem ersten Hochzeitstag mit ihrem Mann die Trauungszeremonie wiederholen wollte, jedoch trotz krampfhafter Suche ihr Brautkleid nicht mehr finden konnte; als sie es schließlich doch entdeckte, war es schmutzig und zerrissen. Mit Tränen der Enttäuschung in den Augen nahm sie es und eilte zur Kirche, wo ihr Mann sie fragte, warum sie denn das Kleid mitgebracht habe. Sie war verlegen und verwirrt und fühlte sich fremd und allein.

HALL glaubt, daß der Zustand ihres Hochzeitskleides im Traum ihre Auffassung von ihrer Ehe symbolisierte. Andere Träume stützten diese Interpretation. Sie träumte von einer erst kürzlich verheirateten jungen Frau, die in Scheidung lebte, was darauf hindeutete, daß sie selber mit dem Gedanken spielte, sich scheiden zu lassen. In einem anderen Traum hatte sie Schwierigkeiten, zu ihrem Mann nach Hause zu kommen, indem sie sich verlief, auf dem Gehsteig hinfiel, durch einen verspäteten Zug Zeit verlor und überhaupt nicht ans Ziel kam; dieser Traum ließ vermuten, daß sie Gründe zu finden suchte, nicht nach Hause zurückkehren zu müssen. In einem weiteren Traum fehlte der Brillant ihres Verlobungsrings, was die geheime Hoffnung verriet, daß damit ihre unglückliche Heirat nichtig werden könnte. Schließlich träumte sie, daß eine Freundin, die gerade heiratete, eine Menge nutzloser Hochzeitsgeschenke erhielt; dies konnte nur heißen, daß sie innerlich den Ehestand mit all dem unnützen Plunder gleichsetzte. HALL faßt zusammen:

>»Ganz sicher zeigten diese Träume an, daß die Träumerin in ihrer Ehe nicht glücklich war, und dies erhärtet die Annahme, daß das zerrissene und schmutzige Brautkleid eine konkrete Verkörperung dieser Vorstellung ist.«

Das Träumen hat also nach HALL die Funktion, das, was in der Seele eines Menschen vorgeht, zu enthüllen und nicht, es zu verbergen:

>»Träume können rätselhaft erscheinen, weil sie Symbole enthalten, aber diese Symbole sind nichts als bildliche Metaphern, und wie die verbalen Metaphern des Wachlebens haben sie den Zweck, das Denken zu klären, anstatt es zu verdunkeln.«

Unsere Psyche ist ständig aktiv, denkt über Probleme nach, versucht Lösungen zu finden, ist voll von Befürchtungen über dieses und jenes und beschäftigt sich ständig mit der Vergangenheit, Gegenwart und Zukunft. Träumen ist nun einfach die Fortsetzung des Denkens mit anderen Mitteln, soll sagen, mittels bildlicher Darstellungen und Symbolismen. Unsere Gedanken, unsere Sorgen, unsere Ängste, unsere Versuche, Probleme zu lösen, werden sämtlich in eine bildhafte Sprache übertragen und setzen die bewußte Denkarbeit während gewisser Schlafperioden fort. Träume können durchaus Wunscherfüllungen darstellen, doch sind diese für gewöhnlich ganz bewußte Wünsche – keine verdrängten infantilen Wünsche. Träume können zudem Ängste repräsentieren oder Problemlösungen oder sonst etwas, das auch im wachen Denken vorkommt. Wir sehen, HALLs Theorie trägt den Fakten weit besser Rechnung, als die FREUDsche es tut, und dies, ohne in all jene Schwierigkeiten zu geraten, die die psychoanalytische Traumdeutung auf Schritt und Tritt verfolgen. Gegenwärtig gibt es keine bessere Theorie, und ich denke, man sollte sie einstweilen akzeptieren und als Grundlage für weitere Experimente und Beobachtungen verwenden.

Die *Traumdeutung,* mit der wir uns bisher in diesem Kapitel beschäftigt haben, steht bei FREUD in engem Zusammenhang mit einer anderen Analyse psychischer Phänomene, nämlich der Deutung von *Fehlleistungen,* das sind Fehler im Sprachvollzug (z.B. Versprechen, Verschreiben, Verlesen) oder Irrtümer im alltäglichen Tun und Lassen (Fehlhandlungen und Symptom- oder Zufallshandlungen wie Vergreifen, Versehen, Vergessen von Vorsätzen u.a.m.). Hier wie dort bedient sich FREUD der GALTONschen Technik der freien Assoziation, und hier wie dort ist er bemüht, die manifesten Zeugnisse seelischer Aktivität auf hypothetisch angenommene verdrängte Wünsche zurückzuführen. In die Kategorie der Fehlleistungen wird das zeitweilige Vergessen von Eigennamen ebenso eingeschlossen wie das Fehlerinnern, also die Ersetzung des gesuchten Namens durch einen anderen, falschen. FREUD erklärte selbstgewiß, daß namentlich Irrtümer beim Sprechen *immer* durch Verdrängung verursacht werden, mit anderen Worten, daß das Motiv für die sprachlichen Fehlleistungen stets in unbewußtem Material zu suchen ist. In seiner *Psychopathologie des Alltagslebens*[6] führt er zahlreiche Fallbeispiele an, um die Leser von der Stimmigkeit seiner Behauptungen zu überzeugen. Wie er das anstellt, soll anhand zweier Zitate gezeigt werden.

Das erste bezieht sich auf einen Anatomieprofessor, der in seiner Demonstration erklärt:

>»Beim weiblichen Genitale hat man trotz vieler *Versuchungen* – pardon, *Versuche*...« (S. 73)

Das zweite Beispiel zitiert einen ungewollten Versprecher des ehemaligen Präsidenten des österreichischen Abgeordnetenhauses, der das Plenum mit folgenden Worten begrüßte:

>»Hohes Haus! Ich konstatiere die Anwesenheit von... Herren und erkläre somit die Sitzung für *geschlossen.*« (S. 57 [nach einem Aufsatz von MERINGER aus dem Jahre 1900])

Die Deutung der störenden Intention im ersten Fall versteht sich wohl von selbst, während FREUD zum zweiten Zitat MERINGERs Kommentar wiedergibt:

>»Im vorliegenden Falle wird die Erklärung wohl diese sein, daß der Präsident sich *wünschte,* er wäre schon in der Lage, die Sitzung, von der wenig Gutes zu erwarten stand, zu schließen, aber – eine häufige Erscheinung – der Nebengedanke setzte sich wenigstens teilweise durch und das Resultat war ›geschlossen‹ für ›eröffnet‹, also das Gegenteil dessen, was zu sprechen beabsichtigt war.«

FREUD selber fügt noch hinzu:

>»Nicht in allen Fällen... wird es so leicht, wie hier im Beispiel des Präsidenten, wahrscheinlich zu machen, daß das Versprechen infolge eines

Widerspruchs geschieht, der sich im Innern des Redners gegen den geäußerten Satz erhebt.« (S. 57)

FREUD scheint also anzunehmen – aus welchen Gründen auch immer –, daß der Irrtum der tatsächlichen Intention des Präsidenten entspricht! Doch müssen wir uns fragen: Könnte es nicht einfach ein unmotivierter Lapsus linguae gewesen sein?

Als junger Student war ich an FREUDs *Psychopathologie des Alltagslebens* interessiert, und ganz besonders an seiner Interpretation einer häufig vorkommenden Fehlhandlung, nämlich des Schlüsselvergreifens. In einem seiner Beispiele zitiert er einen Mann [Dr. HANNS SACHS], der »öfters« den falschen Schlüssel herausnahm, um eine Tür [gewöhnlich seiner Kanzlei] zu öffnen. Nach seiner [FREUDschen] Deutung verriet das den Wunsch, in dem Hause zu sein, dessen Tür mit eben jenem Schlüssel zu öffnen war [hier: sein eigenes Haus]. Mir schien damals, daß man auch zu einer rein psychologischen Erklärung gelangen könnte, ohne in diesem Zusammenhang von – verdrängten oder [un]bewußten – Absichten Gebrauch zu machen. Ein persönliches Experiment sollte mir darüber Aufschluß bringen. Ich verwahrte damals meine eigenen Schlüssel in einem Lederbeutel, wo sie parallel zueinander lagen und mittels Metallringen an einem oben befindlichen, ebenfalls metallenen Riegel befestigt waren. Nun legten die Ergebnisse der experimentellen Psychologie für die gelegentliche Wahl eines falschen Schlüssels zwei Hauptursachen nahe. Die erste betrifft die *Ähnlichkeit* im Aussehen der in Frage stehenden Schlüssel; wenn beide dem gleichen Herstellungstyp angehören, dann kann das natürlich leicht zu einer Verwechslung führen. Handelt es sich dagegen bei dem einen Schlüssel um einen kleinen modernen und bei dem anderen um einen sehr großen, altmodischen Eisenschlüssel, dann dürfte eine Verwechslung beinahe unmöglich sein. Das zweite Prinzip ist die *Lage* (Nähe); dicht beieinanderliegende Schlüssel müssen leichter zu verwechseln sein als weit voneinander entfernte.

Bevor ich ein zerstreuter Professor wurde, war ich ein zerstreuter Student, und oft fand ich mich selbst vor einer Tür mit dem falschen Schlüssel in der Hand wieder. Ich machte mir zur Gewohnheit, die näheren Umstände festzuhalten, indem ich sorgfältig den Schlüssel notierte, den ich hätte benutzen sollen, wie auch jenen, den ich in der Tat benutzen wollte. Es war nicht schwer, einen »Proximitätsgradienten« zu konstruieren, da ich zur Bestimmung der Nähe bzw. Ferne zweier Schlüssel ja nur die zwischen ihnen liegenden zu zählen brauchte: Angefangen bei zwei unmittelbar benachbarten Schlüsseln gab es sukzessive keinen, einen, zwei, drei oder mehr dazwischenliegende Schlüssel, mit anderen Worten, es gab einen exakten Maßstab, mit dem ich den tatsächlichen Abstand zwischen den verwechselten Schlüsseln beschreiben konnte. Was aber den Ähnlichkeitsgrad zwischen den einzelnen Schlüsseln anbetraf, so hatte ich diesen durch Kollegen einschätzen lassen, die über den Zweck des Experiments nicht informiert waren.

Ich setzte das Experiment über viele Jahre fort, und ich erlebte buchstäblich Tausende von Situationen, in denen Irrtümer dieser Art auftraten. Dabei entdeckte ich eine sehr klare lineare Beziehung zwischen der Anzahl der begangenen Irrtümer einerseits und der Ähnlichkeit der Schlüssel andererseits: Je ähnlicher die Schlüssel waren, desto größer die Zahl der Fehler. Zudem fand sich eine lineare Beziehung zwischen der Anzahl der Irrtümer und der Entfernung zwischen den einzelnen Schlüsseln im Bund. Wenn ich nun beide Ursachen kombinierte, war es mir möglich, praktisch allen begangenen Irrtümern Rechnung zu tragen. Zwei moderne und nahe beieinander liegende Schlüssel riefen die weitaus meisten Irrtümer hervor, während es zwischen einem modernen Schlüssel (einem Yale key) auf der einen Seite des Bundes und einem großen altmodischen Metallschlüssel auf der anderen Seite niemals zu einer Verwechslung kam.

Ich will dies nicht als ein Experiment anpreisen, das FREUDs Theorie widerlegt; zweifellos wären mehrere Versuchspersonen, mehr Kontrollen und eine raffiniertere statistische Behandlung vonnöten, um solches zu leisten. Außerdem war ich nicht in der glücklichen Lage, die FREUDs Patienten genossen, die anscheinend mehrere Geliebte in verschiedenen Teilen Wiens hatten, so daß sie die Schlüssel zu deren Wohnungen mit denen ihres eigenen Hauses verwechseln konnten und damit den Wunsch ausdrücken konnten, lieber bei einer der Geliebten zu sein als bei der eigenen Ehefrau! Was ich damit andeuten will, ist einfach dies, daß es für gewisse Arten von Fehlhandlungen eine einleuchtende alternative Erklärung gibt, und daß jeder Versuch, das Problem wissenschaftlich anzugehen, solche Alternativen in Rechnung stellen müßte. FREUD tat dies niemals, obwohl die genannten Prinzipien zu seiner Zeit sehr wohl bekannt waren.

Genau der gleiche Einwand ist im Hinblick auf sprachliche Fehler erhoben worden, wenngleich dort mit weit stärkerer experimenteller Unterstützung. So wird in einem von VICTORIA FROMKIN herausgegebenen Buch über »Irrtümer im Sprachvollzug: Versprechen, Verhören, Verschreiben und Vergreifen«[7] gezeigt, daß die Masse der sprachlichen Irrtümer in zwei große Klassen fällt. Die erste Klasse umfaßt Fehler, in denen das Ersatzwort in der lautlichen *Form* dem gemeinten Wort ähnlich ist, etwa wie in den folgenden [adaptierten] Beispielen: »Zeichen« anstelle von »Zeichnen«, »Konfession« anstelle von »Konvention«, »Vorwerk« anstelle von »Fuhrwerk«. Die zweite Klasse besteht aus Irrtümern, in denen das Ersatzwort im assoziativen oder semantischen *Sinn* bzw. der *Bedeutung* mit dem ersetzten Wort verwandt ist, wie die folgenden Versprecher illustrieren: »Verbrenn dir nicht den Finger« anstelle von »...den Mund«; »Ich kenn seine Schwiegermutter« anstelle von »...seinen Schwiegervater«; »ein kleines japanisches Restaurant« anstelle von »...chinesisches Restaurant«. Alle außer zwei der von FREUD angeführten irrtümlichen Wortsubstitutionen können aufgrund ihrer Ähnlichkeit mit dem intendierten Wort in die eine oder andere Klasse eingeordnet werden. Es würde zu weit führen, noch mehr Einzelheiten aus dem Buch von FROMKIN auszubreiten. Sicher ist, daß die beiden Klassen von Irrtümern denen, die ich in meiner Analyse des Schlüsselvergreifens benutzt habe, sehr ähnlich sind; vom all-

146

gemeinen psychologischen Standpunkt aus gesehen sind sie auch völlig verständlich, so daß man durchaus nicht auf komplizierte psychoanalytische Deutungen im Sinne des Verdrängungsmechanismus zurückgreifen muß.

Wenn es um die Frage des Zugangs zum Gedächtnis geht, so ist der Begriff »Gewohnheit« (habit) gewiß genauso wichtig wie der des »Antriebs« (motivation), zumal er eine viel bessere experimentelle Grundlage hat. Tatsächlich beging ich seinerzeit in der Auswahl des passenden Schlüssels mehr Irrtümer bei neu erworbenen Schlüsseln als mit anderen, die ich schon längere Zeit besaß; im letzteren Fall hatten natürlich unzählige Wiederholungen zum gewohnheitsmäßigen Auffinden des richtigen Ortes geführt, während der Platz der neueren Schlüssel wegen mangelnder Gewöhnung noch nicht so fest etabliert war. Ähnlich läßt sich erweisen, daß Worte, die jemand häufig benutzt, viel leichter zugänglich sind als solche, die verhältnismäßig neu sind oder bisher nur selten verwendet wurden. Es besteht also kein Zweifel, daß außer den zuvor erwähnten Prinzipien erst einmal der Gewohnheitsfaktor als Ursache ausgeschaltet werden müßte, bevor wir eine Interpretation der Irrtümer mit Hilfe von (inneren) Antrieben oder ähnlichen motivationalen Konzepten in Erwägung ziehen dürften.

Im übrigen ist es ganz irrig, FREUD als den ersten Forscher anzusehen, der sich für Fehlleistungen wie Versprechen, Verschreiben u. dgl. interessierte und darüber umfangreiches Material erhob. Die erste größere psycholinguistische Analyse solcher Irrtümer anhand einer Sammlung von über 8000 Fehlerbeispielen wurde in Wien von MERINGER und MAYER unter dem Titel *Versprechen und Verlesen* 1895 – also sechs Jahre vor FREUDS Buch – veröffentlicht. Und auch diesen beiden Forschern gingen andere Forscher voraus – einige Arbeiten erschienen bis zu neun Jahren früher –, was beweist, daß zu jener Zeit an solchen Dingen lebhaftes Interesse bestand.

In der Auseinandersetzung zwischen MERINGER und FREUD nahmen die beiden Parteien extreme Positionen ein [cf. S. FREUD, a.a.O., S. 52f.]. FREUD behauptete, daß alle sprachlichen Fehlleistungen, außer vielleicht einigen der einfachsten Fälle von Antizipation (Vorwegnahme) und Perseveration (Verharrung), durch seine Theorie des Unbewußten erklärt und auf den Verdrängungsmechanismus als Ursache zurückgeführt werden können. MERINGERs Gegenposition ließ dieserart Ursachen völlig außer acht. Heute können wir ohne weiteres sagen, daß das vorliegende Beweismaterial FREUDs Auffassung nicht zu stützen vermag; allerdings kann in Anbetracht der Schwierigkeit vollständiger Widerlegung der Möglichkeit antriebsbedingter oder motivationaler Fehlleistungen auch MERINGERs Standpunkt nicht zur Gänze als bestätigt gelten.

In einem Kapitel des FROMKINschen Sammelbandes haben ELLIS und MOTLEY 51 irrtümliche Ersatzwortbildungen aus der Gesamtzahl von 94 in FREUDs *Psychopathologie des Alltagslebens* aufgeführten Sprechfehlern analysiert. Sie kommen zu dem Schluß, daß

»...die fehlerhaften Wortsubstitutionen, die Freud als Beleg für diese
Theorie der widerstreitenden Intentionen herangezogen hat, weder in
formaler noch struktureller Hinsicht von den seitens der Psycholingui-
sten analysierten Fehlern abweichen.«
Infolgedessen ist es überhaupt nicht notwendig, zu ihrer Erklärung nicht-
linguistische Mechanismen anzunehmen.

Um den jeweiligen Einfluß motivationaler und linguistischer Faktoren
miteinander zu vergleichen, wurden einige interessante Experimente angestellt. Eines davon behandelte sogenannte »*Spoonerisms*«, das heißt
jene legendären Versprecher des Reverend Dr. WILLIAM ARCHIBALD
SPOONER, der von 1844–1930 lebte und von 1903 bis 1924 Rektor des New
College in Oxford war. Bei den nach ihm benannten Sprachschnitzern handelte es sich um zufällige Umstellungen von Anfangsbuchstaben zweier
oder mehr Worte, dergestalt, daß auch die ersatzweise herausgekomme-
nen Wörter einen sprachlichen Sinn ergeben, beispielsweise: »You have
*h*issed the *m*ystery lectures« anstelle von »You have *m*issed the *h*istory
lectures«. [Ein deutsches Beispiel wäre »*W*acht geht vor *M*issen« anstelle
von »*M*acht geht vor *W*issen«.] SPOONER war seinerzeit dafür bekannt,
daß er häufig solche Anlautvertauschungen beim Sprechen (und anscheinend auch beim Schreiben) machte, doch sind die meisten berühmten
Spoonerismen vermutlich von anderen erfunden.

MICHAEL T. MOTLEY wandte nun obige Faktoren an, um in experimentellen Situationen unwillkürliche *Spoonerismen* hervorzurufen. In einem dieser Experimente zeigte er seinen Versuchspersonen zwei an sich unsinnige
Wörter, die sie laut aussprechen mußten. Er bildete drei Versuchsgruppen,
die jeweils einer anderen Situation ausgesetzt wurden. Die Versuchsbedingungen der einen Gruppe sahen vor, die durch mögliche Elektroschocks erzeugte kognitive Einstellungsänderung zu überpüfen. Den Versuchspersonen wurden (falsche) Elektroden angelegt, die ostentativ mit einem elektrischen Timer verbunden wurden, wobei man ihnen sagte, daß dieser in der
Lage sei, in unregelmäßigen Abständen nicht allzu schmerzhafte Elektroschocks auszulösen, und daß sie im Verlaufe des Tests solche Schocks emp-
fangen könnten oder auch nicht (selbstverständlich wurden keine Schocks
verabreicht!). Diese Behandlung war einem männlichen Experimentator
überantwortet. Bei einer zweiten Gruppe sollte die kognitive Einstellung in
einer sexorientierten Situation untersucht werden. Zu diesem Zweck wurden die Testaufgaben von einer attraktiven Mitarbeiterin gestellt, die nicht
nur gut aussah, sondern auch sehr provozierend gekleidet war und sich ver-
führerisch gab. (Psychologiestudenten haben immer Spaß!) Diese durchaus sexgeladene Behandlung erfolgte ohne Beteiligung elektrischer Appa-
rate. Drittens wurde eine neutrale Kontrollbehandlung ebenfalls in Abwesenheit der Elektroschockapparatur, diesmal allerdings von einem (indiffe-
renten) männlichen Versuchsleiter, durchgeführt. Wie man sieht, entspra-
chen die einzelnen Versuchspläne dem Ziel, situationsbedingte Motiva-
tionsfaktoren in bezug auf Elektroschocks, auf Sex oder auf eine neutrale
Behandlung gegeneinander abzuschätzen.

Im Test nun wurden den Versuchspersonen Wortpaare vorgelegt, die durch bloße Anlautvertauschung sinnvolle Wörter ergeben konnten, wobei deren Bedeutung entweder dem Bereich der Elektrizität oder aber dem der Sexualität zugehörte. Beispiele für den ersten (schockenden) Typus waren etwa *shad bock,* was sich in *bad shock* transponieren ließ, oder auch *vany molts,* aus dem man *many volts* bilden konnte. Für den zweiten (aus anderen Gründen schockierenden) Typ lauteten die Nonsensworte beispielsweise *goxi furl,* was an *foxy girl* erinnern mochte, oder *lood gegs,* aus dem *good legs* zu erraten war. [Deutsche Psychologiestudenten könnte man entsprechend auffordern, *dreißer Haht* bzw. *zeiler Stahn* zu bearbeiten. Ein in der ›Psychopathologie des Alltagslebens‹ (a.a.O., S. 77) wiedergegebenes Beispiel von MAYER spricht irrtümlich von der »Freuer-*B*reud-Methode«.]
Jeder Zielgruppe von Wortpaaren gingen drei Interferenzwörter (i.e. die Reaktion beeinflussende Wortpaare) voraus, die eine lautliche Voreingenommenheit im Hinblick auf den erwarteten *Spoonerismus* herstellen sollten. Beispielsweise setzte man dem Zielpaar *bine foddy* mit der erwarteten Anlautvertauschung in *fine body* die interferierenden Gruppen *fire bobby, five bogies,* etc. voran, wodurch suggeriert wurde, daß das erste Wort mit einem *f* und das zweite mit einem *b* beginnen sollte. Das Ergebnis war, daß die (irrtümlichen) Lautvertauschungen bei denjenigen Zielwörtern, deren erwartete Fehlaussprache zu der einer bestimmten Situation – den Versuchsbedingungen – entsprechenden kognitiven Einstellung paßten, häufiger auftraten als bei denjenigen, deren fehlerhafte Aussprache nichts mit der fraglichen Situation zu tun hatten. Anders gesagt: Das »sexgeladene« Experiment erzeugte mehr sexorientierte Fehler als elektrizitätsorientierte, und das »stromgeladene« Experiment rief mehr elektrizitätsbezogene Irrtümer hervor als die anderen; schließlich – als Kontrolle – erbrachte die neutrale Versuchsanordnung eine gleiche Anzahl von Fehlern der einen oder anderen Art. MOTLEY sah darin einen Beweis für FREUDs Theorie, doch kann davon natürlich überhaupt keine Rede sein. Es muß nämlich bezweifelt werden, daß die Situationen motivationalen Charakter besaßen, könnten sie doch ebensogut nur verschiedene Gewohnheiten und assoziative Bahnen angesprochen haben. Viel schlimmer aber ist, daß FREUDs Theorie ja davon ausgeht, die motivierenden Faktoren seien *unbewußte (,) verdrängte infantile Wünsche;* denn nicht einmal MOTLEY dürfte behaupten, daß Affekte alias Emotionen, die durch den Hinweis, man würde eventuell Elektroschocks erhalten, oder durch den Anblick eines provozierend gekleideten hübschen Mädchens erregt werden, unbewußte sind. Das Experiment ist an und für sich nicht uninteressant, aber es ist irrelevant in bezug auf psychoanalytische Hypothesen. Und das gleiche muß selbstverständlich von allen anderen im psychologischen Schrifttum beschriebenen Experimenten dieser Art gesagt werden. Keines von ihnen ist ein echter Test für die FREUDsche Theorie.
Doch wenden wir uns noch einem der für FREUDs Auswahl bezeichnenden Lapsus linguae – einer sprachlichen Fehlleistung – zu. Es handelt sich um

einen Fall (von gleichzeitigem Vergessen und Fehlerinnern), der von vielen seiner Anhänger wie auch Kritiker immer wieder als ein hervorragendes und auch überaus eindrucksvolles Beispiel für die Deutung einer »FREUDschen Fehlleistungen« gelobt wurde. Eine ins einzelne gehende Analyse derselben hat SEBASTIANO TIMPANARO, ein bekannter italienischer Linguist, in seinem gleichnamigen Buch[8] geliefert. Die brillant und mit großem Sachverstand geschriebene Darstellung kann jedem interessierten Leser als weitere Lektüre nur empfohlen werden; leider werden wir an dieser Stelle kaum mehr als eine kleine Vorstellung von seinen überaus aufschlußreichen Gedankengängen geben können.

Beginnen wir gleich mit dem FREUDschen Bericht (a.a.O., S. 19ff.). Auf einer Zugreise kommt er mit einem jungen jüdischen Landsmann ins Gespräch, der sich über die untergeordnete soziale Stellung der Juden in Österreich-Ungarn beklagt. In seiner leidenschaftlichen Rede will der junge Mann einen Vers von VERGIL zitieren, in dem die verlassene *Dido* »ihre Rache an Äneas der Nachwelt überträgt«, bevor sie sich das Leben nimmt: »Exoriare aliquis nostris ex ossibus ultor.« Aus Gründen, die sogleich diskutiert werden sollen, ist dieser Fluch schwer zu übersetzen, doch meint er in etwa »Jemand möchte aus meinen Knochen als Rächer auferstehen« oder auch »Stehe auf aus meinen Knochen, oh Rächer, wer immer du sein magst« [in der deutschen Übertragung von JOSEPH SPITZENBERGER (neu bearbeitet von LEO WINTER) heißt es: »Keim, o keime hervor aus meinen Gebeinen, du Rächer.«] Statt dessen zitiert der junge Jude fälschlich »Exoriar(e) ex nostris ossibus ultor!«, er läßt also *aliquis* aus und kehrt die Worte *nostris ex* um.

Herausgefordert durch den jungen Mann, der weiß, um wen es sich bei seinem Gegenüber handelt, und offenbar auch einiges aus seinen Schriften gelesen hat, versucht FREUD, diesen Fehler psychoanalytisch aufzuklären. Unter Rückgriff auf die GALTONsche Methode der freien Assoziation [dies natürlich nicht expressis verbis] verlangt er von dem Probanden die Einhaltung folgender Regel:

> »Ich muß Sie... bitten, mir *aufrichtig* und *kritiklos* alles mitzuteilen, was Ihnen einfällt, wenn Sie ohne bestimmte Absicht Ihre Aufmerksamkeit auf das vergessene Wort richten.« (S. 19)

Der Proband beginnt darob mit Assoziationen auf das vergessene Wort »*aliquis*« und kommt zu der Sequenz »*Reliquien – Liquidation – Flüssigkeit – Fluid*«. Dann folgt der heilige »*Simon von Trient*« – ein kindlicher Märtyrer aus dem fünfzehnten Jahrhundert, dessen Ermordung den Juden zugeschrieben worden war und dessen in Trient aufbewahrte Reliquien der junge Jude vor nicht allzu langer Zeit besichtigt hatte. Als nächstes ergibt sich eine Reihe von Heiligen, darunter der *hl. Januarius,* dessen geronnenes Blut »in einer Phiole... in einer Kirche zu Neapel« (S. 20) aufbewahrt wird und »welches durch ein Wunder an einem bestimmten Festtag wieder flüssig wird«. Die Aufregung, die das abergläubische neapolitanische Volk ergreift, wenn dieser Verflüssigungsprozeß sich verzögert, äußert sich (angeblich) in pittoresken Beschimpfungen und Drohungen gegen den Heiligen. [FREUDs Gesprächspartner berichtet von einer historischen Szene, in der sich das Wunder während einer Okkupation der Stadt verzögerte und der kommandierende General – oder Garibaldi höchstselbst –»den geistlichen Herrn beiseite (nahm) und ihm... mit einer sehr verständlichen Gebärde auf die draußen aufgestellten Soldaten (bedeutete), er *hoffe,* das Wunder werde sich sehr bald vollziehen«. Und so geschah es auch. (S. 20)] Schließlich kommt die Sprache auf eine gewisse Sorge, in der FREUD das problematische Vergessen begründet sieht. Er habe, so gesteht der junge Mann ein, »plötzlich an eine Dame gedacht, von der (er) leicht eine Nachricht bekommen könnte...«, daß – wie FREUD ihm auf den Kopf zusagt – »ihr die Periode ausgeblieben sei«. Bei jener Dame handele es sich im übrigen um eine »Italienerin... in deren Gesellschaft« er »auch Neapel besucht habe«. Er sei »in ängstlicher Erwartung«, täglich die Bestätigung seiner schlimmsten Befürchtungen zu erhalten. (S. 21) FREUD findet in diesem Kontext auch den assoziativen Sinn eines anderen Namens in der »Aneinanderreihung von Heiligen und Kirchenvätern«, nämlich den des *St. Augustinus,* der nach dem *hl. Simon* genannt worden war. *St. Augustinus* und *St. Januarius* sind beides »Kalenderheilige« (der Monate August und Januar), das heißt ihre Namen mußten für einen jungen Mann, der fürchtete, Vater zu werden, geradezu eine Kette der Angst bilden (wobei es für FREUD unwichtig zu sein scheint, daß die zwei Monate zu nah beieinanderliegen, als daß sich darin wenigstens die fatalen neun Monate darstellen könnten). Weiter verbindet FREUD den Kindesmord am *hl. Simon von Trient* mit der Versuchung des Kindesmordes oder der Abtreibung als einem Äquivalent desselben. Zweifel des jungen Mannes an der Richtigkeit der Deutung aber begegnet er mit folgenden selbstbewußten Worten:

»Ich muß es Ihrer eigenen Beurteilung überlassen, ob Sie sich alle diese Zusammenhänge durch die Annahme eines Zufalls aufklären können. Ich sage Ihnen aber, jeder ähnliche Fall, den Sie analysieren wollen, wird Sie auf ebenso merkwürdige ›Zufälle‹ führen.« (S. 21)

FREUD behauptet also nichts weniger als dies: Der junge Jude ist darüber beunruhigt, daß er seine italienische Geliebte geschwängert haben könnte; die verdrängte Sorge taucht in Form der verbalen Fehlleistung auf, als er VERGIL zitieren will; die Assoziationskette, die bei dem vergessenen Wort ansetzt, führt zu Vorstellungen, die kleine Kinder, Flüssigkeiten, Kalendermonate, Kindesmord und ähnliches mehr beinhalten, was nach FREUD fraglos mit dem Ausbleiben der Periode des Mädchens verknüpft ist. Unklar bleibt dabei, warum irgendeiner dieser Gedanken, die um reale Befürchtungen des jungen Mannes kreisen, in irgendeinem Sinn als »verdrängt« verstanden werden soll; sie sind ihm sicherlich nicht unbewußt, befinden sich vielmehr gerade im Zentrum seines Bewußtseins. Allerdings läßt sich mit diesem Einwand die Hypothese, daß freie Assoziationen im Anschluß an eine Fehlleistung zu komplexen oder beunruhigenden Vorstellungen führen, kaum zurückweisen. Nur – kann all dies FREUDs allgemeine Theorie beweisen – oder zumindest sie stützen?

Bevor wir jetzt FREUDs Analyse einer letzten Kritik unterwerfen, wollen wir noch sehen, was TIMPANARO, der Sprachexperte, auf die selbstgestellte Frage »Welche Erklärung können wir für diesen doppelten Fehler finden?« zu antworten hat. Zunächst weist er auf das altbekannte Phänomen der *Banalisierung* hin, nämlich auf die Tatsache, daß Worte und Redewendungen, die veraltet, hochgestochen oder stilistisch ungewöhnlich sind und die daher verhältnismäßig weit von der sprachlich-kulturellen Tradition des Sprechenden entfernt sind, der Tendenz nach durch einfachere und gewöhnlichere Ausdrücke ersetzt werden. Ähnlich wird ja auch jemand, der das überkommene literarische Erbe der Gegenwart zugänglich machen möchte, bemüht sein, die altertümlichen Wörter und Sätze in moderne Ausdrucksformen zu übertragen. Nun ist der von FREUDs jungem Reisegefährten zitierte VERGIL-Vers ungewöhnlich dramatisch gebaut, indem die zweite Person Singular [Imperativ] »exoriare« zugleich mit dem unbestimmten Pronomen »aliquis« vorkommt: *Dido* verwendet für den zukünftigen Rächer die familiäre Anredeform, sozusagen das »Du«, als wenn sie ihn schon vor sich stehen sähe, während sie im selben Atemzug mit dem »aliquis« (»wer immer du sein magst« [in der SPITZENBERGERschen Fassung unübersetzt]) seine unbestimmte Identität ausdrückt. Somit ist *Didos* Ausspruch zugleich eine Weissagung – so vage, wie solche Weissagungen eben zu sein pflegen (»Es komme – früher oder später – jemand, mich zu rächen«) – und eine implizite Ankündigung des späteren *Hannibal,* jenes Rächers, den VERGIL gewiß im Sinne hatte, als er diese Worte schrieb.

Eine solche Konstruktion ist im Deutschen – der Sprache FREUDs und seines jungen Freundes (genau wie im Englischen) – eigentlich nicht übersetzbar, jedenfalls nicht wörtlich. TIMPANARO hebt diese Schwierigkeit ausdrücklich hervor:

> »Etwas muß geopfert werden: entweder will man den Charakter der geheimnisvoll unbestimmten Prophezeiung zum Ausdruck bringen, was bedeutet, ›*Exoriare*‹ in der dritten Person Singular – anstatt der zweiten – wiederzugeben (›… möge ein Rächer kommen‹), oder man zieht es vor, die Unmittelbarkeit und direkt evozierende (anrufende) Kraft der zweiten Person Singular zu bewahren, was bedeutet, ›aliquis‹ irgendwie zu modifizieren, wenn nicht gar völlig zu unterdrücken (›Komm, o Rächer, wer immer du sein magst…‹).«

Übersetzer des VERGIL ins Deutsche haben, wie TIMPANARO betont, gewöhnlich die eine oder die andere Möglichkeit gewählt, und es ist wahrscheinlich, daß der junge Österreicher, für den *Dido*s Worte ohne Zweifel wenig mehr als eine ferne Erinnerung aus der Gymnasialzeit waren, unbewußt dazu geführt wurde, den Text zu banalisieren, das heißt ihn seinem persönlichen Sprachschatz anzugleichen. Die unbewußte Eliminierung des »aliquis« korrespondiert mit dieser Tendenz; der Rest des Satzes läßt sich leicht ins Deutsche übersetzen, auch ohne die Ordnung der Wörter zu strapazieren. Diese Tendenz wird durch die Tatsache unterstützt, daß VERGILs ursprüngliche Lesart nicht nur vom Standpunkt des Deutschen aus ungewöhnlich ist, sondern auch im Kontext des Lateinischen; dies konnte leicht einen jungen Mann, der nur bescheidene (Latein)Kenntnisse erworben hatte, dazu verleiten, die grammatische Ordnung so ›wiederherzustellen‹, wie er sie in der Schule gelernt hatte. TIMPANARO geht selbstverständlich noch viel weiter ins Detail, als wir es hier tun können, doch dürfte auch so schon deutlich geworden sein, daß er mit guten Gründen das Banalisierungsphänomen zur Erklärung jener FREUDschen Fehlleistung des jungen Juden in die Debatte wirft. Wie aber steht es mit der Assoziationskette?

Nun – auch hierfür bietet TIMPANARO eine durchaus einleuchtende Auflösung an. Er weist auf eine Annahme FREUDs hin, für die es überhaupt keine Stütze gibt. Dieser glaubte, es sei die Sorge des jungen Mannes über das Ausbleiben der Periode seiner Geliebten gewesen, die die Fehlleistung hervorgerufen hatte, und daß die Kette der Assoziationen den Beweis dafür lieferte. Es ist jedoch genausogut möglich, daß *jede* Assoziationskette, die von einem willkürlich gewählten Wort ausgeht, zu eben dem führt, was in der Seele des »Patienten« (sprich: Leidenden) obenan steht, weil seine Gedanken immer dahin tendieren, zu diesem dominanten Thema zurückzukehren. TIMPANARO gibt eine Reihe von Beispielen, die zeigen, wie leicht sich zu den Sorgen und Nöten des jungen Juden Assoziationsketten konstruieren lassen, indem man nur eine beliebige Stelle aus dem VERGIL-Zitat als Anfangspunkt herausnimmt. Er stellt auch fest, daß diese Assoziationsketten kein bißchen grotesker und gewundener sind als jene, die FREUD als Zeugnis heranzieht. Außerdem weist er darauf hin, daß FREUD dem Probanden in Wirklichkeit gar nicht erlaubte, frei zu assoziieren, sondern die Kette der Assoziationen durch seine Zwischenbemerkungen ganz subtil in eine ihm genehme Richtung lenkte, der der junge Mann schließlich folgen mußte. Insofern erscheinen die sogenannten »freien Assoziationen« zum Teil durch FREUDs suggestive Kommentare beeinflußt, zum Teil aber auch durch die Kenntnisse des jungen Juden über Freud und dessen Theorien. Hinzu kommt noch sein Interesse an sexuellen Dingen, so daß seine Assoziationen in jedem Fall – ganz gleich, bei welchem Punkt man begonnen hätte – den nämlichen Verlauf genommen haben dürften.

Damit kehren wir zur entscheidenden Frage zurück. Wenn wir mit jedem Wort begonnen haben könnten und nichtsdestoweniger durch eine Kette von Assoziationen bei demselben Resultat angekommen wären, dann ist die FREUDsche Theorie ohne Zweifel völlig falsch. Infolgedessen wäre dies ein notwendiges und zudem einleuchtendes Kontrollexperiment. Dennoch haben FREUD und seine Anhänger niemals versucht, ihre Behauptungen einem solchen Test zu unterziehen. Als ich während des Krieges am *Mill Hill Emergency Hospital* (einem Londoner Notlazarett) als Psychologe Dienst tat, wandte ich jenes Experiment bei einer Anzahl von Patienten an, die mit neurotischen oder leichten psychotischen Störungen eingeliefert worden waren. Ich bat sie, ihre Träume zu erzählen, und ließ sie dann zu verschiedenen Traumelementen frei assoziieren. Dabei fand ich – wie schon GALTON und FREUD –, daß man nach dieser Methode in der Tat sehr schnell bei gewissen Sorgen und Ängsten anlangte, welche die

Patienten stark beunruhigten, obwohl sie ihnen in der Regel ganz bewußt waren und keinesweges auf verdrängte infantile Wünsche hindeuteten. Jedoch unternahm ich auch das Kontrollexperiment. Ich ging dabei von denselben Träumen – sagen wir von *Mr. Jones* und *Mr. Smith* – aus, die ich zuvor in FREUDscher Manier analysiert hatte, nur daß ich jetzt *Mr. Jones* zu Elementen aus dem Traum von *Mr. Smith* frei assoziieren ließ und vice versa. Das Resultat war eindeutig: die Assoziationsketten endeten bei genau den gleichen »Komplexen«, wenn die Assoziationen von den Träumen des anderen ausgingen, wie wenn sie an die eigenen Träume anknüpften! Mit anderen Worten, die Assoziationskette wird durch den »Komplex« determiniert, nicht aber durch den Ausgangspunkt. Dies stößt die FREUDsche Theorie vollständig um, und man muß sich nur wundern, warum Psychoanalytiker nicht diese höchst simple experimentelle Methodik als Test für den Erklärungswert ihrer Lehre übernommen haben.

Ich will damit nicht behaupten, daß die hier implizierte Hypothese notwendigerweise wahr ist. Ich sage nur, daß sie im Zusammenhang mit dem Banalisierungsprinzip eine sehr starke und bedeutsame Alternative zur FREUDschen Auffassung darstellt und daß es in der Wissenschaft eben absolut unumgänglich ist, auch alternative Ansätze experimentell zu überprüfen. Die Psychoanalytiker haben kein Recht, die Richtigkeit ihrer Ansicht zu behaupten, solange nicht in genügender Zahl und mit genügender Gründlichkeit empirische Untersuchungen durchgeführt werden, die auf die eine oder andere Weise überzeugende Resultate erbringen. Die vorhandenen Zeugnisse reichen zweifellos nicht aus, um FREUDS Theorie zu »beweisen«, ja sie scheinen ihr in vielerlei Hinsicht zu widersprechen. Es gibt nicht nur brauchbare und experimentell gut abgesicherte Alternativen, sondern man kann darüber hinaus auch sehen, daß in den meisten der von FREUD angeführten Fälle der »Komplex« überhaupt nicht unbewußt oder verdrängt ist. Der junge Jude in der obigen Geschichte war sich völlig darüber im klaren, was er zu befürchten hatte, und natürlich mußte er auch ständig daran denken. Insofern können durchaus motivationale Faktoren wirksam gewesen sein (falls wir die Banalisierung für eine zu simple Erklärung seiner Fehlleistung halten), aber das wären dann ganz gewiß keine FREUDschen Motive. Aufmerksame Leser der *Psychopathologie des Alltagslebens* werden bemerken, daß dies für fast jedes Beispiel gilt. Deshalb gilt auch hier – genau wie bei seinem Buch über die »Traumdeutung« –, daß die als Belege ins Feld geführten Fälle im Grunde seinen Standpunkt nur zu schwächen vermögen.

Wir können nicht anders, als den Schluß ziehen, daß die breite Anerkennung der FREUDschen Theorien über das Träumen und die Fehlleistungen nicht auf einer rationalen und kritischen Lektüre seiner Werke beruht; denn tatsächlich findet sich dort kein einziger echter Beweis für die Richtigkeit seiner Ideen. Zwar wartet er mit eindrucksvollen und interessanten Deutungen auf, doch sind diese für sein Anliegen völlig irrelevant, da sie – als Erklärung genommen – seinen eigenen Theorien widersprechen. Wohlgemerkt – die Theorien *sind* prüfbar, und man kann nur hoffen, daß möglichst bald geeignete Langzeituntersuchungen in Angriff genommen werden, in denen ihre Effektivität mit der anderer Theorien verglichen wird. Solange dies nicht geschehen ist, dürfen die FREUDschen Theorien keinesfalls als bewiesen oder auch nur als wahrscheinlich gelten; die meisten Zeugnisse sprechen für alternative Auffassungen, die sich zudem viel mehr im Einklang mit dem gesunden Menschenverstand befinden. Im übrigen ist es geradezu absurd, von »FREUDschen Fehlleistungen« oder »FREUDschen Symbolen« zu reden; sowohl die Symbolik als auch die Deutung von unbeabsichtigten Irrtümern waren lange, bevor FREUD seine Theorien formulierte, geläufig, und das gleiche gilt für die Assoziationstechnik, mit der er seine Thesen zu begründen suchte. Was immer auch Träume, Versprecher oder Verschreiber sein mögen – sie sind ganz gewiß nicht der »Königsweg zum Unbewußten«; günstigstenfalls können sie gelegentlich durch bewußt ablaufende Gedanken motiviert sein, die ihrerseits mit starken Affekten alias Emotionen besetzt sind. Hierfür gibt es in der Tat einiges Beweismaterial; für die »unbewußten« und »verdrängten« Wünsche in der FREUDschen »Motivengleichung« gibt es dagegen überhaupt keinen Beweis, nicht einmal in seinen eigenen Fallbeispielen.

In den letzten Jahren ist eine neue Hypothese vorgebracht worden, die auf jenes »aliquis«-Vergessen ein völlig anderes Licht wirft. Die (leidige) Geschichte beginnt mit der »Enthüllung«, daß FREUD ein heimliches Verhältnis mit *Minna Bernays,* der Schwester seiner Frau, hatte. Wie man sehr wohl weiß, war FREUDs Liebesleben größtenteils eine Kette von Frustrationen, die mit der Abstinenz während seines vierjährigen Werbens um *Martha Bernays* begann und sich fortsetzte in den Beschränkungen, die während der ersten neun Jahre ihrer Ehe geboten waren, als sie die meiste Zeit schwanger, zudem häufig krank und somit für ihren Mann sexuell nicht zugänglich war; schließlich – nach ihrer sechsten Schwangerschaft – beschloß das Paar, den ehelichen Verkehr wenn schon nicht ganz, so doch weitgehend einzustellen, da sie zu der Ansicht gekommen waren, daß sich nur so weitere Geburten vermeiden ließen.

Nun hat man vermutet, daß FREUDs wachsendes Interesse an sexueller Sublimierung, an ödipaler Rivalität und am Penisneid in hohem Maße durch seine persönliche Lebensgeschichte wachgerufen worden ist. In den Jahren der frühen »Entdeckungen« scheint er in seinen Träumen geradezu rasende Ängste ausgestanden zu haben, daß er entmannt werden würde, daß er der sexuellen Rechte auf seine Frau enthoben worden wäre und daß seine Kinder seine Sexualorgane verstümmelt hätten. Zu eben jener Zeit begann FREUD, zu seiner *Schwägerin* Beziehungen anzuknüpfen – so jedenfalls berichtete es C.G.JUNG, FREUDs einstmaliger (jüngerer) Freund und späterer Rivale. Dies wiederum wurde von einem amerikanischen Schüler JUNGs publik gemacht, nämlich JOHN BILLINSKY, der enthüllte, daß JUNG bei seinem ersten Besuch der *Freuds* in Wien mit *Minna* zusammengetroffen war, die ihm gebeichtet habe, daß sie sich wegen ihres Verhältnisses mit FREUD schuldig fühlte. BILLINSKY zitiert JUNG, wonach er von ihr erfahren habe, daß FREUD sie liebte und daß ihre Beziehung in der

Tat sehr intim waren. Er – JUNG – sei über diese Entdeckung schockiert gewesen, und selbst in späteren Jahren erinnerte er sich noch an die Seelenqual, die er seinerzeit ausgestanden habe. (JUNGs Reaktion erscheint uns allerdings überraschend, da er selber, wie man weiß, außereheliche Beziehungen nicht abhold war.)

Die ganze Story wäre sicherlich kaum von Interesse (außer für lüsterne Klatschmäuler), wenn nicht vor einigen Jahren zwei Schriftsteller, OLIVER GILLIE und PETER SWALES, auf die Idee gekommen wären, daß der *junge Jude* in der »aliquis«-Analyse nicht etwa nur eine Reisebekanntschaft FREUDs war, sondern – dieser selbst! Die Autoren glauben, daß FREUD und *Minna* im August des Jahres 1900 gemeinsam nach Italien gefahren sind, sie dort seinem Werben nachgab und schwanger wurde. Das Hauptzeugnis für diesen Verdacht aber liege in der »aliquis«-Deutung selber. Nach GILLIE und SWALES war kein anderer als FREUD darüber beunruhigt, daß *Minna* ihm eine sehr schlimme Nachricht zukommen lassen könnte; es sei also keine italienische Dame gewesen, die auf das Einsetzen der Periode wartete, sondern FREUDs eigene *Schwägerin*.

Das sind aber längst noch nicht alle Indizien, die SWALES für diese Annahme vorbringt. Es gibt nämlich auffallende Ähnlichkeiten zwischen dem *jungen Mann* in der Anekdote und der Person FREUDs: beide waren Juden, beide waren von der ständigen Frustration ihrer Ansprüche infolge des Antisemitismus in der Donaumonarchie betroffen, und beide waren sehr ehrgeizig. Außerdem war der *junge Mann* offenbar mit einigen von FREUDs psychologischen Publikationen vertraut, selbst mit der relativ unzugänglichen über ein unbewußtes Vergessen. Mehr noch, er konnte aus der *Äneis* zitieren, genau wie FREUD, und er schien andere Autoren zu kennen, die FREUD, wie wir wissen, schätzte. Er hatte die Kirche zu *Trient* und die dort aufbewahrten Reliquien des *hl. Simon* besichtigt, die FREUD gerade zuvor mit *Minna* gesehen hatte; und in der Konversation benutzte er sogar für das Wort »Inkarnationen« die Metapher »Neuauflagen«, die FREUD selbst mehrere Male schon in seinen Schriften verwendet hatte. Am Schluß seines Artikels fordert SWALES selbstsicher all jene heraus, die es immer noch vorzögen, jenen Standpunkt zu vertreten, der – wie er meine – fortan als der *exzentrische* betrachtet werden sollte, nämlich daß man FREUDs Aussage Glauben schenken müsse. Sie sollten den realen Beweis führen, daß der ›junge Mann‹ irgendwo anders existierte als in FREUDs Phantasie.

Falls die Geschichte wahr wäre, ergäbe dies in der Tat für die Deutung jener verbalen Fehlleistung einen ganz neuen Aspekt, und die scheinbar wunderbare Aufdeckung des »verborgenen« Komplexes in einem anderen Menschen würde noch viel einsichtiger werden, nicht zuletzt im Hinblick auf FREUDs eigene bewußte Ängste. Ist aber eine derartige Interpretation wahrscheinlich? Hören wir ALLAN C. ELMS, der SWALES' »Herausforderung« annahm und nach sorgfältiger Überprüfung des Beweismaterials einige sehr kritische Fragen aufwarf, die jene Vermutung insgesamt recht unwahrscheinlich machen. Das Fazit seiner Recherchen besagte, daß der junge Mann tatsächlich am richtigen Ort und zur richtigen Zeit existierte. SWALES erwähne sogar seinen Namen, ohne ernsthaft in Erwägung zu ziehen, daß er *der junge Mann* gewesen sein könnte. Sein Name war ALEXANDER FREUD, und er war Sigmunds jüngerer Bruder.

Unter dem umfangreichen Material, das ELMS zugunsten dieser Gegenansicht ausbreitet, ist zunächst bemerkenswert, daß *Alexander Freud* ein bekannter Schürzenjäger war, daß er FREUDS Publikationen (selbst entlegene) kannte, erst kürzlich ins Ausland gereist war, FREUD zur nämlichen Zeit getroffen hatte und auch sonst zu der Beschreibung paßte. Selbstverständlich kann jede Schlußfolgerung, zu der man heute – so lange nach dem fraglichen Vorfall – gelangt, auf nichts anderes als auf Spekulationen gegründet sein. FREUDS mögliche außerehelichen Liebschaften sind an und für sich von keinem großen Interesse, es sei denn, sie lassen seine Theorie in einem besonderen Licht erscheinen. Immerhin gehen SWALES und GILLIE so weit, zu behaupten, daß wesentliche Komponenten von FREUDS Sexualtheorien nur mit Bezug auf dieses angebliche Verhältnis mit *Minna* verstanden werden können. Für GILLIE ist es klar, daß Freuds Ansicht über den Inzest gefärbt, wenn nicht gar inspiriert war durch sexuelle Beziehungen zur Schwester seiner Frau, MINNA BERNAYS, und SWALES schreibt die gesamte Ödipustheorie FREUDS »inzestuöser« Liebesaffaire zu.

Nun – selbst wenn der fragliche junge Mann *Alexander Freud* und nicht der Autor selbst gewesen sein sollte, müßten wir immer noch die ganze »aliquis«-Analyse als neuer Interpretation bedürftig ansehen. FREUD war ja zweifellos mit den Lebensumständen *Alexanders* vertraut, viel mehr, als es bei einer Gelegenheitsbekanntschaft in einem Zug der Fall sein konnte, und infolgedessen würden seine Gedanken fast unvermeidlich von der bekannten Tatsache ausgegangen sein, daß *Alexander* als Frauenheld bekannt war, und die gleichsam natürliche Deutung mußte dann die Möglichkeit in Betracht ziehen, daß seine *Inamorata* auf die Periode wartete und befürchtete, daß sie ausbliebe.

Um mit dieser ziemlich undurchsichtigen Affaire zum Ende zu kommen, will ich noch ELMS' abschließenden Kommentar wiedergeben, der meines Erachtens den ganzen Sturm im Wasserglas in recht vernünftiger Weise zusammenfaßt: FREUD habe geltend gemacht, daß *unbewußtes* inzestuöses Verlangen durch unbewußte Tabus blockiert sei, so daß ödipale Gefühlsregungen für gewöhnlich nicht in einer wirklichen inzestuösen Beziehung zu einem Familienangehörigen ausgedrückt würden, sondern in der Phantasie, der Neurose und sublimiertem Verhalten. Um 1900 sei FREUD weit mehr an Inzestphantasien interessiert gewesen als an der Sache (scil. dem Inzest) selbst. Er mochte über MINNA phantasiert haben, doch bis jetzt sei kein verläßliches Zeugnis aufgetaucht, nach welchem er jemals solche Phantasien ausgeführt hätte. Jedenfalls brauchte er nicht MINNA, um für Fragen des inzestuösen Verlangens besonders einfühlsam zu werden. Er hatte immer seine Mutter gehabt!

Vielleicht hätte ich diese Episode in das Kapitel über »FREUD als Menschen« einfügen sollen, doch schien sie mir für die hier dargestellte (Selbst)Analyse einer FREUDschen Fehlleistung wichtiger. Immerhin möchte ich an die schon in jenem ersten Kapitel aufgestellte These erinnern, daß die Ereignisse in FREUDs persönlichem Leben für die Entwicklung der Psychoanalyse äußerst relevant sind, ganz gleich, ob sie nun angeregt waren durch eine Liebesaffaire mit *Minna* oder durch seine Phantasien über seine geliebte *Mutter.*

[1] S. FREUD (1900a) *Die Traumdeutung,* GW II/III; Studienausgabe II, S. 577 (von dort auch, soweit nicht anders angegeben, die Seitenzahlen der übrigen Zitate zur Traumdeutung).

[2] H.B. GIBSON (im Druck) *Sleep, Dreaming and Mental Health.*

[3] J. N. ADAMS (1982) *The Latin Sexual Vocabulary,* London: Duckworth.

[4] C. S. HALL (1953) *The Meaning of Dreams,* New York: Harper.

[5] D. FOULKES (1982) *Children's Dreams: Longitudinal Studies,* New York: Wiley.

[6] S. FREUD (1901b), GW IV; Fischer Taschenbuch Nr. 68 (dort auch die nachstehenden Zitate).

[7] V. FROMKIN (1980) *Errors in Linguistic Performance: Slips of the Tongue, Ear, Pen, and Hand,* London: Academic Press.

[8] S. TIMPANARO (1976) *The Freudian Slip: Psychoanalysis and Textual Criticism,* London: N.L.B. (Orig.: ital. 1974); (daselbst die folgenden Zitate).

SECHSTES KAPITEL

Die experimentelle Untersuchung FREUDscher Theorien

»Schau die Wirklichkeit an wie ein kleines Kind,
sei bereit, jede vorgefaßte Meinung aufzugeben,
folge demütig der Natur, wann und wohin auch immer sie dich
führen mag – nur so kannst du etwas lernen.«

THOMAS HENRY HUXLEY

Wir haben in den vorausgehenden Kapiteln gesehen, daß sich FREUD mit Erfolg weigerte, von zwei wichtigen und auch gesicherten wissenschaftlichen Methoden Gebrauch zu machen, um mit ihnen seine Theorie zu überprüfen. Er widersetzte sich zum einen der Anwendung klinischer Versuche – unter Einsatz von Experimental- wie auch Kontrollgruppen –, mittels derer die Wirksamkeit der psychoanalytischen Therapie hätte eingeschätzt werden können, obgleich er den wissenschaftlichen Wert seiner Theorien doch gerade damit begründet hatte, daß seine Therapien erfolgreich seien. Zum andern weigerte er sich, die Relevanz detaillierter und sachgerechter Beobachtungen an Kindern zur Bestätigung seiner psychosexuellen Theorien der Entwicklung anzuerkennen. Nun gibt es aber noch eine dritte Methode, die Wissenschaftler anwenden, um ihre Theorien zu stützen, nämlich die experimentelle. Dabei variiert der Experimentator eine einzelne Bedingung, von der er annimmt, daß sie für das in Frage stehende Phänomen relevant ist, und beobachtet, welche Wirkung die veränderte Situation auf das Phänomen als solches hat, das heißt – technisch gesprochen –, er manipuliert die unabhängige Variable und untersucht ihren Einfluß auf die abhängige Variable. Wie aber stellte sich FREUD zu dieser wahrscheinlich schlüssigsten und überzeugendsten wissenschaftlichen Methode?

Wir wissen genau, was FREUD dazu dachte, und zwar aus einer berühmt gewordenen Postkarte an SAUL ROSENZWEIG vom 28. Februar 1934. Dieser hatte ihm über Versuche, das FREUDsche Verdrängungskonzept experimentell zu bestätigen, berichtet. Die Antwort aus Wien lautete so:

»Ich habe Ihre experimentellen Arbeiten zur Prüfung psychoanalytischer Behauptungen mit Interesse zur Kenntnis genommen. Sehr hoch kann ich diese Bestätigungen nicht einschätzen, denn die Fülle sicherer Beobachtungen, auf denen jene Behauptungen ruhen, macht sie von der experimentellen Prüfung unabhängig. Immerhin, sie kann nicht schaden.«[1]

Nichts könnte den nichtwissenschaftlichen Charakter von FREUDs Denken deutlicher enthüllen als diese herablassende Postkartenantwort an einen engagierten Experimentalforscher. Zweifellos waren in seinen Augen überhaupt keine Experimente nötig, um seine Hypothesen zu überprüfen; auch haben tatsächlich ausgeführte Experimente ihn und die Psychoanalyse offensichtlich nicht im geringsten beeinflußt. Keine andere Disziplin, die die Aufmerksamkeit der Welt auf sich zu ziehen vermochte, hat sich jemals so klar und entschieden von der experimentellen Prüfung ihrer Behauptungen losgesagt – selbst die Spekulationen der Astrologie oder der Phrenologie ließen sich – wenngleich mit negativem Ausgang – empirisch untersuchen.

Natürlich gibt es immer Probleme in der Ausführung von Experimenten, wenn menschliche Individuen einbezogen werden und zudem die zu prüfenden Hypothesen auf vagen Gegebenheiten beruhen. Vor allem verbieten es ethische Bedenken, bei unseren Versuchspersonen starke emotionale Reaktionen hervorzurufen. Grundsätzlich aber sind Experimente mit bzw. an Menschen nicht *un*möglich, auch wenn sie im Einzelfall schwierig zu planen und auszuführen sind und ein großes Maß an Geschicklichkeit und Beharrlichkeit erfordern. Das gilt namentlich für die experimentelle Untersuchung der FREUDschen Theorien, die ja gerade mit »Affekten« (sprich Emotionen) zu tun haben. Derartige Reaktionen sind nämlich unter künstlichen Bedingungen nur schwer zu kontrollieren; die Laboratoriumssituation macht die meisten Probanden unsicher, und diese Tatsache kollidiert (»interferiert«) häufig mit den vom Versuchsleiter erhofften normalen Reaktionen auf experimentelle Reize.

Dennoch – und trotz FREUDS Ablehnung der Experimentalforschung – ist auch auf diesem Sektor bereits eine Menge geleistet worden, wovon PAUL KLINE in einem »Dichtung und Wahrheit in der FREUDschen Theorie« überschriebenen Buch *(Fact and Fantasy in Freudian Theory*, 1972) einen hervorragenden Überblick gibt. Was die von mir und GLENN WILSON herausgegebenen (und schon mehrfach erwähnten) *Experimentellen Studien zur Psychoanalyse Sigmund Freuds* (dt. 1979) anbelangt, so enthalten sie Untersuchungen, die die FREUDschen Theorien stützen sollen, die jedoch – wie nachgewiesen – voller methodologischer und statistischer Irrtümer und Trugschlüsse sind –, gar nicht davon zu reden, daß sie es versäumen, zur Erklärung ihrer Resultate alternative Theorien einzubeziehen, was übrigens für einen großen Teil dieser Literatur typisch ist. In diesem Kapitel können wir nur einen ganz flüchtigen Blick auf einige der interessanteren und noch am ehesten der Erwähnung werten Studien werfen, wobei wir vor allem versucht haben, mit den Schwierigkeiten fertigzuwerden, die dem experimentellen Ansatz innewohnen. In der Tat sind einige der von Psychologen und Psychoanalytikern angewandten Prozeduren so merkwürdig, daß man sie eigentlich überhaupt nicht als experimentell bezeichnen kann. Greifen wir etwa die »Experimente« von GERALD S. BLUM mit den sogenannten »*Blacky*-Bildern« heraus. Diese Bilder gehören zu einem Satz von 12 Zeichnungen, auf denen Szenen aus dem Leben einer Hundefamilie dargestellt werden, die einen speziellen Bezug zur analytischen Theorie haben. Die Familie besteht aus vier Hunden: den Eltern, Blacky (der männlich oder weiblich sein kann, je nach dem Geschlecht der Person, die den Test macht), und Tippy, einem Geschwister Blackys. Die Testpersonen werden aufgefordert, zu dem, was ihrer Meinung nach auf jedem der einzelnen Bilder vor sich geht, eine kleine Geschichte zu erfinden, die auch etwas über die Gefühle jedes Bildobjekts aussagt. Der Experimentator bewertet dann die spontanen Erzählungen danach, ob im Hinblick auf die thematisch kritischen Bereiche beim Testanden eine gewisse Beunruhigung auftritt oder nicht. Zusätzlich werden diesem etliche Fragen über die Bilder gestellt; auch hat er die Bilder danach zu sortieren, ob er sie mag oder nicht mag, und schließlich muß er dasjenige, das er am meisten, und das, was er am wenigsten mag, auswählen. Diese zwei Wahlen sollen für emotionale Störungen bzw. Beunruhigung symptomatisch sein. Beispielsweise zeigt eines der Bilder Blacky, wie er seinen Eltern beim Koitus zuschaut; dies wird als Indikator für die Intensität seines ödipalen Komplexes angesehen. Gleichermaßen wird das Bild, auf dem Blacky seine Genitalien leckt, als Indikator für Schuldgefühle wegen Masturbation genommen. Sieht Blacky, daß die Eltern Tippy liebkosen, so gilt dies als Indikator für Geschwisterrivalität. Auf noch einem anderen Bild ist Blacky Zeuge, wie Tippy offenbar gerade der Schwanz abgeschnitten wird; dies soll ein Indikator für Kastrationsangst bei männlichen und als Penisneid bei weiblichen Probanden sein! Und so weiter.

KLINE hat eine große Zahl von Experimenten mit diesen Bildern besprochen und kommt dabei zu folgendem Schluß:

»... bei den meisten Studien stellte sich heraus, daß sie keinen entscheidenden Bezug zur Theorie hatten. Nur zwei Studien scheinen wirklich relevant zu sein. ... eine von diesen erbrachte eine Stütze der Theorie (über den analen Charakter), die andere erbrachte keine Stütze (über den oralen Charakter).«[2]

In den zwei von KLINE erwähnten Untersuchungen war die FREUDsche Hypothese getestet worden, daß Kinder in ihrer Entwicklung verschiedene (orale, anale, genitale) Stufen (Phasen) durchlaufen und dabei auf einer von ihnen fixiert bleiben können, was dann zur Ausbildung eines bestimmten Charaktertypus führt. Der sogenannte anale Charakter besitzt angeblich die Komponenten Ordnungsliebe, Sparsamkeit und Eigensinn alias Trotz [S. FREUD 1905d, Zusatz 1920 u. 1908b; 1917c auch Geiz, Pedanterie und Eigensinn«] und wird von verdrängter Analerotik abgeleitet. Hingegen ist der [von K. ABRAHAM 1921] so genannte orale Charakter durch Ungeduld und Feindschaft oder auch Redseligkeit und Freigebigkeit bestimmt. Offenbar reagieren Menschen mit einem analen Charakter auf die *Blacky*-Bilder angemessen, während jene mit einem oralen Charakter nicht so reagieren, wie man ihrem Typus gemäß erwarten würde. Bei günstigster Auslegung der Experimente hätten wir also ein unentschiedenes Resultat, doch müssen wir darüber hinaus fragen, ob es nicht für den scheinbar positiven Ausgang des ersten Experiments auch alternative Erklärungen gibt.

So ist bereits die – zugegeben recht derbe – Äußerung gefallen, daß jene »analen« *Blacky*-Bilder nichts weiter als ein grober Index für die Einstellung gegenüber »scheißenden Hunden« sind, weshalb auch zu erwarten sei, daß der introvertierte Persönlichkeitstyp (der in seinem Verhalten dem sogenannten analen Typus ähnelt) aufgrund seiner Neigung, leicht Abscheu und Ekel zu zeigen, auf solche Bilder anders reagiert als der extravertierte Typ. Dies ist eine durchaus einleuchtende alternative Erklärung, die allerdings seitens des Experimentatoren leider nicht in Erwägung gezogen wurde. Jedenfalls sind die positiven Ergebnisse insgesamt kaum gewichtig genug, um dem Wert der Technik beziehungsweise der behaupteten Verifikation der FREUDschen Hypothesen sehr viel Vertrauen entgegenzubringen. Andere sogenannte »projektive« Techniken – das heißt Tests, in denen dem Probanden Bilder oder Tintenkleckse gezeigt werden und dieser sich jeweils eine Geschichte dazu ausdenken soll, wobei er angeblich seine Vorstellungen auf die in den Bildern oder Tintenklecksen erscheinenden Figuren oder Gestalten »projiziert«, wurden ebenfalls zur Untersuchung des Ödipus- wie auch des Kastrationskomplexes benutzt. KLINE, der sie alle referiert, findet sie alles andere als überzeugend, ausgenommen vielleicht eine Studie, in der israelische Kibbuz-Jungen mit solchen, die nicht im Kibbuz aufwachsen, anhand der *Blacky*-Bilder verglichen werden.

Die Hypothesen lauteten, daß die im Kibbuz aufgezogenen Kinder einen weniger starken Ödipuskomplex haben als Kinder, die in einer normalen Familie aufwuchsen, und daß sich weniger Kibbuz-Kinder mit ihrem Vater identifizieren als andere Kinder. Diese Hypothesen wurden zwar – wenngleich auf der Basis ziemlich kleiner Stichproben – bestätigt; doch fragt es sich, ob die Resultate wirklich die FREUDsche Theorie stützen. Im Kibbuz werden die Kinder von einer Erzieherin betreut; sie leben in Gemeinschaft und sehen ihre Eltern nur für kurze Zeit am Tag (gewöhnlich am Abend). Ein solches Erziehungssystem müßte eigentlich in jedem Fall die beobachteten Unterschiede hervorrufen: Je weniger ein Kind die Eltern sieht, desto geringer wird seine gefühlsmäßige Bindung an sie sein. Dies muß überhaupt nichts mit ödipalen Antrieben zu tun haben, vielmehr erlaubt es auch eine ganz natürliche Interpretation im Sinne des gesunden Menschenverstandes. Insofern wird man um den Schluß nicht herumkommen, daß die Experimente mit den *Blacky*-Bildern – die immerhin die am meisten zitierte Gruppe empirischer Studien zur Rechtfertigung der FREUDschen Theorien darstellen – und die aus ihnen abgeleiteten Schlußfolgerungen für eine Bestätigung der theoretischen Grundannahmen nur von recht zweifelhaftem Wert sind; jedenfalls sind die Deutungen nur wenig verläßlich, und auch die Antworten bzw. Reaktionen der Versuchspersonen variieren von einer Gelegenheit zur anderen. Das Schlimmste aber ist, daß die angeblich positiven Befunde zumeist eine viel vernünftigere und jedermann einleuchtende Erklärung zulassen und also überhaupt nicht des Rückgriffs auf FREUDsche Hypothesen bedürfen. KLINE, der die Untersuchungsergebnisse all jener Autoren, die *Blacky*-Bilder verwendet haben, ausführlich diskutiert, kommt im großen und ganzen zu einer ähnlich pessimistischen Einschätzung.

FREUDs psychosexuelle Theorie, die in seinem Werk von zentraler Bedeutung ist, enthält drei grundlegende Voraussetzungen. Die erste besagt, daß es bei Erwachsenen bestimmte Charaktereigentümlichkeiten gibt (wir nennen diese heute Persönlichkeitssyndrome), die man messen und somit nachweisen kann. Zweitens geht er davon aus, daß diese »Charaktere« mit frühkindlichen Erziehungsprozeduren in Zusammenhang stehen. Eine dritte These, nach der sich bei Kindern eine prägenitale Erotik beobachten läßt, ist bereits im letzten Kapitel besprochen worden und braucht hier nicht wiederholt zu werden. Im Hinblick auf die menschliche Individualentwicklung unterscheidet FREUD im wesentlichen drei Phasen; er schreibt dazu folgendes:

>>Das Sexualleben beginnt nicht erst mit der Pubertät, sondern setzt bald nach der Geburt mit deutlichen Äußerungen ein... Das Sexualleben umfaßt die Funktion der Lustgewinnung aus Körperzonen, die nachträglich in den Dienst der Fortpflanzung gestellt wird.<<[3]

Dieser Sexualtrieb manifestiert sich bereits beim Säugling in der Mundregion, weshalb FREUD von einer *oralen Phase* der Entwicklung spricht. Um das dritte Lebensjahr tritt mit Beginn der sogenannten *analen Phase* der After als wichtigste erogene Zone in Erscheinung. Als nächstes folgt die *phallische Phase* etwa im Alter von vier Jahren; von nun an sind die äußeren Geschlechtsorgane (genauer: Penis und Klitoris) die entscheidenden Quellen lustvoller Empfindungen. Als letztes Stadium der Sexualentwicklung wird in der Pubertät die *genitale Phase* eingeleitet, welche zugleich alle früheren Stufen der infantilen Sexualorganisation zusammenfaßt und dem erwachsenen Sexualziel des Lustgewinns aus der reproduktiven Funktion unterordnet.

FREUD glaubt, daß diese infantile Sexualität für die individuelle Charakterentwicklung ausschlaggebend ist und daß insbesondere ihre Verdrängung zu gewissen Eigenheiten der erwachsenen Persönlichkeit führt wie etwa jene schon erwähnte Trias von Sparsamkeit, Ordentlichkeit und Trotz, die sich angeblich von der Analerotik herleitet. Dazu FREUD:

>>Die bleibenden Charakterzüge sind entweder unveränderte Fortsetzungen der ursprünglichen Triebe, Sublimierungen derselben oder Reaktionsbildungen gegen dieselben.<<[4]

In diesem Sinne setzt beispielsweise das Küssen die Oralerotik fort, Ordentlichkeit gilt als Reaktionsbildung gegen die Analerotik, und als deren Sublimierung findet sich Sparsamkeit. Unterschiedliche Methoden der Kinderaufzucht, vor allem in bezug auf die Dauer und Art des Stillens und Abstillens sollen für die Erzeugung jener fertigen Charaktereigenschaften, die wir am Erwachsenen erkennen, verantwortlich sein. Wo aber ist der Beweis?

Wenn nicht aller Anschein trügt, deuten gewisse Beobachtungen darauf hin, daß jene Charaktereigenschaften, die nach FREUD häufig zusammentreffen und dann einen besonderen Typus ergeben, tatsächlich zusammengehören. Allerdings ist dies nur eine notwendige, keine hinreichende Bedingung für die Annahme seines Systems. Nehmen wir als Beispiel den von FRIEDA GOLDMAN-EISLER (1951)[5] untersuchten Gegensatz von oralem Pessimismus zu oralem Optimismus. Diese Studie basierte auf einer Auswahl von 19 Eigenschaften, die seitens psychoanalytischer Autoren im Zusammenhang mit Oralität genannt worden waren, nämlich: Optimismus, Pessimismus, Exokathexis (i.e. die emotionale Besetzung äußerer Gegenstände und Ereignisse), Endokathexis (i.e. die entsprechende Besetzung innerer Vorstellungen und Abläufe), Nurturanz (i.e. Pflegetrieb), Passivität, Soziabilität (i.e. Geselligkeit), Verschlossenheit, orale Aggression,

Autonomie, Schuld(gefühl), Abhängigkeit, Ambition(iertheit), Impulsivität, Bedachtsamkeit, (Wunsch nach) Veränderung, Konservatismus, Streben nach Unerreichbarem (cf. S. 58; dort etwas andere Darstellung). Die Eigenschaften wurden zunächst an 115 erwachsenen Versuchspersonen eingeschätzt und daraufhin ihre Wechselbeziehungen festgestellt. Dabei kristallisierte sich eine scharf umrissene Dimension heraus, die vom oral-optimistischen Pol (mit Exokathexis, Optimismus, Nurturanz, Ambition, Veränderung) bis zum oral-pessimistischen Pol (mit Verschlossenheit, Endokathexis, Pessimismus, Abhängigkeit, Passivität) reichte. Somit schienen also die FREUDschen Vorstellungen über den oralen Charakter gut bestätigt.

Schaut man sich indes die Resultate sowie die für die Einschätzung benutzten Items (die einzelnen Aspekte) etwas genauer an, so stellt sich heraus, daß die von GOLDMAN-EISLER »oraler Optimismus versus oraler Pessimismus« genannte Dimension in Wirklichkeit einer altbekannten Persönlichkeitsdimension zumindest sehr ähnlich, wenn nicht gar mit ihr identisch ist, nämlich »Extraversion vs. Introversion«. Tatsächlich sind die Eigenschaftsnamen Exokathexis und Endokathexis [»Kathexis« steht im angelsächsischen Sprachraum für den FREUDschen Terminus »(Energie)Besetzung«] nichts weiter als griechische Übersetzungen der lateinischen Ausdrücke Extraversion und Introversion (auf deutsch etwa »Auswärtswendung« und »Einwärtswendung«). Von Extravertierten aber weiß man seit langem, daß sie optimistisch sind, während Introvertierte sich gewöhnlich passiv und verschlossen zeigen. Diese und andere Beobachtungen gehen zurück auf HIPPOKRATES und die alten Griechen, und es kann kaum überraschen, wenn FREUD die gleichen Beziehungen zwischen gewissen Charaktereigenschaften bemerkt hat. Ja man kann im Grunde von allen Charaktertypen, die FREUD beschrieben hat, sagen, daß sie von alters her den Philosophen und Psychologen bekannt waren. Infolgedessen ist auch ihr experimenteller Nachweis für die in Frage stehende Richtigkeit oder Falschheit der FREUDschen Theorie völlig irrelevant.

Von Wichtigkeit ist dagegen ohne Zweifel FREUDs ätiologische Theorie, nämlich die Rückführung dieser Eigenschaftskonstellationen auf frühkindliche Ereignisse bzw. Erlebnisse. Doch muß diese lebensgeschichtliche Verknüpfung der erwachsenen Persönlichkeit mit der Kindheit heute von vornherein – quasi a priori – als eine recht unwahrscheinliche Hypothese gelten, da es mittlerweile starke Beweise dafür gibt, nach denen die betreffenden Persönlichkeitszüge weitgehend genetisch begründet sind, anders gesagt: sie sind zum größten Teil ererbt und nicht erworben. Damit aber ist auf einen Schlag die Bedeutung der Umwelteinflüsse auf ein Minimum reduziert.

Vielleicht noch wichtiger aber ist die von seiten der modernen Verhaltensgenetik getroffene Unterscheidung von *intra*familiären versus *inter*familiären Umweltdeterminanten. Damit ist folgendes gemeint: Wenn wir die *zwischen* den einzelnen Familien wirkenden Umweltfaktoren berücksichtigen wollen, so müssen wir uns auf Dinge wie den unterschiedlichen sozioökonomischen Status, die verschiedenen Unterrichtsinstitutionen, das verschiedene intellektuelle Niveau des Elternhauses, die verschiedenen Werthaltungen, Gewohnheiten und Erziehungsstile von Vater und Mutter bis hin zur Entwöhnung, Reinlichkeitsdressur und anderes mehr konzentrieren. Das heißt, wir untersuchen nur solche Umwelteinflüsse, die nicht für alle Familien gleich sind.

Im Gegensatz dazu beziehen sich die intrafamiliären Determinanten auf unterschiedliche Einflüsse *innerhalb* derselben Familie. Ein Beispiel hierfür wäre etwa der Vorzug, den ein Kind dem Unterricht eines besonders guten Lehrers verdankt, während sein Geschwister weniger Glück in der Wahl seiner Lehrer hatte. Oder ein Kind zieht sich eine schwere Krankheit zu, während das andere Kind derselben Familie davon verschont bleibt. Nun konnte in mehreren großangelegten Untersuchungen in den USA, in Großbritannien und Skandinavien eindeutig nachgewiesen werden, daß die Umweltdeterminanten der Persönlichkeit, die übrigbleiben, wenn man die genetischen Determinanten ausgesondert hat, intrafamiliäre und nicht interfamiliäre Faktoren sind – mit anderen Worten, es gibt keinen Beweis für die Existenz der von FREUD hypostasierten Auswirkungen der unterschiedlichen familiären Milieus. Aus diesen Gründen allein schon würden wir nicht erwarten, irgendwelche positiven Zeugnisse für eine Determination jener so oft gemeinsam auftretenden Charakterzüge durch frühkindliche Eindrücke des Stillens und Abstillens, der Reinlichkeitserziehung und so weiter zu entdecken.

Tatsächlich finden sich in den uns vorliegenden Beobachtungsdaten nur gelegentlich geringfügige Beziehungen (übrigens nicht immer in der erwarteten Richtung), und selbst wo diese auftauchen, gibt es gewöhnlich eine alternative Erklärung, die viel eindrucksvoller ist als die FREUDsche Ätiologie. So errechnete GOLDMAN-EISLER schwache Korrelationen zwischen frühem Abstillen und oralem Pessimismus und interpretierte diese im psychoanalytischen Sinne. Wenn man aber die immer wieder nachgewiesene Bedeutung genetischer Faktoren in Erwägung zieht – ist es dann nicht zumindest genauso wahrscheinlich, daß introvertierte, passive und verschlossene Mütter in der Regel auch introvertierte, passive und verschlossene Kinder bekommen und daß solche Mütter ihre Kinder früher entwöhnen werden als optimistische und extravertierte Mütter? Wir haben also einmal mehr einen Fall vor uns, in dem eine milieutheoretische Erklärung der Eigenschaftskorrelationen zwischen Eltern und Kindern bevorzugt wird, obwohl es im Grunde nichts gibt, was uns berechtigte, die genetische Alternative einfach zu übergehen.

Es sollte noch erwähnt werden, daß die GOLDMAN-EISLER-Studie viele Einzelergebnisse enthält, die den FREUDschen Voraussagen direkt widersprechen. So bemerkt die Autorin an einer Stelle:

»Unsere Daten bestätigen die psychoanalytische Behauptung, daß orale Frustration, Ungeduld und orale Aggression untrennbar sind oder miteinander in Beziehung stehen, nicht.« (S. 84)

Aufgrund ihrer statistischen Analyse hatte sie keine andere Wahl, als zwei voneinander unabhängige Faktoren zu postulieren, um alle Wechselbeziehungen zwischen den Eigenschaften zu erklären, wohingegen FREUD sich mit einem Faktor begnügt hatte.

Auch KLINE, der in der ersten Ausgabe seines Buches (1972) die sich auf psychosexuelle »Persönlichkeitssyndrome« beziehenden Befunde zusammenfaßte, sah sich zu folgendem Schluß gezwungen:

>Unter der beachtlichen Anzahl von Studien, die den Versuch unternehmen, Methoden der Kinderaufzucht mit der Persönlichkeitsentwicklung in Beziehung zu setzen, bestätigen nur zwei geringfügig die Freudsche Theorie.«[6]

Es sind dies einmal die gerade besprochene GOLDMAN-EISLER-Studie sowie eine von KLINE selber, in der er die bereits erwähnten *Blacky*-Bilder benutzte.

KLINE ist sehr viel sorgfältiger als die meisten anderen Autoren auf diesem Gebiet; insbesondere stellt er auch mit Nachdruck klar, daß die psychoanalytische Theorie der Analität komplexer ist, als viele Untersucher angenommen haben. So referiert er:

>... zur Umweltvariablen (Reinlichkeitserziehung) kommt die *konstitutionelle* Variable (anale Prägung). [Diese konstitutionellen genetischen Unterschiede werden ausführlich in den *Drei Abhandlungen zur Sexualtheorie* (Freud 1905) erörtert. Es wird klar darauf hingewiesen, daß es individuelle Unterschiede in der Stärke der zusammenwirkenden Interessen gibt. Entsprechend dieser fest umrissenen Theorie kann sich der Analcharakter] nur entwickeln, wenn strenge Reinlichkeitserziehung (pottraining) auf ein Kind mit analer Prägung trifft.«[7]

KLINE erkennt also an, daß genetische Faktoren bei der Produktion (sofern man überhaupt von Produktion sprechen kann!) des analen Charakters eine wichtige Rolle spielen, wobei sie mit Umweltvariablen, wie etwa die Reinlichkeitsdressur, interagieren. Er selber fand, daß hohe Scores (Maßzahlen) auf seiner Anal-Skala (Ai3) wie auch auf anderen ähnlichen Fragebogen signifikant mit dem Grad der Störung (Beunruhigung, Bestürzung) korrelierten, die Studenten angesichts einer Bildkarte zeigten, auf der *Blacky* zwischen den Hütten der (Hunde)Eltern seine Notdurft verrichtete. Die Korrelation mit »Obsessionalität« (Zwanghaftigkeit) blieb positiv bei Antworten auf das problematische *Blacky*-Bild, ganz gleich, ob sie nun als »anal–expulsiv« (ausdrückliche Gefühle der Rache oder Aggression gegen die Eltern) oder als »anal – retentiv« (Vertuschen der Unreinlichkeit vor den Eltern) eingestuft waren.

Es ist schwer einzusehen, wie diese Korrelationen KLINE zu folgendem Schluß berechtigen:

>Die vorliegende Studie bestätigt die Hypothesen Freuds, welche die Ätiologie zwanghafter Charaktereigenschaften und Zwangssymptome betreffen.« (a.a.O., S. 120)

Tatsächlich gibt er an einer Stelle zu, daß zwar – im Einklang mit der psychoanalytischen Theorie –

>... der anale Charakter... das Ergebnis der Fixierung in der retentiven

Phase« sei, daß es aber »genau genommen ... vielleicht eine negative Korrelation mit dem expulsiven Score geben (sollte)«. (S. 119) Jedoch scheint ihn die herausgekommene positive Korrelation nicht allzusehr zu beunruhigen, auch wenn man normalerweise als Wissenschaftler denken sollte, daß Untersuchsungsergebnisse, die den Voraussagen oder Erwartungen geradewegs entgegenstehen, einem die Behauptung verbieten, die Resultate bestätigten die Hypothese!

KLINE versichert im übrigen, daß seine Ergebnisse FREUDs Theorien deshalb stützen müßten, weil

»... kein logischer Grund vorliegt, Reaktionen auf das Bild eines die Notdurft verrichtenden Hundes mit Zwangsverhalten in Zusammenhang zu bringen«. (S. 120)

Schaut man indes auf seine Fragebogen – speziell die Anal-Skala Ai3 –, so findet man darin Items (Fragen), die sich unzweideutig auf den Komplex »Sauberkeit« beziehen, zum Beispiel:

»2. Wenn Sie auswärts essen, würden Sie gern wissen, wie die Küche aussieht? (Ja/Nein)« oder

»26. Sind Sie der Ansicht, daß Hundehaltung innerhalb eines Haushalts hygienisch ist? (Ja/Nein)« (S. 121f.)

Ist es aber wirklich unvernünftig, auf solche Fragen Antworten zu erwarten, die eine Beziehung zu Reaktionen auf eine Abbildung defäzierender Hunde aufweisen? Das Interesse an Hygiene, Reinlichkeit, Ordnungsliebe und Selbstkontrolle (Einstellungen, die unvermeidlich durch jenes spezielle *Blacky*-Bild angesprochen werden) stehen zweifellos im Zentrum des durch KLINEs Anal-Skala definierten Syndroms der zwanghaften Persönlichkeit, und es bedarf zur Interpretation seiner Befunde gerade wegen der inhaltlichen Überschneidung keiner FREUDschen Erklärung.

Schließlich scheint KLINE immer davon ausgegangen zu sein, daß das bewußte *Blacky*-Bild ein Maßstab für »Analerotik« ist. Wir geben natürlich auch zu, daß das Bild etwas mit dem »analen« Teil dieses FREUDschen Ausdrucks zu tun hat, doch können wir beim besten Willen keinen Grund erkennen, der die Annahme rechtfertigte, daß es zugleich »erotisch« ist. Das Wort bezieht sich nämlich im Englischen (der Sprache KLINEs) auf Liebe – besonders im sexuellen Sinn; was FREUD genau darunter verstand, wird in KLINEs Aufsatz nicht deutlich; jedenfalls fühlt sich der Autor offenbar nicht genötigt, zu erläutern, inwiefern dies *Blacky*-Bild als eine »objektive Messung für Analerotik« anzusehen sei. Langer Rede kurzer Sinn: KLINEs Arbeit – wie schon die von GOLDMAN-EISLER – gibt uns keinerlei Anlaß zu der Vermutung, daß jenen Faktoren, die in FREUDs Augen für die Entwicklung des Charakters alias der Persönlichkeit so entscheidend waren, irgendeine ätiologische Bedeutung zukommt.

Selbstverständlich gibt es noch andere Beweisquellen, die von Psychoanalytikern zitiert zu werden pflegen und dem Anschein nach die – schon von FREUD vertretene – Auffassung stützen, daß frühe Umweltereignisse im Leben des Kindes seine spätere Charakterentwicklung determinieren. Einige der prominentesten davon werden wir weiter unten im Zusammenhang mit FREUDs Einfluß auf die Anthropologie und der Deutung der uns so fernliegenden Zeugnisse fremder Kulturen besprechen. Wir werden dann sehen, daß das Beweismaterial gleichermaßen dürftig ist und in der Tat völlig versagt, wo es darum geht, die psychoanalytische Theorie zu untermauern.

Wir wollen als nächstes solche Studien in Augenschein nehmen, die man mit mehr Recht »experimentelle« nennen könnte, nämlich jene, die das Problem der Verdrängung behandelt haben. Nach FREUD besteht

»... ihr Wesen nur in der Abweisung und Fernhaltung vom Bewußten«.[8]

Die Verdrängung ist also eine bestimmte Form der Abwehr (ein sogenannter »Abwehrmechanismus«), die dazu dient, das Subjekt vor unwillkommenen Affekterlebnissen zu bewahren. Es gibt mehrere Untersuchungen, die die experimentelle Annäherung an dieses Konzept illustrieren. In einer von ihnen wurden zwei Traumbeispiele zum gleichen Thema verwendet: eine ödipale Traumsequenz und eine, die zwar ähnlich war, aber keinen ödipalen Inhalt hatte. Den Versuchspersonen wurde entweder die eine oder die andere Geschichte vorgelesen, woraufhin sie den Inhalt mit eigenen Worten wiedergeben mußten. Die Wiedergabe für das ödipale Thema war signifikant schlechter, geradeso, wie man es auf der Grundlage von FREUDs Theorie vorausgesagt hatte.

In einer anderen Studie wurde Versuchspersonen ein 100 Worte umfassender Wortassoziationstest verabreicht, in welchem das vom Experimentator vorgegebene Reizwort jeweils nur mit einem Wort zu beantworten war; gleichzeitig wurden diverse physiologische Messungen einschließlich einer Reaktionszeitmessung vorgenommen. Der Untersucher zeigte jedem Probanden zehn Wörter mit (erwarteten) Assoziationsstörungen, wie langer Reaktionszeit, physiologischen Anzeichen von Affekten (Emotionen) und anderem mehr, sowie zehn Wörter ohne eine derartige Störqualität. Jeder Teilnehmer mußte im folgenden lernen, auf ein vorgelegtes Bild hin mit einem bestimmten Wort zu reagieren. Im zweiten Teil des Experiments wurden einzelne Gruppen von Versuchspersonen nach unterschiedlichen Zeitintervallen (fünfzehn Minuten, zwei Tagen, vier Tagen, sieben Tagen) wieder zusammengerufen und aufgefordert, innerhalb von fünf Minuten soviel der gelernten Wörter wie möglich, aus dem Gedächtnis zu nennen; anschließend hatten sie die besagten assoziativen Bild-Wort-Paare, soweit nötig, nachzulernen.

Das Resultat war zwiespältig: Einerseits nahmen emotionale – affektbesetzte – Wörter signifikant mehr Lernversuche in Anspruch als neutrale Wörter; andererseits fanden sich aber keine Unterschiede im Behalten der verschiedenartigen Wörter. Der erste dieser Befunde schien die FREUD-sche Theorie zu bestätigen, während der zweite offenbar auf das Gegenteil hinauslief. Nun lösen aber die »gestörten«, das heißt emotional beunruhigenden, Wörter eine weit größere Vielfalt von Assoziationen aus als die anderen, emotional neutralen Wörter, und da dieser Faktor der Anzahl von Assoziationen auf qualitativ verschiedene Reizwörter nicht kontrolliert wurde, kann man auch von den angeblich positiven Untersuchungsergebnissen nicht behaupten, daß sie die FREUDsche Theorie der Verdrängung rechtfertigen.

Es gibt noch andere Studien, die unter Einsatz besserer experimenteller Techniken zeigen, daß das Vergessen von Assoziationen mit der Gefühlsträchtigkeit des Reizes – eben der Emotionalität – zusammenhängt. KLINE sieht darin einen klaren Beweis für die FREUDsche Verdrängung. Unglücklicherweise (für KLINE!) kennen wir aber alternative Hypothesen, die besagtem Phänomen ebenfalls Rechnung tragen. So konnte experimentell nachgewiesen werden, daß das Lernen zwei Phasen durchläuft. Die erste entspricht dem sogenannten Kurzzeitgedächtnis, das aus nachhallenden Neuronenkreisen im Kortex (der Großhirnrinde) besteht und die Information nur für einen kurzen Zeitraum behalten kann. Um auch später noch abrufbar zu sein, muß die Information in das Langzeitgedächtnis übertragen werden, welches aus chemischen Engrammen (i. e. strukturellen Gedächtnisspuren) in den Zellen besteht. Dieser Übertragungsprozeß, den man als Konsolidierung bezeichnet, wird durch kortikale Erregung, das heißt durch Aktivierung der Hirnrinde, gefördert. Nun haben wir starke Anzeichen dafür, daß der Konsolidierungsprozeß nicht nur Zeit beansprucht, sondern das Gedächtnismaterial in dieser Phase auch nicht abrufbar ist, sich der Betreffende also nicht daran erinnern kann. Die hierzu aufgestellte Theorie der Aktionsverminderung (action decrement) aber kann uns bei dem Versuch, Befunde wie die oben erwähnten zu erklären, aus der Verlegenheit helfen. Denn da man weiß, daß die »emotionalen«, affekterzeugenden Wörter die kortikale Erregung steigern, muß es während der Konsolidierungsphase zwangsläufig zu einer Abnahme der Hirnaktivität kommen (was dann das Lernen erschwert). Damit hätten wir also eine alternative Theorie zur FREUDschen, die von den Autoren der genannten Experimente nicht in Erwägung gezogen wird. Diese Theorie hat in der Tat eine viel sicherere experimentelle Grundlage als jene, und solange sie nicht ebenfalls experimentell widerlegt ist, müssen wir davon ausgehen, daß uns die Studien über Verdrängung keine eindeutige Antwort auf die FREUDsche Frage geben. Um aber eine Interpretation im Sinne der Aktionsverminderungstheorie auszuschließen, bedarf es zweifellos noch sorgfältigerer Versuchsplanung.

Was somit wieder und wieder bei einer Durchsicht der empirischen und experimentellen Literatur herauskommt, ist das fast durchgängige Versäumnis der Autoren, ihre Untersuchungen und Ergebnisse vom Standpunkt einer (objektiven) psychologischen Theorie aus zu betrachten und zu prüfen, ob die jeweiligen Fakten nicht – anstatt im FREUDschen Sinne – ebensogut oder gar noch besser im Sinne einer den Fachpsychologen längst geläufigen Weise hätten vorausgesagt werden können. Wir haben bereits im Zusammenhang mit dem Fall des *kleinen Hans* auf diese Haltung aufmerksam gemacht, wo die Psychoanalytiker trotz der Tatsache, daß sich die berichteten Geschehnisse ohne weiteres mit Hilfe der Konditionierungstheorie erklären ließen, niemals Anstalten gemacht haben, dieses Modell zu berücksichtigen, geschweige denn, empirische Tests zu entwerfen, die zwischen den beiden Theorietypen unterscheiden könnten. Der Entwurf von derartigen Experimenten aber wäre für einen Wissenschaftler eine ebenso nützliche wie sinnvolle Beschäftigung. Denn wenngleich es schwierig ist, Entscheidungsexperimente zu entwickeln und zu eindeutigen Antworten zu gelangen, entspricht die bloße Interpretation des gegebenen Materials ausschließlich mittels einer Theorie – und unter gleichzeitiger Mißachtung jeglicher Erklärungsalternativen – ganz gewiß nicht der allerbesten wissenschaftlichen Forschungstradition.

Wir wollen nun noch kurz auf einige (in den erwähnten Büchern von KLINE sowie von EYSENCK & WILSON in extenso diskutierten) Studien eingehen, denen eine besonders gute Versuchsplanung wie auch maßgebende Schlußfolgerungen nachgesagt werden; zugleich sollen alternative Erklärungshypothesen zur Sprache kommen. Die erste dieser Studien behandelt das Daumenlutschen und untersucht speziell »die Beziehung zwischen nutritiver Saugerfahrung im Säuglingsalter und non-nutritiver Saugerfahrung während der Kindheit«[9], wobei verschiedene FREUDsche Hypothesen überprüft wurden, die das Daumenlutschen mit der sogenannten Oralität in Beziehung bringen. Es sei gleich vorweggenommen, daß zwei der wichtigsten Behauptungen nicht bestätigt werden konnten. So ließ das Ausmaß der einem Säugling zuteil werdenden Brusternährung keinerlei Voraussagen über die Dauer oder Intensität des Daumenlutschens in seinen späteren Jahren zu; auch gab es keine signifikante Korrelation zwischen dem Alter zur Zeit der Umgewöhnung an den Becher und der Dauer oder Schwere des späteren Daumenlutschens. Diese Befunde stehen ziemlich eindeutig im Widerspruch zu FREUDs Annahmen. Hingegen gibt es zwei Resultate, die sich im FREUDschen Sinne interpretieren lassen, nämlich: spät entwöhnte Kinder zeigten eine stärkere Reaktion auf die Entwöhnung als früh entwöhnte Kinder, und Säuglinge mit kurzen Fütterungszeiten – gleich, ob Brust oder Flasche – lutschten später intensiver und ausdauernder am Daumen. Die Frage ist, ob diese Befunde wirklich als Stütze der psychoanalytischen Theorie herangezogen werden können?

Halten wir zunächst einmal fest, daß die Einteilung der Kinder in eine Gruppe der Frühentwöhnten und eine der Spätentwöhnten nicht nach dem Zufall erfolgte. Insofern können wir auch nicht die Möglichkeit eines genetischen Zusammenhangs zwischen dem Verhalten der Eltern (bzw. Mütter) und dem Verhalten ihrer Kinder ausschließen. Ungenügende oder übermäßige Fütterung durch die Mutter kann nämlich durchaus eine Eigenart ihrer Persönlichkeit widerspiegeln (wie etwa allgemeine Emotionalität oder Neurotizismus), die sich ebenfalls beim Kinde manifestiert, und zwar eben als intensives und langandauerndes Daumenlutschen. Es ist außerdem möglich, daß das Verhalten des Kindes die Art und Weise, in der es von seinen Eltern behandelt wird, überhaupt erst hervorgerufen hat. Beispielsweise könnte der Befund, daß spät entwöhnte Kinder eine heftigere Reaktion auf die Entwöhnung zeigten, daraus resultieren, daß einigen Kindern erlaubt wurde, länger an der Brust oder Flasche zu verweilen, als sie es sonst gedurft hätten, gerade *weil sie heftig auf die Entwöhnung reagierten.* Gleichermaßen könnte man fragen, ob eine kurze Fütterungszeit notwendig eine »unzureichende Befriedigung« (S. 52) mit sich bringt, wie es der Autor annimmt. Müssen wir denn wirklich glauben, daß die nur kurz fütternde Mutter tatsächlich dem Kind die Flasche entreißt, bevor sie leer ist? Wahrscheinlicher ist es doch, daß sie sie aufgrund bestimmter Anzeichen, nach denen das Kind genug hat (z.B. Ausspeien), fortnimmt. Die meisten Mütter wissen sehr wohl, daß die Kinder verschieden schnell ihre Milch einsaugen und daß sie auch unterschiedliche Mengen zu trinken pflegen, bis sie gesättigt sind. Mutmaßlich wurde also die Fütterungszeit zumindest ebensosehr durch das Kind selbst bestimmt wie durch die Mutter.

Was nun die Beziehung zwischen der Kürze der Fütterungszeiten und dem Ausmaß des Daumenlutschens in der späteren Kindheit anbelangt – und hier ergab sich ja im Hinblick auf die FREUDsche Theorie der Oralerotik der einzige positive Befund –, so können wir wiederum auf den wahrscheinlichen genetischen Zusammenhang zwischen dem Verhalten der Mutter und dem des Kindes verweisen, sofern wir nicht einmal mehr zu der Erklärung neigen, daß die kurzen Mahlzeiten eher durch das Kind als durch die Mutter bedingt sind. Würden wir etwa einen allgemeinen »Saugtrieb« hypostasieren, der von einem Individuum zum anderen variiert – unabhängig von der Nahrungsmenge, die für die Befriedigung des Hungers nötig ist –, dann müßte ein Kind, das sehr kräftig saugt und infolge des schneller erreichten Sättigungspunktes nur eine kurze Fütterungszeit beansprucht, in der Regel zugleich ein Kind sein, das dauerhafteres und intensiveres Daumenlutschen zeigt. Eine solche, der alternativen genetischen Theorie entsprechende Voraussage stimmt aber durchaus mit den tatsächlichen Befunden überein.

Eine weitere mögliche Erklärung geht davon aus, daß man bei den in Frage stehenden Daten, die ja alle aus rückblickenden Berichten der Mütter gewonnen wurden (auch wenn der Zeitraum zwischen den betreffenden Ereignissen und dem Interview, in dem über sie berichtet wurde, auf sechs Monate begrenzt war), mit Verfälschungen rechnen muß, die dem Einfluß unkontrollierbarer Motive auf die Erinnerung zuzuschreiben sind. Wenn wir beispielsweise als Faktor eine Art »soziales Wunschdenken« annehmen, der einige Mütter mehr als andere dazu verleitet, dem Untersucher zu imponieren, dann wird jene Mutter, die berichtet, daß ihr Kind nur wenig am Daumen lutscht, vermutlich auch berichten, daß sie ihren Säugling sehr lange und geduldig zu füttern pflegt. Auch dies also eine Ad-hoc-Erklärung, die vom Autor der Studie außer acht gelassen wurde, obwohl ihr – wie zahlreichen anderen auch – eine viel größere Wahrscheinlichkeit zukommt als der ursprünglichen FREUDschen Theorie. –

Eines der Gebiete, auf denen die Psychoanalyse besonders einflußreich war, ist die Psychosomatik. In der Nachfolge FREUDs nahm man an, daß psychosomatische Störungen der Niederschlag psychischer Ereignisse sind, die mit der infantilen Sexualität, dem Ödipus- und anderen Komplexen zusammenhingen. Eine der hierunter fallenden Krankheiten ist das

Asthma, über dessen angebliche seelische Ursachen in jüngerer Zeit sehr viel geschrieben wurde. Man berief sich dabei größtenteils auf die (FREUDsche) Voraussetzung, daß der entscheidende psychodynamische Prozeß beim Asthmatiker eine unbewußte Angst vor dem Verlust der Mutter und der asthmatische Anfall einem unterdrückten Schrei äquivalent sei. Ein anderer Erklärungsversuch des Asthmas verwies auf die Rolle des Geruchssinns, und ein Untersucherpaar verfolgte die Hypothese, daß der asthmatische Anfall »ein Mittel der physiologischen Verteidigung gegen die Aktivierung ungelöster Kindheitskonflikte durch Gerüche darstellt«.[10] Die Autoren wandten zwei Methoden an: Erstens sammelten sie Informationen über die Geruchsarten, die bei Asthmatikern Anfälle hervorriefen; dabei konnten sie zeigen, daß 74 % dieser Gerüche in die Klasse »Analderivate« fielen. Zweitens zeichneten sie freie Assoziationen von Asthmatikern wie auch von gesunden Kontrollpersonen auf, deren Analyse ergab, daß Asthmatiker eine häufigere »Blockierung von Assoziationen« manifestieren als andere Individuen. Beides zusammengenommen sollte als Stütze für eine psychodynamische Theorie dienen, die eine anale Ätiologie des Asthmas postuliert. Nun ist es in der Tat unbegreiflich, wie die Daten eine derartige Hypothese rechtfertigen könnten. Die Gerüche, von denen die Asthmatiker aussagten, daß sie mit ihren Anfällen in Zusammenhang standen, wurden in drei Kategorien eingeteilt: die eine Gruppe betraf bestimmte Nahrungsmittel (Schinken, Zwiebeln und Knoblauch), die zweite hatte mit »Romanzen« zu tun (Parfüm, Frühling, Blumen) und die dritte entsprach dem Gegensatz Sauberkeit vs. Unsauberkeit (darunter Gestank von Unrat und ekligen Dingen, Desinfektionsmitteln, Schwefel, Rauch, Farbe, Pferden usw.). Nachdem die Autoren diese Klassifikation aufgeboten haben, machen sie plötzlich einen »logischen« Sprung, der ihnen quasi garantiert, die psychoanalytische Theorie hernach bestätigt zu finden: sie nennen die drei Geruchsklassen unvermittelt »orale«, »genitale« und »anale« und da 74 % der (standardisierten) Gerüche in die letztere Klasse fallen, behaupten sie, daß dies die FREUDsche Theorie über die Bedeutung der frühkindlichen Reinlichkeitserziehung und anderes mehr bestätigt. Es scheint ihnen nicht in den Sinn zu kommen, daß ihre »anale« Klasse im Hinblick auf die Anzahl der darin enthaltenen Gerüche beträchtlich breiter ist als die anderen zwei Klassen zusammen genommen; außerdem übersehen sie, daß die 74 % Gerüche, die darunter fallen, schmutzige Assoziationen haben und auch für die Mehrheit der Nichtasthmatiker weit unangenehmer sind als etwa Speisen- oder Parfümgerüche. Nur zwei von 45 in diese Kategorie eingereihten waren »anal« im wörtlichen Sinne (d. h. sie hatten den Geruch von Fäkalien); welchen Bezug der Anus zu Rauch, Chlor, Ölfarbe o. ä. haben soll, bleibt indes schleierhaft.
Die ganze Untersuchung läuft am Ende darauf hinaus, daß diejenigen Gerüche, die asthmatische Anfälle hervorriefen, gewöhnlich auch jene sind, die gesunde Menschen als unangenehm empfinden. Nun könnte man aber allein schon aufgrund der Evolutionsprinzipien erwartet haben, daß solche Gerüche eine biologische Aversionsreaktion auslösen müssen, und da die

Symptome des Asthmas eine Verengung der Luftwege einschließen, ist es nicht unvernünftig, sie im Sinne eines (phylogenetischen) Anpassungsversuchs aufzufassen, wonach Gerüche, die dem menschlichen Individuum besonders widerwärtig sind, gemieden werden. Es ist nicht leicht einzusehen, was dieser Befund mit der »analen Phase« oder mit »ungelösten Kindheitskonflikten« zu tun hat; vielmehr scheint er durchaus im Einklang mit der physiologischen Theorie asthmatischer Hypersensibilität (Überempfindlichkeit) zu stehen – für die FREUDsche Theorie ist er jedenfalls vollständig irrelevant.

Was die größere Anzahl der »blockierten Assoziationen« anbetrifft, so hätte sie – FREUD zufolge – nur bei »analen« Gerüchen auftreten dürfen; tatsächlich aber wurde in allen drei Geruchskategorien ein entsprechender Unterschied zwischen der Gruppe der Asthmatiker und der Kontrollgruppe gefunden. Und selbst wenn wir bereit wären, die Blockierung von Assoziationen als einen gültigen Maßstab für Emotionalität zu akzeptieren, leuchtet es keineswegs ein, daß Gerüche, die am Auftreten eines asthmatischen Anfalls beteiligt sind, im allgemeinen für Asthmatiker bedrohlicher sein sollen als für Nichtasthmatiker und daher stärkere Emotionen sprich Angst erzeugen. Man kann sich vorstellen, daß die Asthmasymptome ziemlich unangenehm sind – warum sollte man dann überrascht sein, daß der Patient Angstreaktionen zeigt, wenn er Geruchsreizen ausgesetzt ist, die nach seinen bisherigen Erfahrungen einen Anfall herbeiführen können?

Einer anderen Studie wurde die Hypothese zugrunde gelegt, daß oral-passive Wünsche eine entscheidende Rolle bei der Entstehung von Magengeschwüren (Ulcus ventriculi) spielen[11]. Die Gruppierung erfolgte hier in bezug auf diverse Speisemerkmale, die eine Differenzierung von oral-passiver (saugender) gegenüber oral-aggressiver (beißender) Befriedigung ermöglichen. Der Theorie gemäß sollte man erwarten, daß oral-passive Individuen aus den folgenden paarweisen Eigenschaften von Speisen jeweils die erste und oral-aggressive Individuen jeweils die zweite vorziehen: *weich – hart; flüssig – fest; süß – bitter; sauer – salzig; feucht – trocken; mild – würzig; dick – dünn; schwer (fett) – leicht.* Um nun die psychoanalytische Hypothese zu testen, wonach die Frustration eines intensiven Verlangens nach oral-passiver Befriedigung in der Genese von Magengeschwüren von erheblicher Bedeutung ist, verglichen die Autoren – unter Verwendung eines Fragebogens zur Speisenbevorzugung – 38 Ulkus-Patienten mit 62 Magen-Darm-Patienten ohne Ulkus. Dabei fanden sie, daß die erste Gruppe höhere »oral-passive« Maßzahlen erzielte, das heißt, die Ulkus-Kranken wählten überwiegend »weiche, flüssige, süße, saure, milde, dicke und schwere« Nahrung. Unsere Frage lautet nun: Vermögen diese Resultate die psychoanalytische Hypothese tatsächlich zu stützen?

Was diese Untersuchung in Wahrheit bewiesen hat, ist nichts weiter, als daß es eine Beziehung zwischen Magengeschwüren und Nahrungsvorlieben gibt. Dies sagt uns natürlich wenig über die Richtung von Ursache und Wirkung. Vielleicht sind die Ernährungsgewohnheiten unmittelbar an der

Entstehung von Ulzera beteiligt, indem die chemischen Substanzen, die wir in Form von Nahrung unserem Körper einverleiben, unsere biochemische Verfassung beeinflussen. Die einfachste Erklärung wäre zweifellos die, daß »passive« Speisen von Ulkus-Patienten deshalb bevorzugt werden, weil sie leichter verdaulich sind und den Magen weniger irritieren als »aggressive« Speisen. Solche Erwägungen dürften hingegen bei den Patienten der Kontrollgruppe nicht ins Gewicht fallen, da die mitgeteilten Diagnosen darauf hindeuteten, daß viele von ihnen als akute oder traumatische Fälle klassifiziert werden können, während die Magengeschwüre in der Regel chronisch und konstitutionell bedingt sind. Krankheiten wie eine Hiatushernie oder Verletzungen infolge eines Autounfalls werden den Patienten kaum über so lange Zeiträume beeinträchtigen, daß sie ihn zu einer Änderung seiner Nahrungsgewohnheiten veranlassen. Dagegen pflegen sich Magengeschwüre ziemlich langsam zu entwickeln, und die lange Zeit, die vergeht, bevor eine Operation nötig wird, reicht möglicherweise für eine angemessene Umstellung in der Speisenauswahl hin – sei es aus eigenem Antrieb oder aufgrund eines ärztlichen Rates. Aber auch diese Hypothese ist nicht die einzige Alternative zur psychoanalytischen; man könnte ebenfalls daran denken, daß Magengeschwüre und Nahrungsvorlieben eine dritte Variable widerspiegeln, etwa emotionale Labilität oder Angstneigung. Wie dem auch sei – auch diese Studie läßt ohne Frage die Tür weit offen für alternative Erklärungen.

Als letztes Beispiel einer empirischen Untersuchung psychosomatischer Krankheitsprozesse aus psychodynamischer Sicht kommen wir nochmals auf den von FREUD beschriebenen *Fall Dora* (1905e) zurück, in welchem er eine Blinddarmentzündung mit Geburtsphantasien in Beziehung brachte. *Dora* hatte im Alter von siebzehn Jahren plötzlich Schmerzen im Unterleib bekommen, die als Appendizitis diagnostiziert wurden; ein Jahr später analysierte sie FREUD. Er erfuhr dabei, daß jene Erkrankung sich neun Monate nach einer Episode ereignet hatte, in der sie von einem verheirateten Mann ungehörige Anträge erhielt. Sie hatte damals seine und seiner Frau Kinder betreut und infolge der Affäre gewisse Hoffnung genährt, daß er sie (nach der in Erwägung gezogenen Scheidung von seiner Frau) heiraten würde. FREUD gelangte daraufhin zu folgender Lösung ihres Problems:

> »Die angebliche Blinddarmentzündung hatte also die Phantasie einer Entbindung realisiert mit den bescheidenen Mitteln, die der Patientin zu Gebote standen, den Schmerzen und der Periodenblutung.«[12]

Andere Psychoanalytiker, wie STODDART (1922) und GRODDECK (1923) verallgemeinerten diese Deutung, und auch danach haben viele Autoren sie wieder aufgegriffen, bis schließlich YIZHAR EYLON eine detaillierte Untersuchung über den ganzen Komplex durchführte.[13] Er folgte dabei INMANs (1958, 1962) Überlegungen, wonach

> »…im realen Leben ein Ereignis eintreten kann, das Anlaß zu Geburtsphantasien gibt und das Schmerzen in der rechten Hüftbeingrube verursacht, die zur Diagnose akuter Blinddarmentzündung führen…

Folgende hypothetische Kette wird augenfällig: Geburtenfall (die Geburt eines Kindes, eine bevorstehende Geburt oder eine Hochzeit), Geburtsphantasien, Schmerzen in der rechten Hüftbeingrube, die Diagnose akute Blinddarmentzündung, Appendektomie.« (S. 325) EYLON stellte eine Gruppe von blinddarmoperierten Patienten einer (in bezug auf Alter und Geschlecht angeglichenen) Gruppe von anderen Chirurgiepatienten gegenüber und fand in der ersteren eine signifikant größere Zahl von »Geburtsereignissen« in ihrer jüngsten Vergangenheit. Diese Ereignisse umfaßten tatsächliche Geburten, Schwangerschaften bei nahen Verwandten und Hochzeiten, an denen der Patient selber teilgenommen hatte. Nichtsdestoweniger müssen wir uns fragen, ob dieses Resultat wirklich als Stütze für die FREUDsche Theorie betrachtet werden kann. Die Antwort heißt leider »Nein«! Warum? Nun – besagte psychoanalytische Hypothese betraf die Erwartung, daß der Anteil normaler Appendizes bei Appendektomien, die einem Geburtsereignis folgen, größer sein müßte als bei Appendektomien, die nicht auf ein solches Ereignis folgen. Das aber würde bedeuten, daß die postoperative pathologische Untersuchung der entfernten Blinddärme in Fällen von Pseudoappendizitis eine größere Anzahl von vorausgehenden Geburtsereignissen hätte aufdecken müssen als in Fällen genuiner Appendizitis. Tatsächlich aber wurde diese Voraussage durch EYLONs Ergebnisse bestätigt.

Eine zweite von EYLON getestete Hypothese, die für die FREUDsche Theorie als ziemlich entscheidend angesehen werden muß, lautete, daß die Verbindung zwischen Geburtsereignissen und Blinddarmentzündung bei jungen Frauen besonders stark sein sollte, da sie ja mutmaßlich für Geburtsphantasien empfänglicher sind als ältere Frauen. In diesem Fall waren die Untersuchungsergebnisse der Voraussage geradezu entgegengesetzt. Das einzige, was in der Studie zugunsten FREUDs sprach, ist ein recht peripheres Resultat, nämlich eine allgemein positive Korrelation zwischen Appendektomien und Geburtsereignissen. Aber selbst hier bleibt anzumerken, daß sich nach den Kriterien, die EYLON anfänglich zur Definition der Geburtsereignisse verwendet, keine signifikante Beziehung ergab; und erst, als die »Geburtsereignisse« auf die Verwandtschaft beschränkt wurden (wobei »die fünf Personen, die der Versuchsperson psychologisch am nächsten standen«, aus der Rechnung herausfielen [cf. S. 330 u. 333; im Kommentar S. 348 falsch dargestellt]) und zudem die Zeitgrenze von einem Monat auf »sechs Monate vor oder nach der Operation« ausgedehnt wurde, war es möglich, einen signifikanten Unterschied in der durch die Hypothese vorgegebenen Richtung zu gewinnen. Eine derartige Manipulation der Daten nach einem Test wird gewöhnlich in der Wissenschaft für unzulässig erachtet, gibt sie doch der Darstellung zufälliger Korrelationen, die keine statistische Signifikanz haben und natürlich auch nicht replizierbar sind, einen übermäßigen Spielraum. Diese und viele andere Gründe machen es unmöglich, EYLONs Resultate als tatsächliche Stütze für die obige psychodynamische Hypothese zu akzeptieren.

Selbstverständlich gibt es noch viele andere empirische Studien, die wir hier diskutieren könnten, doch wird der Leser durch das Referierte bereits eine gute Vorstellung über die Art der von Analytikern durchgeführten Untersuchungen, der Art psychoanalytischer Beweise sowie der Art der Kritik, die wir ihren Anstrengungen entgegensetzen können, gewonnen haben. Es müßte eigentlich mittlerweile jedem Experimentalpsychologen – ja eigentlich jedem Wissenschaftler – klargeworden sein, daß die der Mehrzahl dieser Arbeiten anhaftenden Mängel in der Beweisführung, die zur Anwendung kommenden seltsamen und zweifellos unzuverlässigen Meßmethoden (wie die *Blacky*-Bilder) und nicht zuletzt das Versäumnis, alternative Hypothesen in Erwägung zu ziehen, von allem Anfang an den Anspruch der Psychoanalytiker, auf diesem Gebiet relevante Aussage zu machen, in Frage stellen. So dürfte es beispielsweise schwierig sein, auch nur eine Studie zu finden, die dem Einfluß genetischer Faktoren auch nur die geringste Aufmerksamkeit schenkt, obwohl sich solche Einflüsse im Bereich der Persönlichkeit, der Geisteskrankheiten und der Neurose als außerordentlich wichtig erwiesen haben. Diese totale Mißachtung der wissenschaftlichen Regeln sowohl bei der Planung und Durchführung von Experimenten als auch bei der Interpretation der Ergebnisse verrät nicht gerade eine ernsthafte Suche nach Wahrheit. In fast jedem Fall, in dem der Untersucher eine positive Beziehung behauptet hat, läßt sich mit zumindest ebenso großer Wahrscheinlichkeit eine genetische Hypothese zur Erklärung der beobachteten Phänomene aufstellen wie eine psychodynamische; und angesichts der Tatsache, daß wir viel mehr über die Genetik der Persönlichkeitsentwicklung wissen als über irgendwelche anderen Determinanten, ist die Vernachlässigung eines eindeutig als kausal erkannten Faktors so unerklärlich wie unentschuldbar.

Im übrigen sind genetische Faktoren nicht die einzigen, die seitens der Psychoanalytiker bei der Interpretation ihrer eigenen Untersuchungsergebnisse übergangen werden. So wissen wir heute zum Beispiel eine Menge über die Beziehung zwischen Gedächtnis und Lernen auf der einen und Emotion und kortikaler Erregung auf der anderen Seite. Die diesbezüglichen Fakten sind in Tausenden von Laboratoriumsuntersuchungen festgestellt worden und liefern ohne Zweifel eine hinreichende Erklärung der meisten Befunde, die in den vorgenannten Studien zur Stützung der FREUDschen Vorstellungen herangezogen werden. Dennoch kann man unter den betreffenden Autoren kaum einen finden, der diese durch die moderne experimentelle Psychologie gesicherten Phänomene und Theorien auch nur erwähnt, geschweige denn als Erklärungsalternative den psychoanalytischen Hypothesen gegenüberstellt. Wir sehen, man kann es drehen und wenden – mit Wissenschaft haben jene »experimentellen Studien« zu FREUDschen Konzepten nichts zu tun, weshalb wir auch keinen Anlaß sehen, ihre »Resultate« ernst zu nehmen.

Kritiker mögen murren, wieso wir besagte Studien überhaupt als »experimentelle« bezeichnen, wo doch tatsächlich die meisten Untersuchungen zur Psychoanalyse im besten Fall *empirisch* sind – immerhin verzichten sie doch fast ganz auf die Manipulation unabhängiger Variablen. Rein formal wäre ein solcher Einwand sicherlich in den meisten Fällen richtig, auch wenn er nur semantischer Natur ist. Denken wir einmal an Astronomen: Reden sie etwa nicht von einem »Experiment«, wenn sie während einer Sonnenfinsternis die Beugung der Lichtstrahlen eines entfernten Fixsternes durch das Gravitationsfeld der Sonne beobachten? Ganz sicher hat doch der Astronom nicht den Mond manipuliert und ihn vor die Sonne plaziert! Und gleiches gilt für den allergrößten Teil der Experimentalforschung. Vom Standpunkt einer populären Darstellung aus ähneln aber jene naturwissenschaftlichen Beobachtungen einem echten Experiment mehr als die bloßen Notizen, die sich FREUD und andere Psychoanalytiker [nach oder] während der analytischen Sitzung über ihre »Beobachtungen« zu machen pflegten. Wenn wir dennoch den Ausdruck »experimentell« anstelle des richtigeren »empirisch« auch für psychoanalytische Studien verwendet haben, so liegt der Grund dafür einfach in einer gewissen terminologischen Bequemlichkeit, hat also weiter nichts zu sagen.

Beispielsweise interpretiere ich das Beweismaterial, das in KLINEs Buch referiert wird, dahingehend, daß es für keine spezifisch FREUDsche Hypothese irgendeine Bestätigung erbringt. Dies steht offensichtlich in völligem Gegensatz zu KLINEs eigener Schlußfolgerung, wonach »jede Pauschalablehnung der Freudschen Theorien den vorliegenden Beweisen glattweg ins Gesicht springt«. Dazu muß ich zweierlei bemerken. Zunächst einmal versäumt es KLINE, nach alternativen Erklärungen der von ihm besprochenen Befunde Ausschau zu halten. Aber diesen Vorwurf haben wir ja schon oben erhoben, so daß wir nicht noch einmal darauf eingehen wollen. Hingegen erfordert der zweite Punkt, wenngleich ebenfalls schon angesprochen, noch eine etwas genauere Erörterung: Es handelt sich um das zitierte EBBINGHAUS-Verdikt, demzufolge das, was bei FREUD wahr ist, nicht neu, und was neu, nicht wahr ist. Selbstverständlich findet sich in seinen Lehren viel Wahres, doch wäre es falsch, zu sagen, daß er darin originell war. Wie wir in unserem Kapitel über Träume gesehen haben, ist es natürlich wahr, daß diese sich auf Dinge beziehen, die im Wachbewußtsein des Träumers eine Rolle spielen, und zugleich, daß diese in symbolischer Form ausgedrückt werden; korrekterweise darf man aber diese Ideen nicht FREUD zuschreiben, da sie bereits seit zweitausend Jahren bekannt waren. Auch haben wir gesehen, daß der Begriff des »Unbewußten« von zahlreichen Philosophen und Psychologen seit Jahrhunderten verwendet wurde, so daß es auch hier absurd wäre, FREUD als den »Entdecker des Unbewußten« zu rühmen. Überhaupt müssen wir äußerst vorsichtig sein, irgendeine Theorie oder einen Begriff »FREUD(iani)sch« zu nennen; denn wenn wir die Geschichte des Geistes überblicken, werden wir wahrscheinlich feststellen, daß ähnliche Ideen von vielen Denkern vor FREUD geäußert worden sind. Es sollte ihm nur das als Verdienst angerechnet werden, was in seinem Werk wirklich neu ist – das aber ist, wie wir getrost wiederholen können, (zum größten Teil) nicht wahr.

Als Beispiel für die Mischung aus Neuem und Wahrem nehme man seine Vorstellungen über das Es, das Ich und das Über-Ich – jene drei Gebiete, die er am psychischen Apparat unterscheidet. Das erste – das Es – beschreibt er mit folgenden Worten:

>»Die älteste dieser psychischen Provinzen oder Instanzen nennen wir das *Es;* sein Inhalt ist alles, was ererbt, bei Geburt mitgebracht, konstitutionell festgelegt ist, vor allem also die aus der Körperorganisation stammenden Triebe…«[14]

Das Es gehorcht dem von FREUD so genannten Lustprinzip, und seine psychischen Prozesse unterliegen weder der Logik, noch sind sie bewußt.

Die zweite Region der Psyche – das Ich – definiert FREUD so:

>»Ursprünglich als Rindenschicht mit den Organen zur Reizaufnahme und den Einrichtungen zum Reizschutz ausgestattet, hat sich eine besondere Organisation hergestellt, die von nun an zwischen Es und Außenwelt vermittelt. Diesem Bezirk unseres Seelenlebens lassen wir den Namen des *Ichs.*« (S. 7)

Seine Funktion besteht darin, die Folgen jedes vorgesehenen Verhaltens zu berechnen und zu entscheiden, ob Handlungen, die zur Befriedigung des Es beitragen, ausgeführt oder aufgeschoben oder ob die Anforderungen des Lustprinzips überhaupt unterdrückt werden sollten. Das Ich ist in diesem Sinne der Repräsentant des Realitätsprinzips, wobei einige seiner Aktivitäten bewußt, einige vorbewußt und andere unbewußt sind.

Im dritten Bereich – dem Über-Ich – schließlich sieht FREUD den »Erben des Ödipuskomplexes«, indem er die Belehrungen und Bestrafungen der Eltern verinnerlicht und deren Funktionen fortführt. Es überwacht das Ich, gibt Anweisungen, korrigiert es und droht ihm Strafe an, genau wie die Eltern, deren Platz es eingenommen hat. Die Vorstellung vom Über-Ich ist der des Gewissens im christlichen Denken sehr ähnlich. Entsprechend heißt es bei FREUD:

>»Als Niederschlag der langen Kindheitsperiode, während der der werdende Mensch in Abhängigkeit von seinen Eltern lebt, bildet sich in seinem Ich eine besondere Instanz heraus, in der sich dieser elterliche Einfluß fortsetzt. Sie hat den Namen des *Über-Ichs* erhalten.« (S. 8)

Ohne Frage kommt dem Ich eine schwierige Aufgabe zu, da es sowohl den Triebansprüchen des Es als auch den moralischen Einschränkungen durch das Über-Ich Genüge tun muß. Diese allgemeine Theorie FREUDs hat viel Beifall erhalten, und dies wohl nicht zuletzt deshalb, weil sie im Einklang mit dem gesunden Menschenverstand steht. Aber sie entspricht zugleich dem psychologischen Denken von den Tagen PLATOs an. In der Tat hat jener Philosoph und Staatsmann in seinem berühmten Gleichnis von den zwei Rössern, die vor einen Wagen gespannt sind, und dem Rossebändiger, der sie im Zaum zu halten versucht, das FREUDsche Schema vorweggenommen. Denn wie man leicht sehen kann, symbolisiert der Wagenlenker das Ich; das schlechte, eigenwillige und unbeherrschte Pferd das Es; und das edle und gutwillige Pferd das Über-Ich.

Beide – PLATO wie FREUD – benutzen die Fabel als Kunstgriff, um ein durchaus vernünftiges und allgemein bekanntes Charakteristikum menschlichen Verhaltens zu veranschaulichen. Ich habe schon darauf hingewiesen, daß der Mensch ein biosoziales Wesen ist, in dem unsere biologische Natur die Befriedigung instinktiver Bedürfnisse wie Essen, Trinken, Sexualität und so weiter verlangt, während zugleich unsere Handlungen bestimmten sozialen Anforderungen unterliegen, die in Normen und Gesetzen Eingang gefunden haben und von Eltern, Lehrern und anderen »Vermittlern« an die junge Generation weitergegeben werden. Das Subjekt, das von diesen beiden Arten von Impulsen getrieben bzw. geleitet wird, hat zwischen ihnen Kompromisse zu schließen. All dies ist wahr, und insoweit es wahr ist, scheint es der FREUDschen Theorie recht zu geben. Doch möge man bedenken, daß nichts davon neu ist; während auf der anderen Seite die spezifisch FREUDschen Ideen wie etwa, daß das Über-Ich der Erbe des Ödipuskomplexes sei, nicht nur unwahrscheinlich, sondern auch völlig unbewiesen sind. Viel wahrscheinlicher ist es, daß die PAWLOWsche Konditionierung die Forderungen der Außenwelt (von Eltern, Lehrern, Gleichaltrigen, Beamten, Priestern) vermittelt, und zwar durch Belohnung und Bestrafung, das heißt durch die Ausbildung konditionierter Reaktionen. Auch diese alternative Theorie wird in der psychoanalytischen Literatur nirgendwo in Erwägung gezogen, obwohl sie im psychologischen Laboratorium entwickelt wurde und – wie ich in meinem Buch über »Kriminalität und Persönlichkeit« zu zeigen versucht habe –[15] viele Daten für sie sprechen.

FREUD hatte eine beneidenswerte Sprachbegabung, und die von ihm verwendeten Ausdrücke – wie etwa das »Lustprinzip« oder das »Realitätsprinzip« – lassen seine Version jener uralten Denkweise schillernd und neu erscheinen, so daß es kein Wunder ist, wenn sie auf den Uneingeweihten attraktiv wirkt. Wenn wir uns dagegen für die Frage der Originalität, der Neuheit seiner Lehren zu interessieren beginnen, kommen uns bald die ärgsten Zweifel; denn – wie gesagt – seine allgemeine Ansicht ist wahrscheinlich richtig, doch ist das eigentlich FREUDsche daran fast mit Sicherheit falsch. Und das gilt – wohlgemerkt – nicht nur für den einzelnen Fall, sondern für sein ganzes Werk.

Ein Großteil der empirischen Arbeiten über FREUDsche Hypothesen, namentlich diejenigen über die Traumbildung und ihre Deutung sowie über die Psychopathologie des Alltagslebens, konnten an dieser Stelle nicht behandelt werden, zumal wir darüber in einem eigenen Kapitel berichtet haben; wie erinnerlich, sind wir dort zu den gleichen Schlußfolgerungen gelangt wie hier. Vielleicht sollten wir dieses Kapitel mit einem Zitat von THOMAS HENRY HUXLEY beenden, der einmal beklagte:

»Das große Trauerspiel der Wissenschaft [hat zum Inhalt]: das Erschlagen einer schönen Theorie durch eine häßliche Tatsache.«

Ob FREUDs Theorie »schön« genannt zu werden verdient, kann füglich bezweifelt werden; sicherlich aber versuchte er sie vor dem Erschlagenwerden durch häßliche Fakten zu bewahren, indem er sie in einer Weise einkleidete, die es äußerst schwierig macht, Experimente durchzuführen, die über ihre Richtigkeit oder Falschheit entscheiden. Infolgedessen gibt es auch mehr als achtzig Jahre nach dem Publikwerden der FREUDschen

Theorien immer noch keinen Hinweis darauf, daß sie durch angemessene experimentelle Beweise untermauert werden können, genausowenig, wie sie sich durch klinische Studien, statistische Untersuchungen oder Beobachtungen aller Art bestätigen lassen. Dies beweist nicht, daß sie falsch sind; denn es ist natürlich genauso schwer, zu beweisen, daß eine Theorie falsch ist, wie zu beweisen, daß sie richtig ist. Doch sollten wir zumindest an ihrer Beweisbarkeit – von ihrer Bedeutsamkeit ganz zu schweigen – Zweifel erheben. Jedenfalls trifft auf die Psychoanalytiker zu, was ein anderer großer Wissenschaftler, nämlich MICHAEL FARADAY, einmal sagte: »Sie urteilen rein theoretisch, ohne experimentellen Beweis, und Irrtümer sind das Resultat.«

Diese Worte könnten sehr wohl als Inschrift auf dem Grabstein der Psychoanalyse als einer wissenschaftlichen Lehre eingehauen werden.

[1] S. FREUD – *Postkarte an Mr. Saul Rosenzeig,* Cambridge, Mass., USA (Fotokopie).

[2] P. KLINE (1972/1981) *Fact and Fantasy in Freudian Theory,* London: Methuen.

[3] S. FREUD (1940a) *Abriß der Psychoanalyse,* G.W. XVII; Fischer Taschenbuch Nr. 47, S. 15.

[4] S. FREUD (1908b) *Charakter und Analerotik,* GW VII, S. 209; Studienausgabe VII, S. 30.

[5] F. GOLDMANN-EISLER (1951/dt.: 1979) ›Das Problem der »Oralität« und deren Ursprung in der frühen Kindheit‹, in: EYSENCK/WILSON *Experimentelle Studien...,* a.a.O., S. 57ff. (von dort auch die nachstehenden Auszüge).

[6] P. KLINE (1972) *Fact and Fantasy in Freudian Theory,* a.a.O., S. 93 (zit. nach GOLDMANN-EISLER, a.a.O., S. 85)

[7] P. KLINE (1968/dt. 1979) ›Zwanghafte Eigenschaften, Zwangssymptome und Analerotik‹, in: EYSENCK/WILSON (1979), a.a.O., S. 114f. u. (etwas anders) 124.

[8] S. FREUD (1915d) *Die Verdrängung,* G.W. X; Studienausgabe III, S. 108.

[9] L. J. YARROW (1954/dt. 1979), in: EYSENCK/WILSON (1979) *Experimentelle Studien...,* a.a.O., S. 35ff.

[10] M. STEIN & P. OTTENBERG (1958/dt. 1979) ›Die Rolle der Gerüche bei Asthma‹, in: EYSENCK/WILSON (1979) *Experimentelle Studien...,* a.a.O., S. 291ff.

[11] H. M. WOLOWITZ/S. WAGONFELD (1968/dt. 1979) ›Nahrungsvorlieben bei peptischen Ulkus-Patienten: Eine experimentelle Untersuchung der psychoanalytischen Hypothese Alexanders‹, in: EYSENCK/WILSON (1979) *Experimentelle Studien...,* a,a,O., S. 306ff.

[12] S. FREUD (1905e) ›*Bruchstück einer Hysterie-Analyse*‹, G.W. V; Studienausgabe VI, S. 169.

[13] Y. EYLON (1967/dt. 1979) ›Geburtsereignisse, Blinddarmentzündung und Blinddarmentfernung‹, in: EYSENCK/WILSON (1979) *Experimentelle Studien...,* a.a.O., S. 320ff.

[14] S. FREUD (1940a) *Abriß der Psychoanalyse,* G.W. XVII; Fischer Taschenbuch 47, S. 7 (dort auch die nächsten beiden Zitate).

[15] H.J. EYSENCK (1964) *Crime and Personality,* London: Paladin (2. revid. Ed. 1970).

SIEBTES KAPITEL

Psychogeschwätz und Pseudohistorie

*»Es braucht sehr viel Geschichte,
um ein wenig Literatur zu erzeugen.«*

HENRY JAMES

FREUD übertrug die sogenannten »Einsichten« seiner Theorie auf viele Bereiche, von denen man früher überhaupt nicht gedacht hatte, daß sie mit der Psychiatrie in Zusammenhang stünden, so zum Beispiel auf die Erklärung des Witzes und des Humors, die Ursachen des Krieges, die Anthropologie und nicht zuletzt die Analyse historischer Gestalten und Ereignisse. Das Feld ist zu weit, als daß wir an dieser Stelle die vielen verschiedenen Anwendungsmöglichkeiten der Psychoanalyse diskutieren könnten, und so wollen wir uns lediglich auf die unter dem Namen Psychohistorie laufende (pseudobiographische) Forschungsmethode sowie auf die psychoanalytische Richtung der (Kultur)Anthropologie konzentrieren. Beide gehen bekanntlich von der Vorstellung aus, daß wir in das Leben geschichtlicher Persönlichkeiten wie auch ganzer Völker Einblick gewinnen können, indem wir psychoanalytische Erklärungsprinzipien sinngemäß (per analogiam) auf spezifisch historische bzw. anthropologische Fragestellungen anwenden. Wie das im Fall der Psychohistorie gemacht wurde und wird, ist sehr schön von DAVID E. STANNARD in einem Buch über die »schrumpfende Geschichte« angesichts »FREUDs und des Versagens der Psychohistorie« gezeigt worden;[1] das Buch ist quasi eine Pflichtlektüre für alle, die an diesem Thema interessiert sind. Was hingegen die Ausweitung der psychoanalytischen Sichtweise auf anthropologische Probleme anbelangt, so hat EDWIN R. WALLACE mit seiner Schrift über »FREUD und die Anthropologie« eine »Geschichte und Neubewertung« geliefert,[2] die das ganze Gebiet aufs genaueste erörtert, weshalb wir uns hier auch mit einem kurzen Überblick begnügen werden.

Fragen wir uns zunächst, worin das jeweils Besondere der Historie alias Historiographie (der Geschichte bzw. Geschichtsschreibung) und der (Kultur)Anthropologie besteht. Wie CLAUDE LEVI-STRAUSS im Jahre 1958 bemerkte, liegt der Hauptunterschied zwischen den beiden Disziplinen in ihrer »Wahl komplementärer Perspektiven«: die Geschichte ordne ihre Daten im Hinblick auf die bewußten Äußerungen des gesellschaftlichen Lebens, während die Anthropologie auf die Untersuchung ihrer unbewußten Grundlagen gerichtet sei«.

Noch im selben Jahr versuchte WILLIAM L. LANGER, der Präsident der Amerikanischen Historischen Vereinigung, diese Unterscheidung wieder auszulöschen, indem er – ganz im Sinne FREUDs – die Mitglieder seiner Standesorganisation aufforderte, die unbewußten Grundlagen des sozialen Lebens vergangener Zeiten zu erforschen und zu analysieren. Viele Fachgenossen sind dem Sirenenruf gefolgt, wobei einige von ihnen sogar die Forderung nach einer individuellen Psychoanalyse als Teil der fachlichen Ausbildung angehender Historiker aufstellten. Derzeit gibt es zwei Fachzeitschriften für »Psychohistory«[3], und man muß sagen, daß die Schar der Anhänger dieser Bewegung immer mehr zunimmt. Allerdings fragt es sich, ob ihr überhaupt irgendeine Bedeutung zukommt. STANNARD stellt ironischerweise seiner Abhandlung ein Zitat aus SHAKESPEARES ›Henry IV‹ voran, wo Glendower tönt: »Ich kann die Geister aus den dunklen Tiefen rufen«, und Hotspur nur erwidert: »Na und, das kann ich auch, jeder kann es; aber kommen sie auch wirklich, wenn du sie rufst?« Genau dies ist auch hier die Frage.

Dem Untersucher dieses Feldes stehen zwei Wege offen: Er kann einen flüchtigen Blick auf möglichst viele Fälle werfen oder aber mit möglichster Genauigkeit einen bestimmten Fall betrachten. Allein aus ökonomischen Gründen habe ich das letztere vorgezogen und dabei als Beispiel FREUDS »biographische« Abhandlung über »Leonardo da Vinci« aus dem Jahre 1910 ausgewählt, die als die erste echte psychohistorische Analyse angesehen wird.[4] Hören wir zunächst STANNARDs Kommentar:

»Innerhalb seines engen Rahmens enthält dieses Werk einige der glänzendsten Beispiele dessen, was die beste Psychohistorie so anregend macht: Einsicht, Gelehrsamkeit, Sensibilität und vor allem Phantasie. Es enthält zudem einige der klarsten Illustrationen der bei solcher Arbeit zu gewärtigenden Fallgruben: sie setzt sich auf stupende Weise über die elementarsten Regeln [can(n)ons (?)] der Beweisführung, Logik und vor allem der Zügelung der Phantasie hinweg.«[5]

FREUD stellt am Beginn seines Versuchs fest, daß LEONARDO gewisse Charakterzüge offenbart, die den Schlüssel zu seinem künstlerischen Genie abgeben könnten. Die erste dieser Eigenheiten, eine angeblich »weibliche Zartheit des Empfindens« (S. 96), bringt FREUD mit LEONARDOs Ablehnung »der Fleischnahrung« in Zusammenhang sowie mit seiner Gewohnheit, auf dem Markt Vögel, die in Käfigen eingesperrt waren, zu kaufen, nur um sie dann freizulassen. Zugleich aber muß LEONARDO – FREUDs Darstellung zufolge – auch zu grausamem und gefühllosem Verhalten fähig gewesen sein, denn er konnte »verurteilte Verbrecher auf ihrem Wege zur Hinrichtung... begleiten, um deren von Angst verzerrte Mienen zu studieren und... abzuzeichnen« (S. 97), und im übrigen vermochte er »die grausamsten Angriffswaffen zu entwerfen«, ja sogar an einem Feldzug des CESARE BORGIA teilzunehmen. (S. 96) FREUD erwähnt außerdem LEONARDOs »ruhige Friedfertigkeit« sowie seine »Vermeidung aller Gegnerschaften und Streitigkeiten« (S. 96), seine häufig unvollendeten Arbeiten und seine ausgesprochen langsame Arbeitsweise. Indes liegt FREUDs Hauptinteresse – wie man sich denken kann – bei LEONARDOs offenkundiger »Frigidität« [!], gepaart mit »kühler Sexualablehnung« und einem »verkümmerten« Sexualleben (S. 97), das mit einem »unersättlichen und unermüdlichen Forscherdrang« (S. 102/107) verbunden gewesen sei.

Für FREUD steht diese Kombination von Wesenszügen im Einklang mit seiner Theorie der psychosexuellen Entwicklung, vermag er sie doch (dem Abwehrmechanismus) der Sublimierung zuzuschreiben:

»Wenn die Periode der infantilen Sexualforschung durch einen Schub energischer Sexualverdrängung abgeschlossen worden ist, leiten sich für das weitere Schicksal des Forschertriebes drei verschiedene Möglichkeiten aus seiner frühzeitlichen Verknüpfung mit sexuellen Interessen ab.« (S. 106)

Die ersten beiden sind einmal eine Hemmung des »Forschertriebes«, zum andern eine Rückkehr desselben in Form eines »Grübelzwanges«. Im Falle LEONARDOS nun hält FREUD weder jene »Denkhemmung noch den neurotischen Denkzwang« für gegeben; vielmehr sieht er die dritte Möglichkeit realisiert, bei der sich

»... kraft besonderer Anlage... der Trieb... frei im Dienste des intellektuellen Interesses betätigen« kann, wobei er »die Beschäftigung mit sexuellen Themen vermeidet«, und zwar durch Sublimierung der verdrängten Sexualität zugunsten des »kräftigen Forschertriebes«. (S. 106/107)

An dieser Stelle könnte man meinen, FREUD würde an eine unüberwindliche Grenze stoßen; denn – wie er doch selber so häufig betont – für den Rückgang auf die infantile Entwicklung des Sexualtriebes ist man auf Träume und anderes psychisches Material angewiesen, zu dem der Analysand frei assoziieren kann, um auf diesem Wege die frühen Entwicklungsphasen wiederaufleben zu lassen. Jedoch war nicht nur LEONARDO in persona hierfür nicht greifbar, es gibt auch so gut wie keine Zeugnisse über seine tatsächliche Kindheit. Alles, was wir wissen, ist, daß er im Jahre 1452 als illegitimes Kind des Notars SER PIERO DA VINCI von einer gewissen »Caterina, wahrscheinlich ein Bauernmädchen, die später mit einem anderen Einwohner von Vinci verheiratet war« (S. 107), geboren wurde. FREUD mußte also quasi Ziegelsteine ohne Lehm backen – wie nur brachte er das fertig?

Es gelingt ihm mit einem für ihn typischen Seitwärtsschritt. Und zwar findet sich in LEONARDOS Schriften über den Vogelflug, welcher sein Forscherinteresse angelockt hatte, eine merkwürdige Passage, die FREUD in folgendem Wortlaut aus einer Übersetzung [von HERZFELD] zitiert:

»Es scheint, daß es mir schon vorher bestimmt war, mich so gründlich mit dem Geier zu befassen, denn es kommt mir als ganz frühe Erinnerung in den Sinn, als ich noch in der Wiege lag, ist ein Geier zu mir herabgekommen, hat mir den Mund mit seinem Schwanz geöffnet und viele Male mit diesem seinen Schwanz gegen meine Lippen gestoßen.« (S. 109)

Von dieser Erinnerung ausgehend, versucht FREUD mit Hilfe der »psychoanalytischen Techniken ... die Lücke in Leonardos Lebensgeschichte durch die Analyse seiner Kindheitsphantasie auszufüllen«. (S. 112) Dabei interpretiert er den Schwanz des Geiers als eine »Ersatzbezeichnung« für einen Penis und deutet die ganze Szene als eine »Vorstellung einer Fellatio«, das heißt eines »passiven« homosexuellen Erlebnisses. (S. 112) Er schlägt jedoch zugleich vor, die Phantasie in einem anderen, weniger anstößigen Licht zu sehen, indem

»... die Neigung, das Glied des Mannes in den Mund zu nehmen, um daran zu saugen ... die harmloseste Ableitung zuläßt«, da sie »doch nichts anderes als eine Reminiszenz an das Saugen – oder Gesäugtwerden – an der Mutterbrust« sei. (S. 113)

Alsdann versucht FREUD, die Gründe zu analysieren, weshalb in dieser Phantasie ein Geier erscheint, wobei er unter anderem folgendes ausführt:

»In der heiligen Bilderschrift der alten Ägypter... wird die Mutter allerdings mit dem Bilde des Geiers geschrieben.« Auch verehrten die Ägypter »eine mütterliche Gottheit, die geierköpfig gebildet wurde... Der Name dieser Göttin wurde *Mut* ausgesprochen«, etwa so wie die Stammsilbe des deutschen Wortes »Mutter.« (S. 114)

FREUD nennt noch einige weitere mögliche Quellen, darunter den Glauben der alten Ägypter, es gäbe nur weibliche Geier und diese würden vom Wind befruchtet werden; auch, daß sich

... die Kirchenväter dieser »Fabel von der Eingeschlechtigkeit und der Empfängnis der Geier... bemächtigt (hatten), um gegen die Zweifler an der heiligen Geschichte [scil. der jungfräulichen Geburt Jesu] ein Argument aus der Naturgeschichte zur Hand zu haben«. (S. 116)

Er schließt mit der Mutmaßung, daß die Bedeutung der Geierphantasie für LEONARDO darin gelegen habe,

»... er sei ja auch so ein Geierkind gewesen, das eine Mutter, aber keinen Vater gehabt habe... Kam er doch so dazu, sich mit dem Christusknaben, dem Tröster und Erlöser nicht nur des einen Weibes, zu identifizieren.« (S. 116)

Diese Vorstellung erklärte auch den Mangel an Informationen über LEONARDOs Kindheit, denn

»... die Ersetzung der Mutter durch den Geier weist darauf hin, daß das Kind den Vater vermißt und sich mit der Mutter allein gefunden hat«. (S. 166 f.)

FREUD ist auch nicht verlegen, wo ihm die historischen Daten ganz ausgehen, schreibt er doch getrost:

»Da tritt nun die Deutung der Geierphantasie ein und will uns belehren, daß Leonardo die entscheidenden ersten Jahre seines Lebens nicht bei seinem Vater und seiner Stiefmutter, sondern bei der armen, verlassenen, echten Mutter verbrachte, so daß er Zeit hatte, seinen Vater zu vermissen.« (S. 117)

Diese wilden Spekulationen werden im folgenden als Tatsachen genommen, zumal FREUD davon überzeugt ist, daß jene frühen Jahre bei seiner leiblichen Mutter für LEONARDO »von entscheidendstem Einfluß auf die Gestaltung seines inneren Lebens gewesen sein« müssen. (S. 117) Im übrigen glaubt er, daß LEONARDO nicht nur einen Vater vermißt haben dürfte, sondern »mit besonderer Leidenschaft über diese Rätsel zu grübeln begann« und daß ihn insbesondere »die großen Fragen quälten, woher die Kinder kommen und was der Vater mit ihrer Entstehung zu tun habe«. (S. 118) In den Augen FREUDs kann es »unter den Wirkungen dieser Konstellation ... nicht gefehlt haben«, daß LEONARDO »so frühzeitig ein Forscher wurde«. (S. 117 f.)

188

Im weiteren versucht FREUD, im Sinne seiner Theorie der infantilen Sexualentwicklung LEONARDOs angebliche Homosexualität zu erklären. Er beginnt mit der klinischen Beobachtung, daß es bei Homosexuellen

»... in der ersten, vom Individuum später vergessenen Kindheit eine sehr intensive erotische Bindung an eine weibliche Person, in der Regel an die Mutter (gab), hervorgerufen oder begünstigt durch die Überzärtlichkeit der Mutter selbst, ferner unterstützt durch ein Zurücktreten des Vaters im kindlichen Leben«. (S. 124) Denn es »sieht... fast so aus, als ob das Vorhandensein eines starken Vaters dem Sohne die richtige Entscheidung in der Objektwahl für das entgegengesetzte Geschlecht versichern würde«. (S. 125)

Während also einerseits die Anwesenheit einer realen Vaterfigur die Entwicklung homosexueller Bindungen zu verhindern vermöchte, schließt FREUD aus der »Tatsache«, daß LEONARDO von seiner Mutter allein aufgezogen wurde, auf eine mehr oder weniger zwangsläufige Entstehung von Sympathien für das eigene Geschlecht.

Nun gibt es aber offenbar nur sehr wenige echte Indizien für LEONARDOs Homosexualität. Zwar war er im Alter von 24 Jahren – zusammen mit drei anderen jungen Männern – anonym »wegen verbotenen homosexuellen Umganges« angezeigt worden, doch förderte die nachfolgende Untersuchung keinerlei Beweise zutage, so daß die Anklage »mit seinem Freispruch endete«. (S. 98f.) FREUD schreibt weiter:

»Es scheint, daß er in diesen Verdacht geriet, weil er sich eines übel beleumundeten Knaben als Modells bediente. Als Meister umgab er sich mit schönen Knaben und Jünglingen, die er zu Schülern annahm.« (S. 99f.)

Den letzten Satz wiederholt FREUD an anderer Stelle und fügt noch hinzu:

»Er war gütig und nachsichtig gegen sie, besorgte sie und pflegte sie selbst, wenn sie krank waren, wie eine Mutter ihre Kinder pflegt...« (S. 127)

Darüber hinaus finden sich gewisse Tagebucheintragungen über kleine finanzielle Ausgaben für seine Schüler, wobei FREUD klarstellt, daß

»... nicht Leonardos Benehmen, sondern die Tatsache, daß er uns diese Zeugnisse desselben hinterließ, einer Erklärung bedarf«. (S. 129)

Und dann ist da noch unter LEONARDOs hinterlassenen Papieren eine Rechnung für »Auslagen nach dem Tode zum Begräbnis der Katharina«. (S. 129) Obwohl keinerlei weitere Angaben zur Identität der Frau existieren, geht FREUD [nach dem Vorgang MERESCHKOWSKIs] davon aus, daß es sich bei ihr nur um LEONARDOs Mutter gehandelt haben könne. Die ganze, ziemlich gewundene FREUDsche Argumentation, die wahrlich ein Gebräu aus Tatsachen und Vermutungen ist, faßt STANNARD wie folgt zusammen:

»Wenn man diese Rechnung über Begräbnisauslagen neben die Eintragungen von Ausgaben für seine Schüler stellt, so erzählt sie uns eine dramatische und bislang unbekannte Geschichte: trotz aller Befangenheit und Gehemmtheit im bewußten Ausdruck nehmen Leonardos verdrängte Gefühle für die erotische Anziehung, die seine Mutter und seine Schüler auf ihn ausübten, den Charakter einer ›Zwangsneurose‹ an, die in seinem ›Zwang, die für sie gemachten Ausgaben mit peinlicher Ausführlichkeit zu notieren‹, evident wird. Jetzt hellt sich das verborgene Leben des Künstlers auf, da uns im Lichte all der vielen angehäuften Zeugnisse seine unbewußte Seele gerade das zu sehen erlaubt, was seine bewußte Seele niemals zu sagen vermochte: ›Durch diese erotische Beziehung zur Mutter bin ich ein Homosexueller geworden.‹«[6]

Inwieweit aber FREUD jene Deutung noch für das Verständnis von LEONARDOs Kunst zu verwerten wußte, zeigt schließlich das folgende Zitat: »Wenn uns die Psychoanalyse auch die Tatsache der Künstlerschaft Leonardos nicht aufklärt, so macht sie uns doch die Äußerung und Einschränkungen derselben verständlich. Scheint es doch, als hätte nur ein Mann mit den Kindheitserlebnissen Leonardos die Mona Lisa und die heilige Anna selbdritt malen... können, als läge der Schlüssel zu all seinen Leistungen und seinem Mißgeschick in der Kindheitsphantasie vom Geier verborgen.« (S. 158)

Die Phantasie als solche dünkte FREUD »... zusammengesetzt aus der Erinnerung an das Gesäugtwerden und an das Geküßtwerden durch die Mutter« (S. 132), was er so übersetzte: »Die Mutter hat mir ungezählte leidenschaftliche Küsse auf den Mund gedrückt.« (S. 132)

Ausgestattet mit solchem (Vor)Verständnis versucht FREUD, eines der augenfälligsten Merkmale von LEONARDOs Malerei zu interpretieren, nämlich »... ein merkwürdiges, berückendes und rätselhaftes Lächeln..., das er auf die Lippen seiner weiblichen Figuren gezaubert hat«. (S. 132)

Es war – nach FREUD – jenes »selig verzückte Lächeln«, das in Leonardo »etwas... aufweckte, was seit langer Zeit in seiner Seele geschlummert hatte, eine alte Erinnerung wahrscheinlich« – die Erinnerung an seine Mutter und an das Lächeln, »wie es einst den Mund der Mutter bei ihren Liebkosungen umspielt hatte...« Denn damals »stand er längst unter der Herrschaft einer Hemmung, die ihm verbot, je wieder solche Zärtlichkeiten von Frauenlippen zu begehren«. Aber er war Maler geworden, und »so bemühte er sich, dieses Lächeln mit dem Pinsel wieder zu erschaffen, und er gab es allen seinen Bildern«. (S. 140f.)

Soweit also unser kurzer und selbstredend etwas verstümmelter Bericht über FREUDs Theorie, die schon beim ersten Lesen reichlich spekulativ erscheint, da sie nur auf sehr wenige Tatsachen gegründet ist. Sicher – es gibt einige prima facie schlagende Koinzidenzen, doch – wie STANNARD in seinem Referat nachweist – schwinden diese, sobald man anfängt, das Beweismaterial gewissenhaft zu prüfen.

Die ganze Analyse beruht nämlich ausschließlich auf der »Geierphantasie«, und nirgendwo wird FREUDs außerordentliche Fähigkeit, um ein winziges Detail lange und ausführliche Geschichten zu spinnen, deutlicher als in seiner »Bearbeitung« eben jener Episode. Unglücklicherweise aber gibt es gar keine *Geier*reminiszenz. Denn das einzige Mal, wo LEONARDO wirklich von Geiern spricht, ist eine Notiz über deren Gefräßigkeit:

»Der Geier ist so sehr der Freßlust hingegeben, daß er tausend Meilen fliegt, um sich von Aas zu ernähren, und dies ist auch der Grund, warum er den Armeen folgt.«

Dazu STANNARDs Kommentar:

»Nun bietet diese Feststellung – das glaube ich sagen zu dürfen – gewiß keine große Stütze für Freuds These, daß Leonardo unbewußt das Bild des Geiers mit seiner geliebten Mutter assoziierte, dadurch erkannte, ›er sei ja auch so ein Geierkind gewesen‹, und im weiteren ›dazu (kam), sich selbst mit dem Christusknaben... zu identifizieren‹.« (a.a.O.; die FREUD-Zitate nach StA X, S. 116)

Im Gegenteil, die obige Bemerkung deutet darauf hin, daß LEONARDO ein durchaus anderes Bild vom Geier hatte als jenes (Symbol) der jungfräulichen Muttergottes der Kirchenväter – ein Bild, von dem FREUD meinte, es »kann... kaum zweifelhaft sein«, daß es »durch so mächtige Patronanz auch Leonardo bekannt geworden ist«. (S. 116)

In Wahrheit berief sich FREUD allerdings auf eine andere Stelle, die sich unter LEONARDOs diversen Aufzeichnungen über den Vogelflug – auf der Rückseite eines Blattes – befindet und die tatsächlich die Erinnerung an ein Kindheitserlebnis beschreibt; nur bezieht sich diese Erinnerung nicht auf einen *Geier*, sondern auf einen *Milan* – einen kleinen falkenartigen Vogel –! Der »Geier« ist nichts weiter als eine simple Fehlübersetzung des richtigen »Milan« (nib[b]io im Original), und somit basierten alle Spekulationen FREUDs schlechterdings auf einem Mißverständnis [in der zitierten Übersetzung (cf. S. 109)] der italienischen Textstelle. Das bedeutet aber, daß die ganzen reichen Anspielungen auf Geier in den ägyptischen Hieroglyphen und in den theologischen Spekulationen der Kirchenväter für LEONARDOs Phantasie vollständig irrelevant sind. Doch hören wir, was er selber über den richtigen Vogel, diesmal unter dem Stichwort »Neid«, zu sagen wußte:

»Vom Milan hört man, daß er beim Anblick seiner im Nest zu fett gewordenen Kinder diese vor Neid in die Seiten pickt und sie (fortan) ohne Futter läßt.«

Dies dürfte kaum hinreichen, um FREUDs Ausdeutungen zu stützen.

FREUDs Anhänger waren sich dieses entscheidenden Irrtums bewußt, versuchten aber, ihn wegzudiskutieren. JAMES STRACHEY, der die englische »Standard Edition« der Gesammelten Werke FREUDs herausgab, sprach in einem Brief an ERNEST JONES »von einer peinlichen Sache«, doch tut er an anderer Stelle den Irrtum kurzerhand mit den Worten ab, es sei nur »ein einzelnes Beweisstück« für die »psychologische Analyse der Phantasie«, wobei er versichert, daß der Hauptteil von »Freuds Studie durch den Fehler bei der Identifizierung des Vogels in den Grundzügen nicht entwertet« werde.[7] Auch bei anderen, wie beispielsweise bei ERNEST JONES, wird dieser Irrtum im Sinne eines »unwesentlichen Teils von Freuds Beweisführung« banalisiert.[8] Und KURT EISSLER behauptet, daß das entstandene

Problem keineswegs die Schlußfolgerung als solche beeinträchtige, die FREUD zog, sondern nur die spezielle Voraussetzung, auf der diese Schlußfolgerung beruhte; insoweit Freuds Deutung sich nicht eigens auf die Art des Vogels beziehe, wird man erwarten dürfen, daß sie richtig sei.

Worauf STANNARD nur kontert, daß diese Worte sorgfältig nachgelesen zu werden verdienen. Denn:

»Dies sind brave, aber fehlgeleitete Rettungsversuche. Um es klar zu sagen: Freud baute den größten Teil seiner Analyse in der Form einer umgekehrten Pyramide, wobei das ganze Bauwerk auf dem Schlußstein einer einzigen fragwürdigen Tatsache nebst ihrer Ausdeutung balancierte; hat sich jene Tatsache einmal als fehlerhaft herausgestellt und fällt sie deshalb als Stütze weg, so beginnt das ganze Gebäude zusammenzubrechen. Und noch soviel rhetorisches Gefasel und Gequalm kann diesen Prozeß des natürlichen Zerfalls nicht verschleiern.«

STANNARD legt indes selbst Hand an, das »ganze Gebäude« vollends niederzureißen. So weist er darauf hin, daß wir nach der Eliminierung der Geierphantasie nicht länger Grund zu der Annahme haben, LEONARDO sei während seiner Kindheit über die angebliche Abwesenheit seines Vaters betrübt gewesen – eine Vorstellung, die ja allein auf der spezifischen Geiersymbolik gegründet war. Auch hier – bei der Rekonstruktion von LEONARDOs Kindheitsgeschichte – hatte sich FREUD ganz und gar auf seine Analyse der Geierphantasie gestützt. Ihre Abweisung bedeutet nun, daß es überhaupt keinen Grund mehr gibt, zu glauben, LEONARDO habe jene frühen Jahre wirklich mit seiner Mutter allein verbracht, und in der Tat lassen neuere Zeugnisse vermuten, daß LEONARDO von Geburt an zum Haushalt seines Vaters gehörte. STANNARD diskutiert im weiteren noch die Frage der Homosexualität LEONARDOs, wobei er sehr genau aufzeigt, daß der angebliche »Beweis«, den FREUD führt, in Wirklichkeit völlig wertlos ist. Er kommt zu dem Schluß:

»... nachdem wir diejenigen Vorstellungen Freuds, die glattweg falsch, unhaltbar und/oder irrelevant sind, ausgeschaltet haben, bleibt uns nur noch folgendes zu konstatieren: Leonardo hinterließ keinerlei Zeugnisse über seine sexuellen Aktivitäten; er machte Aufzeichnungen über kleine Ausgaben, von denen einige seine Schüler betrafen; er war außerdem sehr wißbegierig. Und damit hat sich's.«

Und wie steht es mit FREUDs Ausweitung seiner Analyse auf LEONARDOs künstlerisches Schaffen? Entscheidend für seine diesbezügliche Hypothese ist die Annahme, daß das berühmte Lächeln der *Mona Lisa* auf eben diesem Gemälde erstmals erschien und erst danach auch in seinen weiteren Werken zu sehen war; denn die auf dem Bild dargestellte Frau soll – nach FREUD – in LEONARDO eine »alte Erinnerung« – und zwar an das Lächeln seiner Mutter –, die »seit langer Zeit in seiner Seele geschlummert hatte« (S. 135), wachgerufen haben. Aber – wie STANNARD in einer faszinierenden Besprechung des historischen Beweismaterials glaubhaft macht, gibt es immerhin einen – wenngleich winzigen – echten Beweis, wonach FREUDs Interpretation ganz einfach *falsch sein muß*. Es handelt sich um die Tatsache, daß ein Probekarton des *Anna-Selbdritt*-Gemäldes existiert, der mehrere Jahre vor dem *Mona Lisa*-Porträt datiert! Und auf diesem Karton besitzen die Gesichter der *heiligen Anna* und der *Jungfrau Maria* genau das gleiche Lächeln wie in dem später ausgeführten Gemälde, von dem FREUD irrtümlich angenommen hatte, daß es der durch die Arbeit an der *Mona Lisa* hervorgerufenen Inspiration *folgte*. Fazit: »... die bloße Chronologie reicht hin, um zu zeigen, daß Freuds These falsch ist.«

Somit illustriert FREUDS Buch über die *Kindheitserinnerung des Leonardo da Vinci* in selten klarer Weise die vier großen Probleme, mit denen die Psychohistorie vergeblich fertigzuwerden versucht, nämlich – mit STAN-NARD zu sprechen – Probleme des Faktischen, der Logik, der Theorie und der Kultur (problems of fact, logic, theory, culture). Besagter Autor erör-tert diese kritischen Fragenkomplexe unter Rekurs auf eine Reihe von Schriften, die von Anhängern FREUDS veröffentlicht wurden; einige von diesen sollen im folgenden zitiert werden.

Probleme des Faktischen (oder auch Tatsachenprobleme) bilden die wohl offensichtlichste Klasse, da sie mit dem zusammenhängen, was viele für die Hauptaufgabe der Historiker halten: herauszufinden, was tatsächlich in der Vergangenheit geschah. Nun pflegen aber Psychoanalytiker, die auf dem Gebiet der Psychohistorie (bzw. der »Biographik« – wie FREUD sie nennt –) arbeiten, zunächst einmal aufgrund von Spekulationen und Inter-pretationen zu mutmaßen, was geschehen sein könnte, um dann fortzufah-ren, als ob das, was sie quasi selber erfunden haben, auch wirklich *gesche-hen ist*. FREUDS »Rekonstruktion« von LEONARDOS Kindheit ist dafür ein besonders gutes Beispiel; die ganze Analyse basiert – wie wir gesehen ha-ben – auf einer irrtümlichen Deutung nichtexistenter Fakten (was sich ja allein schon daraus ergibt, daß seine Voraussetzungen durch die moderne Forschung widerlegt worden sind).

Ein anderes Beispiel ist das Werk von ERIK HOMBURGER ERIKSON, der allgemein als eine führende Leuchte unter den Psychohistorikern angese-hen wird. In seinem Buch über den »jungen Mann Luther«[9] greift er ein einzelnes Schlüsselereignis aus dem Leben des Reformators heraus (ähn-lich wie FREUD sich einzig und allein auf die vorgebliche »Geierphantasie« des Künstlergenies berief). Folgt man ERIKSONS Darstellung, so hat sich LUTHER einmal, als er »Anfang oder Mitte Zwanzig« war,

> »... im Chor des Erfurter Klosters... plötzlich zu Boden geworfen... und mit der Stimme eines Stiers gebrüllt...: ›Ich bin's nit! Ich bin's nit!‹ oder ›Non sum! Nun sum!‹« (S. 24)

Die »Ursache« aber sei – darüber wären alle Berichterstatter einig – »die Geschichte von der Heilung eines (taubstummen) Besessenen ... durch Christus« gewesen. Diesen Vorfall nun deutet ERIKSON im Sinne des

> »... kindlichen Einspruchs eines Menschen, den man mit verabscheuten Adjektiven gekennzeichnet hat: stumm, taub, besessen«. (S. 24)

ERIKSON bekannte darüber hinaus:

> »Es wäre interessant zu wissen, ob Martin in jenem Augenblick latei-nisch oder deutsch geschrien hat...« (S. 24)

Worauf STANNARD den trockenen Kommentar abgibt:

»Es wäre in der Tat interessanter, zu wissen, ob er überhaupt schrie. Betrachtet man nämlich die Qualität der Zeugnisse, so ist wahrscheinlich, daß er es nicht tat. Der Bericht über jenen ›Anfall im Chor‹ ist nicht mehr als ein bißchen Gerede über mehrere Stationen des Hörensagens hinweg, und ausschließlich von erklärten Feinden Luthers kolportiert. Daß Erikson diesen Vorfall wiederaufnimmt und ihn schon im ersten analytischen Kapitel seines Buches zum Schlüsselereignis stilisiert, ist – wie ein Theologe bemerkte – geradeso, als wollte man einen Bericht über Freud, dessen einzige Quelle eine Reihe von nationalsozialistischen Antisemiten war und der durch einen von ihnen erst nach dem vierten Weitererzählen veröffentlicht wurde, ernsthaft zitieren und ausführlich erörtern.«

ERIKSONs psychoanalytische Darstellung von LUTHERs Kindheit geht davon aus, daß der Knabe unter einem bösartigen und tyrannischen Vater gelitten hatte, denn nur so ließ sich »seine Vorstellungswelt von einem rächenden Gott…« (S. 30) als eine Projektion seines irdischen Vaters auffassen. Nun gibt es aber so gut wie keine gesicherten Zeugnisse aus MARTINs Kinderzeit, weshalb ERIKSONs LUTHER-Bild praktisch aus der Luft gegriffen ist, zumal der Zeichnung zwei fehlinterpretierte Quellen zugrunde liegen, die behaupten, daß er einmal von seiner Mutter geschlagen wurde – und einmal von seinem Vater! Die bewußten Stellen deuten jedoch darauf hin, daß die Mutter es gut mit ihm meinte und daß der Vater sich hinterher bemühte, die Liebe des Knaben wiederzugewinnen. Leider sind auch diese Berichte sehr zweifelhaft, da sie von seinen Studenten stammen – und zwar aus einer Zeit, als er schon fünfzig Jahre alt war –, in verschiedenen Versionen vorliegen und er selbst sie niemals zu Gesicht bekam. Außerdem bemerkt STANNARD, daß

»… diesen dürftigen und anekdotischen Zeugnissen ein vergleichsweiser Reichtum an Material entgegensteht, demzufolge im Haushalt der Luthers zur Zeit von Martins Kindheit sehr viel Liebe und Achtung herrschte. Es ist gerade jenes Aufbauschen von offenkundig anderslautenden Zeugnissen, das sogar die unvoreingenommensten Kenner Luthers… dazu gebracht hat, Erikson ›gewaltsame Verzerrungen‹ (und) ›eine Menge Übertreibungen und grundloser Spekulationen‹ vorzuwerfen. In beiden Fällen waren seine Kritiker der Idee einer Psychohistorie gegenüber keineswegs unfreundlich eingestellt, doch vertraten sie die Meinung, daß ›eine Pyramide von Vermutungen‹ für ein derartiges Unterfangen nicht ausreiche und daß man – wie (einer von ihnen) sich ausdrückte – zuerst einmal ›die Tatsachen zurechtrücken‹ müsse.«

Dem nämlichen Problem begegnen wir natürlich auf allen Gebieten, auf denen FREUD gearbeitet hat; nirgendwo werden Fakten als solche festgestellt, sondern stets von Spekulationen, Interpretationen, Vermutungen und anderem unsicheren Material umhüllt.

Die Art und Weise, in der FREUD und seine Anhänger zu ihren »gesicherten« Schlußfolgerungen gelangen, behandelt STANNARD unter dem Titel der *Probleme der Logik*. Wie er feststellt, begehen die Analytiker den in der traditionellen Logik mit dem Schlagwort *post hoc ergo propter hoc* bezeichneten elementaren Fehler, wonach *b* als von *a* verursacht gehalten wird, wenn bzw. weil *b* auf *a* folgt. (Es mag daran erinnert werden, daß genau der gleiche logische Fehler bei unserer Diskussion von FREUDs therapeutischen »Erfolgen« auftauchte!) Nun verfallen historische Werke zwar ganz allgemein leicht dem nämlichen Trugschluß, doch ist er durch FREUD zu einer richtigen Kunstform ausgebaut worden. In psychoanalytischen Abhandlungen braucht nämlich ein Ereignis *a* überhaupt nicht existiert zu haben; wenn Ereignis *b* angetroffen wird, dann darf man zweifelsfrei annehmen, daß *a* stattgefunden haben muß – schließlich postuliert die Psychoanalyse ja, daß *b* eine Folge von *a* ist! Mit anderen Worten, die FREUDsche Theorie wird als eine absolute Konstante angesehen (beinahe so wie die Lichtgeschwindigkeit in der Physik!); und sie gilt als ein sicherer Führer selbst für die rückschreitende Beweisführung von den Konsequenzen zu den Antezedentien, wo doch in Wahrheit gar nichts über letztere (die ja als Ursachen angesehen werden) bekannt ist. Die Schrift über »*Leonardo da Vinci*« wie auch der Versuch über »LUTHER« illustrieren diesen Punkt aufs deutlichste; und das gleiche gilt für die anderen Beispiele, die STANNARD beibringt. Mir scheint indes, daß wir auf weitere Belege verzichten können, da der kritische Sachverhalt auch so schon genügend klar geworden sein dürfte.

Besagte logische Kritik führt unweigerlich zu den *Problemen der Theorie*. Dazu schreibt STANNARD:

> »Dieses Problem schließt die *Methode* mit ein, die die Psychohistoriker benutzen, um Fakten über die Kindheit einer Person zu fingieren (invent!), bevor sie zeigen, daß jene Fakten die Ursachen ihres erwachsenen Verhaltens sind. Man kann reihenweise psychohistorische Werke lesen, ohne jemals einem Hinweis zu begegnen, wonach der Autor irgend etwas anderes tat, als die psychoanalytische Theorie als wissenschaftliche Wahrheit hinzunehmen oder – wie Freud es ausdrückte – als den ›Schlüssel‹ zum Verständnis des Handelns. Wäre die psychoanalytische Theorie ein solcher Schlüssel, dann könnten wenigstens einige der Schwächen, die den faktischen und logischen Problemen anhaften, beseitigt werden. Aber leider ist sie es nicht.«

Wir brauchen diesen Kritikpunkt kaum eigens zu dokumentieren, versucht doch das ganze Buch den Nachweis zu führen, daß die psychoanalytische Theorie in großem Maße, wenn nicht zur Gänze, fehlerhaft ist und insofern auch nicht als Schlüssel zum Verständnis des menschlichen Verhaltens verwendet werden kann. Tatsächlich stellt die Psychohistorie das gewöhnliche Verfahren der Wissenschaft auf den Kopf; sie deutet Fakten im Sinne einer Theorie, bevor sie deren Anwendbarkeit beziehungsweise ihren Wahrheitsgehalt überhaupt bewiesen hat; zudem mißachtet sie voll und ganz das schon jetzt umfangreiche und immer noch anwachsende Beweismaterial, wonach ein solcher Wahrheitsgehalt überhaupt nicht existiert. Man erzählt uns einfach, daß dieses oder jenes in Wirklichkeit geschehen sein muß, weil die Psychoanalyse es ja zutage gefördert hat, ohne aber irgendeinen Beweis beizubringen, daß es wirklich so abgelaufen ist. Ein derartiges Sichverlassen auf bloße Theorie ist natürlich völlig unannehmbar – und dies nicht nur in der *Naturwissenschaft,* sondern auch in der *Geisteswissenschaft.*

Die letzte Klasse von Problemen, denen wir in der Psychohistorie begegnen, betrifft die *Probleme der Kultur.* FREUD argumentiert gewöhnlich – und seine Anhänger tun es ebenso – aufgrund seiner eigenen Auffassung vom Sinn und der Bedeutung menschlicher Aktivitäten, obwohl diese vielleicht zu anderen Zeiten und in anderen Kulturen einen ganz anderen Stellenwert hatten oder haben. Wir erwähnten schon, daß FREUD die Gepflogenheit LEONARDOs, gefangene Vögel zu kaufen und dann freizulassen, als Beweis für seine Freundlichkeit ansah. Er wußte offenbar nicht, daß dies in der Tat eine sehr verbreitete Sitte war, zumal es seinerzeit angeblich Glück bringen sollte. Sicherlich war LEONARDO ein freundlicher Mensch, doch durfte dieser Charakterzug nicht ausgerechnet aus einer Verhaltensweise erschlossen werden, für die sich mit ausreichenden Kenntnissen über die Sitten und Gebräuche jener Zeit eine viel einfachere Erklärung angeboten hätte.

Ein interessantes Beispiel dieser Tendenz, individuelle und subjektive Erfahrungen zu verallgemeinern, bringt STANNARD, der es wiederum aus FAWN BRODIEs Buch *Thomas Jefferson: An Intimate History* hat. Es geht darin um eine intime Beziehung JEFFERSONs (des 3. Präsidenten der USA) zu einer jungen Sklavin namens *Sally Hemings,* wobei die Autorin dem Staatsmann unbewußte Motive unterstellt. Als Beweis für seine ständige Beschäftigung mit Gedanken an die »verbotene Frau« und ihre Bedeutung für seine »inneren Bedürfnisse« zieht sie die Tatsache heran, daß im Tagebuch seiner Reisen durch Holland bei der Beschreibung der dortigen Landschaft wahrhaftig achtmal auf die besondere Farbe des Landes als »mulatto« – mulattenbraun – angespielt wird. BRODIE scheint indes nicht zu wissen, daß das Wort »mulatto« im 18. Jahrhundert von (weißen) Amerikanern allgemein als Bezeichnung der Erdfarbe gebräuchlich war. Für uns bzw. in unserer Kultur klingt das Wort als Farbname recht ungewöhnlich, und entsprechend würden wir es auch ganz anders verstehen als jene, die es vor zweihundert Jahren auf der Zunge führten. Während man nun von Historikern annehmen sollte, daß sie derartige Fakten kennen, wissen die »Psychohistoriker« gewöhnlich nichts über die zeitlichen und kulturellen Umstände, unter denen die von ihnen beschriebenen Personen lebten. Was Wunder also, daß sie völlig falsche Interpretationen liefern, wenn sie zufällig überlieferte biographische Details »analysieren«.

STANNARD schließt sein Referat mit folgenden Worten:

»Die traditionellen Vorwürfe der Vulgarität, des Reduktionismus, der Trivialisierung und dergleichen bleiben sämtlich gültige Einwände gegen das psychohistorische Unternehmen. Aber das wichtigste und grundlegendste Argument für die Ablehnung jenes Unternehmens ist offensichtlich dieses: Die Psychohistorie funktioniert nicht und kann nicht funktionieren. Die Zeit ist gekommen, wo man der Tatsache ins Auge sehen muß, daß hinter all dem rhetorischen Geklingel der psychoanalytische Ansatz in der Geschichtswissenschaft unrettbar logischer Perversität, wissenschaftlicher Unsolidität und kultureller Naivität verfallen ist. Um es kurz zu sagen – die Zeit ist reif, darüber hinwegzugehen.«

Sollte es Leser geben, die von der Folgerichtigkeit dieses Schlusses nicht überzeugt sind, so kann ich nur empfehlen, in STANNARDs Buch hineinzuschauen; dort finden sich all jene Beweise, die hier zwangsläufig nur angedeutet werden konnten. –

Was über die FREUDsche »Psychohistorie« gesagt wurde, gilt gleichfalls – sogar in noch stärkerem Maße – für seinen Beitrag zur *Anthropologie*. Seine diesbezügliche Theorie, die er in *Totem und Tabu* (1912/13) ausbreitete, ist hinreichend bekannt, als daß es einer langen Einführung bedürfte. Nach seiner Vorstellung begann die Menschheit ihren kulturellen Aufstieg unter einer sozialen Organisationsform, in der ein einzelnes starkes Männchen in diktatorischer Weise über den ganzen Stamm herrschte und insbesondere die ausschließliche sexuelle Gewalt über seine Schwestern und Töchter innehatte. Wenn nun – mit zunehmendem Alter – der »Patriarch« schwächer und zugleich seine heranwachsenden, aber sexuell zurückgesetzten Söhne stärker wurden, heckten diese ein Komplott gegen ihren tyrannischen Vater aus, töteten ihn und aßen ihn anschließend (quasi zur Feier des Tages) auf. Jedoch stellten sich bei den Brüdern Schuldgefühle ein, und die Folge war, daß sie ihr Verlangen nach geschlechtlichem Umgang mit ihren Müttern, Schwestern oder auch Töchtern unterdrückten. Um aber die mörderische Tat und die kannibalische Orgie zu sühnen, schufen sie einen Mythos vom Totem, dem Tiersymbol ihres Vaters, wobei sie hinfort das betreffende Tier als Nahrung (außer bei rituellen Anlässen) unter Tabu stellten. Der auf diese Weise »verdrängte« ursprüngliche Vatermord wurde über erbliche Erinnerungsspuren im rassischen Unbewußten der folgenden Generationen zum (universellen) Ödipuskomplex und – institutionalisiert – zum Inzesttabu innerhalb der Kernfamilie, zur Gruppenexogamie (i. e. Heiratsverbot innerhalb der eigenen Gruppe), zum Totemismus (der Verehrung des Totem) und vielen anderen Eigentümlichkeiten, die wir noch heute bei primitiven Kulturen antreffen.

Dieses durchaus anachronistische Konzept benutzte nun FREUD mit dem Ziel, die Verschiedenheit der einzelnen Kulturen verständlich zu machen. Und so, wie er in seiner Theorie der Kindheitsentwicklung die Phasenabfolge als Spiegel der Psychogenese der ganzen Menschheit annahm, setzte er jetzt die Seele des Wilden mit der infantilen Psyche gleich und postulierte, daß jeder Mensch die Evolution der gesamtmenschlichen Kultur rekapituliert, indem er bis zur Reife die einstigen primitiven Entwicklungsstufen durchläuft. Dabei erleiden einige Kulturen genau wie einzelne Individuen – an vielen Punkten ihrer Entwicklung einen Stillstand, bevor sie die »zivilisierte« Stufe – die Reife – erreichen. Nun – dies ist in der Tat eine atemberaubende Vorstellung, doch gebricht es ihr leider an jeglichem Beweismaterial; denn weder stimmt sie mit den historischen Fakten überein, noch ist die dahinterstehende Logik und Methodologie akzeptabel. In diesem Sinne äußerte sich auch FRANZ BOAS, der vielleicht hervorragendste Anthropologe seiner Zeit, recht abschätzig über die FREUDschen Spekulationen: Während wir die Verwendung jeglichen methodischen Fortschritts der psychologischen Untersuchung begrüßten, könnten wir die Übertragung einer neuartigen, einseitigen Methode der psychologischen Untersuchung des Individuums auf soziale Phänomene, von denen sich zeigen lasse, daß sie historisch determiniert und Einflüssen unterworfen seien, die überhaupt nicht mit jenen vergleichbar wären, welche die Psychologie des Individuums kontrollierten, durchaus nicht als einen Fortschritt der ethnologischen Methode akzeptieren.

Dieser Kritik folgte das wichtige empirische Werk BRONISLAW MALINOWSKIs, das die Universalität des Ödipuskomplexes zu widerlegen versuchte. Wie er zeigte, lebten die *Trobriand*-Insulaner in einer Kultur, wo der Bruder der Mutter – und nicht der Vater – für das Kind die Autoritätsfigur war. Dies bedeutete, daß Erziehungsgewalt und disziplinäre Maßnahmen nicht von dem Manne ausgingen, der bei der Mutter des Kindes das sexuelle Monopol genoß, wodurch die Vater-Sohn-Beziehung jener ambivalenten Mischung von Liebe und Haß entbehrte, welche FREUD (angeblich) bei seinen europäischen Patienten beobachtet hatte.

Einen weiteren Schlag gegen die FREUDschen Theorien glaubte man mit den Resultaten von MARGARET MEADs Feldforschungen auf *Samoa* führen zu können. BOAS hatte ihr seinerzeit die Aufgabe gestellt, die Hypothese von einer eng begrenzten rassischen oder gesamtmenschheitlichen Erblichkeit der Kulturformen zunichte zu machen. Ihren aufsehenerregenden Berichten zufolge war bei den Samoanern das Leben des Heranwachsenden keineswegs eine Zeit des Zwanges, auch schien das Kind nicht unbedingt mehr Phantasie zu entwickeln als der Erwachsene, und die Frau mußte nicht notwendigerweise passiver sein als der Mann und so fort. Leider erwies sich MEADs Arbeit im nachhinein als von so geringer Qualität, daß DEREK FREEMAN kürzlich in seinem Buch *Margaret Mead and Samoa* (1983) behaupten konnte, ihr Bericht stehe praktisch in jedem Detail im Widerspruch zu den Zeugnissen all der vielen anderen Anthropologen, die die Samoa-Kultur studiert haben.

Seltsamerweise glaubten viele Leser damals, daß jenes idealistische Bild von *Samoa* als einem tropischen Paradies, in dem Jungen und Mädchen in einer Atmosphäre frei von Spannungen und sexuellen Problemen aufwuchsen – mit idyllischen Liebschaften, die ohne ernsthafte Rücksichten auf eventuelle Folgen unterhalten wurden –, einer Gesellschaft, die Zusammenarbeit, aber keinen Wettbewerb und kein Verbrechen kannte und die vor allem einen wunderbaren Sinn für Glück und Zufriedenheit entwickelt hatte, daß jene Gesellschaft irgendwie einer FREUDschen Idealwelt nahekäme, in der es keine Hemmungen gibt und in der neurotische Komplexe der Vergangenheit angehören. Wahrhaftig haben viele MARGARET MEADs Samoa als eine Art von sexuellem Utopia aufgefaßt, auf das man – in der westlichen Welt – hinarbeiten müßte, in der Hoffnung, hier etwas ähnliches verwirklichen zu können. Die Realität ist allerdings, wie FREEMAN eindeutig nachgewiesen hat, genau entgegengesetzt: die *Samoaner* haben die höchste Vergewaltigungsrate aller Kulturen, über die Zeugnisse vorliegen; die Männer wachen eifersüchtig über die Unberührtheit ihrer Frauen, sie sind aggressiv, feindselig und kriegerisch, und sie sind fanatisch wettbewerbssüchtig. Aufgrund dieser Befunde können wir getrost alle Kritiken an FREUDs Anthropologie, die sich auf MARGARET MEAD berufen, als irrelevant aus dem Dienst entlassen.

Unabhängig davon sind natürlich die Einwände von BOAS und seinen Mitarbeitern gegen die FREUDschen Vorstellungen durchaus zutreffend; es gibt tatsächlich keinerlei Beweise für das Märchen, das FREUD zum Angelpunkt seiner Anthropologie gemacht hat. Die FREUDianer schlugen selbstverständlich zurück, wobei sie – wie gewöhnlich – nicht auf rationale Argumente zurückgriffen, sondern auf ein *Argumentum ad hominem*. Ein typisches Beispiel ist GÉZA ROHEIMs Erwiderung auf die Kritik der BOAS-Schule, wonach die Anthropologie von der Grundvoraussetzung der Verschiedenartigkeit der bestehenden menschlichen Gruppen (i.e. Stämme, Völker u.a.m.) nicht abrücken könnte:

»Wir wollen dazu aber feststellen, daß dieser Eindruck der vollständigen Andersartigkeit verschiedener menschlicher Gruppen weitgehend durch den Ödipuskomplex erzeugt wird, soll sagen, durch den Ödipuskomplex des jeweiligen Anthropologen, Psychiaters oder Psychologen. Dieser weiß es einfach nicht, was er mit seinem eigenen Ödipuskomplex tun soll – daher stellt er sich angesichts der klaren Beweise für den Ödipuskomplex einfach *blind*, selbst wenn er von seinem Wissen her in der Lage sein sollte, ihn zu sehen... Dieser Verdrängung des Ödipuskomplexes parallel läuft eine andere *vorbewußte* Tendenz, die des *Nationalismus*. Die Vorstellung, daß die Nationen voneinander völlig verschieden seien und daß das Ziel der Anthropologie lediglich darin bestehe, herauszufinden, wie verschieden sie sind, ist eine nur schlecht verhüllte Manifestation des Nationalismus – jenes demokratischen Gegenstücks der nationalsozialistischen Rassenlehre und der kommunistischen Klassenideologie. Nun bin ich mir selbstverständlich der Tatsache bewußt, daß all jene, die das Studium der Unterschiede auf ihr Banner setzen, wohlmeinende Leute sind und daß sie *bewußt* für die Brüderlichkeit unter den Menschen eintreten; das Schlagwort vom ›Kulturrelativismus‹ scheint ja nichts anderes zu besagen. Aber ich bin Psychoanalytiker. Ich weiß, daß alle menschlichen Einstellungen aus einer Kompromißbildung zweier gegensätzlicher Tendenzen entstehen, und ich weiß auch um die Bedeutung der Reaktionsbildung: ›Du bist (zwar) ganz anders, aber ich verzeihe dir (scil. du kannst ja nicht dafür)‹ – genau darauf läuft es doch hinaus. Die Anthropologie ist in Gefahr, in eine Sackgasse zu geraten, wenn sie sich einer der ältesten Tendenzen der Menschen unterwirft, nämlich die eigene Gruppe gegen die nicht zur Gruppe Gehörigen abzugrenzen (in-group vs. out-group).«[10]

Mit anderen Worten, wenn du mit mir nicht einer Meinung bist, dann bist du im Irrtum, weil deine Meinung das Produkt eines verdrängten Ödipuskomplexes ist; infolgedessen brauche ich auch auf deine sachlichen Einwendungen nicht zu antworten! Dies ist – so möchte man meinen – wahrlich keine gute Haltung, um den wissenschaftlichen Konsens zu befördern.

Doch kehren wir zur Methodenfrage zurück, die hinsichtlich der von FREU-Dianern unternommenen psychokulturellen Analyse nicht anders beantwortet werden kann als hinsichtlich der besprochenen Psychohistorie und daher auch die gleiche Art von Kritik auf sich zieht wie jene. Ich will dies anhand zweier Beispiele verdeutlichen, in denen die Neigung zum Ausdruck kommt, behauptete Fakten auf hypothetische Ursachen zurückzuführen, die in Wahrheit irrelevant oder gar nicht existent sind. Das erste Beispiel ist der »Fall des japanischen Sphinkters«. Die FREUDsche Vorstellung, daß die erwachsene Persönlichkeit eng mit frühkindlichen Erziehungsmaßnahmen zusammenhängt, wurde während des Krieges dazu benutzt, um zwischen der Reinlichkeitserziehung und der angeblich zwanghaften Persönlichkeit der Japaner, die sich sowohl in ihrem Nationalcharakter als auch in ihren kulturellen Institutionen zeige, eine Beziehung herzustellen. Namentlich GEOFFREY GORER, ein britischer Psychoanalytiker, berief sich auf diese rein milieutheoretische Hypothese zur Erklärung des

»Kontrastes zwischen der alles durchdringenden Freundlichkeit des japanischen Lebens..., das fast jeden Besucher begeistert hat, und die überwältigende Brutalität und den Sadismus der Japaner im Kriege«.[11]

GORER glaubte, daß die »strenge und frühzeitig einsetzende Reinlichkeitserziehung« in den Köpfen der japanischen Kinder eine verdrängte Wut erzeugt, weil sie zur Kontrolle ihres Sphinkters verpflichtet würden, bevor die muskuläre und geistige Entwicklung die Voraussetzung dafür geschaffen hätte. Eine ähnliche Mutmaßung findet sich in RUTH BENEDICTs *The Chrysanthemum and the Sword: Patterns of Japanese Culture* (1946), wo ebenfalls die Strenge der japanischen Reinlichkeitserziehung hervorgehoben und die entsprechende Einstellung als eine der Facetten des japanischen Interesses für Sauberkeit und Ordentlichkeit (ein wichtiger Aspekt des analen Charakters bei FREUD) angesehen wird.

So anziehend diese Spekulationen sein mögen, sie beruhten jedenfalls weder auf Feldforschungen noch auf gründlicher (indirekter) Kenntnis der Erziehungsgewohnheiten japanischer Mütter. Als dann nach dem Kriege Untersuchungen nachgeholt wurden, stellte sich sehr schnell heraus, daß man das System der japanischen Reinlichkeitserziehung gründlich mißverstanden hatte, wurde doch zunehmend deutlich, daß die japanischen Kinder in diesem Bereich keinerlei ernsten Drohungen oder Strafen ausgesetzt waren! Im übrigen sei nur daran erinnert, wie schnell sich die Japaner an den Gedanken ihrer Niederlage gewöhnten, den amerikanischen Einfluß akzeptierten, viele ihrer grundlegenden Verhaltensmuster änderten und schließlich in der Friedensbewegung des Fernen Ostens die Führung übernahmen; all dies paßt kaum zu dem Porträt aus der Kriegszeit, auf dem ihre Frustration und Brutalität überstark hervorgehoben war.

Das zweite Beispiel betrifft den »Fall der russischen Wickelkinder«. Hierzu wurde von GORER und RICKMAN in einer Studie über den russischen Nationalcharakter[12] eine Hypothese vorgetragen, die im wesentlichen besagt, daß die nationale Eigenart der Russen am einfachsten durch die lange und strenge Art, in der die Russenmütter angeblich ihre Kinder wickeln, erklärt werden könne. GORER behauptete, daß das Wickeln für die »manisch-depressive« [i.e. hier svw. zyklothyme] Persönlichkeitsstruktur verantwortlich sei, indem diese den abrupten Wechsel von Einschränkung und Freiheit spiegele, den die russischen Kleinkinder erlebten: die während der Wickelzeit in ihnen aufgestaute Wut stehe nämlich in starkem Kontrast zu dem auf die plötzliche Entfernung der Wickelbandagen folgenden Gefühl der Erleichterung. Jene Wut aber richte sich gegen ein unbestimmtes Objekt, weil der erzieherische Umgang mit dem Kind sehr unpersönlich sei und dieses Schwierigkeiten habe, die Behandlung auf einen bestimmten Peiniger zu beziehen. Die hierdurch entstehenden Schuldgefühle sollen dann – in Ermangelung persönlicher Zuordnung – auf diffuse Weise den ganzen Charakter durchdringen.

Ausgehend von dieser erstaunlichen Hypothese versucht GORER alsdann zu zeigen, daß Phänomene wie die bolschewistische Revolution, die STALINistischen Säuberungsprozesse, die Schuldbekenntnisse in diesen Prozessen und viele andere Ereignisse der neueren (sowjet)russischen Geschichte in gewisser Weise mit der im Zuge der Wickelerfahrungen generalisierten Wut und den darauf folgenden Schuldgefühlen »zusammenhingen«. Eine der amüsanteren Abschweifungen in jenem Opus ist die, wonach das russische Interesse an der Ausdruckskraft der Augen von der Tatsache herrühren soll, daß die Beschränkung seiner übrigen Körperteile das russische Kind zwingt, den Außenweltkontakt in der Hauptsache über den Gesichtssinn aufzunehmen. MARVIN HARRIS brachte in seinem Buch über den »Aufstieg der anthropologischen Theorie« einen trefflichen Kommentar zu diesen Spekulationen:

»Bedauerlicherweise hatte Gorer keinerlei sichere Angaben über das Ausmaß des Wickelns. Jedenfalls müssen die Intellektuellen, die in Stalins Säuberungsprozessen ihre Schuld zugaben, nicht gewickelt worden sein. Das tyrannische und angstgeladene Ambiente der Stalin-Ära kann man in allen Diktaturen von Ghana bis Guatemala antreffen, und die angebliche Übereinstimmung zwischen dem russischen Nationalcharakter und dem Despotismus der Stalin-Ära steht geradezu im Widerspruch zur Tatsache der russischen Revolution. Die Erhebung gegen den zaristischen Despotismus der Wut zuzuschreiben, die durch Wickelbandagen erzeugt wurde, heißt alle Fakten der jüngeren europäischen Geschichte außer acht zu lassen. Stalins Tyrannei wurde auf den Leichen seiner Feinde gegründet. Und nur, indem er die sibirischen Gefangenenlager mit Millionen von Regimegegnern füllte und unbarmherzig auch die letzten Reste der politischen Opposition ausrottete, vermochte er seinen Landsleuten den eigenen Willen aufzuzwingen. Die Vorstellung, daß die Masse der Russen vom Terror der Stalin-Ära irgendwie psychisch durchdrungen war, entbehrt jeder faktischen Grundlage.«[13]

Die GORERsche Hypothese erweckt den Anschein, als impliziere sie einen direkten Kausalzusammenhang von der Art: das Wickeln erzeugt den russischen Nationalcharakter! Indes findet sich in seiner Schrift zugleich eine Art Dementi, das für so viele psychoanalytische Gedankengänge auf anthropologischem Gebiet typisch ist: Er sagt nämlich:

»Die Schlußfolgerung aus dieser Studie lautet, daß der in den vorausgehenden Abschnitten skizzierte Sachverhalt *eine* der Hauptdeterminanten in der Entwicklung des Charakters der erwachsenen Großrussen ist. Die Schlußfolgerung lautet *nicht,* daß die russische Art, ihre Kinder zu wickeln, den russischen Charakter hervorbringt, und es soll auch nicht der Schluß gezogen werden, daß der russische Charakter geändert oder modifiziert werden würde, wenn eine andere Methode der Kindererziehung angewandt würde.«

Dazu MARVIN HARRIS:

»Auch sorgfältiges Lesen dieses Widerrufs erhöht nicht ihre Einsichtigkeit. Es wird gesagt, daß in gewissem Sinne das Wickeln eine der *Haupt-*determinanten des großrussischen Charakters ist, aber gleich darauf wird gesagt, daß es *keineswegs* eine Determinante ist.«(a.a.O.)

GORER behauptet, daß in der Wickelhypothese ein beträchtlicher heuristischer Wert steckt, wobei er sie mit einem »Faden, der durch das Labyrinth der offenkundigen Widersprüche im Verhalten der erwachsenen Russen führt«, vergleicht. Es ist nicht leicht, die epistemologische (hier erkenntnistheoretische) Natur dieses »Fadens« zu begreifen – wenn es kein kausales Band gibt, dann gibt es auch keinen Faden! Jede wissenschaftliche Hypothese bedarf irgendeiner – quantitativen oder qualitativen – Korrelation oder, anders gesagt, eines Kausalzusammenhanges. Unterbricht man ihn, bleibt uns nichts mehr übrig.

Desungeachtet schickte sich MARGARET MEAD an, GORER zu verteidigen, indem sie seine Resultate dahingehend auslegte, daß sich aufgrund einer Analyse der Art, in der Russen ihre Kinder wickeln, ein Modell der russischen Charakterbildung aufstellen lasse, welches uns in die Lage versetzt, unser Wissen über das menschliche Verhalten mit dem über die russische Kultur so zu verknüpfen, daß das russische Verhalten verständlicher wird.

MEAD erklärt allerdings nicht, wie die Hypothese das russische Verhalten verständlicher machen soll, wenn es keine Kausalbeziehung gibt. Sie formuliert lediglich GORERs Hypothese in einer anderen Weise: Aufgrund der Verbindung einer ungewöhnlich einengenden Version einer weit verbreiteten Praxis (scil. des Wickelns), des Alters des Kindes, das derart eingeengt wird, und eines Insistierens der Erwachsenen, daß das Kind vor sich selbst geschützt werden müsse – also Dauer und Art des Wickelns –, könne man *annehmen,* daß sich (daraus) entscheidende *Wirkungen* auf die Ausbildung des russischen Charakters ergeben.

Dazu wiederum HARRIS' Kommentar:

»Mit dieser Aussage wird das ganze Argument auf seine ursprüngliche Form zurückgeführt, und der Mangel an Beweisen für die ›angenommenen‹ ›Wirkungen‹ ruft einmal mehr unsere höchste Verwunderung hervor.«

Diese merkwürdige Kombination von Kausalitätsansprüchen und gleichzeitiger Absage an das kausale Denken ist typisch für FREUDs generelle Einstellung. In diesem Sinne stellt CIOFFI zu Recht fest:
»Symptome, Irrtümer etc. werden nicht einfach *verursacht*, sondern sie ›zeigen an‹, ›geben kund‹, ›drücken aus‹, ›realisieren‹, ›erfüllen‹, ›befriedigen‹, ›stellen dar‹, ›begründen‹ oder ›spielen an auf‹ diesen oder jenen verdrängten Antrieb, Gedanken, Erinnerung etc.«[14]
CIOFFI gelangt zu dem Schluß:
»Als kumulativer Effekt davon zeigt sich, daß in Zusammenhängen, in denen es eigentlich ganz natürlich wäre, eine Verhaltenserklärung oder einen induktiven Beweis zu fordern, diese Forderung aufgehoben wird, und zwar, wie wir meinen, deshalb, weil eine intentionale oder Ausdruckshandlung erklärt werden soll; wohingegen in Zusammenhängen, in denen wir normalerweise das aufrichtige und überlegte Dementi einer handelnden Person für hinreichend erachten, um die Unterstellung eines Ausdrucks oder einer Absicht zu falsifizieren oder zu entkräften, diese Erwartung durch Freuds Reden von ›Prozessen‹, ›Mechanismen‹, und ›Gesetzen des Unbewußten‹ schwindet.«
All dies geschieht, wie CIOFFI ausführlich dokumentiert, weil FREUD und seine Anhänger unter dem Zwang stehen, eine *kausale* Erklärung zu geben, zugleich aber *fürchten,* irgendeine definitive Aussage zu machen, die durch Aufdecken faktischer Ungereimtheiten zurückgewiesen werden könnte. Diese Ambivalenz liegt dem ganzen Werk FREUDs wie auch dem seiner Anhänger zugrunde. Am besten sollte man natürlich CIOFFIs Beitrag ganz lesen, zumal er die bestfundierte Darstellung jener allgemeinen Tendenz liefert, die die Psychoanalyse zu einer Pseudowissenschaft abstempelt – wobei GORER, MEAD und die anderen zitierten Autoren nur dem Beispiel folgen, das FREUD selber gegeben hat. –
Bei der Diskussion der Anwendung der psychoanalytischen Theorien auf die Historiographie und Anthropologie – und besonders der Spekulationen FREUDs über den Ursprung von Totem und Tabu – darf man unmöglich den Einfluß seiner eigenen Lebensgeschichte und Persönlichkeit auf seine geistige Entwicklung außer acht lassen. Ich habe oben schon darauf hingewiesen, daß wir die FREUDschen Theorien nicht anders verstehen können denn als eine literarische Darstellung seiner eigenen Gefühle und Komplexe; diese Ansicht findet in der Tat in Schriften bekannter Psychoanalytiker selber eine Stütze. So behauptet ROBIN OSTOW, daß *Totem und Tabu* als eine Allegorie über FREUD, seine Schüler und die psychoanalytische Bewegung gelesen werden könne. Und weiter: Die persönliche Charakteristik des Urvaters spiegele viele von FREUDs eigenen Zügen wider. Einige der typischen Szenen des Urdramas lassen sich sowohl in der Entwicklung der psychoanalytischen Bewegung als auch in FREUDs Ängsten und Phantasien über seine persönliche Zukunft und die seiner Theorie nebst Organisation ausmachen. ADLER und STEKEL waren zwei der heranwachsenden Söhne, die FREUD aus der Horde verstieß... FREUDs Vorstellung, von diesen schöpferischen, aggressiven jungen Männern ver-

stümmelt und verschlungen zu werden, schien irgendeine Angst und ein gewisses Quantum an masochistischer Lust zu enthalten. Er sah sich am Ende wieder auftauchen – mit noch nie dagewesener persönlicher Macht über eine Gruppe von nun kooperativen, vertrauten und reumütigen, gleichvoll noch immer unselbständigen geistigen Söhnen... FREUD bildete sich ein, ›derTotem‹ der nachfolgenden Generation von Psychoanalytikern zu sein; diese konnten sich ihrerseits ›FREUDianer‹ nennen, sie würden ihn verehren, und sie würden in einer wohlgeordneten Organisation tätig sein. (Soweit OSTOW!)

EDWIN WALLACE, der die Abhängigkeit der FREUDschen Theorien von seiner persönlichen Lebensgeschichte aufs genaueste untersucht hat, fügt noch eine Reihe weiterer Punkte hinzu. So behauptet er, daß beim Schreiben von *Totem und Tabu* FREUDs Vaterkonflikt sowie – aktueller – seine Probleme mit JUNG, der gegen seine Vorherrschaft rebellierte, entscheidende Rollen spielten. FREUD selber hatte ja sogar zugegeben, daß sein innerstes Seelenleben von beträchtlicher Ambivalenz gegenüber seinem Vater gekennzeichnet war – ein Konflikt, der sich in etlichen Symptomen manifestierte. WALLACE fährt fort:

»Es gibt mehrere Arten, wie wir die Beziehung zwischen Freuds eigenem Vaterkonflikt und der Vatermord-Hypothese betrachten können. Auf der einen Seite vermochte er sich dadurch, daß er seine persönliche Dynamik (den Vaterkonflikt) auf das Niveau des phylogenetisch Universalen hob, von seinem eigenen vatermörderischen Furor zu distanzieren (welcher durch den rebellischen Jung reaktiviert worden war). Auf der anderen Seite konnte er dessen Bedeutung für sein eigenes Seelenleben ausdrücken, indem er ihn als eine Urtatsache der Weltgeschichte bezeichnete. Die Charakterisierung des ursprünglichen Vatermordes als eines unwiderruflichen Erbes (scil. der Menschheit) reflektiert unter Umständen Freuds teilweise Bewußtheit seiner eigenen Dynamik – die fatale Unvermeidlichkeit, daß er seinen Vaterkonflikt wiederholen und sich erneut mit Schuldgefühlen auseinandersetzen mußte. Darüber hinaus ist diese Hypothese vielleicht eine Art von Ungeschehenmachen früherer Schuldzuweisungen zu Vätern gewesen (als er die Phantasien seiner hysterischen Patienten nacherlebte), das heißt, es waren die Söhne – und nicht der Vater –, die das Verbrechen begangen hatten. Auch das Element der Kompromißbildung ist einfach genug, denn durch die Beschreibung des Urvaters als eines brutalen Tyrannen konnte Freud in gewisser Weise die mörderischen Gefühle der Söhne rechtfertigen.«[15]

Es ist interessant zu sehen, wie die Psychohistorie sich gegen ihren eigenen Schöpfer wendete und wie die Methoden der Psychoanalyse benutzt wurden, um sein eigenes Werk zu sezieren. Daß aber gerade FREUDianer dies taten, illustriert das schon bekannte Argument, daß nämlich FREUDs Werk in vielerlei Hinsicht von seiner Lebensgeschichte und seiner Persönlichkeit untrennbar ist. Die vorgeblich wissenschaftliche Analyse der Menschheit, die in Angriff genommen zu haben FREUD sich rühmte, kann kaum mehr als ein gigantischer autobiographischer Essay gelten; ein Wunder bleibt es, daß so viele Leute es ernsthaft als einen echten Beitrag zur Wissenschaft angesehen haben. Fragt sich eigentlich nur noch, wie wir es rechtfertigen können, eine von uns als falsch erkannte Methode (scil. die psychohistorische) auf ihren Schöpfer selber anzuwenden? Nun – ich überlasse es dem Leser, sich sein eigenes Bild zu machen; allerdings empfehle ich dringend die Lektüre des Buches von WALLACE, der sich auf diesem Gebiet spezialisiert hat und seine Sache hervorragend vertritt. Vom wissenschaftlichen Standpunkt aus ist natürlich die ganze Frage irrelevant. Was immer FREUD veranlaßt haben mag, eine besondere Theorie aufzustellen – die Theorie muß im Hinblick auf ihre Logik, ihre Konsistenz und die sie stützenden Fakten beurteilt werden. Solche Stützen sind indes weder im Bereich der Psychohistorie noch dem der Anthropologie zum Vorschein gekommen, genausowenig wie in den anderen Bereichen, die wir untersucht haben. Gerade das aber ist der Hauptbelastungspunkt der Anklage gegen FREUD – und nicht etwa der Verdacht, daß er infolge seiner eigenen Entwicklung und durch die Ereignisse in seinem späteren Leben »getrieben« wurde, seine Theorien so und nicht anders zu formulieren.

Zum Abschluß dieses Kapitels möchte ich noch einmal MARVIN HARRIS zitieren, der über die Beziehung zwischen der Psychoanalyse und der Anthropologie folgendes zu sagen hat:

»Das Zusammentreffen von Anthropologie und Psychoanalyse hat einen reichen Ertrag an kunstvollen funktionalen Hypothesen erbracht, in denen psych(olog)ische Mechanismen die Verbindung zwischen disparaten Teilen der Kultur zu vermitteln scheinen. Jedoch hat die Psychoanalyse der Kulturanthropologie an wissenschaftlicher Methodologie wenig zu bieten. In dieser Hinsicht tendierte das Zusammentreffen der beiden Disziplinen dahin, die vorhandenen Neigungen zu unkontrollierten, spekulativen und effekthascherischen Verallgemeinerungen zu verstärken, welche jeweils in ihrer eigenen Sphäre als Teil ihrer akademischen Freiheit kultiviert worden sind. Der Anthropologe, der eine psychokulturelle Analyse ausführt, ähnelt dem Psychoanalytiker, dessen Versuch, die grundlegende Persönlichkeitsstruktur seines Patienten aufzudecken, weitgehend interpretierend – und insofern gegenüber normalen Verifikationsverfahren immun – bleibt. In gewissem Sinne haben uns ja die großen Gestalten in den Gründungsphasen der Kultur- und Persönlichkeitsbewegung einfach aufgefordert, ihnen zu vertrauen, so wie wir einem Analytiker trauen – dies aber nicht wegen der bewiesenen Wahrheit irgendeiner besonderen Behauptung, sondern wegen der sich häufenden Beweise für einen Zusammenhang in einem glaubhaften System. Obwohl ein solcher Glaube für die psychoanalytische Therapie wesentlich ist, in der es ja kaum darauf ankommt, ob Kindheitsereignisse dieser oder jener Art stattfanden oder nicht – solange nur Analytiker wie auch Patient davon überzeugt sind, daß sie stattfanden –, ist die Ablösung des Mythos von den konkreten Ereignissen das höchste Ziel jener Disziplinen, die sich mit der menschlichen Geschichte befassen.«[16]

Wenn dies aber wirklich wahr sein sollte, warum sind dann so viele Historiker und Anthropologen geradezu darauf geflogen, ihr Material im FREUDschen Sinne zu interpretieren? Die Antwort liegt vermutlich in dem nur allzu menschlichen Wunsch, alles Mögliche umsonst zu kriegen. Denken wir an die beiden oben angeführten »Psychobiographien«: Am Anfang ist überhaupt nichts Genaues über LEONARDOs Kindheit oder LUTHERs Klosterzeit bekannt. Man deutet dann eben in psychoanalytischer Manier die überlieferten Träume oder Phantasien oder auch einzelne Handlungen und redet sich im folgenden ein, daß sich die Grenzen des tatsächlich Gegebenen ohne weiteres überschreiten lassen und man zu Schlußfolgerungen gelangen kann, die in ihrer Allgemeinheit geradezu atemberaubend sind. Wir haben in der Paläontologie gelernt, ein ganzes Skelett eines ausgestorbenen Dinosauriers aus ein paar winzigen Knochen und Zahnfragmenten zu rekonstruieren – warum sollte die Psychoanalyse nicht in der Lage sein, das gleiche für historische und anthropologische Rekonstruktionen zu leisten? Man gebe uns ein paar isolierte Bruchstücke von Träumen, Verhaltensweisen oder Fehlleistungen, und wir setzen auf dem Wege der assoziativen Deutung mosaikartig eine ganze Kultur oder die Kindheitsentwicklung eines geschichtlichen Menschen oder die Ursachen eines Nationalcharakters und anderes mehr zusammen.

Doch damit nicht genug – wenn wir überhaupt keine Fakten haben, dann können wir sie einfach fingieren, indem wir sie aus den behaupteten »wissenschaftlichen Gesetzen« der Psychoanalyse ableiten. Wir brauchen nichts über die Erziehungsgewohnheiten der Japaner zu wissen; wenn [ein] FREUD[ianer] uns sagt, daß eine rigorose Reinlichkeitserziehung jenen von den Japanern während des Krieges gezeigten Charaktertypus produziert, dann dürfen wir getrost davon ausgehen, daß sie genau diese Art von Reinlichkeitserziehung erlitten haben müssen! Es ist natürlich traurig, wenn einem hinterher gesagt wird, daß die Reinlichkeitserziehung der Japaner in Wirklichkeit gar nicht so war, wie von den FREUDianern angenommen, aber anscheinend hat das wenig Auswirkungen auf deren Deutungseifer. T. H. HUXLEY sprach einmal von der großen Tragödie der Wissenschaft – das Erschlagen einer schönen Theorie durch eine häßliche Tatsache! Die FREUDschen Theorien sind vielleicht nicht schön zu nennen, doch scheinen sie gegenüber noch so viel Tatsachen, die ihre Absurdität bloßstellen, immun zu sein. Angesichts solcher Moral möchte man nur mißgünstig ausrufen: »C'est magnifique, mais ce n'est pas la science!« Leider ist es sehr unwahrscheinlich, daß die Psychoanalytiker dieses für den Wissenschaftler so typische wie selbstverständliche Insistieren auf Tatsachenbeweisen einsehen; sie schweben lieber auf den Wolken ihrer Deutungen, deren nebulöser Grund die allerphantastischsten Einbildungen sind. Eine Wissenschaft aber läßt sich darauf nicht errichten.

¹ D.E. STANNARD (1980) *Shrinking History: On Freud and the Failure of Psycho-history,* Oxford: Oxford University Press.

² E.R. WALLACE (1983) *Freud and Anthropology: A History and Reappraisal,* New York: International Universities Press.

³ Cf. *Psychohistory Review,* Ed. CHARLES B. STROZIER, Group for the Use of Psychoanalysis in History, Human Sciences Press, Vol. V, 1976 (vormals: *Group for the Use...,* Newsletter)

⁴ S. FREUD (1910c) *Eine Kindheitserinnerung des Leonardo da Vinci,* G.W. VIII; Studienausgabe X (von dort auch die nachfolgenden Seitenangaben).

⁵ D.E. STANNARD (1980), a.a.O.

⁶ D.E. STANNARD (1980), a.a.O. (die eingefügten FREUD-Zitate nach StA X, S. 131).

⁷ A. MITSCHERLICH/A. RICHARDS/J. STRACHEY – »Editorische Vorbemerkung« zu S. Freud (1910c), Studienausgabe X, S. 90.

⁸ E. JONES (1962) *Sigmund Freud: Leben und Werk,* Bd. II, a.a.O., S. 411.

⁹ E.H. ERIKSON (1958) *Young Man Luther,* New York: Norton; dt. (1965) *Der junge Mann Luther,* Übers. JOHANNA SCHICHE, München: Szczesny Verlag (dort die folgenden Zitatstellen).

¹⁰ G. ROHEIM (1943) *The Origin and Function of Culture,* New York: Nervous and Mental Disease Monographs.

¹¹ G. GORER (1943) ›Themes in Japanese Culture‹, *Trans N.Y. Acad. Sci.* 5 (106 bis 124)

¹² G. GORER/J. RICKMAN (1950) *The People of Great Russia: A Psychological Study,* New York.

¹³ M. HARRIS (1968) *The Rise of Anthropological Theory,* New York: Crowell.

¹⁴ F. CIOFFI (1970) ›Freud and the Idea of a Pseudo-science‹, in: M.R. BORGER/F. CIOFFI (Hrsg.) – *Explanations in the Behavioural Sciences,* Cambridge 1970; dort auch das folgende Zitat (die FREUD-Ausdrücke rückübersetzt).

¹⁵ E.R. WALLACE (1983) *Freud and Anthropology: A History and Reappraisal,* New York: International Universities Press.

¹⁶ M. HARRIS (1968) *The Rise of Anthropological Theory,* a.a.O.

ACHTES KAPITEL

Requiescat in pace – eine letzte Würdigung

»Die Wahrheit entspringt eher dem Irrtum als der Verwirrung.«
FRANCIS BACON

Wir haben jetzt einen Punkt erreicht, von dem aus wir versuchen können, FREUDs Stellung in der wissenschaftlichen Welt vernünftig zu beurteilen; doch wollen wir zuerst noch seine eigene Meinung in dieser heiklen Frage zur Kenntnis nehmen. Wie man sich denken kann, war er in seiner Selbsteinschätzung recht zwiespältig. Auf der einen Seite verglich er sich mit KOPERNIKUS und DARWIN, weil auch sie die Menschheit erniedrigt hatten: der eine, indem er die Bedeutungslosigkeit der Erde im Himmelssystem aufgezeigt hatte; der andere, indem er die Verwandtschaft der menschlichen Gattung mit den anderen Tierarten wahrscheinlich gemacht. FREUD selber nun (der dritte im unheiligen Bunde) nahm für sich in Anspruch, als letzte Macht am Grunde unserer täglichen Lebensäußerungen das Unbewußte entdeckt zu haben. Auf der anderen Seite war er einsichtig genug, zu bemerken, daß er eigentlich weniger als ein Wissenschaftler denn als ein Konquistador Ruhm verdiente (auch wenn er dabei offen ließ, was er überhaupt erobert hatte). Auf jeden Fall war er sich darüber im klaren, daß das, was er tat, mit Naturwissenschaft gar nichts zu tun hatte, obgleich er nach wie vor – mit den Füßen sozusagen – auf dem Boden der Neurologie, seiner angestammten Wissenschaft, zu stehen glaubte. Der nämliche Konflikt ist selbstverständlich keine Erfindung FREUDs, noch ist er auf die Psychoanalyse als ganzes begrenzt. Vielmehr manifestiert er sich in der methodischen Aufspaltung der Psychologie in eine *naturwissenschaftliche* und eine *geisteswissenschaftliche* Richtung, die für den Ausgang des 19. Jahrhunderts charakteristisch ist.

Die Geisteswissenschaft bemüht sich prinzipiell um Verstehen und (Be)-Deutung. Sie vergleicht die Analyse von Handlungen und Erlebnissen mit der auslegenden bzw. übersetzenden Textinterpretation in den hermeneutischen Disziplinen. Die alte Kunst der Hermeneutik – der Auslegung oder auch Erklärung – besteht darin, einen überlieferten Text »lesbar«, das heißt verständlich, zu machen, wozu man nicht nur die Grundbedeutung der verwendeten Zeichen oder Symbole kennen muß, sondern auch ihre syntaktische Bedeutung – den »Sinn« – in bezug aufeinander sowie im Zusammenhang des Ganzen. Für den »Seelenpraktiker« nun sind Handlungen und Erlebnisse keine objektiven Fakten, sondern verschlüsselte Bedeutungen; sie erhalten ihren Sinn erst durch Entschlüsselung der Symbole. Ein solcher Ansatz, der auf die *Bedeutung* (meaning) reflektiert, ist das genaue Gegenteil zum naturwissenschaftlichen Ansatz, welcher auf das Studium des bloßen *Verhaltens* (behaviour) aus ist; daher auch der ewige Kampf in der Psychologie zwischen den Behavioristen – den Verhaltenspsychologen – und einer mannigfaltigen Gegnerschaft, darunter Psychoanalytiker, viele kognitive Psychologen, introspektive Psychologen, idiographisch (i.e. auf das einmalige Ereignis) ausgerichtete Psychologen und andere mehr. Die philosophischen Argumente zwischen diesen beiden Gruppen sind besonders im traditionellen Streit um die Seele in der Psychologie entscheidend, und vielen Autoren ist die richtige Wahl nicht leichtgefallen, sofern sie sich nicht einfach das beste von beiden Seiten herausgesucht haben, ohne eigens auf den fundamentalen Unterschied zu achten. In der Tat war FREUD nur einer von vielen, die erklärtermaßen eine naturwissenschaftlich ausgerichtete Untersuchung des menschlichen Verhaltens anstreben, deren Hauptbeiträge aber eindeutig auf der hermeneutischen Seite liegen. HOWARD H. KENDLER hat in seinem Buch *Psychology: A Science in Conflict* – über die »Psychologie als eine Wissenschaft im Konflikt« – eine ausgezeichnete Zusammenfassung der Argumente beider Richtungen gegeben und darüber hinaus auch die Möglichkeit ihrer Aussöhnung besprochen; indes ist diese ganze Fragestellung sehr komplex, und vor allem erscheint sie viel zu verworren, als daß sie in diesem Buch ausführlich behandelt werden könnte.

Wie dem auch sei – RICHARD STEVENS erklärt in seinem Essay über »Freud und die Psychoanalyse« ohne Umschweife, daß sich dessen Lehre nur unter hermeneutischem Aspekt verstehen läßt:

> »Was macht eigentlich das seelisch-geistige Leben zu einem so schwer zugänglichen Untersuchungsgegenstand? ... Ich würde meinen, die Schwierigkeiten ergeben sich daraus, daß sein Wesen der Sinn oder die Bedeutung ist. Wenn ich die Vorgänge im Seelenleben als sinn- und bedeutungshaltig bezeichne, so will ich damit auf das Phänomen hinweisen, daß unsere Lebensweise und unsere Lebensumstände durch Begriffe (concepts) geregelt werden. Die Art, wie wir die Welt begreifen und über uns selbst, über andere Leute oder über bestimmte Situationen fühlen und denken, dürfte nämlich für die Art unseres Verhaltens grundlegend sein. Jedenfalls nehmen wir das im Alltagsleben als selbstverständlich hin.«[1]

Dies ist sicherlich wahr, doch heißt es noch nicht, daß wir unbedingt auf eine naturwissenschaftliche Erklärung des Verhaltens verzichten und dafür eine allgemeinverständlichere, volkstümlichere annehmen wollen. Primitive Stämme erklären viele reale Gegebenheiten nach ihrem Sinn und Zweck; wenn zum Beispiel jemand krank wird, glauben sie, daß das an den bösen Absichten eines Feindes oder eines Medizinmannes oder an irgendeinem Zauber liegt. Natürlich ist das nicht die wahre Art, eine gesunde medizinische Wissenschaft zu begründen.

STEVENS erörtert auch das Wesen und die Leistungsfähigkeit der Psychotherapie; er schreibt dazu:

> »Wir prüfen und ändern dauernd unsere Interpretationen – sei es *explizit,* indem wir unsere Meinungen mit anderen diskutieren, *implizit,* indem wir ihre Art, die Ereignisse zu interpretieren, wahrnehmen und darüber nachdenken. Man kann nun eine Psychotherapiesitzung durchaus als einen Meinungsaustausch in diesem (doppelten) Sinn begreifen.

Denn auch wenn keine direkte Überredung mitspielen sollte, dürfte der Patient in jedem Fall ermutigt werden, die Art und Weise, wie er sich selbst und sein Verhältnis zur Umwelt auffaßt, zu revidieren. Deshalb ist die Psychotherapie auch etwas völlig anderes als die somatische Medizin. Im Grunde ist sie eine Manipulation von Sinn und Bedeutung (wenn man will: der Sinngebung) und nicht der bloßen Körpervorgänge (manipulation of meaning, not of body functioning)...

Wenn man die Psychoanalyse als eine hermeneutische Methode ansieht, wird ihre experimentalwissenschaftliche Schwäche zu ihrer eigentlichen Stärke. Nehmen wir nur den Begriff der *Überdetermination.* Gelegentlich der Diskussion der in Träumen vorkommenden Verdichtung war darauf hingewiesen worden, daß viele verschiedene Bedeutungsfäden einem einzelnen erinnerten Bild oder Ereignis zugrunde liegen können. Die psychoanalytische Deutung zielt darauf ab, diese zu enträtseln. Überdies helfen uns die von der Theorie bereitgestellten Begriffe, die Bedeutungen von verschiedenen Perspektiven und Ebenen aus zu überschauen... Und obwohl dies verhindert, daß irgendeine Deutung einem präzisen Test unterzogen wird, bietet es doch die große Chance, aus all den verschiedenen Bedeutungen, die im Spiele sind, ein detailliertes Bild zusammenzusetzen.«

Was hier behauptet wird, ist eine häufig für die Psychoanalyse reklamierte Qualität, daß sie uns nämlich zahlreiche »Einsichten« vermittelt, die der Behaviorismus und andere Naturwissenschaften nicht zu liefern vermögen. Stimmte dies, so wäre das für uns eine ernst zu nehmende Sachlage. Was aber, wenn die sogenannten »Einsichten« nichts anderes sind als müßige Spekulationen, die in Wirklichkeit mit der zu analysierenden Situation überhaupt nichts zu tun haben? Was, wenn all die Deutungen von Träumen, Fehlhandlungen und so weiter in der Tat irrig sind und uns in eine ganze falsche Richtung führen? Wie sollen wir wissen, ob FREUD recht hatte oder nicht? Und mehr noch: Die Alternative zu FREUD brauchte gar nicht einmal der Behaviorismus zu sein, sondern irgendeine andere hermeneutische Psychologie – wie könnten wir etwa zwischen FREUD und JUNG, FREUD und ADLER, FREUD und STEKEL und anderen mehr unterscheiden? Es besteht nicht der geringste Zweifel, daß FREUD und jene von ihm abgefallenen Psychoanalytiker ein und denselben Traum in ganz unterschiedlicher Weise gedeutet hätten – wie könnten wir aber sagen, welche von diesen Deutungen »richtig« wäre? Selbst wenn wir also den hermeneutischen Ansatz akzeptieren würden, benötigten wir immer noch spezielle Kriterien, nach denen sich die Wahrheit oder Falschheit einer gegebenen Deutung herausfinden ließe; jedenfalls suchen wir bei FREUD vergeblich nach einem Kriterium, das diese Funktion erfüllen könnte.

In einem FREUD-Buch von P. RIEFF, das den Untertitel »Die Seele des Moralisten« trägt, findet sich eine interessante Passage über die Art und Weise, in der die Psychoanalytiker den Ausdruck »Wissenschaft« verwenden – im Unterschied zu den »harten« (Natur)Wissenschaftlern. Dabei gibt der Autor zwar zu, daß die Psychoanalyse nicht an den rigorosen Maßstäben wissenschaftlicher Theoriebildung festhält, doch äußert er seine Bedenken darüber,

»...daß dieses Etikett ›unwissenschaftlich‹ benutzt wird, um FREUD zu verurteilen, oder schlimmer noch, um ihn mit herablassender Geste gerade für jene seltenen Qualitäten zu loben, die wir in uns selbst (scil. als Naturwissenschaftler) nicht zu fördern pflegen, seine weitgespannten Interessen, seine Subtilität, seine unübertroffene Brillanz als Exeget der universalen Sprache des Schmerzes und des Leidens, die Bereitschaft, seine Ansichten mitzuteilen und diese an seiner eigenen Person oder anhand klinischen Materials zu belegen. Seine wissenschaftlichen Motive sind aus einem Guß mit den ethischen Voraussetzungen seiner Lehre, deren Schlagworte über die Konversationen der Gebildeten in das allgemeine Bewußtsein eines ganzen Zeitalters eingedrungen sind. Es wäre ungehörig – und durch keine gängige Auffassung von der Grenze zwischen Wissenschaft und Ethik zu rechtfertigen –, eines der Gesichter Freuds für authentisch zu halten und die anderen zu ignorieren. Für Humanisten in der Wissenschaft wie auch für Humanwissenschaftler sollte FREUD ein Vorbild an Interesse für das Humane schlechthin sein; dies aber ist zugleich wahrhaft wissenschaftlich.«[2]

STEVENS schließlich faßt die Debatte mit folgenden Worten zusammen: »Wenn unser entscheidendes Kriterium für eine Wissenschaft die Erzeugung von falsifizierbaren Lehrsätzen ist, dann ist die Psychoanalyse klarerweise keine Wissenschaft. Wenn man aber unter ›Wissenschaft‹ die systematische Formulierung von Begriffen und Hypothesen versteht, welche auf sorgfältiger und detaillierter Beobachtung beruhen, dann – meine ich – muß die Antwort lauten: sie ist eine Wissenschaft. Man kann ja auch bezweifeln, ob es irgendeinen Ansatz gibt, der eine größere Wahrscheinlichkeit für die richtige Voraussage des individuellen Handelns bietet als die Einbeziehung realer Lebenssituationen. Denn FREUD übernimmt – wenngleich widerstrebend – die unbequeme, aber bedeutsame Aufgabe, sich dem Januskopf zu stellen, der dem Menschen – als einem biologischen *und* existentiellen Wesen – zu eigen ist.«

Dies führt uns zurück zur Frage nach dem Menschen FREUD – dem Schöpfer einer allgemeinen Theorie, deren Grundlage einzig und allein die Analyse seiner eigenen neurotischen Störungen war, ohne daß dieses Faktum ihn davon abgehalten hätte, sie auf die gesamte Menschheit zu extrapolieren. Wie wir gesehen haben, gibt es überhaupt keinen Grund für die Annahme, daß seine »Einsichten« in sein persönliches Leiden in irgendeiner Weise für das Verhalten anderer Menschen relevant sind, ja es gibt nicht einmal Grund zu der Annahme, daß seine »Einsichten« überhaupt zutreffend waren. Um dies festzustellen, müßte man echte Beweise haben, und gerade die gehen uns ab. Fest steht, daß FREUD in so vielen verschiedenen Fällen beziehungsweise Zusammenhängen irrte, daß es schwerfällt, einzusehen, wie man ihm all jene behaupteten »Einsichten« auch ohne Beweise glauben könnte.

Hinzu kommt, daß er vieles davon einfach von anderen Denkern entlehnt hat, angefangen von PLATON bis zu SCHOPENHAUER, KIERKEGAARD und NIETZSCHE; dafür aber FREUD den Ruhm zu lassen, wäre genauso falsch wie anzunehmen, daß die übernommenen Ideen wahr sind. Und während es historischer Untersuchungen bedarf, um die Prioritäten richtigzustellen, ist ein naturwissenschaftlicher Ansatz vonnöten, um ihren Wahrheitswert zu überprüfen. Dies wird im Prinzip sogar von FREUD-Apologeten akzeptiert, nur scheiden sich an der richtigen Methode die Geister.

In der Diskussion zwischen der Psychoanalyse und dem Behaviorismus hatte letzterer immer eine schlechte Presse, und zwar aus zwei Gründen: Erstens gehört neben KOPERNIKUS und DARWIN nicht FREUD, sondern PAWLOW zu den großen Entthronern der Menschheit – war er es doch, der zeigen konnte, daß viele unserer Handlungen nicht auf das Konto von *Homo sapiens* gehen, sondern das Resultat primitiver Konditionierung sind, die vom limbischen System und anderen subkortikalen Teilen des Gehirns vermittelt wird. Deshalb ist PAWLOW auch jene Feindschaft entgegengeschlagen, die FREUD irrtümlicherweise, wie wir gesehen haben, auf sich bezogen hat. Jedenfalls erscheint vielen Leuten eine Erklärung neurotischer Zustände im Sinne einer PAWLOWschen Konditionierung als erniedrigend, mechanistisch und entmenschlichend; sie halten es viel lieber mit den ach so menschlichen Interpretationen im Sinne tiefgründiger Bedeutungen, die der FREUDschen Analyse allererst ihre Würze geben.

Zum zweiten kann jedermann FREUDs Schriften bzw. Theorien verstehen (oder glaubt wenigstens, daß er sie versteht – das ist nicht das gleiche!). So manch einer meint, nachdem er einige von seinen Büchern gelesen hat, daß er in der Lage ist, Träume zu deuten, andere Menschen zu beurteilen und ihr Verhalten mit Hilfe psychoanalytischer Begriffe zu erklären. Um dagegen PAWLOW zu verstehen und insbesondere mit der umfangreichen experimentellen Arbeit, die seine Theorie im Gefolge hatte, Schritt halten zu können, ist ein Studium von mehreren Jahren nötig, dazu das Lesen unzähliger Bücher und Artikel und ein ständiges Auffrischen des einmal erworbenen Wissens – alles Anforderungen, die die meisten Leute (das liegt in der Natur der Dinge) nicht fertigbringen. Aber selbst unter den Psychiatern sind nur wenige, wenn überhaupt, einigermaßen mit den Grundprinzipien der Konditionierungs- und Lerntheorie vertraut. Und während Lehrer, Sozialarbeiter, Bewährungshelfer und andere, die beruflich Menschen zu betreuen haben, zumeist eine ganze Reihe FREUDscher Ausdrücke in petto haben und sich unter Umständen sogar einbilden, daß sie ihre Schutzbefohlenen zu »psychoanalysieren« vermöchten, wissen sie gewöhnlich nicht das geringste über die PAWLOWsche Konditionierung, die Prinzipien des Lernens oder die Unmenge an Datenmaterial, das dem Behavioristen zur Verfügung steht.

Ich persönlich habe die Erfahrung gemacht, daß abstrakte Diskussionen im allgemeinen ganz unzureichend sind, um Zweifler zu überzeugen. Deshalb wollen wir uns jetzt ein paar praktische Beispiele anschauen, die den

Unterschied zwischen dem FREUDschen und dem behavioristischen Ansatz illustrieren. Das erste Beispiel, das ich gewählt habe, betrifft das Verhalten von Kopfstößern, das sind Kinder, die aus keinem ersichtlichen Grund mit ihren Köpfen gegen Wände, Tische, Stühle usw. stoßen und die dabei blind werden (falls sich die Netzhaut des Auges löst) oder gar sterben können. Was empfehlen Psychoanalytiker, um diese äußerst gefährliche Verhaltensstörung zu behandeln? Nun – sie gehen davon aus, daß das Kind in dieser Weise agiert, um die Aufmerksamkeit seiner Mutter auf sich zu ziehen und sie zu veranlassen, ihm Liebe und Zuneigung entgegenzubringen. Das Rezept lautet daher, daß sie immer, wenn das Kind anfängt, mit seinem Kopf anzuschlagen, es aufnehmen, es küssen und hätscheln und überhaupt ganz lieb zu ihm sein soll. Das sieht alles recht menschlich aus, und vielleicht ist die genannte Erklärung auch richtig. Doch unglücklicherweise bewirkt eine solche Behandlung das Gegenteil von dem, was die Mutter beabsichtigt: Das abnorme Verhalten des Kindes erfährt nämlich eine Verstärkung, indem es quasi noch dafür belohnt wird, und in der Folge gibt es sich noch stärker seinem Kopfstoßen hin, um immer mehr Aufmerksamkeit zu erhalten.

Dagegen verzichtet der Behaviorist auf alle Deutungen und Bedeutungen; statt dessen wendet er einfach die universale Methode der Konditionierung auf die Situation an. Er instruiert die Mutter, das Kind jedesmal, wenn es mit seinem Kopf anzustoßen beginnt, hochzunehmen, es in einen leeren Raum zu setzen und die Tür von außen abzuschließen; nach zehn Minuten hat sie die Tür wieder zu öffnen und das Kind an die Stelle zurückzubringen, wo es sich zuvor befand – das ganze aber, ohne irgendein Gefühl zu zeigen, ohne zu schimpfen, und so ruhig wie möglich. Schon bald wirkt sich das »Effektgesetz« aus: das Kind erkennt, daß sein Kopfstoßen negative Auswirkungen in bezug auf das mütterliche Verhalten hat, und wird daraufhin ganz gewiß aufhören, sich jener abnormen Verhaltensweise zu befleißigen. Das psychoanalytische Vorgehen mag wohl humaner sein, doch erreicht die Behandlung tatsächlich das Gegenteil von dem, was intendiert ist; andererseits erscheint der behavioristische Ansatz ziemlich mechanistisch, aber die Behandlung wirkt in der Tat. Und jetzt möge der Leser selber die Frage beantworten, welche Methode er vorzöge, wenn er einen fünfjährigen Sohn hätte, der dauernd mit seinem Kopf anschlüge und daher in Gefahr schwebte, blind zu werden oder gar zu sterben? Ich meine, die Frage stellen, heißt schon sie beantworten.

Doch schauen wir uns noch ein etwas komplexeres Problem an: das Bettnässen (Enuresis nocturna). Wie man weiß, gibt es viele Kinder, die nachts ihr Bett naßmachen, und das selbst in einem Alter, in dem diese »Unart« normalerweise nicht mehr vorkommt – jedenfalls bei der großen Masse der Kinder nicht. Woher kommt dies, und was kann man dagegen tun? Nehmen wir uns zunächst wieder die Auskünfte der Psychoanalytiker vor! Im allgemeinen betrachten sie das Bettnässen mit großem Argwohn. Wie sagte doch einer von ihnen: »Die Enurese wird in der Psychoanalyse immer als das Symptom einer tieferliegenden Krankheit angesehen.« Die letzte

Ursache wird dabei in grundlegenden Mustern der Kind-Eltern-Beziehung gesucht, »die von der Geburt an infolge des komplizierten Wechselspiels unbewußter Kräfte auf beiden Seiten geformt werden«. Einige der spezifischen Theorien, wie sie von Analytikern vertreten wurden, sind formal höchst spekulative Deutungen auf der Basis psychoanalytischer Symbolik. Für einen Analytiker beispielsweise repräsentiert die Enurese »ein Abkühlen des Penis, dessen Feuer durch das Über-Ich verurteilt wurde«. Für einen anderen war die Enurese ein Versuch, einer masochistischen Situation zu entkommen und die destruktiven Tendenzen nach außen zu stoßen: der Urin galt ihm als eine aggressive Flüssigkeit und der Penis als eine gefährliche Waffe. Noch ein anderer Therapeut meinte, daß das Bettnässen ein Liebesverlangen ausdrücken und sozusagen als ein »Weinen durch die Blase« aufgefaßt werden könnte.

Es gibt noch viele solcher Deutungen, doch lassen sie sich unschwer unter drei Überschriften klassifizieren: Ein Teil der Psychoanalytiker glaubt, daß die Enurese eine Ersatzbefriedigung verdrängter genitaler Sexualbedürfnisse sei. Andere betrachten sie als eine direkte Manifestation tiefsitzender Ängste und Befürchtungen. Und eine dritte Gruppe interpretiert sie als eine verkleidete Form von Feindseligkeit gegen die Eltern oder deren Stellvertreter, welche das Opfer nicht offen auszudrücken wagt. All diese Theorien beharren auf dem Primat irgendeines psychischen »Komplexes«, wobei das »Symptom« immer nur sekundärer Natur ist; jedenfalls liegt das Interesse der Kliniker bei dem ersteren, nicht bei dem letzteren. Infolgedessen wird die Behandlung lang hingezogen, da sie ja die gründliche Untersuchung des Unbewußten des Patienten via Traumdeutung, Wortassoziation und anderer komplizierter Methoden vorsieht und überhaupt viele Aspekte des kindlichen Charakters analysiert, die für den einfachen Akt des Bettnässens offensichtlich ganz irrelevant sind. Dennoch gibt es keinerlei Anzeichen, daß diese Methode besser wirkt als eine Placebobehandlung oder als gar keine Behandlung (die meisten Enuretiker werden in jedem Fall nach ein paar Monaten oder Jahren besser). Damit hätten wir einmal mehr das Unvermögen der Psychoanalyse, irgendwelche Beweise für ihre zahlreichen Hypothesen beizubringen.

Was aber nehmen Behavioristen als Ursache an, und was schlagen sie als Behandlung vor? Nun – sie betrachten die Enurese in der Mehrzahl der Fälle einfach als eine mangelhafte Gewohnheitsbildung und glauben, daß diese »Gewohnheitsschwäche« irgendwie fehlerhafter Übung entspringt. Das normale willentliche Zurückhalten des Harns bringt das Kind dazu, auf nächtlichen Blasenreiz hin mit dem Erwachen zu reagieren. Das Kind lernt, anstelle des unwillkürlichen Einnässens auf die Toilette zu gehen – oder seinen Topf zu benutzen –; mißlingt aber dieser Lernvorgang, dann ist Enuresis nocturna das Ergebnis. Gründliche Untersuchungen haben gezeigt, daß zwar gelegentlich auch etwas mit dem Harnausscheidungssystem, also körperlich, nicht stimmt; jedoch ist in neun von zehn Fällen die Bedingung für das Bettnässen eine (falsche) Gewohnheit (technisch gesprochen: eine mangelhafte Gewohnheitsstärke). Falls diese Annahme richtig ist, müßte die Behandlungsmethode sehr simpel sein, brauchte man doch nur die – richtige – Gewohnheit mittels eines einfachen PAWLOW-schen Konditionierungsprozesses einzuüben. Dazu eignet sich am besten eine Bettunterlage aus zwei porösen Metallplatten, die mit einer Batterie und einer Klingel in Reihe geschaltet, jedoch gegeneinander durch eine Filzschicht isoliert sind. Sobald das Kind den Filz naßmacht, wirkt der salzhaltige Urin als Elektrolyt und erzeugt eine Verbindung zwischen den beiden Metallplatten. Dadurch wird der Stromkreis geschlossen, die Glocke läutet und weckt das schlafende Kind auf, das seinerseits reflexartig den Uriniervorgang unterbricht, aufstehen kann und so weiter.

Die Methode wird heute überall in der Kinderberatung (insbesondere den angelsächsischen Child Guidance Clinics) angewandt; sie ist vollständig sicher, funktioniert gut und schnell, und sowohl Eltern als auch die Kinder akzeptieren sie ohne Umstände. Außerdem können wir über ihre spezifische Wirkungsweise aus der allgemeinen Lerntheorie etliche Schlußfolgerungen ziehen, die auch bereits experimentell verifiziert worden sind. Die Glocke-Filz-Methode hat mittlerweile die FREUDsche Therapie fast weltweit überflüssig gemacht. Warum sollten wir auch an Deutungsmethoden festhalten, die weder eine empirische Stütze haben noch zu einer Heilung führen, während im Gegensatz dazu unsere viel einfachere Methode experimentell sehr gut abgesichert ist und zudem viel schneller und häufiger Heilungen nach sich zieht? Es konnte natürlich nicht ausbleiben, daß die FREUDianer mit dem Argument aufkreuzten, diese rein »symptomatisch« ausgerichtete Behandlung würde nichts dazu beitragen, die der Störung zugrunde liegende Angst zu reduzieren; dabei sei sie es doch gerade, die behandelt werden müßte. Indes scheinen die Tatsachen genau das Gegenteil zu besagen: Es ist die Enurese, die die Angst erzeugt; denn das Kind befindet sich in der wenig beneidenswerten Lage, daß seine Spielkameraden sich über es lustig machen und seine Eltern es tadeln und manchmal auch schlagen. Hat aber die Glocke-Filz-Behandlung erst einmal die Verhaltensstörung (und die ist eben das Bettnässen und nichts weiter) eliminiert, so findet man fast immer, daß sich die Angstneigung legt und das Kind auch sein seelisches Gleichgewicht wiedererlangt.

Wir könnten noch viele andere Beispiele anführen, etwa die Behandlung des schon in einem früheren Kapitel beschriebenen zwanghaften Händewaschens. Vielleicht finden wir uns nur ungern damit ab, daß wir auf dem Wege der Evolution von tierähnlichen Vorfahren abstammen, und vielleicht ist es uns auch nicht recht, daß wir wie sie in unserem Verhalten durch körperliche Mechanismen beschränkt sind, die uns primitiv und unwürdig erscheinen. Nun ist es aber Aufgabe des Wissenschaftlers, seine Aufmerksamkeit vor allem den Tatsachen zuzuwenden und nicht dem, was wir Menschen mögen oder nicht mögen. Die richtige Art, Theorien zu beurteilen – seien diese behavioristisch oder hermeneutisch ausgerichtet –, besteht darin, die faktischen Konsequenzen ihrer Anwendung zu überprüfen; diese aber weisen im allgemeinen auf die Richtigkeit des behavioristischen Ansatzes hin, während sich andererseits bei den hermeneutischen

Theorien, namentlich denjenigen im FREUDschen Gewande, am laufenden Band Irrtümer und Ungenauigkeiten herausstellen.
Ganz allgemein beruht der Fehler der Hermeneutik und insbesondere der Psychoanalyse darauf, daß die ihr zugrunde liegende Einstellung pseudowissenschaftlich ist. FRANK CIOFFI hat das einmal so ausgedrückt:
»Für eine Pseudowissenschaft ist es charakteristisch, daß die Hypothesen, die sie umfaßt, in einer asymmetrischen Relation zu den von diesen geweckten Erwartungen stehen, indem man ihnen zwar zugesteht, die Richtung der erwarteten Resultate anzugeben und von deren Erfüllung auch gerechtfertigt zu werden, ohne aber im Falle ihrer Nichterfüllung in Mißkredit zu geraten. Ein Weg, auf dem sie (scil. die Pseudowissenschaft) dies erreicht, besteht darin, daß sie die Hypothesen *vor* dem (vorausgesagten) Ereignis in einem engen und bestimmten Sinn auszulegen versteht, hingegen in einem breiteren und verschwommeneren Sinn, wenn sich *nach* dem Ereignis herausstellt, daß sie sich nicht bewährt haben. Solche Hypothesen führen also ein Doppelleben – ein gebändigtes und eingeschränktes in Erwartung der entsprechenden (Gegen)Beobachtung (counter-observation) und ein anderes ungezügelteres, ja ausgelassenes angesichts der gegenteiligen Erfahrung. Dieses Charakteristikum läßt sich aber nicht durch einfache Anschauung erkennen; wollen wir feststellen, ob die (Vor)Aussagen in der Tat eine empirische Rolle spielen, dann müssen wir unbedingt herausfinden, was ihre Befürworter – und nicht etwa *wir* – überhaupt als faktische Widerlegung (disconfirmatory evidence) zu bezeichnen bereit sind.«[3]
Nun müssen aber selbst vom hermeneutischen Standpunkt aus FREUD und die Psychoanalyse als »Versager« betrachtet werden. Das einzige nämlich, was sie uns anbieten, sind fiktive Deutungen von Pseudoereignissen, therapeutische Fehlschläge, unlogische und inkonsequente Theorien, nichtnachgewiesene Anleihen bei Vorläufern, »Einsichten« von keinerlei bewiesenem Wert sowie eine diktatorische und intolerante Gruppe von Anhängern, die – anstatt auf Wahrheit aus zu sein – der Propaganda frönen. Kein Wunder, daß diese Erbschaft äußerst negative Folgen für die Psychiatrie und Psychologie hatte – Folgen, von denen einige jetzt zur Sprache kommen sollen.
Die erste – und vermutlich beklagenswerteste – Konsequenz war die Auswirkung der psychoanalytischen Therapie auf die Patienten. Tatsächlich wurden deren Hoffnungen auf Heilung und Rettung immer wieder zunichte gemacht, und in einigen Fällen hat die Behandlung die Krankheit sogar noch verschlimmert. Wie oft mußte ihr Opfer an Zeit, Energie und viel Geld fruchtlos bleiben, und wie häufig war die nachfolgende Enttäuschung ein schwerer Schlag gegen ihre Selbstachtung, von ihrem natürlichen Streben nach Glück ganz zu schweigen. Wir sollten diese Krankenschicksale stets im Gedächtnis behalten, wenn wir über die Psychoanalyse diskutieren; denn der wissenschaftliche Anspruch FREUDs ist nur die eine Seite der Medaille; die andere zeigt die therapeutischen Ambitionen, und diese sind – menschlich gesehen – natürlich viel entscheidender. Jedenfalls

dürfen ihre diesbezüglichen Fehlschläge und ihr Zögern, das Versagen zuzugeben, nie vergessen werden.

Die zweite Konsequenz der FREUDschen Lehre war das Unvermögen der Psychologie und Psychiatrie, sich zu regelrechten Wissenschaften des normalen und abnormen Verhaltens zu entwickeln. Man kann getrost sagen, daß diese Disziplinen durch das Auftreten FREUDs um fünfzig und mehr Jahre zurückgeworfen worden sind. Er hat es fertiggebracht, die wissenschaftliche Forschung in den frühen Jahren der experimentellen Psychologie auf Unternehmungen abzulenken, die nicht nur erfolglos, sondern am Ende geradezu rückschrittlich waren. Er hat den Verzicht auf Beweise (deren Notwendigkeit er genausowenig einsah wie den nachträglichen Nutzen) quasi zu einer Religion erhoben, der nur zu viele Psychiater und klinische Psychologen gefolgt sind, ohne sich um den Schaden für ihre Disziplin zu kümmern. Gewiß – das wissenschaftliche Studium des menschlichen Verhaltens bereitet von Haus aus große Schwierigkeiten. Aber FREUD hat diese Schwierigkeiten zweifellos noch vervielfältigt, indem er wie ein Rattenfänger all jene anwarb, die nicht bereit waren, sich der strengen Ausbildung im Bereich der modernen Psychologie zu unterwerfen, die für den Mann der Praxis ebensosehr Voraussetzung ist wie für denjenigen, der in der Forschung etwas leisten möchte. Auch dies wird man FREUD schwerlich verzeihen können; denn so, wie die Sache steht, werden zukünftige Generationen den Schaden, den er und seine Anhänger der Disziplin zugefügt haben, wiedergutmachen müssen.

Die dritte Konsequenz, die zu FREUDs Lasten geht, ist der gesellschaftliche Schaden, den seine Theorien verursacht haben. RICHARD LA PIERE hat in seinem Buch *The Freudian Ethic* gezeigt, wie die Psychoanalyse die Werte, auf denen die westliche Zivilisation gegründet ist, unterminiert hat, und während dies zumindest teilweise auf einem Mißverständnis der FREUDschen Theorien beruht, ist nichtsdestoweniger sein Einfluß insgesamt höchst verderblich gewesen. In einem berühmt gewordenen Gedicht ›In Memory of Sigmund Freud‹ gab W. H. AUDEN einmal folgendes zu verstehen:

> »Wenn er auch oftmals im Irrtum war, und zuweilen gar absurd, so gilt er uns heute doch nicht mehr als Mensch, sondern – als ein ganzes Meinungsklima.«

Dies ist eine sehr scharfsichtige Bemerkung, die dem Dichter zur Ehre gereichen mag; aber die Frage bleibt doch, ob dieses »Meinungsklima« – und damit ist ein Klima der Nachgiebigkeit, der sexuellen Promiskuität, des Niedergangs »altmodischer« Werte etc. gemeint – unseren Vorstellungen vom rechten Leben entspricht. Selbst der »vortreffliche« Doktor SPOCK, Autor des berühmten Buches über die Säuglingspflege, widerrief seine vormals enthusiastische Verteidigung der FREUDschen Lehre und erkannte den Schaden an, den sie angerichtet hat. Es ist also an der Zeit, daß wir diese Lehre neu einschätzen, und zwar nicht nur im Hinblick auf ihre wissenschaftliche Wertlosigkeit, sondern auch und gerade im Hinblick auf ihren ethischen Nihilismus.

Der breite Einfluß der FREUDschen Ideen auf unser alltägliches Leben kann kaum bezweifelt werden und dürfte den meisten denkenden Menschen auch durchaus bewußt sein. Die Veränderungen im Bereich der Sexualmoral, der Kindererziehung, der allgemeinen moralischen Grundsätze und vieler anderer Dinge, über die FREUD sich geäußert hat, sind fraglos bis in breiteste Volksschichten durchgesickert, und dies gewöhnlich nicht durch Lektüre irgendwelcher Originaltexte, sondern infolge seiner gewaltigen Wirkungen, die FREUD auf die literarische Welt und die Massenmedien hatte – auf Journalisten, Fernsehautoren und -reporter, Filmemacher und viele andere, die als Vermittler zwischen der akademischen Forschung und Lehre und der breiten Öffentlichkeit tätig sind. Nimmt man noch die Literaturkritik und die schon im letzten Kapitel besprochenen Geschichtswissenschaften nebst Kulturanthropologie hinzu, die alle heute von FREUDschen Vorstellungen durchdrungen sind, so kann man das Ausmaß, in dem die Psychoanalyse die Gesellschaft unterwandert hat, gar nicht hoch genug ansetzen. Das Schlimme dabei ist, daß die Anhänger FREUDs die Richtigkeit seiner Ansichten schlankweg als gegeben hinnehmen und über Fragen ihrer Beweisbarkeit gar keinen Gedanken mehr verlieren. Das Resultat ist eine große geistige Trägheit, die es selbst der zwingendsten Kritik schwierig macht, den Glauben an die »dynamische« Psychologie anzufechten. Jedenfalls lassen sich sowohl Literaturkritiker und Historiker wie auch die Angehörigen jener »humanen« Berufe wie Lehrer, Sozialarbeiter usw. partout nicht dazu bewegen, differenzierte Argumente und experimentelle Untersuchungen zur Kenntnis zu nehmen, besonders wenn diese drohen, das ganze Lehrgebäude zum Einsturz zu bringen.
Aber es gibt noch weitere Gründe, warum die Psychoanalyse im Vergleich zur Experimentalpsychologie mit solcher Leichtigkeit den Zugang zu intellektuellen (und selbst nichtintellektuellen) Kreisen fand und deren Billigung gewann. Zunächst einmal benutzen die Experimentalpsychologen einen Fachjargon, der – wie bei anderen Naturwissenschaftlern auch – auf experimentellen Paradigmen (i. e. Musterexperimente) und mathematischer und statistischer Behandlung basiert, und dieser wiederum ist niemandem ohne Fachstudium zugänglich. Auf der anderen Seite ist die FREUDsche Sprache jedem verständlich, der deutsche Prosa lesen kann [im Angelsächsischen ist es aufgrund der Übersetzung schon problematischer]. Ausdrücke wie »Verdrängung« etwa sind [im englischen Wort »repression« auch als Unterdrückung] ohne weiteres einsichtig (oder zumindest scheint es so). Hingegen bleiben Termini technici wie »konditionierte Inhibition« (oder auch dt. »bedingte Hemmung«), das »HICKsche Gesetz« oder das »dreieinige Gehirn« ohne umfängliche Erläuterung völlig unverständlich. (Der Teufel hat immer die besten Melodien.)
Überdies bearbeitet die Psychoanalyse offenbar »wichtige« und »relevante« Problembereiche als da sind Antriebe (Motivation) und Affekte (Emotion), Liebe und Haß, psychische Störungen, kulturbezogene Konflikte, der Sinn des Lebens und die innersten Ursachen – die »Ätiologie« – unseres alltäglichen Tuns; sie bietet eine immerhin mögliche Erklärung

(auch wenn diese falsch ist) für unsere Existenz, unsere Erfolge und Fehlschläge, unsere persönlichen Triumphe und Katastrophen, unsere Neurosen wie auch unsere Wiedergesundung. Andererseits scheint sich die Experimentalpsychologie mit esoterischen, unwichtigen und ganz und gar irrelevanten Problemen zu beschäftigen, die nur für Experimentalpsychologen selber von Interesse sein können. Und diese Charakterisierung kommt der Wahrheit sogar nah genug, um sehr intelligente und kluge Leute (auch viele Psychologen!) davon zu überzeugen, daß wir nur die Wahl haben zwischen einer für den Menschen bedeutsamen Disziplin, ganz gleich, wie unwissenschaftlich ihr Ansatz auch sein mag, und einer Disziplin, die in bezug auf unsere ureigensten Angelegenheiten völlig irrelevant ist, auch wenn ihre Methodologie den strengen Anforderungen einer exakten Wissenschaft entspricht.

Viele Experimentalforscher akzeptieren dieses Urteil nicht nur, sondern sie kokettieren auch noch damit. Wie der berühmte englische Mathematiker G. H. HARDY lieben sie die experimentelle Arbeit gerade deswegen, weil sie keine praktischen Konsequenzen zu haben scheint. Sie meinen, ihre Aufgaben seien selbsterzeugt und hätten nichts mit den Problemen des Alltags zu schaffen. Eine solche Flucht vor der Realität (man könnte sie als Eskapismus bezeichnen) ist schwer einzusehen, zumal sie fast mit Sicherheit mißlingt; denn selbst HARDYs Mathematik erwies sich als nützlich und anwendbar in praktischen Dingen (was z.B. die Konstruktion der Atombombe beweist). Ähnlich war die scheinbar so esoterische Arbeit über die Konditionierung von Hunden für uns darin grundlegend, daß sie ein Modell für die Entstehung – und mögliche Beseitigung – von Neurosen lieferte. PAWLOW zweifelte gewiß niemals am Praxisbezug der von ihm gefundenen Gesetzmäßigkeiten – und wie recht er damit hatte! Trotzdem bleibt der Eindruck der praktischen Irrelevanz der Experimentalpsychologie bestehen, und leider ist ja auch an dieser (schlechten) Meinung eine ganze Menge Wahres dran; viele Experimentatoren konzentrieren sich auf allzu kleine Probleme, die sie zwar methodisch elegant lösen, die aber keine reale wissenschaftliche Bedeutung haben. Das gilt natürlich längst nicht für alle Experimentalforscher; und eigentlich müßten die schon heute vorliegenden Zeugnisse für eine menschliche Realität hinreichen, um selbst den entschiedensten Skeptiker zu beeindrucken (sofern er nur hören und sehen wollte). Dieses Buch wurde nicht zuletzt deswegen geschrieben, um genau diese kritische Frage klarzustellen: Wir können Relevanz und Strenge, Bedeutung für den Menschen und Sauberkeit des wissenschaftlichen Experiments miteinander vereinen. Bleibt nur noch, die Welt von dieser entscheidenden Wahrheit zu überzeugen. Die meisten unserer gegenwärtigen gesellschaftlichen Probleme – vom Krieg bis zum politischen Machtstreben, von den psychischen Störungen zur ehelichen Disharmonie, vom Streik zum Rassismus – sind psychologischer Natur. Es ist wahrlich an der Zeit, die Hilfe der Wissenschaft anzufordern, um diese Probleme ein für allemal zu lösen.

Mit dem Einfluß FREUDs läßt sich der von MARX vergleichen, insofern auch er sein ganzes Lehrgebäude auf »Interpretationen« gründete und direkte Beweise für überflüssig hielt; hinzu kommt, daß sehr wenige von denen, die heute vorgeben, seine Ansichten zu teilen, sich jemals die Mühe gemacht haben, seine Originaltexte zu lesen oder doch wenigstens die Sekundärliteratur – wie schlüssig sie auch immer sein mag – zu konsultieren. In der Tat vertreten die MARXisten der Gegenwart oftmals Auffassungen, die den MARXschen und LENINschen Lehren diametral entgegengesetzt sind. Ein Beispiel dafür ist die Frage der Erblichkeit der Intelligenz: sowohl MARX als auch LENIN haben sich unmißverständlich darüber ausgesprochen, daß sie mit ihrem Glauben an die »Gleichheit« – als einem für den Sozialismus wesentlichen Ideal – die *soziale* und nicht die *biologische* Gleichheit meinten, wobei sie eigens betonten, daß die letztere absolut unmöglich zu erreichen sei. So geht auch aus ihren Schriften klar hervor, daß sie der Ansicht waren, die Intelligenz und andere Fähigkeiten hätten eindeutig eine genetische Grundlage; nichtsdestotrotz behaupten einige ihrer modernen Anhänger das genaue Gegenteil. Gleiches gilt für FREUD: selbst, wenn wir von den echten »Abtrünnigen« absehen, weicht besagtes »Meinungsklima«, das seine Anhänger geschaffen haben, merklich von dem ab, was er selbst noch hätte billigen können. Und nur, weil auch in diesen Fällen die »Ahnherrnschaft« FREUDs nachzuweisen ist, kann man ihn selbst auch niemals ganz der (Mit)Schuld entheben.

Wenn die Psychoanalyse aber von so geringem Wert ist und derartig schlimme Konsequenzen hat, warum ist sie dann so einflußreich geworden? Wie war es möglich, daß ein Mann die Öffentlichkeit von der Bedeutung seiner Theorien zu überzeugen vermochte, wo diese nicht nur durch keine Beweise untermauert werden konnten, sondern – zumindest in einigen Fällen – zu den von ihm angeführten Beispielen geradezu im Widerspruch standen; Theorien – die im Grunde nur einer Übertragung seiner eigenen neurotischen Probleme (und deren Selbstanalyse) auf die gesamte Menschheit entsprangen? Nun – man kann nur hoffen, daß zukünftige Soziologen und Psychologen auf diese so interessanten wie wichtigen Fragen eine abschließende Antwort finden und damit dem ganzen Spuk ein Ende bereiten werden.

Gleichwohl ist eine Tatsache nicht zu übersehen, daß FREUDs Theorie niemals von seiten der (Natur)Wissenschaftler und anderer Akademiker, deren Denken durch die Ausbildung einen gewissen Grad von Strenge erworben hatte, allgemein akzeptiert wurde. Diejenigen, die seine Botschaft begeistert aufnahmen und weithin populär machten, waren – abgesehen von enthusiasmierten Psychoanalytikern – Leute zweierlei Art, die – bei aller sonstigen Qualifikation – außerhalb des Reiches der Wissenschaft anzusiedeln sind. Die eine Gruppe setzt sich aus Lehrern, Sozialarbeitern, Bewährungshelfern und dergleichen zusammen, die beruflich, wenngleich nichtmedizinisch, mit menschlichen Problemen zu tun haben. Solche Leute sehen sich oft sehr schwierigen Aufgaben gegenüber, so daß sie einen verständlichen Bedarf an fachlichem Beistand seitens psychologischer Theorien verspüren. Die Psychoanalyse scheint ihnen diese Hilfe zu bieten, und

deshalb nehmen sie sie dankbar auf, gibt sie ihnen doch neben der Illusion der Macht das Gefühl, gewisse Fachkenntnisse zu besitzen, auf die sie zur Rechtfertigung ihrer Aktivitäten verweisen können. Und wenngleich es sich dabei tatsächlich um Pseudokenntnisse handelt, bieten sie den Betreffenden doch ein erhebliches Prestige in der Öffentlichkeit, so daß sie bisher stets mit grimmiger Entschlossenheit daran festhielten (auch als schon längst Gegenbeweise vorlagen). Der Schaden, den diese Leute in FREUDs Namen angerichtet haben, ist – wie gesagt – schwer abzuschätzen; darüber hinaus aber ist es bedauerlich, daß ihre psychoanalytische Gesinnung eine Beschäftigung mit anderen, wissenschaftlicheren Richtungen in der Psychologie zu verhindern wußte.

Die zweite, ganz andere Gruppe von FREUD-Anhängern besteht aus Angehörigen des literarischen Establishments. Für sie bildeten die FREUDschen Ideen und Anschauungen einen höchst willkommenen Ersatz für die antiquierte griechisch-römische Mythologie, die ja in den modernen Romanen, Schauspielen oder Gedichten keinen Platz mehr hatte. Jetzt gab es eine Fülle von neuen Vorstellungen, Anzüglichkeiten und »Erfahrungen«, die in der gebildeten Welt allgemein bekannt waren, auf die man also beliebig anspielen konnte und die sich in jeder Gattung und für jedes literarische Sujet verwerten ließen. Wo früher Zeus, Athene, Achilles etc. auf der Szene erschienen, trieben nun der Zensor, das Über-Ich, Eros und Thanatos (in modernem Gewand, versteht sich) und andere quasimythologische Figuren ihr (Un)Wesen. Jedenfalls war die FREUDsche Theorie für zweitklassige Schriftsteller eine reichhaltige Mine, die endlos ausgebeutet werden konnte. Was Wunder, daß die Mehrzahl der Literaten zu ehernen Befürwortern der psychoanalytischen Bewegung wurde.

Wie aber sieht die Lage heute aus? Der FREUDianismus hatte seine Blütezeit in den vierziger und fünfziger Jahren und hielt sich auch noch bis in die sechziger Jahre hinein recht gut; dann begann die Kritik zu wachsen, und allmählich verlor die Psychoanalyse ihre herausragende Stellung. Das gilt vor allem für akademische Institutionen in den Vereinigten Staaten und Großbritannien, wo sich die modernen Psychiatrie-Departments nunmehr auf die biologische Seite der geistig-seelischen Störungen und besonders auf pharmakologische Behandlungsmethoden konzentrieren und im übrigen nach behavioristischen Methoden Ausschau halten, um sie ihrem theoretischen wie praktischen Fundus einzuverleiben. Aber auch im Bereich der psychologischen Forschung hat die Psychoanalyse – als Theorie und Therapie – in den letzten beiden Jahrzehnten mehr und mehr das Feld zugunsten der Verhaltenstheorie und -therapie räumen müssen (die Kurven des Abstiegs bzw. Aufstiegs kreuzten sich ungefähr vor zwanzig Jahren). Allerdings wird es unvermeidlich noch längere Zeit dauern, bis die Psychoanalytiker, die – namentlich in der amerikanischen und teilweise auch in der britischen Psychiatrie – nicht nur das ganze Prestige genossen, sondern auch alle Machtpositionen innehatten, sich aufs Altenteil zurückgezogen und jüngeren Leuten mit zeitgemäßen Ideen Platz gemacht haben werden. MAX PLANCK bemerkte einmal sehr drastisch, daß selbst in der Physik neue Theorien sich nicht etwa deshalb durchsetzten, weil die maßgebenden Männer durch rationale Diskussionen und Experimente überzeugt würden, sondern weil jeweils die ältere Generation ausstirbt und die Jüngeren bereits in der neuen Tradition aufgewachsen sind. Das gleiche ist zweifellos auch in der Psychologie und Psychiatrie der Fall.

Immerhin ist heute klar auszumachen, daß die Psychoanalyse als Bewegung im Niedergang begriffen ist, daß sie als Theorie jede akademische Glaubwürdigkeit verloren hat und daß sie als Behandlungsmethode immer weniger zur Anwendung gelangt. Die Geschichte lehrt uns, daß alle Wissenschaften durch die Feuerprobe der Quacksalberei gehen müssen. Die Astronomie hatte sich von der Astrologie zu lösen. Die Chemie hatte die Fesseln der Alchemie abzustreifen. Selbst die Gehirnwissenschaften mußten sich von den Spekulationen der Phrenologie befreien (jener Lehre, daß man den Charakter eines Menschen durch Betasten der Beulen an seinem Kopf erschließen könnte!). Auch die Psychologie und Psychiatrie werden mit der Psychoanalyse ihre pseudowissenschaftliche Phase überwinden müssen; haben sie erst einmal FREUD und seinen Theorien den Rücken gekehrt, können sie um so leichter mit der anstrengenden, aber unumgänglichen Aufgabe fertigwerden, ihre Disziplin in eine echte Wissenschaft umzuwandeln. Das wird sicherlich keine einfache Aufgabe sein, zumal – wie die Dinge stehen – nicht damit zu rechnen ist, daß sich Abkürzungen auf diesem Wege letzten Endes lohnen werden.

Was also können wir zum Abschluß über FREUD und seinen Platz in der Geschichte sagen? Nun – er war ohne Zweifel ein Genie, allerdings nicht eines der Wissenschaft, sondern der Propaganda, nicht des strengen Beweises, sondern der Überredung, nicht der exakten Versuchsplanung, sondern der kunstvollen Sprache. Sein Platz ist nicht – wie er selber meinte – an der Seite von KOPERNIKUS und DARWIN, sondern an der Seite von HANS CHRISTIAN ANDERSEN und den Brüdern GRIMM, den großen Märchenerzählern. Dies mag ein rüdes Urteil sein, aber ich denke, die Zukunft wird ihm recht geben. Übrigens treffe ich mich darin mit SIR PETER MEDAWAR, dem Nobelpreisträger für Medizin, der konstatierte, es liege eine gewisse Wahrheit in der Psychoanalyse, so wie es sie im Mesmerismus oder in der Phrenologie (etwa das Konzept der Lokalisation der [psychischen] Funktionen im Gehirn) gegeben habe. Doch als Ganzes gesehen, bringe die Psychoanalyse so gut wie nichts. Sie sei ein Endprodukt – wie ein Dinosaurier oder ein Zeppelin; keine bessere Theorie könne jemals auf ihren Ruinen erstehen, und diese würden für immer einer der traurigsten und sonderbarsten aller Orientierungspunkte in der Geschichte des Denkens unseres Jahrhunderts bleiben.

Vielleicht sollten wir auch noch ein etwas poetischeres Gleichnis zitieren, mit dem SIR FRANCIS BACON (der Begründer des englischen Empirismus) drei Jahrhunderte vor FREUD vor der Verführung durch falschen Schein gewarnt hat:

»Jene Dame hatte das Gesicht und die Haltung einer Jungfrau, aber ihre Lenden waren umgeben von kläffenden Hunden. So zeigen auch diese

225

Lehren auf den ersten Blick ein reizendes Antlitz, doch wird der allzu hastige Freier, der auf die Fruchtbarkeit ihrer zeugenden Teile baut, mit nichts als lautem Zank und Streit gesegnet werden.«

Doch lassen wir die Zitate der Dichter und Denker und stellen noch einmal klipp und klar fest, daß die Psychoanalyse bestenfalls eine vorzeitige Kristallisation falscher Orthodoxien ist, schlechtestenfalls aber eine pseudowissenschaftliche Doktrin, die nicht nur der Psychologie und Psychiatrie unermeßlichen Schaden zugefügt hat, sondern auch den unzähligen Patienten, die ihrem Sirenenruf gefolgt sind und vergeblich ihre Hoffnungen und Strebungen in sie gesetzt haben. Die Zeit ist reif, die FREUDsche Lehre wie eine historische Kuriosität abzutun und unser Augenmerk darauf zu konzentrieren, eine wahrhaft wissenschaftliche, soll sagen: objektive Psychologie zu errichten.

[1] R. STEVENS (1983) *Freud and Psychoanalysis,* Milton Keynes: Open University Press.
[2] P. RIEFF *Freud: The Mind of the Moralist.*
[3] F. CIOFFI (1970) ›Freud and the Idea of a Pseudo-Science‹, a.a.O., S. 474 (cf. in H.H. EYSENCK – *Die Zukunft der Psychologie,* München: List 1977, S. 132, und EYSENCK/WILSON (1979) – *Experimentelle Studien...,* a.a.O., S. 24, jeweils andere Übersetzungen).

Bibliographische Hinweise und Vorschläge für weitere Lektüre

Im Laufe eines langen und arbeitsreichen Lebens dürfte ich mehrere hundert Bücher nebst Tausenden von Artikeln über FREUD und die Psychoanalyse gelesen haben. Da das vorliegende Buch für den allgemeinen Leser und nicht für den Spezialisten geschrieben wurde, habe ich es mir erspart, jede zitierte oder referierte Äußerung – Kritik oder Kommentar – im einzelnen nachzuweisen. Indes schien es mir sinnvoll, jene Bücher anzugeben, auf die der Interessierte zurückgreifen kann – sei es als Sekundärquelle, sei es zur näheren Information über den Diskussionsstand, sei es zum Nachschlagen wichtiger technischer Details. Dies soll in der Reihenfolge der Kapitel, auf die sich die Schriften beziehen, geschehen, auch wenn es dabei zwangsläufig einige Überschneidungen geben wird.

Einleitung

Ich gehe davon aus, daß der Leser bereits eine gewisse Bekanntschaft mit den FREUDschen Ideen gemacht hat und vielleicht auch schon einige seiner wichtigeren Werke kennt. In diesem Buche habe ich mich besonders mit folgenden Texten FREUDs auseinandergesetzt: *An Autobiographical Study* (London: Hogarth 1946 [dt.: *Selbstdarstellung*, 1925d, GW XIV]); *Case History of Schreber* (London: Hogarth 1958 [cf. dt.: *Psychoanalytische Bemerkungen über einen autobiographisch beschriebenen Fall von Paranoia (Dementia paranoides)*, 1911c, GW VIII]); *Three Essays on the Theory of Sexuality* (London: Hogarth 1949 [dt.: *Drei Abhandlungen zur Sexualtheorie*, 1905 a, GW V]); *Leonardo Da Vinci* (Standard Edition of the Complete Psychological Works, Volume 11 [dt. u.d.T. *Eine Kindheitserinnerung des Leonardo da Vinci*, 1910c, GW VIII]); *The Interpretation of Dreams* (London: Allen & Unwin 1937 [dt.:· *Die Traumdeutung*, 1900a, GW II/III]); *Introductory Lectures in Psychoanalysis* (London: Allen & Unwin 1933 [dt. u.d.T. *Vorlesungen zur Einführung in die Psychoanalyse*, 1916-17, GW XI, dazu *Neue Folge der Vorlesungen…*, 1933a, GW XV]); *Psychopathology of Everyday Life* (London: Allen & Unwin 1914 [dt.: *Zur Psychopathologie des Alltagslebens*, 1901b, GW IV]); *Totem and Taboo* (London: Routledge 1919 [dt.: *Totem und Tabu*, 1912-13, GW IX]); *The Analysis of a Phobia in a Five-year-old Boy* (Collected Papers, Volume 3, London: Hogarth 1950 [dt. u.d.T. *Analyse der Phobie eines fünfjährigen Knaben*, 1919b, GW VII]); *The Wolf-Man: With the Case of the Wolf-Man by Sigmund Freud* (ed.: MURIEL GARDINER, New York: Basic Books 1971 [cf. dt.: *Aus der Geschichte einer infantilen Neurose*, 1918b, GW XII]). Denjenigen, die mit dem FREUDschen Werk nicht vertraut sind, bietet ein

Buch von ROLAND DALBIEZ mit dem Titel *Psychoanalytical Method and the Doctrine of Freud* – »Die psychoanalytische Methode und die Lehre von Freud« – (London: Longmans, Green & Co. 1941 [Orig. frz.: *La Méthode Psychoanalytique et la Doctrine Freudienne*, Brügge 1936] den besten, zumal leicht verständlichen Überblick. Der Autor ist ein Anhänger FREUDs, dabei jedoch nicht unkritisch, und die von ihm getroffene Auswahl der Fallgeschichten, Traumdeutungen und anderem mehr erscheint mir ausgezeichnet.

Eine hervorragende Besprechung der FREUDschen Lehre vom Standpunkt der Wissenschaftstheorie (Philosophy of Science) findet man in ADOLF GRÜNBAUMs *The Foundations of Psychoanalysis* – »Die Grundlagen der Psychoanalyse« – (University of California Press 1984). Es ist die definitive Arbeit zu diesem Thema, informiert und informativ zugleich, überzeugend in ihrer logischen Stringenz und argumentativen Verläßlichkeit; darüber hinaus ist der Autor für seine umfassende Kenntnis der psychoanalytischen wie auch der philosophischen Literatur zu loben.

Leser, die Autoren nur dann, wenn diese selber psychoanalysiert sind, ein Recht zur Kritik zugestehen, werden zweifellos aus den Erfahrungen von J. V. RILLAER Gewinn ziehen – einem angesehenen belgischen Psychoanalytiker, der seine Illusionen verlor und daraufhin ein höchst aufschlußreiches Buch geschrieben hat, das mit den Theorien und Praktiken seiner Kollegen sehr kritisch ins Gericht geht: *Les Illusions de la Psychoanalyse* – »Die Illusionen der Psa.« – (Brüssel: Mardaga 1980). Dieses Buch ist – obwohl bis jetzt nur in französischer Sprache zugänglich – eine klassische Quellenschrift zur Kritik der Psychoanalyse. Eine umfassende Kritik aus dem Blickwinkel der amerikanischen Psychiatrie findet sich in einem Buch von BERNIE ZILBERGELD: *The Shrinking of Amerika: Myths of Psychological Change* – d.h. svw. »Das Schrumpfen Amerikas: Mythen vom psychologischen Wandel« – (Boston: Little, Brown & Co. 1983). Der Autor, der über eine lange psychiatrische Praxis verfügt, teilt seine Erfahrungen mit, ohne dabei ein Blatt vor den Mund zu nehmen.

Vom Standpunkt der allgemeinen Medizin aus ist ein Buch von E. R. und C. PINCKNEY verfaßt worden: *The Fallacy of Freud and Psychoanalysis* – »Der Trugschluß Freuds und die Psa.« – (Englewood Cliffs: Prentice-Hall 1965); es ist eine heilsame Entgegnung auf die weit verbreitete Meinung, alle Krankheiten seien psychosomatisch bedingt. Eine andere, auf langjähriger Erfahrung beruhende generelle Kritik an der Psychoanalyse findet sich in R. M. JURJEVICHs *The Hoax of Freudism* – »Der Schabernack des Freudismus« – (Philadelphia: Dorrence 1974). Dieses Buch kann in Verbindung mit dem von S. RACHMAN herausgegebenen Sammelband *Critical Essays on Psychoanalysis* – »Kritische Essays über die Psa.« – (London: Pergamon Press 1963) gelesen werden.

Zwei Bücher aus französischer bzw. deutscher Sicht bieten etwas abweichende Perspektiven: es sind PIERRE DEBRAY-RITZENs *La Scolastique Freudienne* – »Die Freudianische Scholastik« – (Paris: Fayard 1972) sowie HELMUT T. KAPLANs *Ist die Psychoanalyse wertfrei?* (Bern/Stuttgart/

Wien: Hans Huber Verlag 1982). Beide decken ein ziemlich breites Gebiet und sind insofern für unsere Einleitung relevant; jedoch betreffen sie – zumindest teilweise – auch die nachfolgenden Kapitel.

1. Kapitel

Wenn wir uns nun dem »FREUD als Menschen« gewidmeten Kapitel zuwenden, so sind zunächst einige der bekannteren Biographien zu erwähnen, allen voran die berühmte dreibändige Darstellung von ERNEST JONES: *The Life and Work of Sigmund Freud, in Three Volumes* (London: Hogarth Press 1953/55/57 [dt.: *Das Leben und Werk von Sigmund Freud*, Übers.: KATHARINE JONES und GERTRUD MEILI-DWORETZKI, Bern/ Stuttgart/Wien: Hans Huber Verlag 1960/62/62; Nachdruck München: Deutscher Taschenbuch Verlag 1984, dtv 4426: 3 Bde.]). Leider kann ich nicht umhin, festzustellen, daß es sich hierbei mehr um eine Mythologie als um eine wahre Lebensgeschichte handelt; denn tatsächlich läßt JONES nahezu alle dunklen Punkte, namentlich alle Daten und Vorkommnisse, die ein ungünstiges Licht auf den Werdegang des Meisters werfen könnten, beiseite, so daß sein Porträt außerordentlich geschönt erscheint. Entsprechendes gilt von zwei weiteren Lebensbeschreibungen: MAX SCHURs *Freud: Living and Dying* (London: Hogarth Press 1972 [dt.: *Sigmund Freud: Leben und Sterben*, Übers.: GERT MÜLLER, Frankfurt/M.: Suhrkamp 1973]) und EMIL LUDWIGs *Der entzauberte Freud* (Zürich: Carl Posen 1946 [engl. u.d.T. *Dr. Freud: An Analysis and a Warning*, New York: Hellman, Williams & Co. 1948). Insbesondere das letztere Lebensbild war zeitweilig ausgesprochen populär.

Lesern, die mehr an der Wahrheit als an Dichtung interessiert sind, kann ich indes E. N. THORNTONs *Freud and Cocaine: The Freudian Fallacy* – über »den Freudschen Irrtum«... – (London: Blond & Brigg 1983) empfehlen. Die Autorin ist eine gelernte Medizinhistorikerin und also dem FREUDschen Werk in keinster Weise verpflichtet; der Kontrast ist unverkennbar. Ebenfalls kritisch, dabei aber äußerst sachlich und reich an Belegen, ist FRANK J. SULLOWAYs *Freud: Biologist of the Mind: Beyond the Psychoanalytic Legend* (London: Burnett Books Ltd. 1979 [dt. u.d.T. *Freud – Biologe der Seele. Jenseits der psychoanalytischen Legende*, Übers. HANS-HORST HENSCHEN, Köln-Lövenich: Hohenheit Verlag 1982]) – ein exzellentes Buch, das viele Mythen entlarvt, die um FREUD herum gesponnen wurden. Das gleiche kann von HENRY F. ELLENBERGERs *The Discovery of the Unconscious: The History and Evolution of Dynamic Psychiatry* (London: Allen Lane 1970 [dt.: *Die Entdeckung des Unbewußten*, Übers. GUDRUN THEUSNER-STAMPA, 2 Halbbände, Bern/Stuttgart/Wien: Hans Huber Verlag 1973]) gesagt werden. ELLENBERGER hat große Mühe darauf verwandt, FREUDs Abhängigkeit von früheren Autoren, insbesondere von PIERRE JANET, aufzuzeigen, und seine Darstellung kann schon heute als klassisch bezeichnet werden. In kleinerem Maßstab gilt das auch von LANCELOT LAW WHYTEs *The Unconscious Before Freud* – über »das Unbewußte vor Freud« – (New York: Basic Books 1960; London: Tavistock Publications 1982). Der Autor referiert in aller Ausführlichkeit die zweitausendjährige Geschichte all jener, die – teils schon lange – vor FREUD auf die Bedeutung des Unbewußten mit seinen phantastischen Äußerungen hingewiesen haben.

Die Beziehung zwischen FREUD und seinen Anhängern ist gleichfalls für viele von großem Interesse gewesen, zumal sich durch sie die Behauptung illustrieren ließ, daß seine Theorien weitgehend auf seiner eigenen Lebensgeschichte basieren. Zwei Bücher, die in diesem Zusammenhang herangezogen werden sollten, sind einmal PAUL ROAZANs *Freud and his Followers* (London: Allen Lane 1976 [dt.: *Freud und sein Kreis: eine biographische Geschichte der Psychoanalyse*, Übers. G. H. MÜLLER, Bergisch-Gladbach: Gustav Lübbe Verlag 1976]) sowie ROBERT S. STEELES *Freud and Jung: Conflicts of Interpretations* (London: Routledge & Kegan Paul 1982). Beide geben ein ausgezeichnetes Bild von den Auseinandersetzungen und Widerständen innerhalb des Kreises, von der autoritären Haltung FREUDs und der Diaspora, die der »Exkommunikation« so vieler seiner frühen Mitstreiter folgte.

2. Kapitel

Für unser Kapitel über die »Psychoanalyse als Behandlungsmethode« ist ein Buch von KARIN OBHOLZER wichtig, nämlich die *Gespräche mit dem Wolfsmann: eine Psychoanalyse und ihre Folgen* (Reinbek: Rowohlt 1980 [engl. u.d.T. *The Wolf-Man: Sixty Years Later*, London: Routledge & Kegan Paul 1982]). Außer der wörtlichen Wiedergabe ihrer »Interviews« liefert die psychologisch geschulte Journalistin einen Bericht über das Schicksal eines der berühmtesten von FREUDs Patienten, von dem jener behauptet hatte, ihn geheilt zu haben, und der nichtsdestoweniger weitere sechzig Jahre, die bis zu seinem Tode verstreichen sollten, unter den gleichen psychischen Schwierigkeiten und Störungen zu leiden hatte wie vor seiner »Heilung«. Eine gute Besprechung der konkreten Fälle, die FREUD behandelt und deren Heilung er für sich reklamiert hat, gibt CHRISTOF ESCHENRÖDER mit seiner Schrift *Hier irrte Freud* (Wien: Urban & Schwarzenberg 1984).

Zwei Bücher sind noch in unserem Text erwähnt, um die von H. STRUPP, S. W. HADLEY u. B. GOMES-SCHWARTZ in *Psychotherapy for Better or Worse: the Problem of Negative Effects* – d.h. svw. »Hilft oder schadet die Psychotherapie...« – (New York: Aronson 1977) vorgebrachte These zu illustrieren, daß die Psychoanalyse häufig einen äußerst schädigenden Einfluß auf die psychische Gesundheit des Patienten hat. Es handelt sich einmal um STUART SUTHERLANDs *Breakdown: A Personal Crisis and a Medical Dilemma* – »(Nerven)Zusammenbruch als persönliche Krise und medizinisches Dilemma« – (London: Weidenfeld 1976), zum andern um CATHERINE YORKs *If Hopes were Dupes* – »Wenn Hoffnungen zu Betrogenen werden...« – (London: Hutchinson 1966). Diese beiden Bücher sollte jeder lesen, der wissen möchte, was tatsächlich in einer FREUDschen Analyse – und zwar vom Blickwinkel des Patienten aus gesehen – passiert.

3. Kapitel

Unser Kapitel über »die psychotherapeutische Behandlung und ihre Alternativen« greift zurück auf die Diskussion im Anschluß an einen Artikel, den ich 1952 unter dem Titel ›The Effects of Psychotherapy‹ (im *Journal of Consulting Psychology* XVI, Nr. 5, S. 319-324 [dt.: ›Die Wirkungen der Psychotherapie: Eine kritische Einschätzung‹, dazu jeweils neuere Kommentare, Übers. SABINE ROEDER, in: H. J. EYSENCK/G. D. WILSON (Hrsg.) *Experimentelle Studien zur Psychoanalyse Sigmund Freuds*, Wien/ München/Zürich: Europa Verlag 1979]) veröffentlicht habe. Speziell zum Thema Behandlungsalternativen empfehle ich die Parallellektüre folgender zwei Quellen: Die eine bietet eine umfassende Zusammenschau der mittlerweile vorliegenden Zeugnisse über die (Aus)Wirkungen der Psychoanalyse wie auch der Psychotherapie und stammt von STANLEY RACHMAN und G. TERENCE WILSON; der Titel lautet: *The Effects of Psychological Therapy* (London: Pergamon 1980). Das andere Buch stammt von MARY LEE SMITH, GENE V. GLASS und THOMAS I. MILLER und berichtet über *The Benefits of Psychotherapy* – »Die Wohltaten der Psychotherapie« – (Baltimore: Johns Hopkins University Press 1980); es referiert ebenfalls die Literatur, schließt jedoch mit der Behauptung, daß die Wirksamkeit der Psychotherapie eine bewiesene Sache sei; leider schlägt der Beweis in das genaue Gegenteil um (die Gründe haben wir oben benannt).

Leser, die mehr über alternative Behandlungsmethoden wie beispielsweise die Verhaltenstherapie erfahren wollen, können sich in einem mehr popularwissenschaftlich gehaltenen Buch von H. J. EYSENCK: *You and Neurosis* (London: Temple Smith 1977 [dt. u.d.T. *Neurose ist heilbar*, Übers. WILHELM HÖCK, München: Paul List Verlag 1978]) informieren.

4. Kapitel

Die Hauptquelle für das Kapitel über »FREUD und die Entwicklung des Kindes« ist ein Buch von C. W. VALENTINE: *The Psychology of Early Childhood* – »Die Psychologie der frühen Kindheit« – (London: Methuen 1942), und ein Kapitel von FRANK CIOFFI mit dem Titel ›Freud and the Idea of Pseudo-Science‹ – »Freud und der Begriff der Pseudowissenschaft« –, das in einem von CIOFFI gemeinsam mit M. R. BORGER herausgegebenen Sammelband über *Explanations in the Behavioural Sciences* – »Erklärungen in den Verhaltenswissenschaften« – (Cambridge: Cambridge University Press 1970) enthalten ist. Was die Fallgeschichte des *»kleinen Hans«* angeht, so habe ich mich an die detaillierte und aufschlußreiche Kritik von JOSEPH WOLPE u. STANLEY RACHMAN in ›Psychoanalytic Evidence: A Critique Based on Freud's Case of Little Hans‹ (in: *Journal of Mental and Nervous Diseases*, 1960, S. 131 u. 135-45 [dt.: *Psychoanalytischer ›Beweis‹:*

Eine Kritik anhand von Freuds Fall des Kleinen Hans, in: EYSENCK/WILSON (1979) *Experimentelle Studien zur Psychoanalyse Sigmund Freuds,* S. 379ff.]) gehalten. Im übrigen findet sich viel relevantes Material hierzu in den Büchern, die zu den folgenden Kapiteln angegeben werden.

5. Kapitel

Wenn wir uns nun dem Schrifttum über die »FREUDsche Traumdeutung« zuwenden, so muß ich mich notgedrungen auf eine kleine Auswahl aus der Fülle von Titeln beschränken. Eine ausgezeichnete Einführung in die Psychologie des Traumes bietet H. B. GIBSONs *Sleep, Dreaming and Mental Health* – »Schlaf, Träumen und seelische Gesundheit« – (im Druck); in gleichem Atemzug zu nennen sind: D. B. COHENs *Sleep, Dreaming: Origins, Nature and Functions* – Über »Ursprünge, Wesen und Funktionen von Schlaf und Träumen« – (London: Pergamon Press 1979), sowie der von ARTHUR M. ARKIN, JOHN S. ANTHROBUS u. STEVEN J. ELLMAN herausgegebene Sammelband *The Mind in Sleep* – »Die Seele im Schlaf« – (Hillstale, N. J.: Lawrence Erlebaum 1978). Eine weitere gute Darstellung ist DAVID FOULKES *Children's Dreams: Longitudinal Studies* – »Langzeituntersuchungen von Kinderträumen« – (New York: John Wiley 1982); der Autor, der als überzeugter FREUDianer begann, läßt erkennen, wie er durch seine eigenen Studien desillusioniert wurde. Außerdem sind zu nennen: MONTAGUE ULLMAN u. N. ZIMMERMAN mit ihrem Buch *Working with Dreams* – Über die »Arbeit an Träumen« – (London: Hutchinson 1979) sowie R. M. JONES mit *The New Psychology of Dreaming* – »Die neue Psychologie des Träumens« – (London: Penguin Books 1970); letzterer ist ein Psychoanalytiker, der ebenfalls mit der Zeit zu einer kritischen Einstellung gegenüber FREUDs Theorien gelangte. Am wichtigsten in diesem Zusammenhang aber dürfte CALVIN S. HALLs *The Meaning of Dreams* sein – Von der »Bedeutung der Träume – (New York: Harper 1953), worin eine mit FREUD rivalisierende Theorie entwickelt wird, die viel sinnvoller zu sein scheint als jene und sich im übrigen auf eine große Anzahl von Beweisen berufen kann.

Schließlich komme ich in dem Kapitel noch auf die uralte Vorliebe des Kulturmenschen für die symbolische Darstellung männlicher und weiblicher Geschlechtsmerkmale durch spitze beziehungsweise runde Gegenstände zu sprechen. Eine ausführliche Untersuchung zu diesem Thema liefert J. N. ADAMS in *The Latin Sexual Vocabulary* – »Der lateinische Sexualwortschatz« – (London: Duckworth 1982), aus dem ich meine Beispiele genommen habe.

Hinsichtlich der sogenannten FREUDschen Fehlleistungen habe ich mich auf zwei Bücher gestützt: Das erste stammt von SEBASTIANO TIMPANARO: *The Freudian Slip: Psychoanalysis and Textual Criticism* (London: New Left Books 1976 [Orig. ital.: *Il Lapsus Freudiano,* La Nuova Italia 1974]). Das zweite ist von VICTORIA FROMKIN herausgegeben und trägt den Titel *Errors in Linguistic Performance: Slips of the Tongue, Ear,*

Pen, and Hand – »Irrtümer im Sprachvollzug: über Versprechen, Verhören, Verschreiben, Vergreifen« – (London: Academic Press 1980). Beide geben eine hervorragende und zugleich interessante Einführung in die Theorie und die experimentelle Untersuchung solcher Fehlleistungen aus linguistischer wie auch experimentalpsychologischer Sicht.

6. Kapitel

Was die »experimentelle Untersuchung der FREUDschen Hypothesen« betrifft, so können zwei Bücher als Quelle herangezogen werden. Das eine ist von PAUL KLINE verfaßt worden und lautet *Fact and Fantasy in Freudian Theory* – »Faktisches und Phantastisches in Freuds Lehre« – (London: Methuen 1972). Es handelt sich dabei um einen detaillierten Bericht über all jene Untersuchungen, die in der Absicht unternommen wurden, die FREUDschen Behauptungen im Laboratorium zu testen. Der Autor ist nicht unkritisch, versäumt es aber immer wieder, alternative Hypothesen in Betracht zu ziehen. Insofern können wir zwar seine Zurückweisung eines großen Teils der vorgeblichen Beweise für die Richtigkeit der psychoanalytischen Theorien akzeptieren, doch erscheinen uns seine positiven Einschätzungen durchaus suspekt. Speziell dieser letzte Punkt ist in dem von H. J. EYSENCK u. G. D. WILSON herausgegebenen Buch *The Experimental Study of Freudian Theories* (London: Methuen 1973 [dt.: *Experimentelle Studien zur Psychoanalyse Sigmund Freuds,* Übers. SABINE ROEDER, Wien: Europa Verlag 1979 (cf. besonders den »Kommentar« S. 122ff.)]) erläutert. In diesem Buch haben die Autoren diejenigen Experimente, die nach Meinung kompetenter Kritiker für die FREUDschen Lehren die stärkste Stütze bilden, zusammengestellt und zu zeigen versucht, daß sie diese Funktion in Wirklichkeit keineswegs erfüllen. Es muß dem Leser überlassen bleiben, zwischen KLINE einerseits und EYSENCK/WILSON andererseits zu entscheiden.

7. Kapitel

Meine mit »Psychogeschwätz und Pseudohistorie« überschriebenen Ausführungen gründen sich auf das Buch von D. E. STANNARD mit dem Titel *Shrinking History* – etwa »Schrumpfende Geschichte« – (Oxford: Oxford University Press 1980). Darin wird die Behauptung FREUDs und seiner Anhänger, man könne die Geschichte vom Standpunkt der Psychoanalyse aus studieren, aufs Korn genommen und einem vernichtenden Urteil unterworfen.

Was den anthropologischen Aspekt des Kapitels angeht, so mag der interessierte Leser auf folgende zwei Quellenschriften zurückgreifen: einmal auf MARVIN HARRIS' *The Rise of Anthropological Theory* – über den »Aufstieg der anthropologischen Theorie« – (New York: T. Crowell 1968) und zum andern auf EDWIN R. WALLACE' *Freud and Anthropology: A History and Reappraisal* – über die »Geschichte und Neubewertung Freuds und der Anthropologie« – (New York: International Universities Press 1983). Außerdem habe ich DEREK FREEMANs ›Margaret Mead and Samoa‹ (Cambridge, Mass.: Harvard University Press 1983) zitiert, weil dieses Buch sehr schön aufzeigt, welch hochgradige Mängel anthropologische Theorien und Erklärungsmodelle bezüglich ihres Tatsachenhintergrundes aufweisen können.

8. Kapitel

Zu unserer »letzten Würdigung« des Begründers der Psychoanalyse möchten wir ein Buch von NORDMAN MORRIS empfehlen, nämlich A Man possessed: The Case History of Sigmund Freud – »Ein besessener Mann: die Fallgeschichte von S. F.« – (Los Angeles: Regent House 1974). Die Schrift ist übrigens auch für das erste Kapitel von Belang, da es FREUDs Persönlichkeit in einer Weise deutet, die im Einklang mit unserer Interpretation des FREUDschen Werkes als einer Ausweitung seiner Persönlichkeit steht. Außerdem betrifft es das zweite Kapitel über die »Psychoanalyse als Behandlungsmethode«, insofern es in ihm darum geht, wie sich eine Analyse im Erleben des Opfers – des Patienten – ausnimmt.

Unter einem ethischen Aspekt betrachtet das Buch von RICHARD LA PIERE The Freudian Ethic (London: Allen & Unwin 1960; New York: Duell, Sloan & Perce 1961) die Lehren FREUDs, wobei es insbesondere auf den ungeheuren Schaden hinweist, den die Psychoanalyse der amerikanischen (und selbstredend auch den europäischen) Gesellschaft(en) zugefügt hat.

B. A. FARRELs The Standing of Psychoanalysis – »Die Stellung der Psa.« – (Oxford: Oxford University Press 1981) und R. STEVENS' Freud and Psychoanalysis (Milton Keynes: Open University Press 1983) diskutieren viele der von uns aufgeworfenen Fragen, nicht zuletzt den Standort der Psychoanalyse im Gebäude der Wissenschaften. Beide Bücher sind von Männern geschrieben, die der Psychoanalyse kritisch gegenüberstehen und sie allenfalls – wie ich zu zeigen versucht habe – in einem Sinne akzeptieren, der sie letztlich auf einen nichtwissenschaftlichen Status reduziert.

Natürlich gibt es noch weit mehr Bücher und zudem zahlreiche Artikel, die jeder, der den Wunsch hat, in der Diskussion der strittigen Probleme als kompetent angesehen zu werden, lesen kann und sollte. Indes wird man die nötigen Hinweise darauf in den oben angeführten Quellen finden, weshalb es auch nur wenig Nutzen brächte, über die an dieser Stelle gebotenen Titel hinauszugehen.

Namen- und Sachregister

236

237